U0356995

名师大讲堂

古希腊罗马美学史

凌继尧 著

图书在版编目（CIP）数据

古希腊罗马美学史 / 凌继尧著 . —北京：北京大学出版社，2024.3
ISBN 978-7-301-34695-2

Ⅰ . ①古…　Ⅱ . ①凌…　Ⅲ . ①美学 – 研究 – 古希腊 ②美学 – 研究 – 古罗马　Ⅳ . ① B83

中国国家版本馆 CIP 数据核字（2023）第 238698 号

书　　名	古希腊罗马美学史 GUXILA LUOMA MEIXUESHI
著作责任者	凌继尧　著
责任编辑	谭　艳
标准书号	ISBN 978-7-301-34695-2
出版发行	北京大学出版社
地　　址	北京市海淀区成府路 205 号　100871
网　　址	http://www.pup.cn　新浪微博 @ 北京大学出版社
电子邮箱	编辑部 wsz@pup.cn　总编室 zpup@pup.cn
电　　话	邮购部 010-62752015　发行部 010-62750672 编辑部 010-62707742
印 刷 者	北京宏伟双华印刷有限公司
经 销 者	新华书店
	650 毫米 × 965 毫米　16 开本　25.25 印张　387 千字
	2024 年 3 月第 1 版　2024 年 3 月第 1 次印刷
定　　价	88.00 元

目 录

第一章
古希腊美学导论

在世界民族之林中，希腊民族并不是最古老的民族，然而，它是历史的宠儿。它在古代创造的灿烂文化，成为西方文明的源头。它的瑰丽的文学艺术具有“永恒魅力”，“就某方面说还是一种规范和高不可及的范本”[1]。在它的哲学中，“差不多可以找到以后各种观点的胚胎、萌芽”[2]。德国著名哲学史家 E. 策勒尔（E. Zeller）在他不断再版的《古希腊哲学史纲》中写道：“希腊哲学和其他的希腊精神产品一样，是一种始创性的创造品，并在西方文明的整个发展过程中具有根本性的重要意义。”[3]“希腊哲学家所建立的体系不应当仅仅被看成是现代哲学的一种准备，作为人类理性生活发展中的一项成就，它们本身就具有独自的价值。”[4]这些论述同样适用于古希腊美学。

古希腊美学指公元前 6 世纪至公元前 4 世纪古希腊人的美学。它是希腊当时的社会生活的产物，是对希腊文学艺术的总结。因此，要阐明希腊美学的特征，首先必须了解古希腊的社会历史和文学艺术状况。

第一节　社会历史状况

与现代希腊相比，古代希腊的面积要大得多。它以希腊半岛为中心，包括爱琴海诸岛、小亚细亚西部沿海、爱奥尼亚群岛以及意大利南部和西西里岛的殖民地。希腊民族由爱利亚人、爱奥尼亚人和多利亚人组成。经过长期

[1]　《马克思恩格斯选集》第 2 卷，人民出版社 1996 年版，第 113 页。

[2]　《马克思恩格斯选集》第 3 卷，人民出版社 1972 年版，第 468 页。

[3]　E. 策勒尔：《古希腊哲学史纲》，翁绍军译，山东人民出版社 1992 年版，第 2 页。

[4]　同上书，第 3—4 页。

的政治、经济和文化交往，到公元前 8 世纪，这三个民族之间的界限逐步泯灭，形成了统一的希腊民族。

希腊文明是海洋文明。希腊多山环海，岛屿密布，海岸细长，航海条件良好。同时，希腊地势崎岖不平，平原少，土地贫瘠，只适合种植葡萄和橄榄，不适合种植粮食作物，希腊人只有通过海外贸易才能维持自己的生存和发展。公元前 8 世纪至前 6 世纪，以氏族为基础的原始公社让位于城邦，希腊的奴隶制普遍地确立和繁荣起来。城邦在希腊语中为 polis，英译为 city-state，指拥有一个城市以及周围不大的一片乡村区域的独立主权国家。每个城邦都有自己的法律、议事会、执政官、法庭和军队。为了寻找土地，解决人口增长造成的负担，希腊人约于公元前 750 年从海岸着手，向西推进，开始并延续了差不多两个世纪的大范围殖民扩张。据统计，希腊参与殖民的城邦有 44 个，在各地建立的殖民城邦超过 139 个。这些新的殖民城邦犹如雨后池塘周围彼此呼应的青蛙[1]。殖民城邦和母邦没有严格的政治联系，只有宗教和感情的联系。由此看来，希腊不是一个统一的国家，而是由数以百计的、独立的“蕞尔小邦”组成的联合体。柏拉图的《理想国》中的理想国家是城邦，亚里士多德的《政治学》也是城邦政治学。所谓政治学（politics）源出城邦（polis）。亚里士多德的名言“人天生是政治的动物”，其本意是“人天生是城邦的居住者”。随着希腊城邦的建立和繁荣，希腊进入“古风时代”。希腊文明和艺术出现了奇迹般的繁荣。

许多希腊城邦的政治体制采取直接民主制度，“城邦的政治主权属于它的公民，公民们直接参予城邦的治理，而不是通过选举代表，组成议会或代表大会来治理国家”[2]。“公民”（polites）意为属于城邦的人，然而，希腊城邦的公民仅指祖籍本城的 18 岁以上的男子，妇女、儿童、奴隶和异邦人不是公民。在希腊城邦中，奴隶和奴隶主是两个最基本的阶级。奴隶由战俘、异族人（指非希腊的蛮族人）和奴隶的子女充任，也有本部落的债务人沦为奴隶的。除这两个阶级外，还有平民或自由民这一阶级。平民包括小土

[1] 马世力主编：《世界史纲》上册，上海人民出版社 1999 年版，第 141 页。

[2] 顾准：《希腊城邦制度》，中国社会科学出版社 1982 年版，第 10 页。

地所有者和小手工业者。奴隶主又分为氏族贵族奴隶主和工商业奴隶主。在与氏族贵族奴隶主的斗争中，平民和工商业奴隶主由于利益趋同，往往携手联合。据有的研究者估计，在伯罗奔尼撒战争以前，即柏拉图诞生前 4 年，雅典公民（祖籍本城的 18 岁以上的男子）人数约为 4.5 万人，由此推算当时雅典总人口为 10 万多一点。奴隶约有 12.5 万名，其中 6.5 万名用于家庭生活，即充当仆人和保姆，平均每个公民拥有约半名奴隶，另外 5 万名奴隶用于手工业，1 万名用于采矿。采矿业奴隶受到冷酷无情的对待，服务于家庭生活的奴隶则相当自由。斯巴达人嘲笑说，在雅典街头无法辨别出哪一个是奴隶，哪一个是奴隶主[1]。也有史书记载，雅典城里的奴隶待遇较好，“可以拿工资，从事劳动并担任负责的职务，如小官吏和银行经理”[2]。

斯巴达是希腊城邦中最大的一个，面积 8500 平方公里。在经济上它重农抑商，不过，斯巴达人既不务农，又不经商，他们靠奴隶的劳动维持生活。斯巴达人对奴隶极其残酷。奴隶必须穿标志卑贱的衣服，健壮勇敢的青年奴隶常常无缘无故地遭到杀害。斯巴达全国像一个大兵营，全体公民都是战士，生活在按照军事编制的集体里。他们崇尚武力，骁勇善战。新生婴儿要接受体检，体质过弱的被抛到山峡的弃婴场。儿童 7 岁开始过集体生活，12 岁起不准穿内衣，一年之内只穿一件外衣。青年人终年不穿鞋，从小接受体育和吃苦耐劳的锻炼。国家取消金银货币，只使用铁币。所有男人都在公共食堂就餐，上至国王、下至普通公民都吃同样粗糙的食物。斯巴达成为刚毅勇敢、视死如归的代名词。

与斯巴达形成鲜明对比的是雅典。雅典被称作“希腊智慧的首府”“全希腊的学校”。这里商品经济发达，民主政治健全，文化艺术辉煌。雅典诞生了政治家梭伦（Solon）、伯里克利（Pericles），戏剧家埃斯库罗斯（Aeschylus）、索福克勒斯（Sophocles）、欧里庇得斯（Euripides）、阿里斯托芬（Aristophanes），历史学家修昔底德（Thucydides），雄辩家狄摩西尼（Demosthenes），雕刻家菲狄亚斯（Phidias）、普拉克西特利斯（Praxiteles），

[1] 基托:《希腊人》，徐卫翔、黄韬译，上海人民出版社 1998 年版，第 162 页。

[2] 马世力主编:《世界史纲》上册，第 155 页。

哲学家苏格拉底、柏拉图。真是灿若群星，蔚为大观。

城邦制度对希腊人的生活方式和审美风貌产生重大影响。在小国寡民的城邦中，人们互相熟悉，共同讨论问题。希腊人酷爱交际和谈话，将大部分闲暇时间用于户外，“他们很少享受家庭生活，他们过的是社交生活、宗教生活、艺术生活，特别是阳光生活，他们的阳光是那样晴明……甚至他们的思想也是那样晴明，没有一点雾”[1]。苏格拉底没有写过任何著作，除了一两次打仗外，他没有离开过雅典。他整天奔忙于街头、市场和广场，找各种各样的人谈话，探索智慧和真理。雅典人总有那么多的闲暇，下午会在浴室或运动场待上很长时间。亚里士多德专门论述过闲暇，科学、哲学和艺术产生于闲暇。雅典人有闲暇，一是因为有奴隶的劳作，二是因为他们的生活标准极其低下。奴隶主、异邦人和奴隶都吃同样的食物，穿同样的服装，他们的食物、服装以及家具、房屋都十分简朴。雅典人正常的食谱是大麦面、橄榄、一丁点葡萄酒，弄点鱼调调味，遇上重大节日才吃肉[2]。苏格拉底无论行军打仗，还是做客赴宴，都穿一件破旧的长袍，并且很少穿鞋。可是，雅典人的精神生活却十分富有。

公元前 5 世纪被称为希腊社会的“古典时代”。“古典”的意思是“最好的”。这段时期希腊的经济和文化都达到巅峰状态。希腊的古典时代起始于希波战争，终结于伯罗奔尼撒战争。希波战争是希腊和波斯之间的战争，战争以波斯的惨败而告终。雅典从希波战争中获得了大量战俘和战利品，进一步促进了商品经济的发展。公元前 443 年至前 429 年，作为由平民和工商业者组成的雅典民主派的领袖，伯里克利连任 15 年首席将军。这是雅典社会的黄金时期。在伯里克利时代，公民大会是国家的最高权力机构，各级官职由公民抽签产生。这种民主开世界民主政治之先河，然而它有时候容易导致无政府主义的混乱状态。苏格拉底就由雅典民主法庭以渎神的罪名被判处死刑。

随着势力的膨胀，雅典称雄整个希腊，引起希腊传统霸主斯巴达的不满。希波战争中结盟的希腊这两个最重要的城邦——雅典和斯巴达反目成

[1] 罗念生：《希腊漫话》，生活・读书・新知三联书店 1988 年版，第 8 页。

[2] 基托：《希腊人》，徐卫翔、黄韬译，第 36 页。

仇。公元前431年，斯巴达军队入侵雅典，爆发了伯罗奔尼撒战争。修昔底德的《伯罗奔尼撒史》(商务印书馆1960年版)描述了这场长达27年的战争。战争开始的第三年，伯里克利就死于雅典流行的瘟疫。柏拉图伴随着伯罗奔尼撒战争成长。雅典在战争中遭到失败。伯罗奔尼撒战争严重地破坏了希腊的经济和社会，导致各城邦之间战争不断，激化了城邦中的阶级矛盾，使奴隶数量大增。它标志着希腊古典时代的结束，城邦由此走向衰落和瓦解。柏拉图和亚里士多德直接目睹了城邦的衰落，他们幻想恢复城邦昔日的辉煌，然而逝去的东西再也无法回归。

在希腊城邦瓦解的同时，希腊北方邻国马其顿经过腓力二世（Philip Ⅱ）的经营迅速崛起。公元前4世纪中期，希腊形成了两个敌对政党——反马其顿党和亲马其顿党，它们之间展开了激烈的斗争。反马其顿党主张希腊人完全自由，亲马其顿党则认为最好服从马其顿的统治。亚里士多德与马其顿王室有着密切的关系，他的父亲曾是马其顿王室的御医，他本人曾是腓力二世的儿子亚历山大（Alexander）的老师。他幻想马其顿统治者能够把分散和软弱的希腊联合成强大而统一的民族。公元前337年，腓力二世以武力迫使希腊签下了城下之盟，实现了对希腊的征服，这标志着希腊城邦时代的结束。

第二年，腓力二世被卫兵刺死，亚历山大继位。由于亚历山大是亚里士多德的学生，许多希腊人对他抱有希望，认为他是开明君主，能够把分裂的希腊城邦统一成为人道国家。然而没过几年，亚里士多德的侄子、亚历山大的秘书和编年史编纂者卡里斯塞尼斯（Callisthenes）的言行举止得罪了亚历山大，暴虐而多疑的亚历山大借口他参与阴谋活动而除掉了他。卡里斯塞尼斯的死打破了希腊人对马其顿占领者的幻想，他们把亚历山大视为东方暴君。亚里士多德也成为马其顿专制政体的批评者。

公元前323年，亚历山大于征战极盛之际，突然在巴比伦因恶性疟疾病死。亚历山大去世后，希腊各地掀起了反马其顿的风暴。亚里士多德因其与马其顿王室的亲密关系，被雅典的反马其顿党控以不敬神明之罪。当时亚里士多德的处境极其艰难，马其顿人不信任他，希腊民主派也不信任他。他逃离雅典，定居欧比亚的加尔西斯。在亚历山大死后的第二年，亚里士多德在加尔西斯因病去世，终结了他的“哲学散步”。也有人认为，亚里士多德死于自杀。公元一二世纪的传记作家第欧根尼·拉尔修（Diogenes Laertius）提到亚里士多德服用有毒植物乌头身亡[1]。虽然更多的希腊罗马学者谈到亚里士多德的自然死亡，然而无疑，亚里士多德生命的最后岁月充满了矛盾和冲突。我们不仅要看到亚里士多德理性的思考方式和写作方式，也要注意到他思想中激动不安的方面，注意到他哲学中的生活取向和他的社会政治活动。随着亚里士多德的去世，希腊美学结束了。

第二节　古希腊的文学艺术

古希腊的文学艺术是人类文化遗产中璀璨夺目的瑰宝。很多主题研究的专门著作、欧洲文学史和艺术史著述以及百科全书都详细阐述了古希腊的文学艺术。我们在这里仅仅论及与古希腊美学理论直接有关，或者古希腊美学家做过分析的古希腊文学艺术中的内容，为古希腊美学提供一个有关古希腊文学艺术的知识背景。

希腊文学大致可以分为两个阶段：从原始社会向奴隶社会过渡时期的神话和史诗；奴隶制城邦时期的悲剧和喜剧。希腊神话是希腊美学的母体，它的内容分为两部分：神的故事和英雄传说。“神的故事主要包括关于开天辟地、神的产生、神的谱系、天上的改朝换代、人类的起源和神的日常活动的故事。”[2]希腊诸神是人格化的自然物或自然力量。众神之首宙斯（Zeus）是雷电之神，波塞冬（Poseidon）是海洋神，哈德斯（Hades）是冥神，阿波罗（Apollo）是太阳神，阿尔忒弥斯（Artemis）是月神，阿瑞斯（Ares）是战神，赫菲斯托斯（Hephaestus）是火神，等等。众神住在希腊最高的奥林匹斯山上，他们长生不老，支配着自然力量，主宰着人间祸福。然而，他们有道德缺陷，和人一样有虚荣心、嫉妒心和复仇心，贪图享受，争权夺利，也常常偷情。

---

[1] 拉尔修：《著名哲学家的生平和学说》第5卷第8节。

[2] 杨周翰、吴达元、赵萝蕤主编：《欧洲文学史》上册，人民文学出版社1964年版，第15页。

英雄是神和人所生的后代。例如，赫拉克勒斯（Heracles）就是宙斯和人间女子生的儿子。“英雄传说是对于远古的历史、社会生活和人对自然作斗争等事件的回忆。”[1] 英雄传说以不同的英雄为中心形成了许多系统，主要有赫拉克勒斯所建立的十二件大功。希腊神话是在长时期内形成的，它后来在公元前 9 世纪至公元前 8 世纪希腊诗人荷马（Homer）的史诗和公元前 8 世纪至公元前 7 世纪希腊诗人赫西俄德（Hesiod）的《神谱》中得到比较系统的描述。荷马史诗是柏拉图和亚里士多德美学理论经常讨论的对象，它包括《伊利亚特》和《奥德赛》。荷马是希腊民族的老师，荷马史诗后来成为希腊城邦公民教育的重要材料。赫西俄德的《神谱》描写了宇宙的形成和诸神的谱系。他还写有教谕诗《工作与时日》。希腊文学这一阶段著名的抒情诗人有女诗人萨福（Sappho，约公元前 612 年生）和品达（Pindaros，约公元前 518 年至前 422 年）。罗马美学家朗吉弩斯（Longinus）的《论崇高》曾引用萨福的一首诗，把它奉为楷模。品达写过颂神歌、酒神颂等，尤以写竞技胜利者颂见长。在希腊化时期，他被认为是希腊首屈一指的抒情诗人，罗马美学家贺拉斯（Horatius）对他有很高的评价。

古希腊文学第二阶段的主要成就是戏剧（悲剧和喜剧）。这是除史诗外，希腊文学的又一高峰。也有人把这一阶段的希腊文学称作雅典文学，因为三大悲剧家埃斯库罗斯、索福克勒斯、欧里庇得斯和喜剧家阿里斯托芬都是雅典人。戏剧是古希腊美学研究的重点，亚里士多德的《诗学》主要论述了悲剧，也涉及喜剧。

埃斯库罗斯（约公元前 525 年至前 456 年）被誉为希腊悲剧之父。他第一次在戏剧中把一个演员增加到两个演员，通过戏剧对话来表现戏剧冲突。据说，布景、演员的高底靴和色彩鲜明的服装也是由他首先采用的。索福克勒斯（约公元前 496 年至前 406 年）在政治上属温和的民主派，和雅典民主派领袖伯里克利交情甚笃，伯里克利的老师、早期希腊哲学家阿那克萨戈拉（Anaxagoras）和智者普罗泰戈拉（Protagoras）也是他的朋友，他对僭主

[1] 杨周翰、吴达元、赵萝蕤主编:《欧洲文学史》上册，第 16 页。

政治深恶痛绝。索福克勒斯首先采用第三个演员，使对话占据主要地位，歌队的作用下降。他最著名的作品是《俄狄浦斯王》和《安提戈涅》，这两部悲剧成为西方美学经常分析的对象。欧里庇得斯（约公元前 485 年至前 406 年）与苏格拉底和智者交往，被称为“舞台上的哲学家”。他的大部分作品是在伯罗奔尼撒战争期间写成的，他借用现成的神话和史诗情节托古喻今，反映奴隶主民主制出现危机时的雅典社会。阿里斯托芬（约公元前 446 年至前 385 年）被誉为“喜剧之父”，苏格拉底和柏拉图都是他的朋友。在柏拉图的《会饮篇》中，阿里斯托芬是参加会饮的客人之一，并就“爱”的问题发表了一通言论。他去世后，柏拉图为他写了两行墓志铭：“美乐女神寻找一所不朽的宫殿，她们终于发现了阿里斯托芬的灵府。”[1]

体现了古典时代理想的古希腊艺术，是以雕塑为核心的建筑、雕塑、绘画三位一体的艺术。谈到古希腊雕塑，我们首先要提到古典鼎盛期的《持矛者》（约公元前 440 年，青铜原件，与真人等大）。它的作者波利克里托斯（Polyclitus）正是以毕达哥拉斯学派关于数的比例的美学理论，来规范自己的艺术创作和阐释自己的创作原理的。希腊雕塑凸显的是人体的比例和结构，是在每一个细节上都符合数的关系的明确的外部形式，而不是人物的主观体验和心理活动。这就是波利克里托斯创作的法则。

持矛者被塑成正在行走中的形象，瞬间的停顿和潜在的运动相结合。左手握矛，左肩因此绷紧并微微耸起。左腿没有负重，而臀部自然放松。右手自然悬挂，右肩下垂，右腿支撑全身重量，臀部提起。一边是收缩的躯干，另一边是伸展的躯干，这种对称给身体一种动态的平衡。这种“对偶倒列”的手法被后人经常仿效。持矛者的头转向右边，描绘了一条优美的倒“S”曲线，并增加了侧视的趣味，这种手法也为后人所推崇[2]。持矛者身体的各个部位、各个部位和整体的关系，都符合一定的数的比例。

不过，古希腊雕塑家对数的比例的理解是辩证的。他们不从纯数量

---

[1] 《中国大百科全书 · 外国文学》第 1 卷，中国大百科全书出版社 1982 年版，第 27 页。

[2] 苏珊 · 伍德福特、安尼 · 谢弗 – 克兰德尔、罗莎 · 玛丽尔 · 莱茨：《剑桥艺术史》第 1 卷，罗通秀、钱乘旦译，中国青年出版社 1994 年版，第 40—41 页。

关系上来理解这种比例，而是把数看作一种实体、一种本体存在、一种生命力量。数的比例是一种结构，这就是古希腊雕塑家所理解的数的比例的本质。他们的数是从活的人体中自然地产生出来的，就像毕达哥拉斯学派的数是从宇宙天体中产生出来一样。这样理解的数不仅是静态的对称，而且是动态的韵律。持矛者除了对称外，它的“对偶倒列”也体现了某种韵律。就像毕达哥拉斯学派的宇宙除了某种固定的模式外，还包含天体运行的节奏。在这一点上，古希腊雕塑和同样遵循数的比例的古埃及雕塑表现出明显的区别。希腊化时期的历史学家狄奥多罗斯·西库路斯（Diodorus Siculus，约公元前 90 年至前 21 年）讲述的一则故事很能说明这个问题[1]。早期雕塑家中有两兄弟，他们为萨莫斯岛雕塑阿波罗像。其中一个人在萨莫斯岛塑造了阿波罗像的一半，另一个人在另一处塑造了另一半，然后把这两半拼接起来，塑像好像出自一人之手。这种创作方法，埃及人常采用，而希腊人不采用。他们的区别在于，埃及人从固定的模式出发，把人体分为二十四部分，雕塑家们根据分工各自创作若干部分，然后组装成完整的人像。这种按照僵死的程序创作出来的作品明显缺乏生气。而希腊雕塑家关于人体比例的概念则来自对人体的直接观察[2]。

最充分地体现了数的比例中的韵律感的是古典早期米隆（Myron）的《掷铁饼者》（约公元前 460 年至前 450 年，青铜原件，罗马大理石摹制品，与真人等大）。米隆捕捉了运动员握铁饼的手臂向后摆动到顶，刚要把铁饼猛掷出去的一刹那的形象。有些研究者对《掷铁饼者》的设计进行了分析：它的右边采用了延伸的曲线控制，曲线几乎没有中断，左边则用一条锯齿般的“之”字线控制。右边是闭合型，左边是开放型；右边光滑，左边有角。单线的主体结构、右边的大弓线和左边四条几乎直角相交的直线，给运动的人

[1] 沃拉德斯拉维·塔塔科维兹（Wladyslaw Tatarkiewicz）在《古代美学》中也援引了狄奥多罗斯的这段记述，见该书中译本（杨力、耿幼壮、龚见明、高潮译，中国社会科学出版社 1990 年版），第 11—12 页。在书中，译者把“狄奥多罗斯·西库路斯”译为“狄奥多阿斯·斯库拉斯”。

[2] 狄奥多罗斯:《历史丛书》第 1 卷第 98 节。

体带来了和谐[1]。描绘高潮前的瞬间的作品还有《海神波塞冬》(约公元前460年,青铜),描绘了波塞冬手握三叉戟猛掷前的瞬间姿势。

古希腊雕塑喜欢描绘裸体的男子和着衣的女子。女性裸体是希腊化时期艺术的新主题。在希腊雕塑的不同时期,女性身体和衣饰的相互关系表现出不同的情趣。例如,在公元前6世纪第二个25年(公元前575年至前550年),雕塑尚不能暗示衣褶下面的活生生的女性身体的风采。在公元前6世纪最后25年(约公元前525年),古希腊雕塑家"能够暗示在复杂的衣褶下面的一对隆起的乳房,纤细的腰肢和丰满圆润的大腿"[2]。到公元前5世纪后期,《女祖先维纳斯》(约公元前430年至前400年)的雕塑家已经"把衣饰雕得如此之薄并紧贴肉体,以致女神的身体几乎显得如同一件裸体的作品那样完全。事实上,她的一只乳房已裸露在外"[3]。这种情趣的变化反映出一种发展趋势:越来越把人体本身的特征提到首位。

在古希腊建筑中,与美学关系最密切的是它的独特语汇——柱式。古希腊建筑最早产生了多利亚柱式和爱奥尼亚柱式,分别以创立这两种柱式的希腊两个主要民族——多利亚人和爱奥尼亚人命名。后来古希腊建筑中还出现了科林斯柱式。对这三种柱式的美学特征,古罗马建筑学维特鲁威(Vitruvius)在《建筑十书》中作过阐述(参见第九章第三节)。19世纪德国心理学家西奥多·立普斯(Theodor Lipps)曾以多利亚柱式为例,阐述他的移情说。多利亚柱式由柱身、柱头和基石组成。柱头由朴素的圆形垫石和无装饰的正方形顶板组成,柱身上细下粗,高度仅有底部直径的4倍至6倍,它直接立于基座上,显得强劲粗壮。与多利亚柱式相比,爱奥尼亚柱式在柱身和基石之间多了精心制作的柱础,柱头上有涡卷饰,柱身细长,柱身是柱底直径的8倍至10倍,显得纤巧华丽。至于科林斯柱式,则是爱奥尼亚式更加华丽的变体。

---

[1] 苏珊·伍德福特、安尼·谢弗–克兰德尔、罗莎·玛丽尔·莱茨:《剑桥艺术史》第1卷,罗通秀、钱乘旦译,第38—39页。

[2] 同上书,第43页。

[3] 同上书,第44页。

古希腊的民居非常简陋，古希腊建筑最鲜明的特征体现在神庙中。希腊神庙是神的住所，希腊人建造神庙的目的是为神的雕像提供庇护所，所以，希腊神庙是建筑和雕塑的结合。希腊神庙不是集会的场所，宗教仪式和典礼仍在神庙正面外侧的祭坛举行，很少有人进入神庙里面。希腊神庙不管是木头建造的还是石头建筑的，可能都非常简单，只要“一个通过门廊进入的单独房间就够用了”[1]。罗马神庙和希腊神庙的功能不同，它是集会的场所，罗马人在神庙里面从事祭祀活动，所以，罗马神庙很宏伟。

当然，有些富有的希腊城邦出于炫耀的目的，也建造了巍峨壮丽的神庙。奥林匹亚宙斯神庙和雅典帕特农神庙就是这样的例子。宙斯神庙建于公元前 470 年至前 456 年，是一座多利亚式的石灰岩雄伟圣殿，建筑师为里本（Libon），宙斯雕像的作者为希腊最伟大的雕刻家菲狄亚斯。可惜宙斯雕像已经失传，只是神庙上的浮雕尚有残存。神庙东西两端山墙（钝角三角形墙面）上的大理石浮雕都取材于希腊神话故事，其中心人物宙斯和阿波罗都高达 3 米以上。帕特农神庙建于公元前 447 年至前 438 年，这座白色大理石建筑是希腊多利亚柱式的最高成就。神庙由柱廊环绕，东西两面各有 8 根柱子，南北两面各有 17 根柱子。神庙供奉的女神雅典娜（Athena）雕像仍由菲狄亚斯创作，木胎、象牙和黄金饰面的雅典娜立像高约 12 米，现存罗马人的大理石摹制品。帕特农神庙的山墙比宙斯神庙要宽阔。英国大不列颠博物馆里世界著名的“三女神像”来自帕特农神庙的东山墙，它的西山墙描绘了雅典娜和海神波塞冬为争当雅典城保护神而展开的竞争。

古希腊画家发明了在一个画面上表现三维立体和三维空间的方法。公元前 5 世纪末之前，帕拉修斯（Parrhasius）在这方面的造诣已经很深，而宙克西斯（Zeuxis）在这方面有更大的拓展。他不通过轮廓的暗示，而通过阴影的灵巧运用，使他的人像具有立体感。古希腊画家绘制舞台布景的经验，促使同时代的哲学家阿那克萨戈拉和德谟克利特（Democritus）从事透视理论的研究。

---

[1] 苏珊·伍德福特、安尼·谢弗－克兰德尔、罗莎·玛丽尔·莱茨:《剑桥艺术史》第 1 卷，罗通秀、钱乘旦译，第 48 页。

亚里士多德和古罗马理论家维特鲁威、西塞罗（Cicero）、普鲁塔克（Plutarch）都提到希腊的画家和绘画，然而他们的论述是片段的。对古希腊绘画作过比较系统论述的是罗马学者普林尼（Plinius，约公元 23 至 79 年），他的《自然史》（37 卷）是一部古希腊罗马自然科学知识的百科全书。在该书有关矿物的部分中，普林尼记述了雕刻家使用的大理石和画家使用的由矿物制成的颜料，由此也叙述了雕刻和绘画的历史。我们在第三章第一节就援引了普林尼关于波利克里托斯的《持矛者》的论述。

第三节 美学的产生和发展脉络

古希腊美学经历了早期、过渡期和鼎盛期三个发展阶段，在这三个相互衔接和承续的发展阶段中，古希腊美学思想呈现出某种演进的轨迹。

一、宇宙学美学向人本主义美学的演进

与希腊城邦的诞生和繁荣同步，早期希腊美学形成于公元前 6 世纪至前 5 世纪中期。随着氏族关系的瓦解，希腊从原始社会进入奴隶社会。哲学家们开始用自己的思维结构来代替原始社会的意识形态——神话。他们普遍试图寻找世界的本原，以便认识和掌握世界，于是出现了毕达哥拉斯学派的数、赫拉克利特（Heraclitus）的火、德谟克利特的原子和恩培多克勒（Empedocles）的四根（火、土、气、水）。虽然恩培多克勒的四根不同于其他学派的一元论，是一种多元论，但是这些学说都反映了人类思维的共同进程，即自然元素代替神成为支配世界的力量。

数、火、四根和原子与美学关系密切。早期希腊美学家在寻找世界的本原时，就把世界和宇宙当作自己主要的研究对象。毕达哥拉斯学派的数是有限和无限的结合。当有限和无限处在和谐的关系中时，事物就以某种形式确定了自身的界限，从无限的背景中剥离出来。数既是事物结构的规定性，又是事物美的根源。赫拉克利特把火看作宇宙的本原，即宇宙变化和发展的一般规律。他特别重视尺度的概念，因为事物的生成和转化是按照一定的尺度

进行的。赫拉克利特虽然不属于毕达哥拉斯学派，然而他的尺度概念也带有数的痕迹，因为尺度是一种周期和节奏。赫拉克利特的火本原说通过尺度这种审美原则与美学发生了联系。

恩培多克勒的四根说把火、土、气、水四种元素当作世界的本原。从词源学上看，"元素"指彼此分开但处在同一序列中的物体，如森林中的树木、队列中的士兵。在希腊美学中，元素具有审美的、结构的意义。恩培多克勒关于火、土、气、水的概念与现代人不同，他在这方面深受毕达哥拉斯学派的影响，把土设想为六面体，把火设想为四面体，对这些元素作审美的理解。在早期希腊美学家看来，元素既是活的，又是美的。德谟克利特的原子也不是现代科学中的原子，它类似于恩培多克勒四根说中的元素。德谟克利特的原子具有多种多样的几何形状，人的一切感觉都以对象的几何形体为基础。

早期希腊美学家对宇宙本原的探求，使得他们把造型明确、几何形体固定的宇宙看作最重要的审美对象。"宇宙"在希腊语中的原意是"秩序"，早期希腊美学家把观照宇宙的秩序视为人生的目的。对他们来说，可以听到、可以看到、可以触摸的宇宙是最高的美。古希腊美学的过渡期形成于公元前5世纪下半叶，当时希腊社会进入古典时代的繁荣阶段。希腊过渡期美学以智者和苏格拉底为代表。在古希腊哲学中，智者和苏格拉底往往作为对立面出现，然而他们思考的主要对象是相同的，那就是人和人的生活，主体、意识和自我意识的问题，而不是人的自然环境和宇宙。他们在哲学研究中方向的转换，也使得希腊美学发生了重大转折，从对自然的研究转向对人和社会的研究。智者和苏格拉底美学跨越了早期希腊的宇宙学美学，揭开了人本主义美学的序幕。

智者美学的最大特色是在西方美学史上第一次提出了审美主体和审美意识的问题，向早期希腊美学所理解的存在发起挑战。早期希腊美学的存在是自在的存在，是一个物质问题。智者美学的存在是自为的存在，是一个意识问题。智者美学所热衷的不再是早期希腊美学所膜拜的井然有序、恒常稳定的宇宙的和谐，而是变幻莫测、五光十色的生活中的美。

智者美学乃至整个智者运动的理论基础是普罗泰戈拉脍炙人口的一句名言："人是万物的尺度。"事物就是向我呈现的那个样子，也就是我所感觉的那个样子。存在就是被感知。智者把个人的体验当作真实的存在。"人是万物的尺度"这句话是人在自然的统治下第一次觉醒的标志，因此智者可以被看作人本主义的先驱。然而，这句话的消极意义也是明显的。它导致智者美学的相对主义倾向，并且对希腊化时期怀疑论派美学产生了影响。

智者的"双重论证"以大量例证，说明每一个人、每一个民族对美丑都有自己的看法和标准，甲认为美的东西，乙可能就认为丑，因此，美没有客观性，它总是相对的。也就是说，同一个现象在不同的主体（社会群体或个体）那里会得到不同的审美评价。在这里，智者最早区分了事实判断和价值判断。这种区分对美学非常重要。早期希腊美学在论述美的时候，着眼点放在客体的结构上，如和谐、比例、尺度等；智者美学在论述美的时候，着眼点放在主体上。早期希腊美学把美看作齐整有度的几何形体，智者美学把美看作散乱零碎的感性知觉。与早期希腊美学相比，智者美学研究的重点从审美客体转向审美主体。

苏格拉底也论述过美的相对性。色诺芬（Xenophon）在《回忆录》中记载了苏格拉底和他的弟子亚里斯提普斯（Aristippos）关于金盾和粪筐孰美孰丑的对话，苏格拉底明确表示，"同一事物既是美的又是丑的"。他主张，事物的美丑取决于效用和用者的立场。美不是事物的一种绝对属性，它依存于此事物与其他事物的关系。这里已经隐含着"美是价值"的观点。前苏格拉底只研究自然的原因，从苏格拉底才开始涉及价值。

智者关于美的相对性的观点符合他们细腻的生活体验和多重的社会角色。他们对生活的热忱和对社会活动的投入，是早期希腊美学家所没有的。他们在生活现象中寻找美，而远离宇宙的人的生活是那样的纷繁、矛盾、五彩缤纷，难怪智者所理解的美有那么多的相对性。不仅人的生活，而且宇宙在智者看来也是无序的，地球和日月星辰由水、土、气、火等元素偶然地混合而成，没有规律可循。最美的东西也不过是由偶然的机遇造成的。这和早期希腊美学家的观点已经大异其趣。

二、宇宙学美学和人本主义美学的融合

希腊奴隶制的发展导致希腊城邦的瓦解，因为小国寡民的城邦无法满足生产力进一步发展的要求。公元前 4 世纪以柏拉图和亚里士多德为代表的古希腊鼎盛期美学，就形成于希腊城邦衰落和瓦解的社会历史背景中。智者和苏格拉底美学用社会代替宇宙，把人的生活提到首位。然而，对于希腊人来说，没有宇宙的人的生活还是不完满的。柏拉图和亚里士多德美学既不仅仅局限于宇宙学，又不仅仅局限于人本主义，而把这两者结合，把人的生活看作宇宙发展的结果。柏拉图和亚里士多德美学仍然是宇宙学美学，但是和早期希腊美学相比，“宇宙”的含义已经发生了深刻的变化。在早期希腊美学家那里，宇宙是天文学的；而在柏拉图和亚里士多德那里，宇宙成为社会学的，是一种“社会的宇宙”。在这种意义上，智者和苏格拉底美学是早期希腊美学和柏拉图、亚里士多德美学之间的过渡环节。没有这个中间环节，希腊美学就不完整。

柏拉图的《蒂迈欧篇》是宇宙学美学的杰作。《蒂迈欧篇》指出，宇宙由灵魂和躯体两部分组成。柏拉图接受了早期希腊哲学家的观点，认为宇宙的躯体由火、气、水、土四种元素构成。宇宙灵魂先于躯体，高于躯体，在宇宙中占统治地位。宇宙灵魂的结构决定了宇宙的结构。地球、太阳、金星、水星和月亮、火星、木星、土星之间的距离符合 1、2、4、8 和 1、3、9、27 的比例关系，它们在各自的轨道中往复运动。这两组数列恰恰是黄金分割的比例。

柏拉图没有使用过黄金分割的术语，也没有对黄金分割的规则作出说明。他对黄金分割的比例的选择与其说是自觉的、有意识的，不如说是审美的、直觉的。在他看来，宇宙处在和谐有序的比例关系中。宇宙结构具有的不是普通的比例，而是美的、艺术的比例。

宇宙灵魂把宇宙变成活的有机体。宇宙虽然没有眼睛、耳朵，没有手足四肢，也不需要饮食呼吸，然而《蒂迈欧篇》指出，宇宙是一个完美的生物。人和宇宙一样，是灵魂和躯体的结合。宇宙是一个圆球，人的脑袋作为一个

圆球，是宇宙的类似物。为了追求灵魂和躯体的和谐，人应该模仿宇宙，因为宇宙达到了灵魂和躯体最完美的和谐。观照宇宙，模仿宇宙，像宇宙那样生活，是柏拉图美学的重要内容。

在《理想国》中，柏拉图把灵魂分作三部分：理性、激情和欲望。在这三部分中，理性最高，它统辖整个灵魂；激情次之，它是理性的盟友，辅助理性进行管辖；欲望最低。它们三者的关系就是激情受理性指导而控制欲望，从而达到灵魂的和谐。灵魂的三重区分和柏拉图关于理想国成员构成的三个等级相对应。柏拉图处在希腊城邦急剧衰落的时代，他想恢复城邦昔日的辉煌。在理想国（即理想城邦）成员中，第一等是统治者，第二等是辅助者，即军人、武士，第三等是工农业生产者。他们三者的从属关系就是辅助者协助统治者统治工农业生产者。总之，人和社会都应该模仿宇宙的和谐，只有这样，才能够美。

亚里士多德对天的理解和我们现代人不同，他认为天是有限的，可以测量，只是它太大了，难以真正测量。天像其他任何事物一样，有固定的形式，是现实的、坚硬的，像建筑中的拱形石。亚里士多德关于宇宙结构的理论也不是严格科学的，它富有诗意和神话色彩。这种理论不仅具有自然哲学意义，而且具有审美意义。

亚里士多德的宇宙学美学首先强调天体作匀速的圆周运动。圆周运动比直线运动完满，因为圆周是一种完全的形状，而直线是不完全的。无限的直线没有界线和终点，所以不完全；有限的直线能够延伸，所以也不完全。其次，亚里士多德论证了天体必然是球形。他高度赞美球体，在各种立体图形中，球体是第一位的，因为它只有一个面，是不可被分开的立体。在数目上，圆形相当于一。宇宙之所以是最高的审美对象，因为它的球体形状是最美的，它永恒的、匀速的圆周运动也是最美的。宇宙万物的运动形成和谐的、美妙的图景。

按照亚里士多德的说法，宇宙的真实名称是“井然有序”。宇宙的这种秩序也伸展到人和社会生活中。亚里士多德把秩序看作美的事物最主要的性质。秩序与其说表明美的形式，不如说表明美的结构。像希腊美学家一样，亚里士多德具有明确的结构感。

人应该模仿宇宙的有序，因为秩序在宇宙中比在我们身上表现得更为充分。亚里士多德的《政治学》认为，要治理好城邦，最重要的是确立某种秩序，因为政体是城邦中各种官职配置的一种秩序，法律也是一种秩序。在亚里士多德看来，一切都在运动着，而这种运动是有规律的、有秩序的。作永恒的圆周运动的宇宙最有秩序，而宇宙理性是秩序的终极原因。

柏拉图和亚里士多德把早期希腊的宇宙学美学和过渡期的人本主义美学有机地结合起来，从而把希腊美学推向鼎盛期。

第二章
希腊神话和史诗中的审美观

希腊神话孕育了希腊的文学、艺术和哲学，也是希腊美学的母体。研究希腊神话的本质，有助于我们深入理解希腊美学。

第一节　希腊神话和希腊美学

希腊神话产生于希腊原始社会，约公元前 10 世纪至前 7 世纪。当然，它的起源更早。距今 3000 年至 4000 年之间，是希腊神话形成的早期阶段，即拜物教阶段。随后，希腊神话从拜物教过渡到万物有灵论，最终发展为发达的万物有灵论。作为希腊原始社会的意识形态的神话，指的就是发达的万物有灵论阶段的神话。

希腊神话以口头文学的形式在各个部落流传了几百年，散见于荷马的史诗《伊利亚特》和《奥德赛》、赫西俄德的《神谱》以及奴隶制时期的文学、哲学和历史等著作中。我们现在所看到的希腊神话故事集都是后人根据古籍重新编写的。

希腊神话和希腊美学的关系，可以从三个方面来看。第一，希腊美学是对希腊神话的反思。希腊神话发展的三个阶段清晰地反映出神话思维的变化，希腊美学正是对这种神话思维发展的理论思考。希腊神话发展的初始阶段是拜物教阶段。拜物教特别是植物拜物教在古希腊非常盛行。当时原始社会的希腊人以狩猎和采集为生，他们向自然索取现成的产品，而不培育和生产这些产品。他们赋予其所看到、所接触的自然对象和现象以人的功能，这些自然对象和现象成为某种神秘力量即“精灵”（daimōn）的载体。古希腊人崇拜月桂树、葡萄藤、常春藤、橡树和柏树，崇拜蛇、鹰、虎、狗、狼、豹、公牛和母牛等。例如，古希腊人赋予每棵树以神秘的力量，即“树精”。树精由希腊词 hama（与……在一起）和 drys（橡树）构成，意思是“与橡树在一起”。当树活着的时候，树精也活着。如果树死了，树精也死了。在这里，精神（树精）和物质密不可分。当时的希腊人还没有把自己和周围环境区分开来，他们把自己看作自然的一部分。拜物教的内容也包括对人的崇拜，例如对灵魂的崇拜。在希腊语和拉丁语中，“灵魂”和“呼吸”由同一个词表示。因为人有呼吸，就意味着有生命，所以，呼吸等同于生命和灵魂。灵魂被古希腊人想象为云，然后又想象为风。

原始社会氏族公社的巩固，促使希腊原始人由采集现成的食物，转入培育这些食物。他们饲养禽兽，种植植物。这种生产经济和原先的狩猎采集经济混合存在，由此出现了最原始的劳动工具。原始人开始琢磨劳动工具的结构和用途，区分物的组成部分，产生了关于物的概念，并把物的概念和物分开。这时候原始人的意识中出现了精灵的新概念，精灵脱离相应的物而独立存在，它们从外部作用于物，不再和物同生死，而是不朽。这就是希腊神话的万物有灵论阶段。不过，这些精灵还不是神，它们没有名字和个性特点，没有形成家族，也没有自己的历史。它们突然降临或消失，给人带来幸福或灾难。

随着生产的发展和智力的增强，原始人开始懂得进行概括。比如，起先他们根据自己每天不同的感觉来认识太阳，认为每天的太阳都是新的，有多少个白天就有多少个太阳。后来他们逐渐懂得，尽管他们每天对太阳的感觉不同，然而太阳是同样的，只有一个。概括是神话在发达的万物有灵论阶段最重要的特点。这时候精灵不仅是某棵树的精灵，而且是各种树乃至所有树的精灵。精灵获得更广泛的意义。大地、河流、田野、山脉都有精灵。精灵获得某种个性，成为神。在希腊语中，“神话”的含义是“词语”。希腊神话是关于神的词语。希腊人用词语称呼周围的事物，就是在进行某种概括。希腊神话中的赫菲斯托斯是一位铁匠，在造型艺术中他身体健壮，穿铁匠长衣，头戴锥形帽，手执铁锤或铁钳，一只手臂裸露在外。如果他仅仅是地上普通铁匠的翻版，他就没有任何神话意义。他之所以能进入神话，是因为他源于对火的概括。希腊人看到闪电迸发出的火花，看到铁匠炉火中的火苗，看到森林的火灾，看到夜间闪烁的火光，就用一个词语来概括它们，即赫菲斯托斯。赫菲斯托斯成为火神和炼铁业的庇护神。可见，希腊神话中的神既是某种自然现象的神化，又是对某类事物、某个现实领域的概括。

早期希腊美学不是神话，但是在概括这一点上它和神话有共同性。早期希腊美学家是自然哲学家，他们力图寻找统摄万物的原则或元素，毕达哥拉斯学派认为是数，并且直接宣告数就是神，数最美。在这种意义上，希腊美学是对希腊神话的反思。这种反思还表现为，希腊美学在神话中寻找抽象的逻辑结构。公元前 8 世纪至前 6 世纪氏族制逐渐转向奴隶制，神话时代结束了，然而氏族关系在奴隶制社会中仍然长期存在，神话的传统根深蒂固，希腊人不可能忘却神话，不可能忘却阿波罗和雅典娜。如果说氏族社会无意识地、直觉地创造了神话，那么，奴隶社会由于在人类历史上第一次形成了脑力劳动和体力劳动的分工，独立的脑力劳动有可能在神话中寻找抽象的逻辑结构。例如，在希腊神话中爱神厄罗斯（Eros）是直觉的，柏拉图在《会饮篇》中就对厄罗斯作出反思，把他说成丰富神和贫困神的儿子。丰富神代表理式，贫困神代表物质，厄罗斯是理式和物质的辩证融合。希腊美学从神话走向逻各斯。

希腊神话和希腊美学的关系的第二个方面表现为，希腊神话对现实不自觉的艺术加工是希腊审美意识的萌芽。希腊神话具有审美意义。比如，它经常描绘奥林匹斯诸神和英雄如赫拉克勒斯、忒修斯（Theseus）、珀尔修斯（Perseus）同妖怪、提坦、巨人、独目巨人的战斗，天空中响起阵阵雷鸣，地下掀起猛烈的地震。巨人们是大地女神该亚（Gaea）为天神乌拉诺斯生下的一群儿子，该亚唆使他们反对世界的新主宰宙斯。他们拔掉一座座高山，把它们堆砌起来，以山为梯向神的住地攀登。宙斯急忙召集诸神应战。战神手执闪闪发光的金盾、驾着战车朝着密集的敌人冲击，酒神举起酒神杖、雅典娜举起西西里岛、赫拉克勒斯举起烧得通红的铁弹向敌人砸去，结果诸神大获全胜。这场战斗不仅是正义和邪恶之间的较量，而且是美和丑之间的争斗。赫拉克勒斯是宙斯和他的情人——凡间女子阿尔克墨涅所生的儿子，"生得漂亮"[1]，而巨人们"面目狰狞，杂乱的长须，长发，身后拖着一条带鳞的龙尾巴，这就成了他们的脚"[2]。诸神取得胜利后，世界由混乱变得有序与和谐。

神话中和谐有序的概念反映出原始人掌控周围环境能力的增强。以前的精灵代表了原始人不理解的神秘和奇异的自然力量。随着神话思维的发展，替代精灵的是庇护山岳、森林和河流的美丽的自然女神。自然女神数目众多，包括海洋诸女神、河流诸女神、山岳诸女神、山谷诸女神、草原诸女神、森林诸女神等。她们到奥林匹斯山参加众神会议，为众神所爱，成为众神的妻子。她们过着轻松愉快的生活，唱歌、跳舞，同牧神嬉戏玩耍。在造型艺术中，自然女神是半裸体的美丽少女[3]。而原先可怕的命运三女神（Moirae）现在愉快地生活着，成为宙斯乖巧的女儿。忒弥斯也由灾难的预言女神变成司法律和秩序的女神。希腊神话世界由无序向有序、由混乱向和谐、由怪异向美丽的转化，涉及美学固有的问题——美的起源。

希腊神话中阿波罗和缪斯形象的演变体现了古希腊人对艺术的起源、种类和体裁直觉的、感性的理解。阿波罗原来的形象依次是上细下粗的柱子、月桂树、常春藤、飞蝗、狼、鹰、狮身鹰首怪兽等，这些形象都与人实践活动的范围有关。后来阿波罗才成为神，被视为宙斯和女神勒托（Leto）之子。不过，人们常称他为"勒托的儿子"，而不提他的父亲宙斯。这反映了母权制社会的历史特征。阿波罗的表征物——马和箭则是狩猎时期的生产工具。他高大庄严，作为太阳神还保护农业，同时是诗神缪斯的领袖，其任务是维护世界的和谐，消灭邪恶和混乱。

缪斯女神原来只有一个，掌管人的各种活动：技术、艺术和科学。

---

[1] 施瓦布：《希腊神话故事》，刘超之、艾英译，宗教文化出版社 1996 年版，第 124 页。

[2] 同上书，第 129 页。

[3] 参见鲁刚、郑述谱编译：《希腊罗马神话词典》，中国社会科学出版社 1984 年版，第 291—292 页。

这表明这些活动当时还没有区分开来。后来，缪斯的数目增加了，变成三个，最后变成九个，她们分别是：克利俄（Clio），司历史女神；欧忒耳佩（Euterpe），司抒情诗女神；塔利亚（Thalia），司喜剧、牧歌以及田园诗的女神；墨尔波墨涅（Melpomene），司悲剧女神；忒耳普西科瑞（Terpsichore），司歌唱舞蹈的女神；厄拉托（Erato），司爱情诗女神；波林尼亚（Polyhymnia），司颂歌女神；乌拉尼亚（Urania），司天文女神；卡利俄佩（Calliope），司史诗女神。缪斯数目的增加和专业分工表明希腊人分析意识的增强。除了司历史和天文的缪斯外，司艺术的缪斯有七个，她们按照艺术的种类和体裁进行分工。

希腊神话和希腊美学的关系的第三个方面表现为，希腊神话中对天国世界的描绘，使得天和宇宙在希腊美学中占有重要地位。这涉及对神话本质的理解。传统观点认为，原始人不能认识和掌握自然规律，神话是他们不发达的思维以想象来虚构对自然的解释。可是，原始人为什么要以这种奇怪的方式解释自然呢？他们为什么需要关于世界的这种奇怪的表象呢？为了回答这些问题，有些研究者批评关于神话本质的传统观点忽视了神话与产生神话的历史环境的联系，忽视了神话与社会经济形态的联系。他们把希腊神话看作希腊氏族社会和氏族生活向天国、向宇宙的移植和投射[1]。生活在氏族公社中的原始人对以血缘为基础的氏族公社关系最熟悉、最容易理解。氏族社会中没有私有制，劳动工具和劳动成果归集体所有，成员没有贫富之分。古希腊人按照氏族关系创造了神话，神的家族成员有父母、兄弟、祖先和后代。火神赫菲斯托斯就是宙斯和赫拉的儿子。神像人一样，也有各种缺点、欲望和非道德的行为。对于古希腊人来说，天和自然就是一个巨大的氏族公社。按照氏族关系对自然所做的解释是古希腊人最可接受的解释。在希腊神话中，大地首先由自身产生了天，然后和天结婚，逐渐生出神。所以，大地是万物的母亲。宇宙被拟人化，

---

[1] 持这种观点的有法国社会学家埃米尔·涂尔干（Emile Durkheim）和俄罗斯希腊文化史学家A. F. 洛谢夫（A. F. Losev）。后者在《希腊人和罗马人的神话学》（莫斯科 1996 年版）、与 A. A. 塔霍－戈基合著的《神话、象征和术语中的希腊文化》（圣彼得堡 1999 年版）等一系列著作中阐述了这种观点。

被称作神，而且是最高的和绝对的神。宇宙是对氏族生活的极端概括。希腊的神和希腊自发的唯物主义并不矛盾，因为希腊的神是对感性物质的宇宙的某些领域的概括，是希腊的某些自然规律或者人的生活的理想反映。

在希腊美学中，感性物质的、可听可见的宇宙，天体在其中作往复运动的宇宙是最终的和最高的美，是一切真和美的极限。柏拉图的《蒂迈欧篇》是宇宙学美学的代表作。不仅如此，柏拉图所说的最高的美——理式是宇宙永恒的范式和原则，亚里士多德所说的最高的美——“不动的第一动者”是宇宙理性。理式和“第一动者”都是神话，只不过不是以神人同形的形象表现的神话，而是以抽象概括和哲学概念表现的神话。以希腊神话为基础的希腊美学不是认识论的，而是宇宙学的。

第二节　荷马史诗中的美学观念

荷马是公元前 9 世纪至前 8 世纪的希腊盲诗人。古代至少有 7 个地方争夺他的出生权，人们比较倾向接受的有两个：伊俄尼亚的基俄斯（Chios）和埃俄利亚的斯慕耳纳（Smurna）。荷马的史诗作品《伊利亚特》和《奥德赛》是西方文学史上最早的重要作品。荷马时代还没有文字，这两部作品是荷马根据在小亚细亚口头流传的史诗短歌综合编成的，所以又称“荷马史诗”。公元前 6 世纪，史诗正式写成文字，后来又经过修订，每部各分 24 卷。《伊利亚特》描写了特洛伊战争（公元前 12 世纪至前 11 世纪之交）结束前几十天发生的事，《奥德赛》描写希腊英雄俄底修斯在特洛伊战后返乡的故事。不过，在这两部史诗中，史实已经被创新成丰富的神话，或者说，这两部史诗中的神话以某些史实为依据，与历史有密切联系。

一、宇宙观

根据《伊利亚特》的描述，宇宙一分为三，分别为宙斯与他的兄弟波塞冬和哈得斯所有。波塞冬得到大海，成为海神；哈得斯得到冥府，成为冥王；“而宙斯得获广阔的天穹、云朵和透亮的以太”[1]；大地和高耸的奥林匹斯归他们三神共有。

“巍巍的俄林波斯”是“宙斯的家府”[2]。它不仅很高，而且很陡，上面“白雪覆盖”[3]，闪闪发光。它和半圆形的天连在一起，因此，住在奥林匹斯山上的诸神也就住在天上。天下面是以太。《伊利亚特》描写雅典娜“扑下天际，穿过透亮的以太”[4]，《奥德赛》也描写了赫耳墨斯“从晴亮的以太冲向翻涌的海面”[5]。希腊哲学和希腊美学都论及以太这个概念。以太下面是云，云下面是空气。空气离大地最近。

大地呈圆盘形，是平的。大地的这种形状在《荷马史诗》中屡次得到描述。《奥德赛》第 12 卷写道，俄底修斯的伙伴们在大地最西端的斯里那基亚海岛，宰杀了太阳神赫利俄斯（Helios）最好的壮牛，这引起赫利俄斯的震怒。原先赫利俄斯在“升登多星天空”时，能够欣赏到他心爱的牧牛。如果大地不是平的，赫利俄斯就无法从星空看到他在大地西端的牧牛。大地的四周有海洋环绕，地上的河流源自海洋，太阳、月亮和星辰在海上升起。在大地里面是幽浑、黑暗的冥府。

荷马关于宇宙的概念不仅具有神话学和天文学的意义，而且具有美学的意义。其意义在于，荷马理解的宇宙是一种形体，它很大，然而在空间上有限，也就是说，它具有固定的形状。上面是天，中间是地，下面是冥府。这已经是希腊美学中宇宙的雏形。宇宙是按照某种结构形成的，与宇宙结构有关的是荷马对数字的运用。荷马运用数字不是随意的，这些数字表明宇宙中的一切是按照某种比例构成的。据法国学者 G. 热梅因（G. Germain）的研究，荷马在史诗中最常用的数字是 3，《伊利亚特》使用了 67 次，《奥德赛》使用

[1] 荷马：《伊利亚特》，陈中梅译，花城出版社 1994 年版，第 349 页。引文中的“以太”原译为“气空”。

[2] 同上书，第 112 页。引文中的“俄林波斯”即奥林匹斯。

[3] 同上书，第 17 页。

[4] 同上书，第 468 页。引文中的“以太”原译为“气空”。

[5] 荷马：《奥德赛》，陈中梅译，花城出版社 1994 年版，第 86 页。引文中的“以太”原译为“高空”。

了 56 次。“3”表示某个人物行为的次数，然而 3 次都没有结果，第 4 次才有结果。在《伊利亚特》第 5 卷中，狄俄墨得斯明知阿波罗护着他的敌人埃涅阿斯，他还是勇往直前，“一连三次，他发疯似地冲上前去，意欲扑杀，一连三次，阿波罗将那面闪亮的盾牌打到一边”，“当他发起第四次冲锋”，阿波罗把他喝退[1]。在《伊利亚特》第 22 卷中，阿喀琉斯（Achilles）三次追击赫克托耳（Hector）都没有追着，“当他们第四次跑到两条溪泉的边沿”[2]，宙斯决定了赫克托耳灭亡的命运。10、50 也是荷马喜欢使用的数字。特洛伊战争延续了 10 年，俄底修斯在外漂泊了 10 年。“50”表示中等的数量，兵士一队 50 人：“五十之众，由两位首领制统，海蒙之子、神一样俊美的迈昂，和奥托福诺斯之子、战斗中犟悍骠勇的波鲁丰忒斯。”[3]“家居墨索奈和萨乌马基亚，以及来自墨利波亚和岩壁粗皱的俄利宗的兵勇们，分乘七条海船，由弓法精熟的菲洛克忒忒斯率领，每船乘坐五十名划桨的兵丁，战阵中出色的弓手。”[4]甚至一群牲畜也是 50 头：“其后，你将航抵斯里那基亚海岛，牧放着大群的肥羊和壮牛，太阳神赫利俄斯的财产，七群羊，同样数量的白壮的肥羊，每群五十头。”[5]

荷马所使用的数字具有审美意义，它表明世界是按照某些数字组织起来的，数字成为世界审美结构的原则。荷马赋予数字以审美意义要远远早于毕达哥拉斯学派。

二、审美观

荷马史诗经常描绘美的对象和现象，特别是女性美。例如，《伊利亚特》描绘了海伦的美。特洛伊老一辈首领看到穿着闪亮的裙袍、流着晶亮的泪珠的海伦沿着城墙走来，压低声音赞叹道：

---

[1] 荷马：《伊利亚特》，陈中梅译，第 114 页。

[2] 同上书，第 520 页。

[3] 同上书，第 91 页。

[4] 同上书，第 52 页。

[5] 荷马：《奥德赛》，陈中梅译，第 222 页。

好一位标致的美人！难怪，为了她，特洛伊人和胫甲坚固的
阿开亚人经年奋战，含辛茹苦——谁能责备他们呢？
她的长相就像不死的女神，简直像极了！[1]

爱神阿芙洛狄忒（Aphrodite）的美，“那修长滑润的脖子，丰满坚挺的乳房，闪闪发光的眼睛”[2]又使女人中闪光的佼佼者海伦“震惊不已”。天后赫拉为了迷惑引诱宙斯，精心梳妆，《伊利亚特》第14卷描绘了她的娇丽妩媚：

她走进房间，关上溜光滑亮的门扇，
洗去玉体上的纤尘，用
神界的脂浆，涂上舒软的
橄榄油，清香扑鼻。只要略一
摇晃，虽然置身宙斯的家府，青铜铺地的房居，
醇郁的香气却由此飘飘袅袅，溢满天上人间。
她用此物擦毕娇嫩的肌肤，
梳顺长发，用灵巧的双手编织发辫，油光
滑亮，闪着仙境的丰采，垂荡在与天地同存的
头首边。接着，她穿上雅典娜精工
制作的衫袍，光洁、平展，绣织着众多的图纹，
拿一根纯金的饰针，别在胸前，然后
扎上飘悬着一百条流苏的腰带，
挂起坠饰，在钻孔规整的耳垂边，
三串沉悬的熟桑，闪着绚丽的光彩。
随后，她，天后赫拉，披上漂亮、
簇新的头巾，白亮得像太阳的闪光，

[1] 荷马:《伊利亚特》，陈中梅译，第64—65页。引文中的“她的长相”原译为“他的长相”。
[2] 同上书，第73页。

系上舒适的条鞋，在鲜亮的脚面。[1]

荷马史诗描绘人的美涉及人体、人的服饰和化妆，知觉美的感官不仅有视觉，而且有嗅觉（清香扑鼻，醇郁的香气）和触觉（滑润的脖子，娇嫩的肌肤）。荷马还描绘过“发辫秀美”的黛墨忒耳（Demeter）、“脚型秀美”的达娜厄（Danae）、“白臂膀的”娜乌茜卡（Nausikaa）、“长发秀美”的雅典娜“身材丰美”的裴奈罗珮（Penelope）和“银脚”的塞提丝（Thetis）。不过，这些都不过是个别的美的现象，而不是美的本质。荷马没有论述过美的本质，然而，他把概括的美、一般的美理解为神，神能够给人带来美，使人变得美。在这种意义上，神成为美的原则。《奥德赛》第6卷描写历经磨难的俄底修斯从树丛中钻出身子，从厚实的叶层里折下一根树枝遮住身体，“带着一身咸斑，模样甚是可怕”[2]，他向未婚少女娜乌茜卡求助。娜乌茜卡嘱咐侍女拿上衣服，带领俄底修斯去河里洗澡。俄底修斯洗毕全身，穿上衣服后，一直帮助他的智慧女神雅典娜使他从“形貌萎悴”变得“光彩灼灼，英俊潇洒”[3]：

雅典娜，宙斯的女儿，使出神通，让他看来
显得更加高大，更加魁梧，理出屈鬈的发绺，
从头顶垂泻下来，像风信子的花朵。
宛如一位技巧精熟的工匠，把黄金浇上银层，
凭着赫法伊斯托斯和帕拉丝·雅典娜教会的本领
精湛的技巧，制作一件件工艺典雅的成物——
就像这样，雅典娜饰出迷人的雍华，在他的头颅和肩膀。[4]

[1] 荷马：《伊利亚特》，陈中梅译，第328页。
[2] 荷马：《奥德赛》，陈中梅译，第109页。
[3] 同上书，第113页。
[4] 同上书，第112页。

神使人为美，犹如“把黄金浇上银层”，人有了这种点缀就成为美的。在《奥德赛》第18卷中，雅典娜也让裴奈罗珮在见她久别的、化装成乞丐的丈夫俄底修斯前变得更美：

> 首先，女神清爽了她秀美的五官，用
> 神界的仙脂，库塞瑞娅以此增色，头戴
> 漂亮的花环，参加典雅姑娘们多彩的舞会。
> 接着，女神使她看来显得更加高大，越加丰满，
> 淡润了她的肤色，比新锯的象牙还要洁白。[1]

神使人变得美的能力已经超越个体美的现象，隐含了普遍性的意义。

三、艺术观

荷马史诗没有提到绘画和雕刻，但是对乐器、唱歌、舞蹈有较多描述。

荷马所描述的乐器分弦乐和管乐。弦乐是竖琴，管乐则包括阿洛斯和苏里克斯，它们类似于双簧管。荷马史诗写道：

> 信使将一把做工精美的竖琴放入菲弥俄斯
> 手中，后者无奈求婚人的逼近，开口唱诵。[2]

> 神们全都吃到足够的份额，
> 聆听着阿波罗弹出的曲调，用那把漂亮的竖琴，
> 和缪斯姑娘们悦耳动听的轮唱。[3]

而“阿洛斯和苏里克斯的尖啸和兵勇们低沉的吼声”则使阿伽门农

[1] 荷马：《奥德赛》，陈中梅译，第341页。

[2] 同上书，第6页。

[3] 荷马：《伊利亚特》，陈中梅译，第23页。

（Agamemnon）心绪纷乱。[1]

《奥德赛》第 1 卷描述了裴奈罗珮惦记着在特洛伊战争中下落不明的丈夫俄底修斯，聆听著名的歌手唱诵的情景。歌手唱诵的是神和英雄的经历，歌手的唱段“勾人心魂”，能够“欢悦我们的情怀”，歌手的唱诵受到神的驱使，不能随心所欲[2]。这里实际上涉及唱诵的题材、作用（欢悦情怀）和歌手的灵感（来自神）。荷马史诗中多处谈到神赋予歌者以灵感，把歌手称作“通神的”。阿尔基努斯（Alcinous）招待俄底修斯时，“还要召来通神的歌手”德摩道科斯（Demodokos），“神明给他诗才”[3]，“缪斯催使歌手唱诵英雄们的业绩”[4]。同时，艺术能给人带来快感和审美享受。特洛伊战争中的希腊英雄阿喀琉斯在战斗间隙也“拨琴自娱”，“以此琴愉悦自己的心怀，唱颂着英雄们的业绩”[5]。

荷马已经知道歌的不同体裁：颂歌（paiēon）、哀歌（linos）、婚礼歌曲（hymenaios）、挽歌（thrēnos）。颂歌献给神和英雄，哀歌献给早夭的美少年利诺斯（Linus）、那喀索斯（Narcissus）。婚娶时唱婚礼歌曲，“人们正把新娘引出闺房，沿着城街行走，打着耀眼的火把，踩着高歌新婚的旋律”[6]。特洛伊的英雄赫克托耳战死后，“引导哀悼的歌手们坐在他的身边，唱起曲调凄楚的挽歌，女人们悲声哭叫，应答呼号”[7]。在荷马史诗中，歌和舞常常连在一起，密不可分。《伊利亚特》第 18 卷描绘了载歌载舞的热烈场面：

> 场地上，年轻的小伙和美貌的姑娘们——她们的聘礼
> 是昂贵的壮牛——牵着手腕，抬腿欢跳。
> 姑娘们身穿亚麻布的长裙，小伙们穿着

[1] 荷马：《伊利亚特》，陈中梅译，第 218 页。
[2] 荷马：《奥德赛》，陈中梅译，第 13 页。
[3] 同上书，第 131 页。
[4] 同上书，第 132 页。
[5] 荷马：《伊利亚特》，第 198 页。
[6] 同上书，第 450 页。
[7] 同上书，第 593 页。

精工织纺的短套，涂闪着橄榄油的光泽。
姑娘们头戴漂亮的花环，小伙们佩挂
黄金的匕首，垂悬在银带的尾端。
他们时而摆开轻盈的腿步，灵巧地转起圈子——
像一位弯腰劳作的陶工，试转起陶轮，
触之以前伸的手掌，估探它的运作——
时而又跳排出行次，奔跑着互相穿插。
大群的民众拥站在舞队周围，凝目观望，
笑逐颜开。舞队里活跃着两位要杂的高手，
翻转腾跃，合导着歌的节奏。[1]

四、器物的美

荷马史诗中的器物包括服装、房屋、兵器和器皿等。这些器物以功利价值和使用价值为主，同时又有审美价值和观赏价值。

古希腊人穿着简单，男子们贴身穿用亚麻布织制的衣衫，外面再套一件披篷。衣着虽然简单，但是讲究美。俄底修斯历经磨难回到家里，他淋浴后“穿好衫衣，搭上绚美的披篷”[2]。披篷上可以绣出精美的图案，并染成深红、绛紫的色彩。妇女穿长垂的裙衫，外面使用腰带。“束腰秀美的女郎”“全都打扮得漂漂亮亮。”[3]古希腊人也有奢侈的服装和装饰品。求婚者们送给裴奈罗珮的彩礼琳琅满目，有“硕大的织袍，绚美、精致，缀着十二条衣针，全金的珍品，带着弯曲的针扣”；有“一条金项链，纯妙的工艺，串连着琥珀的珠粒，像闪光的太阳”；有“一对耳环，垂着三挂沉悬的熟桑，射出绚美的光芒”[4]。俄底修斯曾经叙述自己当年穿戴的服饰：

---

[1] 荷马：《伊利亚特》，陈中梅译，第454页。
[2] 荷马：《奥德赛》，第428页。
[3] 同上书。
[4] 同上书，第344—345页。

卓著的俄底修斯身穿紫色的羊毛披篷，
双层，别着黄金的饰针，带着
两道针扣，正面铸着精美的图纹：
一条猎狗伸出前爪，逮住一只带斑点的小鹿，
捕杀拼命挣扎的猎物。人们无不惊赞金针的工艺，
那金铸的图纹。猎狗扑击小鹿，咬住它的喉咙，
后者蹬腿挣扎，企图死里逃生。
我还注意到那件闪亮的衫衣，穿着在身，
像那蒜头上风干的表皮，轻软
剔透，像太阳一样把光明闪送。[1]

《奥德赛》描绘了俄底修斯“精美的宫居”。外面有围墙，院门和门槛硕大，墙内是十分漂亮的院落。宫居中最重要的部分是厅，人们在厅里吃喝交谈、欣赏诗颂。俄底修斯家中的厅高敞巨大，能容纳数以百计的人在里面活动。屋墙上是“一根根漂亮的板条”，“杉木的房梁”和“撑顶它们的木柱”十分坚固[2]。厅前有门廊，可供来访的客人留宿。主人的睡房和藏室在楼上。藏室橡木的门槛“由木工精心削刨，紧扣着划打的粉线，按上贴吻的框柱，装上闪光的门面”[3]。甚至连开门的钥匙也是那样精美，“精工弯铸的铜钥匙，带着象牙的柄把”[4]。

荷马史诗中的兵器有盾牌、剑、枪矛、弓箭，以及胫甲、胸甲、头盔、战车、战船等。这些兵器不但坚固耐用，而且工艺精湛，造型美观。阿喀琉斯的头盔“体积硕大，恰好扣紧阿喀琉斯的脑穴”，头盔还铸上了装饰用的“黄金的脊冠”[5]。在所有兵器中，阿喀琉斯的盾牌最为著名，它不仅厚重、硕大，而且盾牌上铸着一组组奇美的浮景。荷马用了 150 行左右的诗句来描

---

[1] 荷马：《奥德赛》，陈中梅译，第 358 页。
[2] 同上书，第 351 页。
[3] 同上书，第 389 页。
[4] 同上书，第 388 页。
[5] 荷马：《伊利亚特》，陈中梅译，第 454 页。引文中的“阿喀琉斯”原译为“阿基琉斯”。

绘这些奇景[1]。它们包括大地、天空、海洋、不知疲倦的太阳、盈满溜圆的月亮和众多星宿。盾面上有两座精美绝伦的凡人城市：一座表现婚娶和欢庆的场面，其中有市场和法庭；另一座城市周围聚集着攻城的兵勇，守城的士兵和他们交手开战，激烈捕杀。盾面上铸有原野和牧场。原野中有广袤、肥沃的农田，众多的犁手遍地劳作；有国王的属地，农人们挥舞锋利的镰刀忙于收割，谷地的一边已将盛宴排开；有果实累累的葡萄园，蔓爬的枝藤依附在银质的杆架上。牧场有牧牛场，牧牛人随同牛群行走；有牧羊场，洁白闪亮的羊群卧躺在水草肥美的谷地。盾面上还铸有舞场和磅礴的水流。阿喀琉斯的盾牌不仅具有考古学意义，而且具有审美意义，长期以来许多研究者对它作出了阐释。有的研究者如 W. 沙德瓦尔德（W. Schadewaldt）在《荷马的世界和作品》一书（莱比锡 1994 年版）中指出，盾牌所描绘的是荷马所理解的生活图景，是生活的颂歌，荷马史诗详尽描绘的内容在盾牌中得到简明的体现。阿喀琉斯的盾牌是最适用的，同时又是不涉利害的观照对象。功用和审美不可分割地结合在一起。

兑缸、碗、杯、高脚杯、酒盅、三脚鼎锅等器皿也体现了功用和审美的统一。兑缸是荷马史诗中经常出现的饮具，酒和水在兑缸里勾兑后，分别斟到各人的酒杯中。兑缸是“纯银的制品，镶着黄金的边圈”，“铸工精美”[2]。荷马在史诗中通过形象描绘所体现的美学问题，成为希腊美学理性思考的对象。

[1] 荷马：《伊利亚特》，陈中梅译，第 449—454 页。

[2] 荷马：《奥德赛》，陈中梅译，第 276 页。

第三章
早期希腊美学

早期希腊美学指公元前6世纪到前5世纪中期的希腊美学。这段时期是希腊城邦的诞生和繁荣期。随着氏族关系的瓦解，希腊从原始社会进入奴隶社会。这时出现了城邦，城邦是以邻里关系而不是以氏族关系为基础的社会组织形式。在各城邦中，经营农业的贵族奴隶主和经营手工业、商业的民主派奴隶主发生了矛盾和斗争。一开始，贵族派占优势，因为贵族派的社会运作原则和氏族社会更接近。不过，民主派最终取得斗争的彻底胜利。在这种社会历史氛围中形成了毕达哥拉斯（Pythagoras）、赫拉克利特、恩培多克勒和德谟克利特等人的美学。他们研究的主要对象是人的自然环境和宇宙，寻找自然本原是他们共同的特点。

早期希腊美学家的著作都已佚失，现存的资料是从其他古代文献中辑录的。国际上最为流行的早期希腊哲学家残篇是现代德国学者H.第尔斯（H. Diels）编的《苏格拉底以前的哲学家残篇》（*Die Fragmente der Vorsokratiker*），该书第6版经W.克兰茨（W. Kranz）修订于1952年出版，简称DK本。比较流行的另一种残篇是由英国学者G. S.基尔克（G. S. Kirk）和J. R.拉文（J. R. Raven）合编的《苏格拉底以前的哲学家》（*The Presocratic Philosophers*，1957），简称KR本；该书第2版（1983）由M.斯柯非尔（M. Schofield）作了增补，简称KRS本。由苗力田主持、根据KR本和KRS本摘译的《早期希腊哲学》为《古希腊哲学》一书（中国人民大学出版社1989年版）的第一编。另外，汪子嵩、范明生、陈村富、姚介厚合著的《希腊哲学史》第1卷（人民出版社1988年版）也包含着早期希腊哲学的大量原始资料。值得指出的是，第尔斯编的《苏格拉底以前的哲学家残篇》是摘录的，他的选择难免有主观性。作为对该选本的重要补充，他又编了《希腊哲学史家》（亦译为《希腊学述》，1958 年第 3 版）。他所说的“希腊哲学史家”指阐述希腊哲学家观点的编纂家，他在新的选本中完整地辑录了有关材料。C. J. 德 · 沃格尔（C. J. De Vogel）编的《希腊哲学》第 1 卷（1963 年第 3 版）也颇有特色。它的篇幅要小得多，但很精粹，选的是希腊原文，同时附有英文翻译。

本章依次阐述毕达哥拉斯及其学派、赫拉克利特、恩培多克勒和德谟克利特的美学。

第一节　毕达哥拉斯及其学派

毕达哥拉斯（约公元前 570 年至前 499 年）出生于小亚细亚沿岸希腊人建立的殖民城邦萨摩斯岛。40 岁时因为不堪忍受僭主的残暴统治，移居意大利南部城邦克罗顿，在那里建立了一个从事宗教、政治和学术活动的盟会组织，盟会成员严守宗派秘密的程度令人吃惊。在受到当地政治势力的屡次迫害后，毕达哥拉斯迁往克罗顿。他的弟子们的活动一直延续到公元前 5 世纪中叶。如果用最简单的语言来概括毕达哥拉斯学派美学的内容的话，那就是数的和谐。

一、数的和谐

原始社会进入奴隶社会后，哲学家们开始用自己的思维结构来代替原始社会的意识形态——神话。他们普遍企图寻找一种统摄世界万物的原则或元素，以便认识和掌握它们。在当时的经济生活中，随着产品交换的产生，数的作用得到增强。毕达哥拉斯学派大多是数学家，他们把数（arithmos）当作万物的本原与他们对数的崇拜和神化有关。

从前人们不能把数同用数来计算的事物本身区分开来，毕达哥拉斯学派发现，数绝对不是事物本身，事物是流动和变化的，而数的运算规则永远是一样的。这个发现令他们惊讶不已。数开始被神化，毕达哥拉斯学派直接宣称数是神，神首先是数。现在刚入小学的学生都知道，二加一等于三，三加一等于四，前四个数相加等于十。然而在古希腊人看来，对这些基本的运算规则的解释不仅是哲学的，而且是神话学的和宗教的[1]。毕达哥拉斯学派的数本原说带有神秘色彩，和神话很接近，然而毕竟是对世界的形而上学的哲学思考。毕达哥拉斯是第一个使用“哲学”（爱智）这个术语的人。亚里士多德在《形而上学》中指出，毕达哥拉斯首先向前推进了数学这门学问，“通过对数学的研究，他们认为数的本原即是万物的开始。因为在所有的本原中，数在本性上是居于首位的，在他们看来，同火、土、水相比，数和那些存在着的东西以及生成着的东西之间有着更多的相似。……一切其他事物都表明，其整个的本性乃是对数的模仿……整个的天界不过是一些数而已。”[2]

为了理解数本原说，最好不要从我们现代关于数的概念出发，而要直接依据毕达哥拉斯学派自己的论述。该学派成员菲罗劳斯（Philolaus）写道：

> 由此可见，万物既不仅仅由一种有限构成，又不仅仅由一种无限构成，显然，世界结构和其中的一切都是由无限和有限的结合而形成的，明显的例证是在现实的田野中所看到的情景：田野中由界线（即田塍）组成的一些部分限定了地段，由界线和界线外无限的地段组成的另一些部分既限定又不限定地段，而仅仅由无限的空间组成的那些部分则是无限的。[3]

这种有限和无限的结合就是毕达哥拉斯学派所理解的数，它不完全等同于现代科学关于数的抽象概念。无限是不能够被认识的，有限对无限作出限定，被限定的事物可以被认识。菲罗劳斯继续写道：“确实，一切被认识的事物都具有数。因为如果没有数，就不可能理解和认识任何事物。”[4]数具有

[1] 参见凌继尧：《西方美学艺术学撷英》，上海人民出版社 1998 年版，第 6—7 页。

[2] 亚里士多德：《形而上学》I，5，见苗力田主编：《古希腊哲学》，中国人民大学出版社 1989 年版，第 70—71 页。

[3] 第尔斯编，克兰茨修订：《苏格拉底以前的哲学家残篇》第 44 章 B 部分第 2 则残篇。简注为 DK44B2，以下用简注。

[4] DK44B4。

认识论意义，它对某个事物作出规定，使它区别于其他事物，从而能被人的意识和思维所掌握。数是事物生成的原则，是事物的组织原则。按照苏格拉底以前的哲学家的说法，数是事物的灵魂。数是一种创造力和生成力。

菲罗劳斯问道：有限和无限是如此不同，它们怎样才能结合在一起形成数呢？它们应该处在什么关系中呢？答案是：它们应该处在和谐的关系中。所谓和谐，指一个事物发展到“真”的地步，即它以某种形式确定了自身的界限、形状和尺寸等，从无限的背景中剥离出来。和谐是一种结构，数的结构[1]。它使有限和无限相同一，使事物获得明确的规定性。和谐是从数本原说中自然而然地产生出来的。

和谐（harmonia）是毕达哥拉斯学派美学最重要的概念，它经常出现在他们的残篇中。毕达哥拉斯学派是怎样论述和谐的呢？第一，如上所述，和谐是数的结构，它是最重要的数的规定性，它规定事物，使事物能够被认识。第二，“和谐最美”[2]。与此有关，毕达哥拉斯学派提出审美教育问题，因为知觉美的能力不是自发产生的，它要求教育。第三，和谐产生于对立面的差异，“和谐是杂多的统一，不协调因素的协调”[3]。这里表现出辩证意味，虽然还仅仅是初步的辩证法。第四，和谐适用于存在和生活的一切领域。

毕达哥拉斯学派用数的和谐来解释宇宙的构成，创立了宇宙美学理论。宇宙（kosmos）的原意是“秩序”，赫西俄德在《神谱》中就涉及宇宙（秩序）和混乱的区别。在希腊美学中，宇宙是最重要的审美对象。早期希腊哲学家阿那克萨戈拉（约公元前500年至前428年）甚至认为，人的生活目的就是观照宇宙的秩序。有人问他，为什么生比不生好，他说：

> 生能够观照天和整个宇宙的构造。[4]

---

[1] A. F. 洛谢夫：《希腊罗马美学史》第1卷，莫斯科1963年版，第270页。

[2] DK58C4。

[3] DK44B10。参见北京大学哲学系美学教研室编：《西方美学家论美和美感》，商务印书馆1980年版，第14页。

[4] DK59A30。

在某些意义上可以说早期希腊美学就是宇宙美学或宇宙学美学。宇宙美学理论的杰作是柏拉图的《蒂迈欧篇》。不过，根据拉尔修的记载，柏拉图从菲罗劳斯的亲戚手里买过一本书，并模仿这本书写下了《蒂迈欧篇》[1]。毕达哥拉斯学派宇宙学美学理论把数学、音乐和天文学结合起来，其主要内容是：数是宇宙的本原，宇宙内的各个天体处在数的和谐中。太阳和地球的距离是月亮和地球的距离的两倍，金星和地球的距离是月亮和地球的距离的三倍。每个个别的天体与其他天体也都处在一定的比率中。天体的运行是和谐的，距离越大的天体运动越快，并发出高昂的音调；距离越小的天体运动越慢，并发出浑厚的音调。和距离成比率的音调组成和谐的声音，这就是宇宙谐音。可以听到、可以看到、可以触摸的宇宙，也即具体可感的宇宙是最高的美。对宇宙美的观照是希腊美学的一个重要特点。希腊思维（无论是唯物主义还是唯心主义）具有静观性，因为它认可现有的存在，而不要求对存在作根本的改造。

和谐也适用于精神生活和物质生活领域。

> 毕达哥拉斯和菲罗劳斯（说，灵魂是）和谐。[2]
>
> 德行、健康、一切善和神是和谐。因此，一切产生于和谐。[3]

和谐更适用于艺术。在毕达哥拉斯学派的音乐理论中，和谐具有最重要的意义。高低长短不同的音调，按照某种数的比例组成音乐的和谐。

在毕达哥拉斯学派美学中，与和谐密切相关的概念还有：1. 比例。公元前 1 世纪罗马雄辩家西塞罗第一次准确地把希腊语比例（analogia）翻译成拉丁语 proportio。比例在毕达哥拉斯学派的艺术理论中具有重要地位，我们将在下面谈到。2. 完善（telēos）。“10”被看作伟大的、完善的数。正确地安排

---

[1] 拉尔修：《著名哲学家的生平和学说》（亦译为《名哲言行录》）第 8 卷第 84 节，见苗力田主编：《古希腊哲学》，第 61 页。

[2] DK44A23。

[3] DK44A1。

天体的智慧也是一种完善。完善是和谐的最高阶段。3. 秩序（taxis）。天体的秩序是毕达哥拉斯学派经常谈论的话题。内在的结构要在外在的秩序中完满地表现出来。4. 对称（symmetric）。毕达哥拉斯学派认为身体的美在于各个部分的对称。由此可见，西方美学史后来经常使用的许多概念，已经出现在毕达哥拉斯学派美学中。

毕达哥拉斯学派的数不仅具有本体论和认识论意义，而且具有审美意义。从他们对数的理解中，产生出希腊美学一个极其重要的特征。在毕达哥拉斯学派看来，"一切事物的形状都具有几何结构，几何结构则与数字相对应：1 是点，2 是线，3 是面，4 是体。世界生成过程是由点产生出线，由线产生出面，由面产生出体，从体产生出可感形体，产生出水、火、气、土四种元素。"[1] 菲罗劳斯的学生优吕特斯（Eurutos）把一切事物看作数，比如，人的定义是数 250，他就用 250 颗骰子摆成人的图像。亚里士多德记载道，"优吕特斯（Eurutos）把数目分配给事物，这一数目是人，那一数目是马，用骰子块来模仿那些自然物，正如用数目来形成三角形、四边形一样"[2]。尽管毕达哥拉斯学派的这种理论遭到亚里士多德的批评，因为几何结构不能替代事物生成的自然运动，然而，毕达哥拉斯学派从几何结构和几何形体的角度来理解数、理解世界，对希腊美学仍然具有不可忽视的意义：它从一个方面说明了希腊美学的结构性、形体性、造型性特征。审美对象不仅是可以看到、可以触摸的，而且是造型明确、几何形状固定的，这一切是由数来安排的。甚至光和色在毕达哥拉斯学派看来也是有造型、三维形体的，或者至少和三维形体有关系。

二、艺术中的比例

早期希腊美学对艺术（technē）有三种理解：1. 人类有目的的活动。从词源学上看，technē 也指"产生"，即一种合目的的行为。举凡盖房造船、驯养动物、读书写字、种植、纺织、医疗、炼金、治理国家、军事活动，以

[1] 赵敦华：《西方哲学通史》第 1 卷，北京大学出版社 1996 年版，第 19 页。

[2] 亚里士多德：《形而上学》1092b11—15，苗力田主编：《亚里士多德全集》第 7 卷，中国人民大学出版社 1993 年版，第 334—335 页。

至魔法巫术都是艺术。艺术等同于技艺，有劳动和管理经验的人往往被看作诗人。这种传统是如此根深蒂固，直至公元前 1 世纪贺拉斯在《诗艺》中仍然把安菲翁（Amphion）当作诗人，和荷马一起加以颂扬。安菲翁没有写过诗，但是他演奏竖琴，感动顽石自动筑成忒拜城墙。2. 科学。算术、几何是计算艺术，此外还有医学、动物学、占卦术等。3. 现代含义上的艺术。

毕达哥拉斯学派对美学的另一贡献是从和谐的比例的角度，探讨了现代含义上的艺术问题。和谐的比例的审美本质在于，它说明了部分和整体，以及统一的整体中部分与部分之间的关系。在这种关系中，一个部分和其他部分尽管有差异，但是它们仍然保持着统一的结构。西方艺术史早就确定，希腊雕像中的肚脐眼是按照黄金分割的规律划分人的整个身高的一个点。黄金分割指这样的比例：把一条线分成两段，长的一段和整条线之比等于短的一段和长的一段之比。就一个人的整个身高而言，从肚脐眼到脚底是下段，从肚脐眼到头顶是上段。身高与下段之比，等于下段与上段之比。就上段而言，从肚脐眼到颈是长段，从颈到头顶是短段。上段与长段之比，等于长段与短段之比。仅就下段而言，膝是黄金分割的一个点。黄金分割的理论据说是由毕达哥拉斯学派提出来的，然后在柏拉图那里得到运用。文艺复兴时期这种“神的比例”正是以毕达哥拉斯和柏拉图的理论面貌出现的。对于毕达哥拉斯学派的比例学说，2 世纪怀疑论者塞克斯都·恩披里柯（Sextus Empiricus）作过一个总的说明：

> 没有比例任何一门艺术都不会存在，而比例在于数中，因此，一切艺术都借助数而产生……于是，在雕塑中存在着某种比例，就像在绘画中一样；由于遵照比例，艺术作品获得正确的式样，它们的每一种因素都达到协调。一般说来，每门艺术都是由理解所组成的系统，这个系统是数。因此，“一切模仿数”，也就是说，一切模仿和构成万物的数相同的判断理性，这种说法是恰当的。这就是毕达哥拉斯学派的主张。[1]

[1] 恩披里柯:《驳数理学家》第 7 卷第 106 节。

公元前5世纪希腊著名的雕塑家和艺术理论家波利克里托斯写过关于雕像中数的比例的著作《法规》(*Canon*)，他的雕像《持矛者》也被称作《法规》。普林尼描述道："气宇轩昂的持矛青年，艺术家们称誉其为'法规'[Canon]，并引为艺术规矩，犹如法典。"[1]《法规》之所以重要，因为它是早期希腊美学中罕见的纯艺术分析的范例。它仅仅从形式方面确定雕塑的结构，即整体和各部分之间的比例关系。而希腊美学在首次确定艺术结构时，实际上确定的是人体的结构。

波利克里托斯是当时唯一从自己的艺术实践中总结出艺术理论的人。有的研究者把他说成是毕达哥拉斯学派的门徒[2]，即使这种说法有商榷的余地，然而可以肯定的是，波利克里托斯的理论和毕达哥拉斯学派的比例学说有着密切的关系，而且，流传下来的《法规》残篇和有关"法规"雕像的情况最早见诸毕达哥拉斯学派的记载。菲隆（Philon）写道：

> 许多人在制作同样大小的工具时，利用同样的结构、同样的木材和数量相同、重量不变的铁，结果，他们制作的工具中有一些能被投掷得远，并且打击有力，而另一些则大为逊色。问其原因，他们不能回答。因此，为了将来能够回答，雕塑家波利克里托斯的名言是合适的："（艺术作品的）成就产生于许多数的关系，而且，任何一个细枝末节都会破坏它。"[3]

可见，同一门类的艺术作品虽然由同样的材料制成，然而形式（"许多数的关系"）上的细微差异会使它们产生迥然不同的效果。波利克里托斯在《法规》中就论述了人体的各种比例关系。他按照自己的学说从事雕塑创作，十分注意手指和手指、手指和手掌、手掌和肘、肘和手臂的比例，以及各部分

---

[1] 吉塞拉·里克特:《希腊艺术手册》，李本正、范景中译，中国美术学院出版社1989年版，第68页。引文中的"法规"原译为"准则"。该书未注明引文出处，这段文字出自普林尼《自然史》第34卷第55节。

[2] 朱光潜:《西方美学史》上卷，人民文学出版社1963年版，第33页。

[3] DK40B2。

和整体的比例。由于《法规》早已残缺，现在无从查考波利克里托斯对人体比例的具体规定。并且，在各种希腊典籍中只有唯一的一处论述到人体比例，那就是公元前 1 世纪建筑家维特鲁威的《建筑十书》[1]（关于维特鲁威的美学思想，可参阅第二编第七章第三节）。在该书第三书中他谈到各种人体比例，其中从下颏到头顶是身长的八分之一，但是他没有提到波利克里托斯的名字。根据德国学者 A. 卡尔克曼（A. Kalkmann）对波利克里托斯青铜雕像的罗马大理石摹本（现存意大利那不勒斯国立考古博物馆）的测量，下颏到头顶是身长的七分之一，而不是八分之一。维特鲁威可能依据的是较晚近希腊化时期艺术家的法规。这里重要的是毕达哥拉斯学派对数的理解，他们不把数看作抽象的概念，而看作几何形体。波利克里托斯的法规就是毕达哥拉斯学派的数。希腊雕塑的特点是凝重、丰厚，具有特别强烈的体感。另外，毕达哥拉斯学派对比例的强调并不是要遵循机械的、刻板的公式。他们特别看重的是比例关系中动态的韵律感，就像天体运动一样。波利克里托斯的《持矛者》姿态平稳放松，一只手握矛，另一只手下垂，身体重量由一条腿承担，另一条腿向后方外斜放，在保持均衡美的同时，体现出一种韵律感。这种律动在米隆的《掷铁饼者》的瞬间爆发力中尤其明显。

毕达哥拉斯学派的比例学说以中心的概念为基础。他们的哲学重视中心的概念，例如把火看成宇宙的中心，所有的天体拱卫着火作永恒的运动。由于观察到的天体只有 9 个，而 10 才是完善的数字，于是他们臆造出第 10 个天体，名曰“对地”，它与地球相对。这种中心的概念也体现在艺术理论中，从而使希腊的比例学说和雕塑不同于埃及的比例学说和雕塑，虽然最古老的希腊雕塑曾经受到埃及雕塑的明显影响。波利克里托斯创作时从一个中心出发，把人体看作一个整体，然后安排人体的各个部分，确定各部分与整体的关系。如果人体是 1 的话，它的各部分就是分数，其分子是 1，分母随着实际尺寸而变化。比如，人头是身长的七分之一。这个中心是观者的视点，雕像置放在观者正面或高处，视点就不一样。埃及雕像就没有这种人体测量学

[1] A. F. 洛谢夫：《希腊罗马美学史》第 1 卷，第 312 页。

的视点。埃及雕塑家们按照固定比例和某种结构模式制作人体的不同部分，然后组装成一个整体。其雕像往往手是张开的，腿是叉开的。希腊雕像则使多侧面、多层次的栩栩如生的人物形象尽收眼底，这一特点在文艺复兴时期的绘画和雕塑中得到发扬光大。

三、毕达哥拉斯学派美学的影响

毕达哥拉斯学派关于数的学说虽然没有达到范畴的辩证法，但是已经达到数的辩证法，它在整个希腊罗马美学中起到重要作用，使希腊罗马美学具有数学性。赫拉克利特的"尺度"具有数的痕迹，原子论者留基波(Leukippos)和德谟克利特是毕达哥拉斯的学生，柏拉图从数的角度论述了宇宙的构成和美的问题。新毕达哥拉斯学派存在于公元前 2 世纪至公元 2 世纪。普洛丁的《九章集》中有一篇论文叫《论数》，扬布里柯（Iamblichus）的《算术神学》阐述了毕达哥拉斯学派对前 10 位数的理解。

毕达哥拉斯学派的数作为确定边界的元素，是对本体秩序的表述，它们使得造型性成为希腊美学和艺术的重要特征。18 世纪和 19 世纪上半叶西方学者多次论述了希腊美学和艺术的这种特征。雕塑是希腊艺术最杰出的成就。"在这里，雕塑不仅仅被看作一种特殊的艺术，而且被看作希腊艺术、文学、哲学和科学各个领域中创造艺术形象的共同方法。""可以直接地说，在希腊没有一种文化领域不以某种程度表现出这种造型性。"[1] 连数学和天文学这样的学科，在希腊人那里也具有明显的形体性。希腊数学几乎总是几何学，尤其是立体几何学。我们甚至可以把柏拉图的《理想国》设想为一座雕塑群像，中间卓然而立的是理想国的统治者——哲学王，分立两侧的是威严的辅助者——武士和谦卑的被统治者——工农业生产者。最能说明希腊美学和艺术的造型性特征的是毕达哥拉斯的一则残篇：

> 毕达哥拉斯说，有五种形体，它们也被称作为数学形体：由六面体

[1] A. F. 洛谢夫：《希腊罗马美学史》第 1 卷，第 50 页。

产生土，由四面体（即锥体——引者注）产生火，由八面体产生气，由二十面体产生水，由十二面体产生宇宙的充填物（即以太——引者注）。[1]

这种观点对希腊美学产生了很大影响。恩培多克勒把土设想为六面体，把火设想为四面体，他用这些元素表明世界的几何形体结构。德谟克利特的原子也具有多种多样的几何形状，三维形体是原子论美学的主要审美对象。柏拉图在《蒂迈欧篇》中解释神把原初的混沌状态变成四种元素时，同样采用了毕达哥拉斯的说法：土、火、气、水四种元素的形状分别是正六面体、正四面体、正八面体、正二十面体。此外，神还创造了正十二面体的第五种元素，即“以太”。柏拉图的学生和外甥斯彪西波（Speusippus，约公元前407年至前339年）在毕达哥拉斯论述的基础上，说明了元素自身的属性、彼此间的相互关系以及它们的比例[2]。组成事物的元素处在合乎比例的相互关系中，就产生了和谐与美。在数中宇宙表现出一种有序的关系。

由于把世界及其万物看作明确的几何形体，因此，与几何形体的结构有关的审美原则在希腊美学中占有特别重要的地位。这些审美原则包括对称、比例、尺度、和谐、均等、秩序等。毕达哥拉斯学派认为身体的美在于各部分的对称。希腊雕塑和神庙采用明显的对称形式，作品按照中心点或中轴线展开。对称在以后的艺术，比如在文艺复兴绘画中仍然起作用，但是已经不那么直接了。文艺复兴绘画描绘了光、色和地平线，并不遵循原始的对称规律。我们在上面谈到波利克里托斯的雕像《持矛者》时，已经指出了比例的重要性，波利克里托斯把整体和各部分之间的比例关系看作艺术的法规。毕达哥拉斯学派、赫拉克利特、恩培多克勒都把和谐看作美。在表示结构关系的审美原则中，和谐是最一般和最基本的审美原则。德谟克利特把均等看作美，均等有相等、均衡的意思。亚里士多德在不同的场合给美下过多种定义，如“美的最高形式是秩序、对称和确定性”，“美产生于数量、大小和秩序”，“美产生于大小和秩序”。对秩序的强调，是亚里士多德一贯的思想。

---

[1] DK58A15。

[2] DK58A13、24。

亚里士多德还从结构上、比例上和数量上来评价颜色的美丑。

毕达哥拉斯学派的美学还对科学研究产生了巨大影响。毕达哥拉斯发现弦长成一定比例时能发出和谐的声音，20 世纪德国科学家、量子力学的创始人沃纳·卡尔·海森堡（Werner Karl Heisenberg）把这一发现说成是“人类历史上的一个真正重大的发现”。毕达哥拉斯进而用和谐的观点解释宇宙的构成和宇宙的美，认为乐器弦上的节奏就是横贯全部宇宙的和谐的象征。1—2 世纪希腊天文学家托勒密（Ptolemy）和 15—16 世纪波兰天文学家哥白尼（Kopernik）都研究过毕达哥拉斯的和谐论，从宇宙和谐的观念来构筑自己的体系。在哥白尼以后，天文学上最大的成就是开普勒（Kepler）发现的行星运动定律，即开普勒定律。从自己的早期研究开始，开普勒就坚信毕达哥拉斯的宇宙和谐观念。他在《宇宙的秘密》一书中，运用毕达哥拉斯的方法检验了哥白尼理论中行星轨道数学上的和谐关系。22 年后，他在《宇宙的和谐》一书中发表了开普勒第三定律，即行星运动的“和谐法则”，阐述了行星运动的周期和距离的关系。这本书的书名就表明，和谐是开普勒终生探索的目标。美国科学家、诺贝尔物理奖获得者苏布拉马尼扬·钱德拉塞卡（Subrahmanyan Chandrasekhar）在《莎士比亚、牛顿和贝多芬——不同的创造模式》一书中指出：“开普勒一定受到了毕达哥拉斯美的概念的影响，当他把行星绕太阳的转动和一根振动弦进行比较时，他发现，不同行星的轨道有如天体音乐一般奏出了和谐的和声。开普勒深深感激上帝为他保留了这份发现，使他能够通过他的行星运动定律，得到了一种最高的美的联系。”[1]

第二节　赫拉克利特

赫拉克利特（约公元前 540 年至前 480 年）出身于爱菲斯王族。根据拉尔修《著名哲学家的生平和学说》第 9 章第 1—6 节记载，赫拉克利特高傲孤独，把王位让给了兄弟，自己隐居深山丛林中，以草根和植物度日。赫拉

[1] S. 钱德拉塞卡：《莎士比亚、牛顿和贝多芬——不同的创造模式》，杨建邺、王晓明等译，湖南科学技术出版社 1996 年版，第 61 页。

克利特著有《论自然》一书，内容可以分为三个部分，即“论万物”“论政治”和“论神灵”。现有残篇存世，第尔斯编的《苏格拉底以前的哲学家残篇》收录了他的 139 则残篇，它们是一些以诗的形象表现哲理的箴言。据说，赫拉克利特故意写得晦涩难懂，以免为一般民众所轻视。所以，他被后人称为“晦涩者”。对于他的著作，研究者作出不同的阐释。有人主张他的整个哲学的出发点是火本原说，有人主张是逻各斯学说，还有人主张是对立面统一的学说。我们认为这三者是相通的，它们之间有着内在的联系。赫拉克利特哲学的这些基本出发点决定了他的艺术理论和美学理论的面貌。

一 艺术模仿自然

“模仿”（mimēsis，也译作摹仿）这个术语在赫拉克利特以前就已出现。赫拉克利特明确主张艺术模仿自然。传统观点认为，既然希腊美学主张艺术模仿自然（现实），所以，它是现实主义的。实际上，希腊模仿理论的原意和后人对它的理解很不一样。弄清希腊模仿的原意，有助于我们准确而深入地理解希腊美学和艺术理论。亚里士多德在《论宇宙》中记述了赫拉克利特的艺术模仿论：

> 也许，自然喜爱相反的东西，且正是从它们中，而不是从相同的东西中，才求得了和谐，就像自然把雌与雄结合在一起，而不是使每对相同性别的东西结合一样；所以，最初的和谐一致是由于相反，不是由于相同。在这方面，艺术似乎也模仿自然。例如，绘画就是把白与黑、黄与红混合起来，才创造出与自然物一致的作品；音乐是揉合了高音与低音、长音与短音，才谱写出一曲不同音调的悦耳乐章；文法也是把母音与子音结合在一起，才从中形成了这门整体的艺术。[1]

赫拉克利特所说的模仿自然不是再现现实，而是模仿自然的生成规律。

[1] 苗力田主编:《亚里士多德全集》第 2 卷，中国人民大学出版社 1993 年版，第 618 页。引文中的“艺术”原译为“技术”。

赫拉克利特认为，宇宙“过去是、现在是、将来也是一团永恒的活生生的火，按照一定的尺度燃烧，按照一定的尺度熄灭”[1]。燃烧是万物转化成火，熄灭是火转化成万物。火转化成万物，就是变成水、土、气等形态。火与万物的循环转化遵循一定的规律，这种规律就是逻各斯。“逻各斯”（logos）的原义是“词语”，转义为“原则”“规律”等。赫拉克利特主张“万物都根据这个逻各斯生成”[2]。逻各斯和火同为本原，前者为内在的本原，后者为外在的本原。赫拉克利特又把火称为“不足和多余”[3]，事物变化的原因是这两者之间的对立。“对立物相一致”，“最美丽的和谐来自对立”，“万物由斗争而生成”[4]。“相反的力量造成和谐，就像弓与琴一样。”[5]绘画和音乐也是这样形成的。

希腊美学中美、和谐的概念与宇宙联系在一起，模仿的概念也与宇宙联系在一起。星空在上、地球居中的宇宙，永恒地循环往复、从有序到混乱、从混乱到有序不断转化的宇宙是最理想的模仿对象。宇宙模仿什么呢？它模仿自身的本原、自身的逻各斯。在希腊美学中宇宙和人的关系也是原型和模仿的关系。所谓人是小宇宙，模仿大宇宙[6]。原型和模仿是希腊美学特有的一对概念。因为希腊美学把客观存在置于首位，而不是像文艺复兴美学那样把人的个性置于首位。如果没有原型和模仿的概念，就不可能理解希腊的美和艺术。在希腊人看来，艺术模仿自然，就像自然模仿它的原型一样。

希腊人把艺术和手工技艺都称作为 technē（有时候还把手工技艺置于艺术之上），因为艺术和手工技艺都是模仿。木匠在制作桌子的时候，模仿桌子的范型，制作出对生活有实际用途的物质产品。而艺术家通过模仿创作的艺术作品只能使人的听觉或视觉产生愉悦。木匠的模仿是真正的模仿，艺术

[1] 赫拉克利特残篇 30，见苗力田主编：《古希腊哲学》，第 38 页。引文中的“尺度”原译为“分寸”。

[2] 赫拉克利特残篇 1，同上书，第 39 页。

[3] 赫拉克利特残篇 65，同上书，第 38 页。

[4] 赫拉克利特残篇 8。

[5] 赫拉克利特残篇 51，同上书，第 41 页。

[6] 参见朱光潜：《西方美学史》上卷，第 34 页。

家的模仿不是真正的模仿，所以前者高于后者。赫拉克利特对模仿的理解接近于它的原意。据 H. 科勒（H. Koller）研究[1]，“模仿”这个术语产生于狄奥尼索斯（Dionysus）崇拜的鼎盛时期。狄奥尼索斯是希腊神话中的植物神和酒神，他代表大自然的无限生机和丰富的创造力。对他的祭祀是一种无节制的狂喜，他的崇拜者们在狂热的舞蹈中确信和他相同一。后来，人们把模仿理解为某个角色的戏剧表演，狂热性减弱，然而戏剧性和舞蹈程式性增加了，由此产生了希腊悲剧。可见，在 mimēsis 使用的早期阶段，把它译为“模仿”是很不确切的。

总之，在希腊的“模仿”术语中始终包含着三种含义：1. 对被模仿对象的仰慕，这不仅起源于狄奥尼索斯，而且起源于关于宇宙的神话学概念；2. 模仿者和被模仿者的现实同一；3. 真正的模仿的戏剧舞蹈性。[2] 我们在上一节中谈到的毕达哥拉斯学派关于万物模仿数的观点，就包含着上述含义：模仿本原以再造现实的事物。随着理性思维的发展，模仿的含义有了变化，不仅限于从实体上再造被模仿的对象。然而无论如何，模仿论的起源中隐匿着万物的本原和具体可感的宇宙。

二、美的绝对性和相对性

除了艺术模仿自然外，赫拉克利特的其他美学理论也是以他的哲学学说为基础的：对立面的斗争产生出“和谐”的概念，对立面的转化产生出“尺度”的概念，对立面的相对则产生出美的相对性。

赫拉克利特提出“和谐”的概念，他的“和谐”概念和毕达哥拉斯学派的“和谐”概念的不同之处在于，后者是静态的，侧重于对立面的同一；而他的“和谐”概念是动态的，侧重于对立面的斗争。荷马在《伊利亚特》中写过这样的诗句：“但愿争斗从神和人的生活里消失”[3]，为此他受到赫拉克利特的谴责。

[1] H. 科勒：《古希腊中的模仿》，伯尔尼 1954 年版。

[2] A. F. 洛谢夫：《希腊罗马美学史》第 8 卷第 1 册，莫斯科 1992 年版，第 59 页。

[3] 荷马：《伊利亚特》，陈中梅译，第 436 页。

必须知道，战争是普遍的，正义就是斗争，万物都按照斗争和必然性而生成。[1]

这种观点导致赫拉克利特把对立面看作最美的和谐的根源。弓弦和琴弦两种相反的力量相互作用，产生出和谐的乐曲。

对立面的转化是对立面之间的关系的另一种形式，赫拉克利特强调事物永恒的生成和转化。柏拉图在《克鲁底鲁篇》中写道：

赫拉克利特在某处说，万物流变，无物常住。他把存在着的东西比作一条河流，声称人不可能两次踏入同一条河流。[2]

事物的生成和转化是按照一定的尺度（metron）进行的。尺度作为重要的美学范畴经常出现在赫拉克利特的残篇中。例如，火"按照一定的尺度燃烧，按照一定的尺度熄灭"，土"散而再成为海，是按照以前海变成土时的同样的逻各斯为尺度的"。[3]"太阳不应该越出它的尺度，否则厄林尼斯——正义之神的女使就会把它找出来。"[4]赫拉克利特喜欢谈论周期性的尺度：宇宙"从火产生又复归为火，（这种更替）是周期性地产生的，直至永恒无穷。这是被命运规定的"[5]。"尺度"这个术语荷马就使用过，在希腊美学中它一般有四种含义：1. 对时间或空间的测量（苗力田主编的《古希腊哲学》和赵敦华的《西方哲学通史》第1卷把"火按照一定的尺度燃烧"译为"火按照一定的分寸燃烧"正合后一种含义，但赫拉克利特在这里的本意指的是周期性的更替）；2. 周期性的更替或节奏；3. 界限或规范；4. 节制，不能过分，也不能不及。赫拉克利特虽然不属于毕达哥拉斯学派，然而他的"尺度"概念也带有数的痕迹，因为尺度是一种周期和节奏。对立面的对比是对立面之

[1] 赫拉克利特残篇80，见苗力田主编：《古希腊哲学》，第43页。

[2] 同上书，第40页。

[3] 拉尔修：《著名哲学家的生平和学说》第9卷第8节。

[4] DK22B94。

[5] DK22B31。

间的关系的又一种形式。由于对同一事物的取舍有不同的标准，因而对事物的性质就会产生不同的评价。例如，海水对于鱼来说，它是能喝的和有益的；但对于人来说，它既不能喝又有害。这种对比导致美的相对性。赫拉克利特关于美的相对性的残篇共有三则：

> 最美的猴子与人类相比也是丑的。[1]
>
> 最智慧的人和神相比，无论在智慧、美和其他方面，都像一只猴子。[2]
>
> 神的一切都是美的、善的和公正的；人们则认为一些东西公正，另一些东西不公正。[3]

这三则残篇在肯定美的相对性的同时，也肯定了美的绝对性和等级性。神的美、人的美和动物的美是三种不同等级的美，赫拉克利特虽然主张万物都在转化中，但是上述三种美却不能相互转化。赫拉克利特在肯定万物流变的同时，也不否定处于静止状态的美。他仅仅在“和谐”的概念中，把斗争提到首位。

赫拉克利特把火当作宇宙的本原，火就是逻各斯，即宇宙变化和发展的一般规律。逻各斯的具体表现是和谐和尺度，它们是对立面的斗争和转化的结果。火和逻各斯就是神，赫拉克利特用它们来替代神话中的神。他虽然没有使用过对立统一的术语，但是他关于对立面相互关系的观点达到早期希腊朴素辩证思想的高峰。

第三节　恩培多克勒

恩培多克勒（约公元前 495 年至前 435 年）出身于西西里岛南部阿克拉克的一个民主派家庭，集诗人、哲学家、政治家、雄辩家、医生、奥菲斯教

[1] DK22B82。

[2] DK22B83。

[3] DK22B102。

徒等多种身份于一身。亚里士多德称他为修辞学的奠基人。他的主要著作有《论自然》和《净化》两个诗篇，共5000行，现存若干残篇。

恩培多克勒美学思想的特点表现在对希腊美学重要范畴“和谐”的理解上，他把和谐理解为活的有机整体。他的这种观点产生于其关于世界构成的四根说或六本原说。他把火、土、气、水四种元素当作世界的本原，这就是所谓“四根说”。恩培多克勒的“根”指元素。从词源学上看，元素（stoicheion）是彼此分开但处在同一序列中的物体，如字母表中的字母、森林中的树木、雁阵中的雁、队列中的士兵。在哲学著作中，它指具有某种性质的最小单元，它强调这个单元的不可分性。元素具有审美的、结构的意义。恩培多克勒关于火、土、气、水的概念与现代人不同，他把土设想为六面体，把火设想为四面体，他用这些元素表明世界的几何形体结构，对这些元素作审美的理解。在早期希腊美学家看来，元素既是活的，又是美的。西方哲学史研究把恩培多克勒说成西方第一位主张多元论的自然哲学家。早期希腊哲学家中有人主张单一的元素如水、气或火是世界的本原。多元论和一元论虽然不同，但是它们都反映了人类思维发展的共同进程。希腊神话是一种自然神话，神是自然力量的极端概括。神话作用的减退消亡必然导致自然元素的绝对化，自然元素替代神成为支配世界的力量。恩培多克勒在阐述他的四根说时坚决反对神人同形同性论，用宙斯、赫拉、爱多妞（Aidoneus，亦译作埃多涅乌）和奈斯蒂（Nestis，亦译作涅斯蒂）这四神的名称来指代火、土、气、水四种元素：

> 首先请听真，万物有四根：
> 宙斯照万物，赫拉育生命；
> 还有爱多妞以及奈斯蒂，
> 她用自己珍珠泪，浇灌万灵生命泉。[1]

火构成太阳，气构成天空，水构成海洋，土构成大地。火、气、水、土这四

[1] 恩培多克勒残篇6，见苗力田主编:《古希腊哲学》，第110—111页。

种元素不生不灭，它们有聚有散，它们的结合生成万物，它们的离散使个别事物消亡。使它们作聚散运动的本原是爱和恨（“恨”亦译为“憎”；由于“恨”在希腊文中的原意是“争吵”，所以又译为“争”），爱使各部分联合，恨使各部分分离。四根加上爱和恨，被称为“六本原说”。恩培多克勒的六本原说和赫拉克利特的火本原说都是关于事物生成的理论。根据六本原说，爱处于支配地位时，事物处在和谐的状态中；恨处于支配地位时，这种和谐状态转化为混乱和无序；重新借助爱的力量，恨的状态可以转化为原初的、永恒的爱，世界再次成为一个美的圆球。这种和谐正是赫拉克利特的生成理论的内在展示，也是六本原说对美学的意义所在。

爱产生和谐和美，恨产生无序和丑。恩培多克勒通过爱把和谐理解为活的有机整体。他在残篇 17 中把爱称作爱神阿芙洛狄忒，这不是简单的类比，而是对爱的本质的准确说明。爱是一种吸引和结合的力量，是一种旺盛的、原始的生命力。和谐作为活的有机整体的观点在其残篇 20 中得到清楚的表述：

> 这种情况在有死者的肢体中表现明显：
> 一个时候，在生命力旺盛的时节，
> 所有肢体由“爱”统领结为一个整体；
> 另一时候，由于可恶的“恨”力量驱使，
> 它们就各自分开，在生命海湾中流浪游移。
> 不论植物、水中的鱼，
> 还是穴居山林的野兽和展翅云天的水鸟，
> 全都同样道理。[1]

恩培多克勒运用六本原说解释生命现象。他把生命的进化分为四个阶段：在第一阶段，动物不是完整的机体，各肢体部分是分离产生的，并不结合在一

[1] 恩培多克勒残篇 20，见苗力田主编：《古希腊哲学》，第 122 页。原译中的“友爱”“争吵”“一体”分别改译为“爱”“恨”“一个整体”。

起，如没有脖子的头、没有肩的胳臂、没有额的眼睛等等。在第二阶段，这些肢体偶然地结合在一起，产生出怪异的动物，如人头牛身或牛头人身的动物。第三阶段的生命体是完整有机地构成的一代，那些怪异的动物由于身体各部分互不适合而淘汰，剩下各部分和谐的动物。在第四阶段，动物不再由四根直接产生，而是自行生殖，美貌的吸引成为繁殖的原因，产生的动物各部分和谐一致又形体美丽。恩培多克勒用朴素的适者生存、自然淘汰的原则说明生命进化过程，尽管其中有荒唐之处，但仍然可以被称为“希腊的达尔文主义”，得到西方哲学史研究者的高度评价。对于西方美学史来说，这种生命进化论的价值在于，恩培多克勒把和谐理解为活的有机整体。他对和谐的理解不同于毕达哥拉斯学派，后者把和谐看作数的关系；也不同于赫拉克利特，后者把和谐看作对立统一。不过，恩培多克勒的和谐的有机整体中包含着某种比例关系，这明显地受到毕达哥拉斯学派的影响。他以和谐比例的观点说明了活的有机体及其各种成分如骨、肌肉和血液的构成：

> 在它宽阔的釜中，温厚的大地
> 接受了八分之二闪着光的奈斯蒂（指水——引者注）
> 以及四分赫菲斯托斯（指火——引者注）
> 生成了洁净的白骨，
> 因“和谐”而神奇地粘结在一起。[1]

> 以几乎相同的比例，
> 土和赫菲斯托斯，水滴，
> 以及那光亮的以太相遇在一起，
> 就此泊在完美的“爱”港湾里。
> 只是相比起来，有的多点，有的又少些，

[1] 恩培多克勒残篇 96，见苗力田主编：《古希腊哲学》，第 125 页。引文中的“赫菲斯托斯”原译为“赫斐斯特”。

从这里面，生出了各种肌肉和血液。[1]

恩培多克勒既把滚圆的球体看作和谐和美（爱占支配地位时，世界是一个圆球），因为圆球从中心到每一边都距离相等，完全没有任何差别；又把按比例构成的物体看作和谐和美。

恩培多克勒还把和谐的原则运用到审美知觉上。要阐述这一点，首先要说明他的知觉认识论——流射说。恩培多克勒认为，任何物体都由四种自然元素组成，它们同时也放射出连续不断的、细微而不可见的元素。不管动物、植物、大地和海洋，还是石头、铜和铁，都是如此。人的感官如眼睛，同样由四种元素组成。客观物体的流射粒子进入眼睛，同眼睛中的相同元素构成物相遇，进入合适的孔道，就形成视知觉。物体火的流射粒子容易进入眼睛中由火组成的孔道，物体水的流射粒子则容易进入眼睛中由水组成的孔道。这就是所谓“流射说”。公元前3世纪的逍遥派哲学家、《论感觉》一书的作者泰奥弗拉斯托斯（Theophrastus）指出，当时流行的感觉理论都用事物之间的关系来解释事物与感觉之间的关系，恩培多克勒主张感觉是“相似所造成的相似”，这种理论被称作“同类相知”原则。

据泰奥弗拉斯托斯记载，恩培多克勒主张“感觉是由（射流）和一种感官相适合产生的。所以一种感官不能认识另一种感官的对象，因为某些感官的孔道对感官对象太宽了，另一些又太窄了，因而有些（对象的粒子）可以没有接触就穿过孔道，另一些却根本不能通过”[2]。拿眼睛来说，眼睛内部是火，火的周围是土和气，火的孔道和水的孔道交替排列。

通过火的孔道，我们看到明亮；通过水的孔道，我们看到黑暗。每一类对象都同一种孔道相适合，各种颜色都是由流射带入眼睛的。[3]

---

[1] 恩培多克勒残篇98，见苗力田主编:《古希腊哲学》，第125页。引文中的“赫菲斯托斯”原译为“赫斐斯特”，“爱”原译为“友爱”。

[2] DK31A86。

[3] DK31A86。

眼睛和客观对象是否“同类相知”，会产生不同的视觉反应。

> 元素相同或相同元素的结合便产生快乐，元素相反便产生痛苦。[1]

眼睛白天看得清楚，因为眼中的火和外面的火相平衡。水少的眼睛在夜晚看得清楚，因为它的缺陷得到弥补。“最好的是这两种元素（指火与水——引者注）的比例相等的眼睛。”[2] 这是和谐的比例原则在视知觉中的具体运用。

恩培多克勒通过感官结构和客观物体结构的“同类相知”来解释感觉，基本上出于猜测，也比较粗糙，然而这种理论对美学仍然具有重要意义，它从一个方面说明了审美知觉形成的原因。如果眼睛的结构和外界物体的结构相适合，那么，眼睛中的孔道畅通无阻，在这种情况下视知觉就会产生快感。反之，眼睛中的孔道就会阻塞僵滞，视知觉则会产生痛感。现代某些审美知觉理论与恩培多克勒的这种理论相去并不太远[3]。例如，H. 斯宾塞（H. Spencer）就利用“筋力节省”的原则来解释秀美。他认为秀美的印象起源于筋肉运动时筋力的节省，运动愈显示出轻巧不费力的样子，愈使人觉得秀美[4]。

第四节　德谟克利特

德谟克利特（约公元前 460 年至约前 370 年）是原子论的主要代表人物，出身于希腊东北端阿布德拉的一个显赫家庭，拥护奴隶主民主派。他曾到埃及、波斯、埃塞俄比亚和印度旅行，被称作西方第一位百科全书式的学者，通晓哲学的每一个分支，熟悉数学、教育和艺术。他坚忍刚毅、达观开朗，作为“欢笑的哲人”，同“晦涩的哲人”赫拉克利特形成对照。拉尔修在《著

[1] DK31A86。

[2] DK31A86。

[3] A. F. 洛谢夫:《希腊罗马美学史》第 1 卷，第 413 页。

[4] 对于这种理论，朱光潜作过详细的阐述，见《朱光潜全集》第 1 卷，安徽教育出版社 1987 年版，第 431—436 页。

名哲学家的生平和学说》第9卷第45节中以四篇一组的方式排列了他的著作，内容涉及伦理学、物理学、数学、文学和技艺等。其中与美学和艺术关系密切的有《论节奏与和谐》《论诗》《论词语的美》《发音和谐的与不和谐的字母》《论荷马》《论歌》和《光线图像》等。德谟克利特的美学观是原子论美学观，即原子论在美学领域里的具体运用。

一、原子论美学观

原子论认为万物的本原是原子和虚空。德谟克利特的原子不是现代科学中的原子，它指不可分割的、内部充实而没有空隙的、肉眼看不见的物质微粒。在这种意义上，它类似于恩培多克勒四根说中的元素。所不同的是，四根说中的元素有火、水、土、气四种，而原子虽然数目无限多，外部形状也千姿百态，不过它们的性质却是一样的。原子论对万物本原的种类和性质作了进一步抽象概括，成为早期希腊哲学家关于世界结构理论的最高成就。原子的原意是“不可分割”，它和拉丁术语“个性”相同。原子论者提出“不可分割”的概念避免了物体因无限分割而成为虚无。可以分割的物体是由不可分割的原子组成的。在恩培多克勒那里，火、水、土、气四种元素相互转化，每种元素都是通过其他元素来确定的。而原子与此不同，它是通过自身来确定的。

性质相同的原子怎样组成性质不同的事物呢？这取决于原子间的区别。亚里士多德在《形而上学》中写道：

> 他们（指德谟克利特及其老师留基波——引者注）也认为原子间的区别是生成其他事物的原因。这些区别共有三种：即形状、次序和位置。他们断言存在只在形态上、相互关系上和方向上相区别。形态即是形状、相互关系即次序、方向即位置，如A和N是形状的不同；AN和NA是次序的不同；Z和N则是位置的不同。[1]

[1] 亚里士多德:《形而上学》I，4，见苗力田主编:《古希腊哲学》，第160—161页。

原子的形状、次序和位置实际上类似于毕达哥拉斯学派的数的比例。留基波和德谟克利特都曾是毕达哥拉斯的学生，德谟克利特写过名为《毕达哥拉斯》的论文。亚里士多德屡次谈到原子论和毕达哥拉斯学派的相似。不过，德谟克利特的原子是自我确定的，这一点是毕达哥拉斯学派所没有的。

德谟克利特的原子具有多种多样的几何形状。视觉、听觉、味觉和触觉由占优势的原子的形状决定。例如，白色由光滑的原子产生，黑色由粗糙的和多角的原子产生，红色由大的和球形的原子产生。甜味由圆形原子产生，酸味由粗糙的和多角的原子产生，辣味由带棱角的、弯曲的和狭窄的原子产生，苦味由大的、光滑的和歪斜的原子产生。一切感觉都以几何形体为基础，于是，三维的形体成为原子论美学的主要审美对象，这种美学更适用于雕塑和建筑。这表明原子论美学和早期希腊美学的深刻联系，造型性、雕塑性、几何形体性是它们共同的特征。

按照原子论，虚空也是万物的本原。虚空是充实的原子的对立面，原子只有通过虚空才能得到自我确定。也只有在虚空中，原子才能够运动。虚空不是空气，也不是虚无的零。虚空是空无一物的空间，是非存在。非存在也存在着。原子在虚空中的产生和分离，造成具体事物的生成和消亡。虚空的理论运用到美学上，就要重视虚空在任何一种审美对象的形成中的积极作用。这里的虚空指审美对象存在的背景。只有在某种合适的背景中，审美对象的形状才能凸显出来。在绘画、雕塑和建筑中，背景的意义更加重要。

二、艺术中的激情、灵感与对智慧的观照

德谟克利特比较具体的美学理论主要表现在对美和艺术创作的理解上。原子论把事物的形成归结为原子的形状、次序和位置。次序（taxis，即“秩序”）和位置表明的是结构关系。早期希腊美学中有许多表示结构关系的术语，如尺度、节奏、比例、对称等。它们虽然具有不同的意义，但是都表示完整的结构。在这些术语中，和谐是最基本的术语和最一般的原则。德谟克利特对美的理解，也和结构的规定性有关。他把均等看作美：

在一切事物中，美是均等；过和不及我都不喜欢。[1]

“均等”在希腊语中是isos，它还有相等、均衡的意思。早期希腊哲学家如克塞诺芬尼（Xenophanes，鼎盛年约在公元前540年）、巴门尼德（Parmenides）、阿那克萨戈拉和恩培多克勒都使用过这一术语。巴门尼德主张存在“有如一个滚圆的球体，从中心到每一边都距离相等”[2]。德谟克利特的上述残篇使“均等”这个术语获得了审美意义。

早期希腊美学往往只从形体上看待美，比如，身体美在于各部分的对称。德谟克利特不满足于各部分对称所产生的美，他对美提出更高的、精神性的要求：

身体的美，若不与聪明才智相结合，是某种动物性的东西。[3]

除了均等外，德谟克利特也经常使用尺度、匀称、和谐等概念，并把这些表示客观事物结构关系的概念运用到社会生活和人的内心世界中。他主张在吃喝、情爱方面不要超越一定的尺度，幸福是灵魂的和谐和精神的宁静。如果超越尺度，那么，最令人愉悦的东西就会变成最令人厌恶的东西。由于他从精神上，从人的内心世界理解美，所以，美和善、美学和伦理学紧密地联系在一起。他在这方面的代表性残篇有：

那些偶像穿戴和装饰得看起来很华丽，但是，可惜！它们是没有心的。[4]

人们精神的良好安排，来自有节制的享受与和谐的生活。[5]

---

[1] DK38B102。

[2] 巴门尼德残篇8，见苗力田主编:《古希腊暂学》，第96页。

[3] DK68B105，见北京大学哲学系美学教研室编:《西方美学家论美和美感》，第16页。

[4] DK68B195，同上书，第16—17页。

[5] DK68B191。

少说话对于女人是一种装饰，而装饰的简朴，在她也是一种美。[1]

尽管在德谟克利特那里美学和伦理学、人的社会行为相联系，甚至相同一，然而，他的美学仍然具有希腊美学共同的观照性的特点。“伟大的享受来自对美的作品的观照。”[2] 观照指凝神地、深思地静观世界，而不是积极地、能动地改造世界。这是因为当时主体还没有得到充分发展，还没有从存在中分离出来。德谟克利特对“美的作品”的观照，首先包括对智慧的观照。因为“力量和美是青年的善，而老年的善是智慧的繁荣”[3]。德谟克利特对智慧的观照和柏拉图对理式的观照已经很接近了。

对于艺术问题，德谟克利特从人类社会进化和文明起源的角度作了探讨。他主张物质需求和经验产生了各种艺术。关于艺术模仿自然，他说过一段著名的话：

在许多重要的事情上，人类是动物的学生：我们从蜘蛛学会了纺织和缝纫，从燕子学会了造房子，从天鹅和夜莺等鸣鸟学会唱歌，都是模仿它们的。[4]

比起赫拉克利特的模仿论，德谟克利特的模仿论前进了一步。他的模仿不是对被模仿对象的直接再现，而且根据生活需要对被模仿对象的间接再现。关于音乐的起源，罗马美学家菲罗德谟（Philodemus）记载了德谟克利特的论断：

音乐是一种相当年轻的艺术，原因就在于它不是由需要产生的，而是产生于高度的奢侈。[5]

---

[1] DK68B274。

[2] DK68B104。

[3] DK68B294。

[4] DK68B154。

[5] DK68B144。

在这里德谟克利特指的不是整个音乐的起源，而可能是音乐中比较发达的、细腻的形式。他的这种观点的重要性在于，他是从社会历史角度看待艺术的发展的。

在艺术创作方面，德谟克利特的论断还涉及创作主体问题，指出了灵感的重要作用。绝大部分希腊美学家对灵感、天才和技巧、人力在艺术创作中的作用同样重视，而德谟克利特则更强调灵感、天才的作用。他关于灵感的论述，分别见于西塞罗和贺拉斯，以及早期基督教教父亚历山大的克雷芒（Clement，约公元 153 年至 217 年）的记载。贺拉斯在《诗艺》中批评德谟克利特过分强调灵感在艺术创作中的作用："德谟克利特相信天才胜于技艺，不许清醒的诗人在赫利孔山上逍遥。"[1] 西塞罗写道：

> 我常听说，据说在德谟克利特和柏拉图的著作中有这样的言论：如果没有激情的燃烧，没有某种似乎灵感的疯狂，就不可能有任何优秀的诗人。……
>
> 德谟克利特主张，没有疯狂就不可能有大诗人。柏拉图也说过同样的话。[2]

克雷芒写道：

> 德谟克利特（和柏拉图）一样主张，诗人在神的和神圣精神的灵感下所写的诗句，肯定非常好。[3]

上述残篇表明，在哲学家中首先提出诗人迷狂说的不是柏拉图，而是德谟克利特。德谟克利特虽然强调灵感的作用，然而他对技艺在艺术创作中的作用也不是完全忽略。他曾明确说过：

---

[1] DK68B17（亦见贺拉斯《诗艺》第 295—296 行）。

[2] DK68B17。

[3] DK68B18。

无论艺术还是智慧，如果不学习（它们），那就不能获得。[1]

德谟克利特对后世，特别对柏拉图、伊壁鸠鲁（Epicurus）和卢克莱修（Lucretius）产生了重大影响。德谟克利特和柏拉图的密切联系是一些研究者热衷的话题。拉尔修援引亚里士多德的学生阿里斯托赛诺斯（Aristoxenus）的话说，柏拉图可能从德谟克利特著作中借用的东西太多，因此“想把他所能搜集到的德谟克利特的著作全都烧掉，但是毕达哥拉斯学派的阿密克拉和克利尼亚劝阻他，说这样做是无用的，因为这些著作已经广泛传播了”[2]。伊壁鸠鲁是德谟克利特的原子论的忠实继承者。卢克莱修在《物性论》中继承了德谟克利特的传统，从社会历史角度看待艺术的发展。

德谟克利特是早期智者和苏格拉底的同时代人。公元前5世纪下半叶，希腊社会进入古典时期的繁荣阶段。希腊哲学和美学也发生了重大转折：从对自然的研究转向对人和社会的研究。智者和苏格拉底跨越了早期希腊的宇宙学美学，揭开了人本主义美学的序幕。

---

[1] DK68B59。

[2] 拉尔修：《著名哲学家的生平和学说》第9卷第40节。

第四章
智者和苏格拉底

“智者”（Sophistes）来自名词“智慧”（Sophia），原指一切才智之士和能工巧匠。到公元前5世纪，它成为一批以传授知识和辩论术、语法和修辞学为业的哲学家的专有名称。智者又被称为诡辩者。“诡辩者”当然是一个贬义词，不过，“早期智者是高尚的、备受尊敬的人，他们常常被所在的城邦委以外交使命”[1]。“智者”一词后来“获得吹毛求疵的咬文嚼字断章取义者的贬义”，“那是伟大智者的不肖的后继者，尤息底莫斯和狄奥尼索多洛斯连同他们的逻辑诡辩造成的”[2]。

在柏拉图的对话中，智者一般都作为苏格拉底的对立面出现，受到苏格拉底和柏拉图的攻击和嘲讽，往往被描绘成夸夸其谈、洋洋自得的江湖骗子和傻瓜。柏拉图的对话《大希庇阿斯篇》是西方第一篇系统讨论美的著作。在这篇对话中，智者希庇阿斯（Hippias）在大智若愚的苏格拉底的层层诘问下窘态百出，不得不屡屡承认自己的无知。实际上希庇阿斯博闻强记，精通多种学问，《大希庇阿斯篇》有很多文学虚构成分。尽管苏格拉底在很多地方和智者相对立，但我们仍然把他们放在同一章中阐述，因为他们思考的主要对象是共同的，那就是人和人的生活，主体、意识和自我意识问题，而不是人的自然环境和宇宙。这是他们与早期希腊哲学家和美学家不同的地方。

[1] E. 策勒尔：《古希腊哲学史纲》，翁绍军译，第85页。

[2] 同上。

第一节　智者

智者是希腊民主制度的产物。在希腊民主制度下，公民参与政治活动和文化活动的机会大增。在这些活动中，公民往往要发表演说，进行辩论。于是，能言善辩成为人们追求的一种本领。智者作为周游于希腊各城邦、收费“传授使人成为非凡雄辩家的艺术的教师”[1]应运而生。西方哲学史研究往往把智者运动称作希腊世界的启蒙运动[2]。智者运动是一种广泛的社会思潮，而不是统一的哲学学派。智者运动在希腊美学中的作用犹如伏尔泰和法国启蒙运动在近代欧洲美学中的作用[3]。

智者派人物众多，最重要的代表是普罗泰戈拉（约公元前 490 年至前 421 年）和高尔吉亚（Gorgias，约公元前 480 年至前 375 年）。普罗泰戈拉是德谟克利特的同乡，生于边远城邦阿布德拉。他在雅典当了 40 年的教师，是第一个自称智者的人，主要著作有《论真理》《论神》《相反论证》等。高尔吉亚生于西西里的列奥提尼，是恩培多克勒的学生，主要著作有《论自然和非存在》《海伦颂》《帕拉梅德斯辩护词》等。智者本人的著作绝大部分已经佚失，现存残篇散见于古代学者的著作中。DK 本第 80—90 章收录了智者残篇。

智者美学的最大特色是在西方美学史上第一次提出了审美主体和审美意识问题。他们向早期希腊美学所理解的存在发起挑战。早期希腊美学的存在是自在的存在，是一个物质问题；智者的存在则是自为的存在，是一个意识问题。伴随着在各个城邦中穿梭往来的匆匆脚步，智者所追寻、所热衷的是变幻莫测、五光十色的人的生活中的美，早期希腊美学所膜拜的井然有序、恒常稳定的宇宙的和谐和宏伟渐渐淡出。

[1] 柏拉图：《普罗泰戈拉篇》，312d。

[2] 苗力田主编：《古希腊哲学》，第 173 页。

[3] A. F. 洛谢夫：《希腊罗马美学史》第 2 卷，莫斯科 1969 年版，第 14 页。

一、"人是万物的尺度"

智者运动的思想基础和理论原则是普罗泰戈拉脍炙人口的一句名言："人是万物的尺度。"紧接着这句名言的限定句子为："是存在者存在的尺度，也是不存在者不存在的尺度。"[1] 柏拉图对这句话作过解释："对于我来说，事物就是向我呈现的那个样子；对于你来说，事物就是向你呈现的那个样子。"[2] 比如风，有时候同一阵风吹来，你觉得冷，我觉得不冷。冷与不冷不在于风，而在于你和我的感觉。这样，存在就是被感知。普罗泰戈拉把个人的知觉和体验当作真实的存在。

"人是万物的尺度"这句话的积极意义是把人看作自然和社会的中心、主宰和标准，是对过去固定的思维模式的一种否定。西方哲学史研究把它评价为人在原始宗教和自然的统治下第一次觉醒的标志，因此普罗泰戈拉可以被看作人本主义的先驱。然而，这句话的消极意义也是明显的，它是一种感觉主义、主观主义、相对主义和怀疑论。智者美学上的相对主义在约公元前400年佚名作者的《双重论证》中得到淋漓尽致的表现。《双重论证》原来保存于恩披里柯手稿的末尾，没有作者和标题。它的第一位出版者G.斯特法奴（G. Stefanus）给它加了一个标题《两种说法》（*Dialexeis*，塔塔科维兹《古代美学》中译本译为《论辩集》）。后来学者们根据它的内容改用了一个更合适的标题《双重论证》（*Dissoi Logoi*），研究者们认为它的作者是一位受到普罗泰戈拉影响的智者。DK本第90章收录了《双重论证》。

《双重论证》遵循普罗泰戈拉已经失传的《矛盾法》的原则：任何事物都有正反两种说法，可以用这种方法来论证善和恶、正义和非正义、真和假、聪明和愚蠢的相对性。例如，男欢女爱对病人是坏的，对健康人却是好的，所以没有绝对的好坏，它们都是相对的。《双重论证》共6章，它的第2

[1] 柏拉图：《泰阿泰德篇》，152a。中文有多种译法，这里的译文引自北京大学哲学系外国哲学史教研室编译：《西方哲学原著选读》上卷，商务印书馆1981年版，第54页。

[2] 柏拉图：《克拉底鲁篇》，386a。

章论证了美和丑的相对性[1]：

双重论证也适用于美和丑。一些人主张，美是一种东西，丑是另一种东西，它们有区别就像它们的名称所要求的那样；另一些人则认为，美和丑是相同的。我试图作如下阐述。成熟的男子爱抚所爱的人是美的，爱抚不爱的人是丑的。女子在室内洗澡是美的，在体育学校洗澡是丑的（而男子在体育学校和其他学校洗澡是美的）。和男子在有墙遮挡的僻静处性交是美的，而在有人看见的公开场合性交是丑的。和自己的丈夫性交是美的，和别人性交是丑的。丈夫和自己的妻子性交是美的，和别的女子性交是丑的。还有，男子化妆、涂抹香料、佩戴很多金饰物是丑的，而女子这样做是美的。向朋友行善是美的，向敌人行善是丑的。回避不愉快的事是美的，而在体育场上回避对手是丑的。杀害朋友和公民是丑的，而杀害敌人是美的。一切事情都是如此。

现在看一下国家和人民认为丑的东西。例如，斯巴达人认为姑娘训练和行走时裸露双手、不着长衫是美的，爱奥尼亚人则以此为丑。斯巴达儿童不学习音乐和书写是美的，爱奥尼亚人则认为不知道一切是丑的。从畜群和骡群中扣留马，驯养它们，扣留牛——对它们驾驭、剥皮和屠宰，在帖撒利人看来是美的，在西西里人看来就是丑的，因为这是奴隶干的事。……

我想，如果有人吩咐大家把他们认为是丑的东西送到一处，然后从这一堆丑的东西中再取走他们认为是美的东西，那么，就不会有什么东西能够剩下，大家把所有的东西分别拿完，因为大家的想法不一样。我可以引一首诗为证。

“你会明显地看到对于凡人的另一种法则。没有任何完全美的和完全丑的东西，造成美丑的是机遇（cairos），它使得一些丑，另一

[1] 我国的西方哲学史著作认为这一章论述的是光荣和耻辱，实际上这一章论述的是美和丑，沃拉德斯拉维·塔塔科维兹在《古代美学》中也持后一种观点，见该书第129、140页。

些美。”如果从总的方面说，那么，一切东西适时就是美，不适时就是丑。[1]

《双重论证》的作者表示要论证美丑的同一性，不过他仅仅罗列了大量表明美丑相对性的现象，而并没有作出进一步的论证。尽管如此，上述引文仍然值得重视。首先，它表明美不能脱离主体而存在。赫拉克利特也论述过美的相对性，但他实际上指的是美的不同等级。智者在论述美的相对性时，说的是同一个现象在不同的主体（社会群体或个体）那里会得到不同的审美评价。在这里，智者最早区分了事实判断和价值判断。这种区分对美学非常重要。审美评价是一种价值判断。由于价值产生于客体和主体的相互关系，所以，离开主体和社会生活，现象和对象就无所谓美和丑。也因此，在人类社会之前、在脱离人的自然中没有美。美不是自然现象的天然属性，它只有在对主体、对人的关系中才会存在，只有在社会生活中才会存在。早期希腊美学在论述美的时候，着眼点放在客体的结构上，如和谐、比例、节奏、对称、尺度等；智者美学在论述美的时候，着眼点放在主体上。早期希腊美学把美看作齐整有度的几何形体，智者美学把美看作散乱零碎的感性知觉。虽然智者没有进一步分析，为什么同一个现象在斯巴达人那里是美的，而在爱奥尼亚人那里是丑的，然而，在审美关系中从审美客体向审美主体的转折是重要的，这在美学上是一个进步。

其次，智者的审美视野开阔了。早期希腊美学的审美对象主要是有序的、平静的、按照严格规律永恒不变地循环往复的宇宙。宇宙学美学已经不能够满足智者新的细腻的生活体验，他们在纷繁的、矛盾的、令人眼花缭乱的生活现象中寻找美。这符合智者多重的社会角色和忙碌的身影。智者们是哲学家、雄辩家、戏剧家、诗人、收费授徒的教师和肩负使命的外交家，他们还研究数学、几何和天文学。《大希庇阿斯篇》一开始，希庇阿斯在回答苏格拉底的问题时就说：“苏格拉底啊，我实在太忙了。”智者对生活的热忱、

[1] 《双重论证》第2章。

渴望和对社会活动的执着、投入，是早期希腊美学家所没有的。远离宇宙的人的生活是那样紊乱、动荡、五彩缤纷，难怪智者所理解的美有那么多的相对性。不仅人的生活，而且自然和宇宙在智者看来也是无序的，地球和日月星辰由水、土、气、火等元素偶然地混合而生，没有规律可循。在上述引文中，智者认为"造成美丑的是机遇"。机遇是一种偶然性。柏拉图在《法律篇》中也记载了智者类似的观点："他们（指智者——引者注）说，显然，最伟大和最美的东西是由自然和机遇造成的。"[1]这和早期希腊的审美宇宙学相去甚远。

智者美学用社会替代宇宙，把人的生活提到首位。然而，对于希腊人来说，没有宇宙的人的生活还不是完满的。柏拉图和亚里士多德的美学既不仅仅局限于宇宙学，也不仅仅局限于人本主义，而是把这两者结合起来，把人的生活看作宇宙发展的结果。在这种意义上，智者美学（还有苏格拉底美学）是早期希腊美学和柏拉图、亚里士多德美学之间的过渡环节。没有这个中间环节，希腊美学就不完整。

二、艺术制造幻觉

与早期希腊美学家相比，智者对艺术更感兴趣。他们中的许多人是诗人，希庇阿斯擅长各种文学体裁，普罗狄科（Prodicus）是著名悲剧家欧里庇得斯的老师，安提丰（Antiphon）写过诗和悲剧，克里底亚（Critias）以悲剧和讽刺剧著称。普罗泰戈拉、高尔吉亚和希庇阿斯都研究过荷马。尽管智者涉猎过多个艺术门类，然而在艺术理论上，他们的最大贡献体现在戏剧理论，特别是修辞艺术理论上。

在戏剧理论上，智者结合模仿阐述了艺术幻觉和虚构问题。高尔吉亚认为，悲剧制造"（神话现实和热情的）幻觉"：

> 制造这种欺骗的（诗人）比未能这样做的诗人更出色地完成自己的

[1] 柏拉图：《法律篇》X，889a。

任务；（被这种幻觉）欺骗的观众比没有被它欺骗的观众更聪明。欺骗人的诗人之所以更有道理，因为他实现了他的许诺；而被欺骗的观众之所以更聪明，因为他们对语言的享受很敏感，而不是麻木不仁。[1]

这则最早的悲剧定义之一说明了悲剧的内容、功用以及发挥功用的心理机制。悲剧的内容是幻觉，幻觉作为神话现实和热情的结合，是在再现神话的基础上产生的。这样，幻觉不脱离现实和虚构。艺术要求虚构，采用虚构的诗人比不采用虚构的诗人更能履行诗人的使命，有虚构的艺术比没有虚构的艺术更有感染力。这种见解已经接近于亚里士多德在比较历史和诗时所说的诗“描述可能发生的事”的观点。悲剧的功用是给观众以智慧（使他更聪明）和享受，悲剧发挥功能的心理机制是观众甘心受骗。观众知道是在演戏，这不是真的；但又相信这是真的，和剧中人物共悲欢。悲剧欣赏中观众甘心受骗的心理机制已经隐含艺术和游戏的同源性。“游戏者应该记得，他参与假定的（非真实的）情境（小孩子记得，他面前是只玩具虎，所以用不着害怕），同时又不记得这一切（小孩子在游戏中把玩具虎当成活的）。小孩子仅仅害怕活虎，仅仅不害怕虎的标本；对于盖在桌子上的、在游戏中再现老虎的花条长衫，他有些害怕，也就是说，同时既怕又不怕。”[2]悲剧欣赏中的观众犹如游戏中的小孩子。艺术的游戏因素是审美享受的最重要的根源之一。

高尔吉亚的上述观点在古代文献中屡次被提及。《双重论证》指出：

在悲剧和绘画中，最优秀的作者是通过创作真实的类似物最能够欺骗人的人。[3]

希波克拉底（Hippocrates，约公元前460年至约前370年）在《论生活

[1] D82B23。

[2] 洛特曼：《论“在模拟系统的系列中的艺术”问题的提纲》，载《符号系统著作》第3辑，塔尔图1967年版，第133—134页。

[3] 《双重论证》第3章。

方式》一文中写道：

> 演员艺术欺骗观众，虽然观众也知道，这是欺骗；演员说的是一件事，想的是另一件事；他们上台和下台是相同的人，又是不同的人。[1]

在各种艺术中，智者最感兴趣的是修辞艺术。这很自然，因为智者最根本的活动就是传授修辞艺术。修辞艺术指的是公开演说和论辩的技巧，通过语言表达和对听众心灵的影响来说服人，而不是现代所说的关于语法和用词的修辞理论，尽管它也涉及语法和用词。关于修辞学的创始人，历史上有不同说法。我们在第三章第三节中谈到，亚里士多德认为恩培多克勒是修辞学的奠基人（转引自拉尔修的记载）[2]。但拉尔修本人则把普罗泰戈拉说成是修辞艺术的创始人。按照他的意见，普罗泰戈拉第一次采用了辩论和诡辩，并把言语分为四部分：请求、问题、回答和命令。拉尔修没有指名的那些智者则把言语分为七部分：陈述、问题、回答、命令、愿望表述、请求和呼吁[3]。

2—3 世纪的斐罗斯特拉图（Philostratus）在《智者生平》中指出，高尔吉亚是智者修辞学以及希腊罗马修辞学最主要的代表。他认为高尔吉亚对修辞学的贡献犹如埃斯库罗斯对悲剧的贡献[4]。著名雄辩家伊索克拉底（Isocrates）是高尔吉亚的学生。在柏拉图《会饮篇》中，对高尔吉亚佩服得五体投地的阿伽通作了富丽而又优美的颂辞后，苏格拉底说："阿伽通的颂辞常使我想起高尔吉亚。"[5] 虽然苏格拉底语带讽刺，然而高尔吉亚作为声名远播的雄辩家是不容置疑的。

---

[1] 《希波克拉底文集》第 1 卷第 24 节。

[2] 拉尔修：《著名哲学家的生平和学说》第 8 卷第 57 节。

[3] DK80A1

[4] DK82A1。

[5] 柏拉图：《文艺对话集》，朱光潜译，人民文学出版社 1963 年版，第 251 页。引文中的"高尔吉亚"原译为"高吉阿斯"。

关于高尔吉亚的修辞艺术理论没有留下任何资料，然而他的《海伦颂》和《帕拉梅德斯辩护词》却作为修辞艺术的范文基本上完整地保存下来，收录于DK82B11中。纵观高尔吉亚的修辞艺术实践，有两点值得注意。第一，他重视语言的运用和演说氛围的营造。他把修辞学定义为语言艺术，在演说中使用隐喻、讽喻、多变的词组、词语的转义、倒装、重叠、重复、顿呼（把不在场的人物当作在场的人物来招呼，把无生物当作生物来招呼）等艺术手法，他的表述奇巧、精致、细腻，形成了所谓的“高尔吉亚风格”。他在雅典作过葬礼演说，在希腊的宗教节日上作过演说，还作过法庭演说和政治演说。他根据演说的时间、地点和内容，使用不同的论证方法和语言技巧。亚里士多德在《修辞学》中谈到嘲笑在演说中的用途时指出：

> 高尔吉亚说，应当用嘲笑去摧毁对方的严肃，用严肃去摧毁对方的嘲笑；他说得不错。[1]

高尔吉亚还是即席演说的高手，随便给他一个题目，他都能侃侃而谈。他善于以最好的方式阐述各种事物。亚里士多德也提到高尔吉亚“从不至于无话可说；因为假如要谈论阿喀琉斯，他就赞颂珀琉斯，然后再赞颂埃阿科斯，再赞颂神灵”[2]。为了增强悲剧演出的效果，埃斯库罗斯让演员穿上特制的服装，并且搭建了舞台。同样，为了营造演说的氛围，高尔吉亚在演说时常常身着紫罗袍。他还习惯突然中断自己的演说，以吸引听众的注意力，从而使自己的演说更有魅力。

第二，高尔吉亚利用语言的力量对听众的心理产生神奇的影响。智者作为人本主义美学的代表，对人的语言十分重视，在希腊首先论述了语言的力量。高尔吉亚在《海伦颂》中写道：

> 语言是伟大的主宰，它具有极其微小的、看不见的躯体，能够达到

---

[1] 苗力田主编：《亚里士多德全集》第9卷，中国人民大学出版社1994年版，第549页。

[2] 同上书，第545页。引文中的“阿喀琉斯”和“珀琉斯”原译为“阿基里斯”和“佩里斯”。

神奇的效果。因为它能够驱散恐惧，消除悲戚，产生喜悦，激起怜悯。[1]

我认为应该把所有诗歌都称为有诗格的言语。它使听众时而为恐惧的颤抖、时而为同情的泪水、时而为忧郁的悲戚攫住；对于别人遭遇的幸运或不幸，灵魂通过言语感同身受。[2]

语言对于灵魂状况的力量和药物对于身体本性的力量具有同样的意义。一些药物可以驱除体内的一些膏脂，另一些药物则驱除体内的另一些膏脂，因此，一些药物可以治病，另一些药物可以令人丧命。与此相类似，一些言语使人悲戚，另一些言语使人喜悦，第三种言语使人恐惧，第四种言语使人兴奋，还有些言语毒害和迷惑灵魂，使它变坏。[3]

高尔吉亚通过语言的力量征服听众，使听众心悦诚服地而不是被强制地成为自己的奴隶。在医生劝说无效的情况下，高尔吉亚能够说服病人服下苦药，接受手术治疗[4]。在奥林匹亚的演说中，他发挥了重要的政治作用，号召希腊人团结一致反对米底亚人和波斯人。

智者美学和苏格拉底美学都转向了人、主体和意识问题，他们都热爱五彩缤纷的生活。然而苏格拉底美学比智者美学远为进步的是，他不仅仅满足于生活的纷繁多姿，而且分析生活，从各种生活现象中归纳出一般判断和普遍定义。智者的人是感觉的人，苏格拉底的人则是理性的人。

第二节 苏格拉底

苏格拉底（公元前 469 年至前 399 年）是柏拉图之前最重要的希腊美学家。他出生于雅典，适逢伯里克利的黄金盛世。父亲是雕刻匠，母亲是助

[1] DK82B11

[2] DK82B11。

[3] DK82B11。

[4] DK82A22。

产婆。小时候学过雕刻、音乐和其他文化知识。苏格拉底外貌丑陋，脸面扁平，大狮鼻，嘴唇肥厚。然而他智慧超群，希腊北部城镇德尔斐的阿波罗神庙的预言宣称没有人比他更智慧。苏格拉底很穷，无论赴宴做客，还是行军打仗，常穿一件破大衣。他能吃苦耐劳，忍饥挨饿。虽然穷，但他蔑视钱财，整天奔忙于公共场所、广场和市场上，和人们相见、交谈。他终生论证真理，建立由感觉和理性所证实的生活逻辑。有时为了思考一个问题，他会有些怪异地站在一个地方不动，从清早站到傍晚，并且站着过夜。他的后半生是在长达27年的伯罗奔尼撒战争中度过的，这场战争是雅典由强盛走向衰落的转折点。苏格拉底作为针砭时弊的"神圣牛虻"，被雅典法庭以"亵渎神明"和"败坏青年"两条罪名判处死刑。这是希腊的悲剧。"除了对耶稣的审判和处死以外，没有任何其他审判和处死，像对苏格拉底的审判和处死一样，给人留下如此深刻的印象了。"[1]

苏格拉底没有任何著作，他的言行主要见诸他的两个弟子——色诺芬（约公元前430年至前355年）和柏拉图的著作。色诺芬记述苏格拉底的著作有《回忆录》《苏格拉底在法官前的申辩》（这两种著作的中译本合称《回忆苏格拉底》，1984年由商务印书馆出版）、《经济论、雅典的收入》（中译本1981年由商务印书馆出版）和《会饮篇》。柏拉图的对话录多以苏格拉底为主角，如何看待对话中苏格拉底思想和柏拉图思想的关系，历来有争议。一般认为，柏拉图的早期对话录，尤其是《申辩篇》《克里托篇》《欧绪弗洛篇》《拉刻斯篇》基本上反映了苏格拉底的思想。在色诺芬的著作中，与苏格拉底美学思想关系密切的是《回忆录》。在智者那里，希腊人第一次把目光转向自身，苏格拉底用德尔斐的阿波罗神庙的名言"认识你自己"明确地说明了希腊哲学和美学研究中的这种方向转换。苏格拉底美学不以自然为本原，而以灵魂为本原，他对美学的贡献首先表现在对美的普遍定义的探求上。

[1] 斯东：《苏格拉底的审判》，董乐山译，生活·读书·新知三联书店1998年版，译序，第1页。

一、美与效用的关系

流传下来的苏格拉底的美学文献比早期希腊美学和智者美学的文献要多得多。然而要准确地理解这些文献，必须首先考虑到苏格拉底主要的哲学活动和基本的哲学观念。

“认识你自己”不仅拓宽了美学研究的领域，而且改变了美学研究的途径。“认识你自己”是一种自我意识的表现。在苏格拉底看来，人由灵魂、肉体以及这两者的结合三部分组成，其中占统治地位的是人的灵魂。因此，“认识你自己”并不是认识人的外貌和躯体，而是认识人的灵魂。灵魂中最接近神圣的部分是理性，理性是灵魂的本质，于是认识灵魂就是认识理性。为了反对智者相对主义的感觉论，苏格拉底力图通过理性获得绝对的知识，这是他的哲学的中心。他从理性出发探讨万物存在的原因，追求概念的普遍性定义。“所谓普遍性定义就是指概念的定义有普遍性、确定性和规范性……苏格拉底用逻辑方法对事物作出从现象到本质的分析，揭示一类事物的共同的本质属性，要求概念有确定的内涵和外延，从而阐明这类事物存在的因果本性，这就是苏格拉底所说的理性的知识。他建立这种普遍性定义也是针对早期希腊哲学中的直观思维和独断倾向，要求从人的理性思维出发来探究事物的本质。”[1] 追求美的普遍定义是苏格拉底的哲学活动在美学领域的表现。

色诺芬在《回忆录》中记载了苏格拉底和他的弟子亚理斯提普斯关于美的问题的对话：

> 亚里斯提普斯：你知道有什么东西是美的？
>
> 苏格拉底：我知道许多东西都是美的。
>
> 亚：这些美的东西彼此相似么？
>
> 苏：不尽然，有些简直毫无相似之处。

---

[1] 汪子嵩、范明生、陈村富、姚介厚：《希腊哲学史》第2卷，人民出版社1993年版，第400—401页。

亚：一个与美的东西不相似的东西怎么能是美的？

苏：因为一个美的赛跑者和一个美的摔角者不相似；就防御来说是美的矛和就速度和力量来说是美的镖枪也不相似。[1]

亚：那么，粪筐能说是美的吗？

苏：当然，一面金盾却是丑的，如果粪筐适用而金盾不适用。

亚：你是否说，同一事物同时既是美的又是丑的？

苏：当然，而且同一事物也可以同时既是善的又是恶的，例如对饥饿的人是好的，对发烧的病人却是坏的，对发烧的病人是好的，对饥饿的人却是坏的。再如就赛跑来说是美的而就摔角来说却是丑的，反过来说也是如此。因为任何一件东西如果它能很好的实现它在功用方面的目的，它就同时是善的又是美的，否则它就同时是恶的又是丑的。[2]

这段引文在西方美学史上很重要。它的重要性至少表现在两个方面。第一，事物的美丑取决于效用和用者的立场。朱光潜在《西方美学史》中评论苏格拉底的观点时，援引过 B. F. 阿斯穆斯（B. F. Asmus）的一段话，并认为这段话很精辟。阿斯穆斯指出，苏格拉底的观点表明，美不是事物的一种绝对属性，它依存于事物的用途，依存于事物对其他事物的关系。“美不能离开目的性，即不能离开事物在显得有价值时它所处的关系，不能离开事物对实现人愿望它要达到的目的的适宜性。”[3] 这里已经隐含着“美是价值”的观点，美是事物的价值属性，审美关系是一种价值关系。在苏格拉底那里，美和善是统一的，这并不是说美就是善，而是说美和善作为价值有其统一的本质。A. F. 布勒姆（A. F. Blum）在《苏格拉底：创造性及其形象》（伦敦 1978 年版）一书中也强调苏格拉底对“价值”哲学的贡献，指出前苏格拉底

[1] 色诺芬：《回忆录》第 3 卷第 8 章第 3—4 节，采用朱光潜译文，见北京大学哲学系美学教研室编：《西方美学家论美和美感》，第 18 页。

[2] 色诺芬：《回忆录》第 3 卷第 8 章第 6—7 节，采用朱光潜译文，同上书，第 19 页。

[3] 朱光潜：《西方美学史》上卷，第 37 页。

只研究自然的原因，而从苏格拉底开始才涉及“价值”[1]。布勒姆的观点和阿斯穆斯的观点是吻合的，前者指的是一般价值哲学，后者指的是专门价值美学。

第二，苏格拉底在西方美学史上第一次区分出美的事物和美本身。彼此不同的事物都可以是美的，同一个事物可以时而美、时而丑，可见美的事物和美本身不是一回事。美的事物是相对的、变化的，美的意义却是永恒的、不变的。美的事物是“多”，美的意义则是“一”，是原初的“一”。美的事物以美本身为前提，它们是美本身的实现，美本身是美的事物的原则。亚里士多德在《形而上学》中指出，苏格拉底从事哲学研究时，首先寻求对对象作出普遍定义，探索事物“是什么”，而“是什么”是推理的始点或本原：

> 有两件事情公正地归之于苏格拉底，归纳推理和普遍定义，这两者都与科学的始点相关。[2]

美本身就是苏格拉底对“美是什么”的探求，这已经是柏拉图的理式的雏形。

那么，在苏格拉底看来，美本身、美的意义、美的普遍定义究竟是什么呢？为了阐述这个问题，我们先看一下色诺芬在《回忆录》中记载的苏格拉底和智者欧绪德谟（Euthydemus）的一段对话：

> 苏格拉底：那么，任何一个事物，它对于什么有用处，就把它用在什么上，这就美了吗？
>
> 欧绪德谟：的确是这样。
>
> 苏：任何一个事物，不把它用在它对之有用的事上，而用在别的什么事上，它还会是美的吗？
>
> 欧：对于任何一件别的事都不能是美。
>
> 苏：那么，有用的东西对于它所有用的事来说，就是美的了？

[1] 参见叶秀山：《苏格拉底及其哲学思想》，人民出版社 1986 年版，第 82 页。

[2] 苗力田主编：《亚里士多德全集》第 7 卷，第 297 页。

欧：我以为是这样。[1]

这段引文和我们在前面援引的色诺芬《回忆录》第3卷第8章第3—4、6—7节的引文通常被理解为：苏格拉底把美等同于效用。于是，他所说的美本身就是效用。事实上，这种理解还没有抓住问题的关键。结合苏格拉底的整个哲学思想来看，有用的东西之所以美是合目的性。合目的性是美的基础，是美的本质。苏格拉底经常谈到合目的性问题。在《回忆录》第1卷第4章中他指出，为了一定的目的而制作出来的事物必然不是偶然性的产物，而是理性的产物。人的身体有一种非常好的、与其目的极相吻合的结构。例如，眼睛很柔弱，有眼睑来保护它。眼睑像门户一样，睡觉时关闭，需要看东西时打开。睫毛像屏风，不让风来损害眼睛。眉毛像遮檐，不让汗珠滴到眼睛上。在苏格拉底看来，这是神预先安排的。苏格拉底的合目的性是和神结合在一起的。有的研究者认为，苏格拉底是最早把"目的"引入哲学领域的哲学家。当人们探索万物本原时，一旦发现了事物的目的，事物就有了归宿，"是什么"的问题也可有个"了结"[2]。"美是合目的性"是一种新的学说。早期希腊美学家也把宇宙看作是合目的性的，然而这种合目的性是不脱离事物自身的，在宇宙的节奏和对称中表现出来。苏格拉底的合目的性则是事物的逻辑原则，是与人相关的。苏格拉底关于美的问题不仅使人思考哲学概念，而且使人思考生活价值。

在苏格拉底看来，美是合目的性，善也是合目的性；美是有用的，善也是有用的；如同前面引文所说的那样，"任何一件东西如果它能很好的实现它在功用方面的目的，它就同时是善的又是美的"。这样，美和善在苏格拉底那里就是相同的。西方美学史和美学理论著作一般也是这样阐述的。然而，实际上在苏格拉底看来，美和善只是在内容上相同，它们在形式上不同，是两个不同的存在领域[3]。不过，苏格拉底从来没有明确地指出过美和

---

[1] 色诺芬：《回忆录》第4卷第6章第9节。

[2] 叶秀山：《苏格拉底及其哲学思想》，第82页。

[3] A. F. 洛谢夫：《希腊罗马美学史》第2卷，第62页。

善的这种区分，这一点是从他的一些暗示中推导出来的。这牵涉对他的一则对话的理解。色诺芬在《会饮篇》中记载了苏格拉底和美男子克里托布卢（Critobulus）的对话：

> 苏格拉底：你知道我们需要眼睛干什么吗？
>
> 克里托布卢：知道啊，那是为了看。
>
> 苏：这样的话，我的眼睛比你的美。
>
> 克：为什么呢？
>
> 苏：因为你的眼睛只能平视，而我的眼睛能斜视，它们是凸出来的。
>
> 克：按照你的说法，虾的眼睛比其他动物的要好了？
>
> 苏：当然，因为对视力而言它们有极好的眼睛。
>
> 克：那好，谁的鼻子更美呢，是你的还是我的？
>
> 苏：我想是我的。如果神给我们鼻子仅仅是为了嗅的话：你的鼻孔朝下，而我的鼻孔朝上，因而它们能够嗅到来自四面八方的气味。
>
> 克：扁平的鼻子何以比笔直的鼻子更美呢？
>
> 苏：那是因为它不遮挡视觉，而使眼睛立即看到想看的东西；而高鼻子仿佛恶作剧似的，用一道屏障隔开了双眼。[1]

这则对话通常被作为笑话看待，或者被理解为令人惊讶的奇谈怪论，它把“美是效用”的观点推演到荒谬的地步。实际上，这体现了苏格拉底式讽刺的笑话包含着严肃的内容。苏格拉底当然承认克里托布卢的外貌比自己美，他的对话正是以诙谐的方式暗示生理上合目的性的器官不一定就是美的，美的对象不同于合目的性的对象。美的事物是合目的性的，但是，合目的性的事物不一定是美的。美不同善，不同于效用。美和它们的区别在于形式，因为美的事物如眼、鼻等，属于有观赏价值的领域。在苏格拉底那里，美学不

[1] 色诺芬：《会饮篇》第 5 章第 5—7 节。

同于目的论。

二、人本主义的艺术意识

苏格拉底人本主义的美学观也体现在他的艺术意识上。他的艺术意识仍然以人、人的生活为主要对象。这决定了他的艺术模仿理论观点：艺术模仿生活。这种模仿理论在西方美学史上第一次出现，它对希腊美学和以后的美学产生了重要影响。

苏格拉底对艺术模仿生活的理解可以分为四个层次。首先，艺术模仿生活应当逼真、惟妙惟肖。画家“用颜色去摹仿一些实在的事物，凹的和凸的，昏暗的和明亮的，硬的和软的，粗糙的和光滑的，幼的和老的”[1]。雕塑家在创作赛跑者、摔跤者、练拳者、比武者时，“摹仿活人身体的各部分俯仰屈伸紧张松散这些姿势”，从而使人物形象更真实[2]。其次，艺术模仿生活而又高于生活，艺术模仿包含提炼、概括的典型化过程。苏格拉底问画家巴拉苏斯（Parrhasius）：“如果你想画出美的形象，而又很难找到一个人全体各部分都很完美，你是否从许多人中选择，把每个人最美的部分集中起来，使全体中每一部分都美呢?”巴拉苏斯的回答是肯定的[3]。再次，艺术模仿现实不仅要做到形似，而且要做到神似。苏格拉底认为模仿的精华是通过神色、面容和姿态，特别是眼睛来描绘心境、情感、心理活动和精神方面的特质，如“高尚和慷慨，下贱和鄙吝，谦虚和聪慧，骄傲和愚蠢”[4]。这样描绘的人物形象更生动，更能引起观众的快感。早期希腊美学强调艺术中的比例、对称等几何形体方面的特征，而苏格拉底更强调艺术对人的内在心理、精神风貌的描绘。最后，艺术只要成功地模仿了现实，不管它模仿的是正面的生活现象，还是反面的生活现象，它都能引起审美享受。苏格拉底问雕塑家克莱陀：“把人在各种活动中的情感也描绘出来，是否可以引起观众的快

[1] 色诺芬：《回忆录》第3卷第10章，见北京大学哲学系美学教研室编：《西方美学家论美和美感》，第19页。

[2] 色诺芬：《回忆录》第3卷第10章，同上书，第21页。

[3] 色诺芬：《回忆录》第3卷第10章，同上书，第19—20页。

[4] 色诺芬：《回忆录》第3卷第10章，同上书，第20页。

感呢?"[1] 对此，苏格拉底和克莱陀（Cleiton，亦译作克莱顿）都持肯定的态度。"各种活动中的情感"自然也包括仇恨、威胁等情感。由艺术模仿所引起的审美快感与模仿对象无关。不过，苏格拉底在阐述这种观点时，还不那么坚决，还有犹豫。这从他对画家巴拉苏斯的提问中可以看出："哪种画看起来使人更愉快呢？一种画的是美的善的可爱的性格，另一种画的是丑的恶的可憎的性格?"[2] 这个提问隐隐约约地表明，艺术带来的审美享受与艺术描绘的对象的美和善有关。直到亚里士多德才明确地主张，艺术产生的审美享受不取决于它所描绘的对象。

从合目的性的观点看待艺术，是苏格拉底人本主义艺术意识的又一种表现。他主张舞蹈不仅要轻盈美观，而且要有益于健康；建筑要既美观，又适用。有无合目的性，是苏格拉底和早期希腊美学家对比例作出不同理解的关键所在。在和胸甲制造者皮斯提阿斯的谈话中，苏格拉底准确地区分了两种不同的比例。皮斯提阿斯制造的胸甲既不比别人造的更结实，也不比别人造的花更多的费用，然而他卖得比别人的昂贵。苏格拉底问其原因，他说他造胸甲时遵循比例。

苏格拉底：你怎样表现出这种比例呢，是在尺寸方面，还是在重量方面，从而以此卖出更贵的价格？因为我想，如果你要把它们造得对每个人合身的话，你是不会把它们造得完全一样和完全相同的。

皮斯提阿斯：我当然把它造得合身，否则胸甲就一点用处也没有了。

苏：人的身材不是有的合比例，有的不合比例吗？

皮：的确是这样。

苏：那么，要使胸甲既对身材不合比例的人合身，同时又合比例，你怎样做呢？

---

[1] 色诺芬：《回忆录》第 3 卷第 10 章，见北京大学哲学系美学教研室编：《西方美学家论美和美感》，第 21 页。

[2] 色诺芬：《回忆录》第 3 卷第 10 章，同上书，第 20 页。

皮：总要把它做得合身，合身的胸甲就是合比例的胸甲。

苏：显然，你所理解的比例不是就事物本身来说的，而是对穿胸甲的人来说的，正如你说一面盾对于合用的人来说就是合比例的一样；而且按照你的说法，军用外套和其他各种事物也是同样的情况。[1]

早期希腊美学所理解的比例是事物本身的比例，没有涉及这些比例的效用，不含有目的性原则。苏格拉底对比例作了人本主义的理解，他所理解的比例不是就事物本身来说的，而是就事物对使用者的关系来说的，包含了目的性原则。前者可以称作自在的比例，后者可以称作自为的比例。苏格拉底对这两种比例的区分在西方美学史上很重要。苏格拉底所理解的这种比例，即合目的性的美被后来的希腊人称作“适当”（prepon），而被罗马人翻译为“合式”（decorum）和“适宜”（aptum）[2]。奥古斯丁（Augustine）在《论美与适宜》中也接受了苏格拉底的观点，区分出自在之美和自为之美，即事物本身的美和一个事物适宜于其他事物的美。自为之美总是包含着效用和合目的性的因素，而自在之美就没有这些因素。因此，自为之美是相对的，因为同一个事物可能符合这一种目的，而不符合那一种目的。

苏格拉底的美学通过弟子柏拉图和再传弟子亚里士多德而发扬光大。在苏格拉底的弟子中，除了忠实的谨遵师教者如色诺芬以外，还有一些自命继承了苏格拉底传统的人，史称“小苏格拉底派”。

第三节　小苏格拉底派

苏格拉底生前没有建立固定的学派，他去世后，他的一些弟子片面地继承和发挥了他的思想的某些内容，以苏格拉底学说继承人自居，他们被称作“小苏格拉底派”，虽然他们的观点互不相同。小苏格拉底派主要分为麦加拉

[1] 色诺芬：《回忆录》第 3 卷第 10 章第 10—13 节。

[2] 沃拉德斯拉维·塔塔科维兹：《古代美学》，杨力、耿幼壮、龚见明、高潮译，第 138 页。此句中的“合式”“适宜”原译为“得体”“适合”，为全书统一，作了修改。

派、昔兰尼派和犬儒派。他们的著作都已佚散，只有零星资料保存在第欧根尼·拉尔修的记载和古代哲学家的著作中。除了这三个学派外，还有一些苏格拉底的学生写过不少美学方面的著作，例如，西米阿斯（Simmias，约公元前400年）写过《论音乐》《论史诗》和《论美的本质》，西蒙（Simon，约公元前420年）写过《论美》（两篇）、《论美的本质》和《诗艺》，克里托（Crito，约公元前420年）写过《论美》《论艺术》和《诗艺》[1]，可惜全部失传。

一、麦加拉派

麦加拉是与雅典毗邻的城邦，麦加拉派的创始人欧几里得（Eucleides，约卒于公元前369年）是苏格拉底的学生和朋友。该派成员有欧布里德（Eubulides）、斯提尔波（Stilpo）、狄奥多罗斯等。欧几里得和斯提尔波都是麦加拉人，该派由此得名。

麦加拉派把苏格拉底哲学和爱利亚派哲学结合起来。爱利亚派是早期希腊哲学中因意大利南部城市爱利亚而得名的一个流派，代表人物为克塞诺芬尼、巴门尼德和埃利亚的芝诺（Zeno of Elea，鼎盛年约在公元前468年）。爱利亚派主张世界的本原是不变的“一”，麦加拉派把苏格拉底的“善”同这种“一”相结合。欧几里得“声称善是一，同时赋予它不同的名称，有时称作‘思想’（phronsēis），有时作‘神’，有时称作‘奴斯’等”[2]。在苏格拉底那里，善既属于伦理学范畴，又属于本体论范畴。麦加拉派第一次把善称作“一”，善成为唯一的存在。麦加拉派对苏格拉底的善作出形而上的本体论说明，在这一点上他们和柏拉图相类似。然而他们把本质和现象绝对对立，这使得他们既不同于柏拉图，又不同于爱利亚派。柏拉图并不否定感性世界，而麦加拉派否定感性世界。爱利亚派尽管主张抽象的“一”，但是他们也不否定感性世界，只是认为感性世界由于永恒的变化而模糊不清，他们仍然是早期希腊的自然哲学家。麦加拉派否定任何感性认识，不从事自然哲学研究，在这种意义上他们是不可知论者。

---

[1] 拉尔修:《著名哲学家的生平和学说》第2卷第121—124节。

[2] 拉尔修:《著名哲学家的生平和学说》第2卷第106节。

与美学直接有关的是，麦加拉派反对苏格拉底常用的类比论证。拉尔修写道：

> 他（欧几里得——引者注）否定类比论证，宣称这种论证或者产生于类似的对象，或者产生于不类似的对象。如果它产生于类似的对象的比较，那么，这是与类似本身发生关系，而不是与类似的对象发生关系。如果比较产生于不类似，那么，这种对比可以弃之不顾。[1]

可以用一个例子说明欧几里得的观点。有人把美好的容貌比作温润洁净的玉，于是有“玉颜”的说法。在欧几里得看来，如果“玉”和“颜”是同一个东西，那么就没有什么可比较的，因为只有一个对象，它既是“玉”又是“颜”。如果“玉”和“颜”不是同一个东西，比较的就只是它们的类似性——色泽肌理的相似，而不是“玉”和“颜”本身。“玉”不是“颜”，“颜”不是“玉”，它们不可以比较。欧几里得的这种观点在逻辑学上或许有一定的意义，他“在现实中区分存在与非存在，在语言中区别‘是’与‘好似’，在论证中区别证明与类比，表现出用逻辑方法建立存在学说的新趋向”[2]。然而，这种观点却否定了经常利用类比和比较的审美活动和艺术活动。

斯提尔波在把麦加拉派和犬儒派相结合时，使用了“不动心”（apatheia）的术语来表明自己的伦理学原则。这个术语在希腊化时期的哲学和美学中起到重要作用，它也完全符合犬儒派的学说，并且和美学有密切关系。

二、昔兰尼派

昔兰尼派因其创始人亚里斯提卜（Aristippus，约公元前435年至前356年）来自北非城邦昔兰尼而得名，其成员有赫格西亚（Hegesias）、安尼凯里（Anniceris）、狄奥多鲁（Diodorus）等。昔兰尼派的基本原则是追求人的精神自由，他们把苏格拉底的善理解为个体的快乐，不受任何外界因素影响、

---

[1] 拉尔修：《著名哲学家的生平和学说》第2卷第107节。

[2] 赵敦华：《西方哲学通史》第1卷，第94页。

个人在内心体验和感觉到的快乐是生活的目的和最高的善。正因为如此，在昔兰尼派哲学的基础上形成了伊壁鸠鲁哲学。

拉尔修描绘了亚里斯提卜的精神自由状态，他能够适应任何场合，扮演任何角色都游刃有余：

> 享受的主人不是拒绝享受的人，而是利用它而又不为它所役的人。[1]

亚里斯提卜只愿过一种恬静的悠闲生活，色诺芬在《回忆录》中记述了他和苏格拉底的谈话，有人问他统治者和被统治者谁生活得更快乐，他回答说：

> 我觉得在这两种极端之间有一条中间道路，我努力走这条路，它既不通往统治，又不通往奴役，而通往自由，这条路最能导向幸福。[2]

亚里斯提卜认为，只要不妨碍内心的自由，金钱可取可舍。在一次旅行中，他的仆人扛着过多的钱觉得很累，他就让仆人扔掉大部分钱，只带走便于携带的一部分。[3] 有人问他，为什么哲学家去找富人，而富人不去找哲学家。他回答说：因为哲学家知道他们需要金钱，而富人不知道他们需要智慧。[4] 亚里斯提卜还认为服从和逢迎僭主也是许可的，只要在内心保持独立。他寄居在西西里国王狄奥尼修斯（Dionysius）那里的时候受到恩宠，然而有一次狄奥尼修斯向他脸上啐了一口，他毫无反应，并援引渔夫的例子论证自己的平静：渔夫们为了捕捉小鱼都不惜浸泡在水里，而他要捉一条大鱼，早就值得经受由水稀释的啤酒泡沫。[5]

---

[1] 拉尔修：《著名哲学家的生平和学说》第 2 卷第 67 节。

[2] 色诺芬：《回忆录》第 2 卷第 1 章第 11 节。

[3] 拉尔修：《著名哲学家的生平和学说》第 2 卷第 77 节。

[4] 拉尔修：《著名哲学家的生平和学说》第 2 卷第 69 节。

[5] 拉尔修：《著名哲学家的生平和学说》第 2 卷第 67 节。

昔兰尼派的快乐以感觉为标准，但他们所说的感觉并不是认知意义上的感觉。据恩披里柯记载，亚里斯提卜只承认感觉是可知的，而感觉仅仅由快感或不快感所决定，绝不由客观对象所决定，我们对客观对象一无所知。我们有白色和甜味的感觉，但是我们完全不知道产生这些感觉的事物。因为一个人觉得是白的，另一个人可能觉得是黑的；一个人觉得是甜的，另一个人可能觉得是苦的。[1] 不过，昔兰尼派快乐的内容后来有了变化。他们尊重友谊，不是因为友谊有用，有时朋友会带来痛苦。狄奥多鲁甚至主张允许存在盗贼、铸造假币等。他认为善不单是快乐，丑也不单是痛苦。

昔兰尼派的快乐也包括审美快感，这时候他们坚持审美观照的无私性：

> 他们（昔兰尼派——引者注）主张，快乐不仅仅由视觉或听觉产生。因为我们从再现葬礼曲的人那里（例如在戏院里）体验到愉快的听觉印象，而从实际上使用葬礼曲的人那里体验到不愉快的听觉印象。[2]

昔兰尼派的审美快感来自纯粹的模仿和再现过程，与审美对象的利害无涉。然而，昔兰尼派的审美感觉不仅是无私的、不涉利害的，而且进一步发展成消极的、对生活漠不关心的。这在赫格西亚那里得到充分的表现。赫格西亚认为："幸福完全不可能。身体充满着各种各样的痛苦，灵魂也和身体一样遭受痛苦，命运妨碍生活在希望中的人。"[3] 他对人生采取漠不关心的态度，并宣称这是智慧的人所应采取的态度。人生与其说提供了快乐，不如说提供了痛苦。为了追求快乐，唯一的出路是毁灭人生，这也就铲除了痛苦的根源。把快乐绝对化的最终结论就是以自杀来摆脱痛苦。赫格西亚由于宣传自杀，曾被托勒密王朝禁止讲学。

---

[1] 恩披里柯：《驳数理学家》第 7 卷第 191 节。

[2] 拉尔修：《著名哲学家的生平和学说》第 2 卷第 90 节。

[3] 拉尔修：《著名哲学家的生平和学说》第 2 卷第 95 节。

三、犬儒派

小苏格拉底派中最著名的是犬儒派。该派创始人安提斯泰尼（Antisthenes，约公元前 444 年至前 366 年）先是高尔吉亚、后是苏格拉底的学生。苏格拉底去世后，安提斯泰尼在雅典郊外的“白犬之地”体育场讲学，从而被称为“犬儒派”，音译为“昔尼克派”（Cynics）。“犬儒派”的得名还因为该派成员鼓吹并实践一种放浪形骸、随心所欲、粗鄙俭朴、像狗一样的生活方式。安提斯泰尼就获得了“纯粹的狗”的绰号[1]。他的学生第欧根尼（Diogenes，公元前 404 年至前 323 年）以真正意义上的狗的生活方式、独特的哲学思辨和机智尖刻的言谈而著称。该派成员还有克拉底斯（Crates，鼎盛年为公元前 326 年）和追随克拉底斯并与他同居的女犬儒希帕基娅（Hipparchia）。克拉底斯和希帕基娅都出身于富贵家庭。

犬儒派和苏格拉底一样追求精神自由，然而苏格拉底的精神自由考虑到生活的现实属性和可能性，建立在对生活的合目的性改造的基础上。犬儒派的精神自由则是不顾社会习俗和约定的放任自流，对人的一切自然需要加以满足。人的某些动物性需要可能是卑俗的、不美的，然而在犬儒派看来，满足这些需要仍然是许可的、合理的、美的。

第欧根尼出身于富裕家庭，然而他蔑视财富、荣誉和幸福。他安于贫困和卑贱，轻视一切外物，追求内心绝对的平静，被希腊化时期的斯多亚派誉为榜样。斯多亚派和犬儒派在思想上有渊源联系。第欧根尼主张人归依自然，和自然融成一片，因此他自称是“世界公民”。受他的影响，后来斯多亚派也有类似的提法。第欧根尼落拓不羁，衣服褴褛，夹着讨饭袋到处流浪，终年露宿街头，或者住在市场、门廊和木桶中。他同狗住在一起，常常啃别人扔给狗的骨头。他有一个正式的外号——“狗”。有一次第欧根尼被带到一个装饰豪华的房间，别人请他不要吐痰。可是他要咳嗽，于是他咳嗽了，并把痰吐到一个人脸上，理由是没有比这更合适的地方[2]。在第欧根尼

[1] 拉尔修：《著名哲学家的生平和学说》第 6 卷第 13 节。

[2] 拉尔修：《著名哲学家的生平和学说》第 6 卷第 32 节。

看来，吃人肉也不违背自然，因为人肉和其他食品没有什么区别[1]。他还惊世骇俗地在公众场合性交[2]，宣称女人是公共的[3]。克拉底斯和希帕基娅也在公开场合发生性行为，不仅拉尔修记述了这一点[4]，恩披里柯也写道："克拉底斯和希帕基娅在众目睽睽下性交。"[5]安提斯泰尼还主张同丑女发生性关系，因为丑女能由此获得最大的享受。犬儒派一方面过着自虐式的自暴自弃的贫贱生活，另一方面又放纵自然欲望到恬不知耻的地步。

犬儒派是西方美学史上一个非常独特的现象，可以把他们的美学称作丑的美学[6]、乖张的美学。犬儒派认为"善是美的"[7]，在他们看来，善只是促进精神自由的东西，这就要求赋予生命本能以充分的随意性。例如在性爱中，他们否定爱。第欧根尼认为爱情是无聊的事，安提斯泰尼声称，如果他抓到爱神阿芙洛狄忒，他要用箭把她射死。于是，在性爱中仅剩下性。而和什么样的女人性交对犬儒派来说是无所谓的事情，重要的是保持精神自由，既不受女性美的影响，又不受所获享受的影响。也就是说，和女性性交时不要爱女性，不要体验到某种快乐，而要蔑视女性，自己就像一截无感觉的木头。对生命本能自由的强调，导致了生命本能的灭绝。

第欧根尼不仅住在木桶中，而且夏天在晒得滚烫的沙子里翻滚，冬天抱着冰冷的、被雪覆盖的雕塑。他对自己遭受的苦难"不动心"，泰然处之，以粗鄙的生活磨砺自己，以达到精神自由。犬儒派不怕任何肮脏和不洁，他们也一点都不厌恶精神上的不洁，相反，他们认为精神上的不洁是必要的。克拉底斯故意和妓女打交道，挑引她们争吵，以便适应不堪入耳的谩骂[8]。犬儒派通过自觉的丑和乖张来达到精神自由，他们也确实达到了他们所理解的这种自由。拉尔修描述了第欧根尼和马其顿国王亚历山大见面的一些著名

[1] 拉尔修：《著名哲学家的生平和学说》第6卷第73节。
[2] 拉尔修：《著名哲学家的生平和学说》第6卷第69节。
[3] 拉尔修：《著名哲学家的生平和学说》第6卷第72节。
[4] 拉尔修：《著名哲学家的生平和学说》第6卷第3节。
[5] 恩披里柯：《皮浪主义概略》第1卷第153节。
[6] A. F. 洛谢夫：《希腊罗马美学史》第2卷，第87页。
[7] 拉尔修：《著名哲学家的生平和学说》第6卷第13节。
[8] 拉尔修：《著名哲学家的生平和学说》第6卷第90节。

故事。亚历山大对他说："我是亚历山大，伟大的皇帝！"他回答说："我是第欧根尼，犬儒派！"[1] 亚历山大问他是否要什么恩赐，他让亚历山大走开，不要挡住他晒太阳[2]。

犬儒派出自苏格拉底门下。苏格拉底认为人要有智慧，要改造自己生活中的丑，这才是贤人的"自立"（aytarceia）。犬儒派对贤人的"自立"作了独特的发展，把生活绝对化，认为无需对生活中的丑进行改造。贤人的"自立"在他们那里发展成不承担任何社会责任。[3] 他们弃绝于生活，潜入自身，在孤立的"自立"中寻找幸福。

苏格拉底美学把美归结为人的理性的美、人的意识的美，人的创造是最完善的艺术作品。早期希腊美学则把美归结为感性宇宙的美，宇宙是最完善的艺术作品。在新的层次上对这两种对立的审美倾向的综合，出现在柏拉图和亚里士多德的美学中，他们把希腊美学带进鼎盛时期。

---

[1] 拉尔修：《著名哲学家的生平和学说》第 6 卷第 60 节。

[2] 拉尔修：《著名哲学家的生平和学说》第 6 卷第 38 节。

[3] 赵敦华：《西方哲学通史》第 1 卷，第 99 页。

第五章 柏拉图

柏拉图（公元前 427 年至前 347 年）出身于雅典的名门望族，母亲是梭伦的后裔。幼年丧父，母亲改嫁，继父是伯里克利的朋友。柏拉图原名阿里斯托克勒（Aristocles），因为他的胸肩宽阔，一说额头宽阔，原名就被希腊文表示“宽阔”的谐音词“柏拉图”所替代。柏拉图出生那年，伯罗奔尼撒战争已经进行到第四个年头。后来，雅典在战争中被斯巴达打败。“三十僭主”取消了雅典的民主政体，实行寡头统治。柏拉图母亲的亲兄弟卡尔米德（Charmides）和堂兄弟克里底亚（Critias）都是三十僭主的核心人物。柏拉图有两篇对话分别以他俩的名字命名。作为一个如此显赫、古老的家族，其成员难免深深陷入国家事务和政治斗争的旋涡中。但是，柏拉图和他的兄弟们没有参与国家事务，他们都热爱书籍，勤奋好学。

第一节　学术生涯及著作的风格

柏拉图从小受过良好的、全面的教育。他 20 岁时成为苏格拉底的学生，在苏格拉底身边学习了七八年。“三十僭主”由于施行暴政，执政 8 个月后即被推翻。雅典恢复了民主政体，然而当局却以莫须有的罪名判处柏拉图深深尊敬的老师苏格拉底以死刑。

苏格拉底饮鸩服刑后，他的弟子们各奔东西，开始了独立的生活。柏拉图无法在雅典这块令他伤透心的地方继续居住下去，他离开雅典，开始周游各地，了解异邦的科学、哲学、宗教和习俗。在周游过程中，他和毕达哥拉斯学派结下了深厚的友谊。当时的毕达哥拉斯学派成员主要是天文学家和数学家，特别是几何学家和音乐家。他们以数学上精密的逻辑思维著称，擅长从空间几何关系、数的结构关系上把握世界。毕达哥拉斯学派对柏拉图产生了重要影响。苏格拉底教导柏拉图追求知识和道德理想，毕达哥拉斯学派则使柏拉图重视思维的精确性、理论建构的严密性和考察对象的全面性。柏拉图在各地周游了 10 年，以公元前 389 年至前 387 年的西西里岛之行结束。

这是柏拉图第一次去西西里岛。西西里岛是一座富庶的岛屿，它是献给丰收和农业女神得墨忒耳（Demeter）的。它位于地中海，环境舒适，希腊人早在公元前 8 世纪就在这里建立了自己的领地。西西里科学文化发达，恩培多克勒和高尔吉亚就是西西里的希腊人。柏拉图去西西里是为了施展自己的政治抱负。苏格拉底被判死刑，给他留下了无法愈合的创伤。时隔 50 多年，他以 70 多岁的高龄在《第七封信》中追忆了自己当时的心情：他对城邦内部倾轧的罪恶活动感到厌恶，认为现存城邦无一例外都治理得不好。只有真正的哲学家获得政治权力，或者政治家成为真正的哲学家，人类才会有好日子。这样的信念促使他三下西西里岛，然而他的政治理想始终未能实现，并且在第一次去西西里岛时因触怒叙拉古国王狄奥尼索斯一世，被当作奴隶拍卖，幸遇其他哲学家出资为他赎身。

公元前 387 年柏拉图从西西里岛回到阔别已久的雅典。他在雅典西北郊区购置了带花园的住宅，在那里居住并创办了哲学学校。学校由于地处希腊阿提卡的英雄阿卡德摩斯（Academus）的园林墓地，而被称作“学园”（Academy）。学园存在了 9 个世纪之久。后来，除了两次又去了西西里岛外，柏拉图一直在学园中过着平静、简朴、家庭式的生活。柏拉图是学园的第一任领袖，他生前就指定外甥斯彪西波（Speusippus）为自己的继承人。学园领袖的更迭标志着学园发展的不同阶段。学园门口写着“不懂几何学者不得入内”的字样，这表明柏拉图及其弟子对数学包括几何学的重视，从中不难看出毕达哥拉斯学派的影响。学园授课分两类：一类课程较普通，适用于较广泛的听众；另一类较专门，适用于哲学奥秘的探索者。起初，柏拉图沿着学园的林荫道一边散步，一边和弟子们交谈。后来，他坐在室内设立的主讲席上讲学。讲学之余，柏拉图继续写他那著名的对话录。

在希腊哲学家和美学家中，柏拉图和亚里士多德是幸运的，他们的著作保存了下来。柏拉图的对话现存 40 余篇，书信 13 封。其中 27 篇对话被确定为真品或者可信度很高的作品，4 封书信被确定为真品。

在柏拉图的对话中，柏拉图本人始终没有出场，出场担任主角的大部分是他的老师苏格拉底。在这些对话中，究竟哪些像色诺芬的《回忆录》那样，记载和复述了苏格拉底的观点，哪些仅仅借苏格拉底之口，是在阐述柏拉图自己的观点？对于这个问题，西方哲学史研究者历来争论激烈，各种看法歧义迭见。大部分人认为，柏拉图的早期对话代表了苏格拉底的观点。然而对柏拉图对话的分期又有不同见解，其中有代表性的有两种。一种把柏拉图的对话分为早期、中期和晚期，早期对话为苏格拉底的观点，中期和晚期对话为柏拉图的观点。汪子嵩等人的《希腊哲学史》第 2 卷（人民出版社 1993 年版）就持此说。另一种见解把柏拉图的对话分为早期、过渡期、成熟期和晚期。早期对话表达苏格拉底的观点，过渡期对话表现出柏拉图观点的酝酿，成熟期和晚期对话表达柏拉图的观点。赵敦华的《西方哲学通史》第 1 卷（北京大学出版社 1996 年版）即持此说。我们基本上采用后一种见解。当然，任何分期都不是绝对的，因为其中有很多难以捉摸的因素。对于美学来说，这种分期的意义在于：柏拉图的《大希庇阿斯篇》和《伊安篇》究竟属于早期作品，还是过渡期作品？也就是说，它们表达的究竟是苏格拉底的观点，还是柏拉图的观点？我们倾向于把它们看作过渡期作品，表达了柏拉图的观点。

从苏格拉底死后到柏拉图第一次西西里之行期间，即从公元前 399 年至前 387 年柏拉图的作品为早期作品，它们有《申辩篇》《克里托篇》《欧绪弗洛篇》《拉刻斯篇》《普罗泰戈拉篇》《卡尔米德篇》和《吕西斯篇》。这段时期的对话主要讨论道德问题：什么是德行、善、勇敢、对法律的尊重和对祖国的热爱等。过渡期对话虽然写得也很早，但是它们偏离了苏格拉底纯粹的道德问题，而开始阐述柏拉图自己的观点。对话中的苏格拉底是一个新的形象，即柏拉图的苏格拉底。这段时期的对话有《伊安篇》《高尔吉亚篇》《美诺篇》《欧绪德谟篇》《大希庇阿斯篇》《小希庇阿斯篇》《克拉底鲁篇》和《美涅克塞努篇》。成熟期的对话有《会饮篇》《斐多篇》《理想国》和《斐德若篇》。晚期对话有《泰阿泰德篇》《巴门尼德篇》《智者篇》《政治家篇》《斐利布斯篇》《蒂迈欧篇》《克里底亚篇》和《法律篇》。朱光潜翻译的柏拉图《文艺对话集》(人民文学出版社 1963 年第 1 版，以后多次重印)收录了与美学关系密切的对话《大希庇阿斯篇》《伊安篇》《会饮篇》《斐德若篇》《斐利布斯篇》《法律篇》和《理想国》(其中部分对话为节译)。

除了《申辩篇》和书信外，柏拉图的全部著作都以对话写成。朱光潜指出：

> 对话在文学体裁上属于柏拉图所说的“直接叙述”一类，在希腊史诗和戏剧里已是一个重要的组成部分。柏拉图把它提出来作为一种独立的文学形式，运用于学术讨论，并且把它结合到所谓“苏格拉底式的辩证法”。这种辩证法是由毕达哥拉斯和赫拉克利特等人的矛盾统一的思想发展出来的，其特点在于侧重揭露矛盾。在互相讨论的过程中，各方论点的毛病和困难都象剥茧抽丝似地逐层揭露出来，这样把错误的见解逐层驳倒之后，就可引向比较正确的结论。在柏拉图的手里，对话体运用得特别灵活，向来不从抽象概念出发而从具体事例出发，生动鲜明，以浅喻深，由近及远，去伪存真，层层深入，使人不但看到思想的最后成就或结论，而且看到活的思想的辩证发展过程。柏拉图树立了这种对话体的典范，后来许多思想家都采用过这种形式，但是至今还没有人能赶得上他。柏拉图的对话是希腊文学中一个卓越的贡献。[1]

柏拉图对话瑰丽多彩的文风和严肃深邃的思想珠联璧合，相映生辉。哲学家柏拉图和诗人柏拉图紧密地结合在一起。例如，《斐德若篇》中苏格拉底的第二篇演说词是一首抒情诗；《理想国》的结尾是神话，描写了希腊勇士厄洛斯在一次战斗中被杀死，死而复生后讲述他漫游阴曹地府所见到的情景；

[1] 柏拉图:《文艺对话集》，朱光潜译，第 334—335 页。引文中的“赫拉克利特”原译为“赫剌克利特”。

《蒂迈欧篇》是宇宙生成的诗篇；19世纪德国学者诺尔登（E. Norden）称《会饮篇》是一部戏剧。角色对话是戏剧的基本要素，在柏拉图的对话中，各个对话者富有鲜明的个性，所以他的对话往往被称作思想的戏剧。《会饮篇》除了具有柏拉图对话的一般优点外，它的戏剧色彩尤为强烈，完全可以把它看作一部真正的戏剧艺术作品。泰勒指出："《会饮篇》也许是柏拉图作为一个戏剧艺术家所有成就中最富于才华的作品。"[1]

下面我们从戏剧艺术的角度分析一下《会饮篇》的结构。会饮是古希腊普遍流行的一种庆祝礼节。在宴席上，宾主用餐以后，开始一边饮酒，一边就某个议题进行交谈。这种交谈不仅饶有兴味，而且充满了智慧，涉及哲学、伦理学和美学等问题，包含着深邃思想的绚烂表述往往令满席生辉。会饮有乐伎助兴，歌舞增添了喜庆气氛。荷马在《伊利亚特》和《奥德赛》中就描写过这种场景。以对话形式描述会饮的也不乏其人，例如希腊哲学家色诺芬，罗马哲学家普鲁塔克和琉善（Lucian），罗马作家佩特罗尼乌斯（Petronius，公元66年去世），罗马皇帝、反对基督教的新柏拉图主义者尤利安努斯（Julianus，公元331年至363年）等。但是，其中没有一篇对话能像柏拉图的《会饮篇》那样清隽秀逸，那样富于戏剧性。朱光潜指出，在柏拉图的所有著作中，"《会饮篇》是历来诗人和艺术家们最爱读的一篇，也是对文艺影响最深的一篇"[2]。

柏拉图所描述的那次会饮的事由是悲剧家阿伽通的第一部剧上演获奖，于是阿伽通在家设宴，邀请好友庆祝成功。在饮酒时，医生厄里什马克（Eryximachus）建议，把吹笛女打发出去，而用谈论来消遣这次聚会的时光。具体做法是每人作一篇最好的颂扬爱神的文章。《会饮篇》就由七篇颂词组成。从戏剧的角度看，《会饮篇》中正式颂词开始前的部分即为序幕。序幕包括两部分内容：第一，说明会饮的对话是怎样流传下来的。第二，确定讨论议题的过程。苏格拉底作为《会饮篇》的主角，在序幕里一出场，就

[1] A. E. 泰勒：《柏拉图——生平及其著作》，谢随知等译，山东人民出版社1990年版，第299页。

[2] 柏拉图：《文艺对话集》，朱光潜译，第331页。

是一个活脱脱的既贫乏而又富足的哲人形象。在物质生活上，苏格拉底是贫乏的、简朴的。他不修边幅，去参加会饮的“那天他洗过澡，脚上还穿了鞋，这些在他都是不常有的事”[1]，因为他“从来就不穿鞋”[2]。在精神生活上，苏格拉底是富足的、充裕的。他邀请亚理斯脱顿同去参加阿伽通的宴会，可是快到主人家时他却不知去向。阿伽通派人去找他，“要找的那位苏格拉底已退隐到邻家的门楼下，在那里挺直地站着，请他进来他不肯”。原来，“他有一个习惯，时常一个人走开，在路上挺直地站着”[3]。他这种有些怪异的行为是为了凝神默想，做哲学的思考。苏格拉底贫乏而又富足的哲人形象为他以后礼赞爱神的颂词，也是《会饮篇》中最重要的颂词作了铺垫。

序幕过后，剧情渐次展开。雅典人斐德若（Phaedrus）第一个作颂词。他是智者和修辞学家的信徒，精通历史、神话学，为人耽于幻想，不切实际。在柏拉图的对话《普罗泰戈拉篇》中他出现过，柏拉图还以他为名写了《斐德若篇》。他的颂词平淡无奇，目的在于“使用一种恰当的‘渐进方式’，渐渐引到苏格拉底讲话中要达到的顶点”[4]。

接下来作颂词的是泡赛尼阿斯（Pausanias），他生活经验丰富，对哲学争论和逻辑推理感兴趣。他不满意斐德若关于爱神的笼统说法，认为有两种爱神：天上的爱神爱智慧、灵魂和美德，是高尚美妙的；人间的爱神只爱肉体、金钱和权势，是卑微下贱的。他的发言比斐德若前进了一步。

厄里什马克第三个作颂词，他的父亲和他本人都是名医。他把爱从对美的一种渴求变成协调和统一两种对立面的宇宙潜力。这是早期希腊美学家的观点，恩培多克勒曾经明确地提出过。这样理解的爱神的威力普遍而广大。

从结构上看，《会饮篇》七篇颂词的前三篇和后三篇分别可以看作一部剧的上、下部，而喜剧家阿里斯托芬的第四篇颂词承上启下，仿佛是这两部之间的幕间剧。按照次序，阿里斯托芬应该第三个发言，但是可能还没有想

---

[1] 柏拉图：《文艺对话集》，朱光潜译，第 214 页。

[2] 同上书，第 93 页。

[3] 同上书，第 216 页。

[4] A. E. 泰勒：《柏拉图——生平及其著作》，谢随知等译，第 304 页。

好，于是装成吃得太饱的样子，不断打嗝，就让厄里什马克先讲（有些研究者认为这个插曲含有暗喻）。阿里斯托芬谑浪笑傲，言辞刻薄，在喜剧《云》中曾对苏格拉底作过辛辣的嘲讽。在颂词中他讲了一个怪诞的神话。这个神话表明，爱就是对那种原始的整一状态的希冀和追求。显然，对完整性的追求不是生理意义上的，而是精神意义上的。“柏拉图在这里提出的‘自我完善（或完全、完整）’，至少在西方是一个创始”[1]。

下一轮颂词由智者高尔吉亚的崇拜者和模仿者阿伽通开头。他以华丽的辞藻赞扬了爱神的本质和功用。现在轮到苏格拉底出场了。他大智若愚，佯装与阿伽通相比自叹弗如，以特有的幽默请大家让他讲真话，而不斤斤计较辞藻。为了借第三者之口批评阿伽通的颂词，也为了戏剧创作的需要，苏格拉底转述了以前他和女先知第俄提玛（Diotima）关于爱神的一场讨论。他当时的看法和阿伽通一样，而现在他要反驳阿伽通的话就是第俄提玛原先反驳他自己的话。由于引入第俄提玛，苏格拉底的颂词由独白变成生动的对话。他一人扮演两个角色——自己和第俄提玛。对白、提问、回答全由他一人承担。苏格拉底像往常那样，以最简洁的方式向大家解释，爱神是对最高的善的永恒追求，而这种追求是从个别事物向精神领域逐渐上升的。

思维的发展至此仿佛形成一个闭合的圆圈。但是，柏拉图不愿意在纯逻辑结构中结束对话，他要把苏格拉底凭借抽象思维所得到的关于爱神的教义，通过具体的人物形象体现出来。担当这个使命的是头戴花冠、表面上烂醉如泥、在一片喧嚷中从门外闯进来的少年政治家亚尔西巴德（Alcibiades）。大家让他接着作颂词，他作了，但颂扬的不是爱神，而是苏格拉底。苏格拉底礼赞爱神的话，由亚尔西巴德转而用来礼赞苏格拉底。这样，后三篇颂词呈现出鲜明的逻辑结构。阿伽通说了爱神作为完善原则的各种功用，苏格拉底谈到怎样达到理想的完善，亚尔西巴德陈述这种完善体现在苏格拉底的形象中。苏格拉底是爱神的体现，爱神以美为爱的对象，而智慧是事物中最美的，所以爱神必定是爱智慧的哲学家。《会饮篇》表面上有三个主题：“颂爱

[1] 汪子嵩、范明生、陈村富、姚介厚：《希腊哲学史》第 2 卷，第 754 页。

情，颂哲学，颂苏格拉底。实际上这三者是统一的，爱情的对象是美，而最高的美只有最高的哲学修养才能见到，苏格拉底就是一个具体的例证，他体现了真善美三者的统一。”[1]

戏剧终场的时候，演员们走下舞台。厄里什马克、斐德若和旁人都离开回家了，只留下三个人：苏格拉底，悲剧诗人、主人阿伽通和喜剧诗人阿里斯托芬。他们还在交谈，苏格拉底逼他们承认同一个人可以兼擅喜剧和悲剧。苏格拉底追求智慧、知识和美的完善，也力图在舞台上和生活中把悲剧和喜剧凝成一个整体。阿里斯托芬和阿伽通相继睡去，只有苏格拉底不知疲倦，天快亮的时候他起身离去，到利赛宫洗了一个澡，和平时一样整天和人交谈，到晚间才回去休息。把柏拉图的对话当作文学作品来阅读，能够读出兴味，能够身临其境地体验到对话的氛围和场景，从而更细腻、更准确地把握柏拉图跌宕起伏、峰回路转的思维历程。然而，要深入理解柏拉图的美学，还得首先理解这种美学的哲学基础。

第二节　理式论

柏拉图美学的哲学基础是所谓“理式论”。柏拉图是一位观念论者，他把世界分成三种：第一种是理式世界，它是先验的、第一性的、唯一真实的存在，为一切世界所自出。第二种是现实世界，它是第二性的，是理式世界的摹本。第三种是艺术世界，它模仿现实世界。与理式世界相比，它不过是“摹本的摹本”“影子的影子”，和真实“隔着三层”。柏拉图在《理想国》第10卷中以床为例说明他的观点[2]。床有三种：一种是床的理式，它是真实体，统摄许多个别的床。第二种是木匠制造的床，木匠不能制造“床之所以为床”的理式，只能制造个别的床，个别的床只是近乎真实体的东西。第三种是画家画的床，他画的床和真实体相去更远。理式论在美学中的运用，必然导致寻求统摄各种美的事物的美本身，即美的定义。

---

[1] 柏拉图：《文艺对话集》，朱光潜译，第330页。

[2] 同上书，第67—73页。

一、美的定义

柏拉图遵循苏格拉底的观点，区分出美本身和各种美的事物，提出了“什么是美”的问题。在这种意义上，他们正是美学理论家的代表。柏拉图更进了一步，他按照他的哲学体系对“什么是美”的问题作出了回答。

《大希庇阿斯篇》“是西方第一篇有系统的讨论美的著作，后来美学上许多重要思潮都伏源于此”[1]。在这篇对话里，柏拉图“问的不是：什么东西是美？而是：什么是美”[2]。也就是说，他感兴趣的是美本身和美的定义，而不是各种美的东西的罗列。希庇阿斯一会儿把美说成一位漂亮的小姐，一会儿又说黄金使事物成其为美。这样的回答当然不能使柏拉图满意：“我问的是美本身，这美本身，加到任何一件事物上面，就使那件事物成其为美，不管它是一块石头，一块木头，一个人，一个神，一个动作，还是一门学问。”[3]可见，美本身的一个特征是：它既不由单个美的事物又不由某些美的事物的总和来确定，它对于许多美的事物来说是同一的。

在讨论“美是恰当”的定义时，希庇阿斯只注意到恰当和事物外在性质的关系：“我以为所谓恰当，是使一个事物在外表上现得美的。”[4]柏拉图则强调，美本身不是外在的性质，而是事物的内在内容：“这种美不能是你所说的恰当，因为依你所说的，恰当使事物在外表上现得比它们实际美，所以隐瞒了真正的本质。”[5]美本身是美的事物的本质，这是美本身的又一个特征。《大希庇阿斯篇》还涉及美本身在事物中的存在形式问题：“美在部分，也在全体”，使各种事物成其为美的那种性质同时在全体（几种美的事物合在一起），也在部分（几种美的事物分开）[6]。这也是美本身的一个特征。像柏拉图的某些其他对话一样，虽然《大希庇阿斯篇》并没有对所提出的问题

---

[1] 柏拉图：《文艺对话集》，朱光潜译，第 329 页。

[2] 同上书，第 180 页。

[3] 同上书，第 188 页。

[4] 同上书，第 191 页。

[5] 同上书，第 192 页。

[6] 同上书，第 206 页。

作出肯定的答复，然而我们仍然可以阐述这篇对话中所包含的关于美的定义的观点。

柏拉图所说的美本身究竟是什么呢？《斐多篇》对这个问题作了明确的回答。《斐多篇》区分了两类不同的存在：一类存在是美本身、善本身等，它们是永恒不变的，这就是理式。另一类存在是和理式同名的具体事物。美本身是各种美的事物的原因，这种原因即是事物的理式。其他事物之所以美，是因为它们分有了美的理式。这样，美就是理式。我们上面分析的美本身的特征也就是美的理式的特征。《斐多篇》是关于理式的一篇重要对话，它还指出，美本身是单一的、独立的存在，永远留在同一状态，没有任何变化。至于那些美的事物，如美的人、马、衣服等等，却不是永恒不变的，无论它们自己还是彼此的相互关系都是不同的[1]。由此可见理式的一个特征：理式是纯粹的、不变的和永恒的，而具体事物是不纯粹的、变化的和短暂的。《斐多篇》谈到，美本身是眼睛看不到的，也不是肉体器官所能感觉到的，只有不受任何感觉干扰的纯粹的思想才能够获得[2]。这样，理式和事物是两类存在，事物是可以看到、触到、感觉到的，而理式是看不见的，只有思想才是能够掌握的。这是理式的又一个特点。与以前的对话相比,《斐多篇》中的理式具有明显的先验意义。理式是先验的，它决定事物，而不是由事物来决定。美的事物分有美本身：

> 如果在美本身以外还存在着别的美的东西，那么，它仅仅因为分有了美本身而成为美的。
>
> 美的东西之所以美，仅仅由于美本身出现在它上面，或者它分有了美本身，或者由于美本身和它相结合。
>
> 一切美的东西由于美本身而成为美的。[3]

[1] 柏拉图:《斐多篇》，78b—79a。

[2] 柏拉图:《斐多篇》，65d、100c—e。

[3] 柏拉图:《斐多篇》，65d、100c—e。

看到美的具体事物的人只能说有意见，只有看到美本身的人才能说有知识。为了反驳普罗泰戈拉“知识就是感觉”的命题，柏拉图对意见和知识作了严格的区分。他认为意见是感觉的产物，是按照事物所显现的样子对事物所作的判断，知识则是运用概念对事物所作的概括。因此，“只注视许多美的事物的人，看不到美本身，也不能跟随引导他们到达美本身的人”，“只有意见，没有知识”。[1]

如果说在《大希庇阿斯篇》中美的理式的特征还是隐含的，须作仔细的分析才能够见出，在《斐多篇》中这些特征仅仅得到分散的说明，那么，洋溢着欢乐和青春气息的《会饮篇》则斩钉截铁、酣畅淋漓地肯定了美的理式的永恒性、绝对性和单一性。《会饮篇》的中心议题是爱情。爱情的对象是美，这不只是寻常的美，爱情的极境是达到统摄一切美的事物的最高的美。

> 这种美是永恒的，无始无终，不生不灭，不增不减的。它不是在此点美，在另一点丑；在此时美，在另一时不美；在此方面美，在另一方面丑；它也不是随人而异，对某些人美，对另一些人就丑。还不仅此，这种美并不是表现于某一个面孔，某一双手，或是身体的某一其他部分；它也不是存在于某一篇文章，某一种学问，或是任何某一个别物体，例如动物、大地或天空之类；它只是永恒地自存自在，以形式的整一永与它自身同一；一切美的事物都以它为泉源，有了它那一切美的事物才成其为美，但是那些美的事物时而生，时而灭，而它却毫不因之有所增，有所减。[2]

这段话常常为西方哲学史和西方美学史著作所援引，它集中而扼要地阐述了美的理式（也是一般理式）的四个特征。如果我们把这些特征和柏拉图在其他著作中分散说明的理式特征结合起来看，就会更加醒豁。第一，美的理式

[1] 苗力田主编:《古希腊哲学》，第 303 页。引文中“美的”原译为“美丽的”，“美本身”原译为“美自身”。

[2] 柏拉图:《文艺对话集》，朱光潜译，第 272—273 页。

具有永恒性。它不生不灭，不增不减。《斐多篇》也指出过美的理式的这种特点。第二，美的理式具有绝对性。它不是在此点、此时、此方面美，而在另一点、另一时、另一方面丑，它也不随人而异。美本身的这种绝对性,《大希庇阿斯篇》也曾描述过。第三，美的理式具有先验性和单一性（一类中只有一个）。它不存于个别事物中，无论是某一个面孔或某一双手，还是某一篇文章或某一种学问。它只是自存自在。《会饮篇》第一次使理式具有外在于物、与事物相分离的性质。《斐德若篇》也肯定了理式的这种先验性。亚里士多德指出，苏格拉底的普遍定义激发了理式论，“不过他并没有把普遍和个别相分离”[1]。而在柏拉图那里，理式和具体事物相分离。第四，具体事物分有美的理式。各种美的理式却不因此有所增损。美的理式的这种特征《斐多篇》也曾谈到。

苏格拉底的普遍定义是一种逻辑规定，柏拉图的理式则是一种客观存在，虽然这种存在是非物质的。这样，柏拉图在新的基础上回到早期希腊美学中的本体论。苏格拉底在探索普遍定义时专注于伦理问题而忽视了整个自然界，柏拉图把寻求伦理定义扩展到整个宇宙和人类社会。柏拉图的理式是宇宙和人类社会生活中一切事物的生成模式。早期希腊哲学和美学中的宇宙是自在的，它变成了数和元素；而柏拉图从自然转向心灵，“由心灵推断世界的性质”[2]，宇宙成为一种社会存在。柏拉图的理式美学是他以前的宇宙学美学和人本主义美学的综合，希腊美学的发展造成了这种综合的历史必然性。

二、理式的含义

“理式”是柏拉图哲学和美学的核心概念，它在希腊文中分别由 eidos 和 idea 两个词来表示。一般说来，这两个词的含义没有区别，柏拉图在同样的意义上使用它们。据洛谢夫统计，在柏拉图的全部著作中，eidos 出现过 408

[1] 苗力田主编:《亚里士多德全集》第 7 卷，第 317 页。

[2] 赵敦华:《西方哲学通史》第 1 卷，第 107 页。

次，idea 出现过 96 次[1]。由于 eidos 和 idea 本身的多义性，更由于柏拉图在使用中赋予它们各种各样的有时甚至相互矛盾的意义，这给后人理解柏拉图的理式带来很多困难和分歧。

在国外学者对柏拉图理式术语的研究中，P. 那托尔普（P. Natorp）的《柏拉图的理式论》是一个转折点，作者首次明确地清除了柏拉图理式研究中的形而上学因素，把理式理解为原则、规律、方法和模式等。《柏拉图的理式论》出版于 1903 年，1921 年在莱比锡再版。在再版中，那托尔普对初版中自己的新康德主义观点作了自我批评。1961 年该书又在汉堡出版。C. 里特尔（C. Ritter）的《柏拉图新探》（慕尼黑 1910 年版）对柏拉图理式论的研究也具有重要意义。他对柏拉图著作中用来表示理式的术语 idea 和 eidos 进行了统计学研究。他的研究结果令人惊讶，相对来说，idea 和 eidos 在柏拉图著作中出现的次数并不多，而且在大部分场合还不具有专门的意义。嗣后，著名的新康德主义哲学家 E. 卡西尔（E. Cassirer）、G. F. 依尔斯（G. F. Else）、N. 哈特曼（N. Hartman）、D. 罗斯（D. Ross）、H. J. 克列梅尔（H. J. Kramer）、C. 克拉辛（C. Classen）等人都对柏拉图的理式论作了专门的研究。

在我国的柏拉图理式论研究中，首先碰到的难题是 eidos 和 idea 的翻译问题。这两个词的中文译名已达二十多种：理念、观念、概念、种类、理式、理型、相、共相、形相、形、式、型、原型、范型、模式、形式、真形、方式、意式、通式、理念型相等等。其中有代表性的译名为以下三种：1. 理念；2. 理式；3. 相。

1. 理念。这是最通用的译名，大部分西方哲学史著作都采用这种译名。柏拉图认为，在我们耳闻目睹的现实世界以外，还存在一个理念世界。理念世界是原型，而现实世界是以理念为范型铸造出来的。柏拉图力图从具体事物、从众多的个别事物中寻求一般性和共性。在他那里，理念和各种具体事

[1] 里特尔在《柏拉图新探》（慕尼黑 1910 年版，第 228—326 页）中研究了这两个术语。在他的研究基础上，洛谢夫在《希腊象征主义和神话》（莫斯科 1993 年版，第 136—708 页，该书写于 1918—1921 年，初版于 1928 年）中花了五六百页的篇幅对这两个术语进行了更详尽的考察。里特尔和洛谢夫对柏拉图 eidos 和 idea 使用频率的统计均是手工进行的，当时还不可能用上计算机。两个人的统计结果有出入，这里采用的是洛谢夫的统计结果。

物的关系就是一般和个别、普遍和特殊、共性和个性的关系。

2. 理式。这是朱光潜极力倡导的译名，由于他的影响，我国美学著作中采用这种译名的较多。早在1930年朱光潜就指出，“柏拉图所谓idea就是‘理式’，就是‘共相’，原来是偏重客观的”[1]。在20世纪40年代他较详细地阐述了idea的翻译问题：

> idea源于希腊文，本义为“见”，引申为“所见”，泛指心眼所见的形相（form）。一件事物印入脑里，心知其有如何形相，对于那事物就有一个idea，所以这个字与“意缘”（image）意义极相近。它作普通用时，译为“观念”本不算错。不过在哲学上，已往哲学家用这字，意义往往各不相同。柏拉图只承认idea是真实的，眼见一切事物都是idea的影子，都是幻相。这匹马与那匹马是现象，是幻相，而一切马之所以为马则为马的idea。这是常存普在的，不因为有没有人“观念”它而影响其真实存在，它不仅是人心中一个观念，尤其是宇宙中一个有客观存在的真实体。近代哲学家康德与黑格尔用idea字，大体也取这个意义。所以它不应译为“观念”，应译为“理式”，意思就是说某事物所以为某事物的道理与形式。[2]

20世纪60年代翻译柏拉图《文艺对话集》时，朱光潜在一则注释中写道：

> 柏拉图所谓“理式”（eidos，即英文idea）是真实世界中的根本原则，原有“范形”的意义。如一个“模范”可铸出无数器物。例如“人之所以为人”就是一个“理式”，一切个别的人都从这个“范”得他的“形”，所以全是这个“理式”的摹本。最高的理式是真，善，美。“理式”近似佛家所谓“共相”，似“概念”而非“概念”；“概念”是理智分析综合的结果；“理式”则是纯粹的客观的存在。所以相信这种“理式”的

[1] 《朱光潜全集》第8卷，安徽教育出版社1993年版，第338页。

[2] 《朱光潜全集》第9卷，安徽教育出版社1993年版，第225页。

哲学，属于客观唯心主义。[1]

在《西方美学史》中朱光潜谈到，物的理式是物的“道理或规律”，柏拉图综合个别事物得到概念，表明他“思想中具有辩证的因素”，因为“人们的认识毕竟以客观现实世界中个别感性事物为基础，从许多个别感性事物中找出共同的概念，从局部事物的概念上升到全体事物的总的概念。这种由低到高，由感性到理性，由局部到全体的过程正是正确的认识过程”[2]。从以上的引文中可以看出，idea 的翻译问题已在朱光潜头脑中盘桓了半个世纪。他把它译为“理式”，是在洞悉了这个术语的精义后作出的。“理式”成为他的极富特色的一个译名。

3. 相。这是我国希腊哲学家研究的前辈陈康的译名。他不同意“理型”“理念”的译名。1944 年他在译注《柏拉图〈巴曼尼得斯篇〉》中指出：“‘理型’、‘理念’所以不当，是因为它们既有共同的错误，复有个别的弊病。”共同的错误是柏拉图从不讲“理”，另外，“‘理型’的特殊弊病是‘型’；它只翻译了 paradeigma 这一方面，但柏拉图的 eidos，idea 不只是 paradrigma。‘理念’的特殊弊病是‘念’，因为它偏于意识一方面。柏拉图的 idea 在有些篇‘谈话’里，比如《斐德罗斯篇》263E，《苔耳业陶斯篇》184D，诚然是主观方面的，但它在其他几篇‘谈话’里却又是‘型’……‘理型’中的‘型’之所失正是‘理念’中的‘念’之所得；‘理念’中的‘念’之所失正是‘理型’中的‘型’之所得，因此皆偏于一方面。”[3]

时隔半个世纪，“相”的译名开始为人所重视。汪子嵩等人的多卷本《希腊哲学史》第 1 卷还采用“理念”的译名，在第 2 卷中，经考虑再三，作者们决定改用“相”的译名。据说，《柏拉图全集》的译者王太庆也极力主张采用“相”的译名。

[1] 《朱光潜全集》第 12 卷，安徽教育出版社 1991 年版，第 109 页注①。

[2] 《朱光潜全集》第 6 卷，安徽教育出版社 1990 年版，第 61 页。

[3] 柏拉图：《柏拉图〈巴曼尼得斯篇〉》，陈康译注，商务印书馆 1982 年版，第 40 页。原文中的希腊字母由拉丁文字母替代。引文中的《巴曼尼得斯篇》《斐德罗斯篇》《苔耳业陶斯篇》，本书分别译为《巴门尼德斯篇》《斐德若篇》《泰阿泰德篇》。

我们采用“理式”的译名。“理式”的原意是见或所见，它可以指事物的外部形状，也可以指事物的内在本质。前者由眼睛见到，后者主要由理智见到。理智所见到的事物的本质就是事物的理式。

三、理式论的评价[1]

柏拉图总是坚定地把理式摆在高于物质的地位上，显然是唯心主义的。柏拉图甚至是公认的欧洲唯心主义开山鼻祖（“唯心主义”在西文中的直义就是“观念论”）。他是对理式高于物质作唯心主义论证的第一人。在这种意义上可以说他过去曾经是，并且现在仍然是唯心主义者的首领和导师。

不过，要准确、深入地评价柏拉图的理式论，我们应该弄清楚，为什么柏拉图如此陶醉于自己的理式。柏拉图的理式论是在思考“物是什么，对物的认识怎样才可能”的问题时产生的。为了区分和认识物，应该针对每个物提出这样的问题：这个物是什么？它和其他物的区别在哪里？物的理式正是对上述问题的回答。柏拉图认为，每一种物都和任何一种其他物有所区别，因此，它具有一系列本质特征，而物的所有这些本质特征的总和就是物的理式。比如，房子是由某些建筑材料构成的东西。这是一。房子适用于不同的目的：居住，栖息，放置物品，从事某种活动，等等。这是二。房子所有这些本质属性的总和就是房子的理式。如果我们不懂得房子的结构和用途，那么，我们就没有房子的理式，也就根本不能把房子同其他事物如汽车、火车、轮船等区分开来。换言之，物的存在就要求它是某种理式的载体。为了认识物，同它发生关系，利用它，制造它，必须要有物的理式。任何物乃至世上存在的一切都有自身的理式。如果没有理式，那么，就无法使甲区别于乙，整个现实就变成不成形和不可知的混沌。

任何一种物的理式不仅是对物的概括，而且是对物的极端概括。它是组成它的各种特殊性和个别性的一般性。一切个别性只有在同一般性、同理式

[1] 参见凌继尧《西方美学艺术学撷英》一书中的《说理念》一文。

的联系中才能得到理解。例如，北京的四合院是房子，上海的石库门也是房子，天津的小洋楼还是房子。如果我们不承认房子的理式的概括性，那么，立即消失的不仅是房子的理式，而且是房子本身和房子的一切局部的、个别的表现形态。理式是对它名下的所有个别物的无限概括。一切有限要求承认无限，一切个别都受一般管辖。作为物的一般性，理式是物的规律。柏拉图是第一个使用“辩证法”术语的人。他的理式论包含着一般和个别的深刻的辩证法。

朱光潜精辟地把柏拉图的理式称作“神”[1]。他在柏拉图《文艺对话集》的一则注释中特别说明，柏拉图的神“并不同耶稣教的上帝，它是宇宙中普遍永恒的原理大法，即最高的理式”[2]。柏拉图的理式确实是神，但这已经不是希腊神话中的神，而是翻译成抽象的一般性语言的神。柏拉图的学说是沿着早期希腊哲学发展的。早期希腊哲学家用数和元素来代替希腊神话中的神，柏拉图则用理式来代替神。柏拉图的理式是以朴素的方式提出的自然规律和社会规律，他力图用这些规律来替代古老的神话。那个时代对自然规律和社会规律的探索刚刚开始，对这些规律的解释也是相当朴素的。不过，柏拉图对万物规律的探索表明了由神话向人的思维过渡的深刻变革。在这里，柏拉图是完全站在了先进的立场上。

柏拉图的理式论使人们认识到理式完全不是物自身，而只是物的定义、物的含义。这种发现使柏拉图和他的弟子们惊喜不已，理式被他解释为神的本质。如果历史主义地看问题，我们应当理解这种狂喜、赞叹和惊异。哲学发现使哲学家们狂喜的例子在柏拉图以前就有过。首先是毕达哥拉斯对数的发现。从前人们不能把数同用数来计算的物本身区分开来，毕达哥拉斯学派发现这两者是可分的，而且数的运算规则永远是一样的，这种发现导致对数的神化。同样地，从前人们也不能区分思想和感觉。公元前 6 世纪至前 5 世纪的巴门尼德发现了这两者的区别。这种发现引起狂喜，巴门尼德甚至在充满神话象征意义的赞美诗中歌颂这种发现。因为这标明希腊人全新意识的产生，

---

[1] 朱光潜:《西方美学史》上卷，第 46 页。

[2] 柏拉图:《文艺对话集》，朱光潜译，第 68 页注①。

这种意识把思想同人对生活的感性知觉区分开来，把人的理智提到第一位。

面对理式，柏拉图陷入狂喜中，结果夸大了理式的作用。他不仅主张理式高于物质，而且认为理式形成了一种独特的世界，理式世界向现实世界释放自身的威力，导致理式世界和物的世界完全脱离。而他后期的继承者们又进一步走入极端，使得客观物质世界在理式面前黯然失色乃至完全消失。物质世界只是每个人意识中观念的产物，从而使得客观唯心主义为主观唯心主义开辟了道路：我们周围的世界完全取决于人的内心自我，或者人的“理式”。这些因素导致了理式论的变形。

谈到柏拉图理式论的缺陷时，人们总会想起他的弟子亚里士多德对他的批判。亚里士多德并不反对理式的存在，只是反对理式脱离现实，孤立于现实之外。柏拉图理式论中的矛盾使亚里士多德有理由同他分道扬镳。这种矛盾就是柏拉图作为严格的思想家和作为热情洋溢的诗人之间的矛盾。作为严格的哲学家，他懂得理式与物的相互依赖和互不可分，这种思想再明显不过地体现在他的对话《巴门尼德篇》中。然而作为热情洋溢的诗人，他又不由自主地把永恒理式的美同物质世界的不完善对立起来。亚里士多德对理式论的批判不仅针对柏拉图，而且针对柏拉图后期的继承者。这些继承者系统而自觉地论证物的理式和物本身的二元存在。亚里士多德批判这种二元论时，首先指向对柏拉图理式论的片面庸俗化和简单化。

第三节　审美主体和审美对象

在柏拉图的对话中，《会饮篇》和《斐德若篇》被称作姊妹篇。这两篇重要的美学对话，以大量篇幅讲述了神话故事。通过这些神话，柏拉图阐述了审美主体和审美意识问题，同时也阐述了审美对象问题。

一、“厄罗斯”的隐喻

《会饮篇》的主要内容是关于厄罗斯的学说。厄罗斯（相当于罗马神话中的丘比特）是希腊神话中的小爱神。柏拉图讲述了一个关于厄罗斯的神话。除《会饮篇》外，柏拉图在《斐德若篇》《理想国》《斐多篇》《蒂迈欧篇》《法律篇》和《克里底亚篇》中也讲述了神话和乌托邦故事。希腊美学时期笼罩着浓郁的神话氛围，连柏拉图的诞生都充满了神话传说。希腊传统一致认为，柏拉图生于希腊历法“塔尔格里温”月7日（公历5月21日），那天是天神宙斯和女神勒托的儿子太阳神阿波罗的生日。柏拉图的外甥斯彪西波在失传的《柏拉图颂》中直接把阿波罗称作柏拉图的父亲，因为柏拉图的母亲和父亲没有肉体接触，阿波罗向她显圣，于是生下了柏拉图。柏拉图著作的晚期希腊注释者奥利皮奥多尔利用这一情节进行渲染：柏拉图出生后，父亲带他去祭祀阿波罗和希腊女神。当父母忙于祭祀时，一群蜜蜂用蜜喂柏拉图，这预示他有杰出的口才。荷马的《伊利亚特》里有“谈吐比蜂蜜还要甘甜”的说法[1]。“柏拉图和苏格拉底都是颇为虔诚的信神的公民。”[2]在这种氛围中，希腊美学家借用神话来说明自己的观点是很自然的事。在柏拉图那里，神话和逻各斯是紧密联系在一起的。《会饮篇》通篇礼赞厄罗斯，只有深入分析厄罗斯的含义，才能掌握《会饮篇》的精髓。

希腊美学家引用的神话既有传统的希腊神话，又有根据自己的理论需要虚构的神话，后一种神话又被称为哲学神话。在《会饮篇》中，柏拉图借用希腊爱神厄罗斯虚构了一个神话。柏拉图不满足于仅仅在学园的院墙内观照崇高的理式，他想在现实生活中实现自己的理想。由于屡屡碰壁，他对现实生活感到失望，于是把最高的美和最高的善移植到彼岸世界，移植到天国。传统希腊神话讲述过去的事情，而柏拉图的哲学神话是指向未来的，指向其所愿望的事情。厄罗斯不断追求美，从美学的角度看，他是一个审美主体。尽管柏拉图虚构的神话奇异诡谲，没有严格的逻辑论证，然而比较厄罗斯在传统的希腊神话和柏拉图的哲学神话中的区别，仍然可以窥见柏拉图对审美主体和审美意识的特征的隐喻。

---

[1] 荷马:《伊利亚特》，陈中梅译，第10页。

[2] 陈中梅:《柏拉图诗学和艺术思想研究》，商务印书馆1999年版，第94页。陈中梅还认为:“在当今西方——至于国内则历来如此——人们往往片面重视柏拉图的哲学见解，而不合适地忽略了他的神学造诣。”（见该书第88页）研究柏拉图著作中与美学关系密切的神话，显然是西方美学史研究的一项任务。

在希腊神话中，关于厄罗斯的母亲阿芙洛狄忒（相当于罗马神话中的维纳斯）的出生有两种说法。一种说她是天神乌拉诺斯的女儿，没有母亲。起初天地一片混沌，在混沌中最先出生的是女性神该亚，该亚生出了第一个男性神，即天神乌拉诺斯，并且与乌拉诺斯交合生出众多的巨神。乌拉诺斯担心儿子们谋反篡位，对他们施以暴政。在该亚的召唤下，幼子克罗诺斯（Kronos）戕杀了父亲乌拉诺斯。乌拉诺斯的血溅落到大海里，从海水泡沫中产生了女爱神阿芙洛狄忒，即天上的阿芙洛狄忒。另一种说法是：阿芙洛狄忒由天神宙斯（克罗诺斯的儿子）和狄俄涅（Dione，宙斯的新生女儿）所生，这是人间的阿芙洛狄忒。在词源上，厄罗斯和观照（horasis）接近。在希腊美学中，厄罗斯作为天上的阿芙洛狄忒的儿子，体现了对乌拉诺斯或者他所代表的理式概念的观照；厄罗斯作为人间的阿美洛狄忒的儿子，则体现了对自己的观照，他住在人间，管理人间的婚姻。柏拉图在《斐德若篇》中使用了厄罗斯是阿芙洛狄忒的儿子的说法。在《会饮篇》中，他借泡赛尼阿斯之口说出了两种女神和两种厄罗斯的区别。但是，《会饮篇》着力阐发的却是苏格拉底转述第俄提玛关于厄罗斯身世的说法。由此可见，在希腊美学家包括柏拉图那里，每个神话人物可以表现若干种哲学意义，或者同一个概念可以由若干种神话人物来体现，神话人物和他们所表现的哲学意义之间并非始终如一地严格吻合。

柏拉图借第俄提玛之口虚构了一个神话故事[1]。阿芙洛狄忒诞生时，众神设宴庆祝。聪明神的儿子丰富神多饮了几杯琼浆，喝醉了，在宙斯的花园里睡去。贫乏神想生一个孩子，就睡在他身边，结果怀了孕，怀的就是厄罗斯。厄罗斯在阿芙洛狄忒的生日投胎。他像他的母亲贫乏神，永远是贫乏的，他不仅不美，而且粗鲁丑陋，赤着脚，无家可归。然而他也像他的父亲，爱智慧，不折不挠地追求美和善。他是介于有知与无知之间的爱智慧的哲学家。柏拉图实际上是按照苏格拉底的形象来塑造厄罗斯，厄罗斯就是他心目中的苏格拉底。第俄提玛所说的厄罗斯根本不是神，而是一

[1] 第俄提玛的启示见柏拉图：《文艺对话集》，朱光潜译，第257—274页。

个精灵，一个大精灵，他介于人和神的中间。普洛丁的《九章集》中有一篇论文名为《论厄罗斯》[1]，它对第俄提玛启示作出阐释。普洛丁也认为厄罗斯不是神，而是一个精灵，一个大精灵，居于人神之间。他的厄罗斯的特征和柏拉图的厄罗斯的特征区别很小。他也把厄罗斯说成丰富神和贫乏神的儿子，丰富神多喝了几杯琼浆，也就饮下了宙斯的智慧。宙斯的花园里充满着安排宇宙的美的逻各斯，丰富神醉卧在那里就是以具体的含义和内容充填、灌注了逻各斯。贫乏神是逻各斯的质料，她是丰富神的对立面，辩证法要求综合，所获得的综合就是厄罗斯。用现代语言说，厄罗斯就是理性和感性、精神和物质相结合的产物。柏拉图和普洛丁都把厄罗斯说成一种精灵。精灵不同于神，神是自满自足的，而精灵处在永恒的追求中；神是不受激情感染的，而精灵充满激情。精灵是神和人之间联系的媒介，他们把人的祈祷和祭祀传给神，又把神的意旨、命令和赐福传给人，从而填补神和人之间的缺空。神和人之间本来没有交往，凭借精灵，神和人发生交往。

柏拉图哲学神话中的厄罗斯和传统神话中的厄罗斯的区别主要有两点：第一，柏拉图的厄罗斯不是阿芙洛狄忒的儿子，而是丰富神和贫乏神的儿子。丰富神代表逻各斯，贫乏神代表物质，所以，厄罗斯是理性和感性的结合。这决定了审美意识也是理性和感性的结合。第二，柏拉图的厄罗斯不是神，而是处在神和人之间的精灵。神没有激情，而精灵富于激情。这种激情表现在对美的事物的热爱上。厄罗斯“是在阿芙洛狄忒的生日投胎的，因为他生性爱美，而阿芙洛狄忒长得顶美”[2]。这表明审美意识与审美对象处在特别密切的、隐秘的关系中。柏拉图用“爱”来形容这种关系。近现代西方美学中一些理论如移情说、内模仿说专门研究审美意识和审美对象的关系，可以说柏拉图开了这方面研究的先河。

柏拉图所理解的审美意识的另一个特点与审美观照的上升历程有关。在对美的观照中，审美意识是由个别到一般、由局部到全体、由低级到高级分

[1] 普洛丁:《九章集》第 3 集第 5 篇。

[2] 柏拉图:《文艺对话集》，朱光潜译，第260页。引文中的“阿芙洛狄忒”原译为“阿佛洛狄忒”。

阶段逐步上升的。人从幼年起，就应倾心向往美的形体：

> 如果他依向导引入正路，他第一步应从只爱某一个美形体开始，凭这一个美形体孕育美妙的道理。第二步他就应学会了解此一形体或彼一形体的美与一切其他形体的美是贯通的。这就是要在许多个别美形体中见出形体美的形式。假定是这样，那就只有大愚不解的人才会不明白一切形体的美都只是同一个美了。想通了这个道理，他就应该把他的爱推广到一切美的形体，而不再把过烈的热情专注于某一个美的形体，就要把它看得渺乎其小。再进一步，他应该学会把心灵的美看得比形体的美更可珍贵，如果遇见一个美的心灵，纵然他在形体上不甚美观，也应该对他起爱慕，凭他来孕育最适宜于使青年人得益的道理。从此再进一步，他应学会见到行为和制度的美，看出这种美也是到处贯通的，因此就把形体的美看得比较微末。从此再进一步，他应该受向导的指引，进到各种学问知识，看出它们的美。[1]

在这里，审美观照上升的梯级是：第一，爱一个美的形体；第二，爱全体形体中的美；第三，爱美的心灵和行为制度；第四，爱美的知识学问。审美观照的上升之路也是审美认识的上升之路。这种上升还有最后一个，也是最高的一个梯级：对美的理式的观照。这是一种奇妙无比的美：

> 这时他凭临美的汪洋大海，凝神观照，心中起无限欣喜，于是孕育无量数的优美崇高的道理，得到丰富的哲学收获。如此精力弥满之后，他终于一旦豁然贯通唯一的涵盖一切的学问，以美为对象的学问。[2]

审美意识富有强烈的感情色彩，审美观照和审美享受密切地结合在一

[1] 柏拉图：《文艺对话集》，朱光潜译，第 271—272 页。

[2] 同上书，第 272 页。

起。观照的美越高级，审美享受就越强烈。在美的理式面前，一切黄金、华装艳服、娇童和美少年都卑微不足道。从上述引文中还可以看到，在柏拉图那里，审美对象是分等级的，所以才有审美观照上升的梯级。美的等级取决于存在的等级，而存在的等级的高低又取决于其距离物质的远近。柏拉图的这种本体论美学、美的等级以及美的等级取决于精神和物质的关系的看法，对普洛丁的新柏拉图主义和中世纪奥古斯丁美学产生了直接影响。

二、“灵魂马车”的隐喻

与《会饮篇》中的第俄提玛的启示相应的、对美学同样重要的是《斐德若篇》中苏格拉底的第二篇演说[1]。这篇演说讲述了灵魂巡行诸天的神话。灵魂和厄罗斯一样，也是一个爱美的主体。

灵魂是希腊美学中的一个重要概念。希腊人认为人由灵魂（psuchē）和肉体（sāma）组成，肉体会死去，而灵魂是不朽的，灵魂可以离开肉体而存在。在《伊利亚特》中，阿喀琉斯梦见死去的帕特罗克洛斯，他伸出双臂想去拥抱，“灵魂钻入泥地，像一缕青烟”[2]。柏拉图接受了希腊传统观点，这也符合他的理式论。世界有两种存在：不可见的理式和可见的事物。人也有两种存在：不可见的灵魂和可见的肉体。灵魂的不朽在于它永远是自我运动的，不是由他物推动的。它是运动的本原，如果它毁灭的话，宇宙和万物都将不复存在，因为没有东西使它们再动起来。“这种自动性就是灵魂的本质和定义。”[3]

柏拉图把灵魂比作一个御车人和两匹马的马车。御车人要驾驭两匹马，而一匹驯良，另一匹顽劣。柏拉图在《理想国》中把灵魂分作三部分：理性、激情和欲望。这三个部分中，理性最高，它统辖整个灵魂；激情次之，它是理性的盟友，辅助它进行管辖；欲望最低。它们三者的从属关系就是激情受

[1] 柏拉图：《文艺对话集》，朱光潜译，第 116—137 页。

[2] 荷马：《伊利亚特》，陈中梅译，第 536 页。

[3] 柏拉图：《文艺对话集》，朱光潜译，第 119 页。

理性指导而控制情欲，从而达到灵魂的和谐[1]。柏拉图说灵魂不朽主要指理性灵魂的不朽，而激情和欲望是可朽的。灵魂的三重区分和柏拉图关于理想国成员构成的三个等级相对应。在理想国成员中，第一等是统治者，第二等是辅助者，即军人、武士，第三等是工农业生产者。他们三者的从属关系就是辅助者协助统治者统治工农业生产者。在灵魂马车中，御车人代表理性，驯良的马代表激情，顽劣的马代表欲望，灵魂马车使人想起《会饮篇》中介乎神和人、有知和无知之间的厄罗斯。灵魂马车出游顺畅与否取决于马匹是否驯良，御者是否驾驭有方。

宙斯率领诸神徜徉遨游，次等的神和灵魂跟在后面。灵魂巡游象征生命的经历、学问和道德的修养，结果有三种情况："御良马驯者高飞天外，窥见真实本体（真善美诸理式），御与马较差者各随能力所至，愈飞低所见愈浅；御劣马顽者铩羽堕地，与肉体结合，成为各种高低不同的人物。"[2]柏拉图一直在谈论灵魂的不朽，现在却谈到灵魂和肉体的结合。这表明灵魂是不纯粹的，其中的理性部分向往天国的理式，而欲望部分则眷恋下界的肉体。灵魂本身是理性和感性的结合，然而灵魂作为整体与肉体的关系，又是理性与感性的关系。灵魂和肉体的结合是理式和质料的结合，这种情况和厄罗斯一样，再一次暗示审美意识是理性和感性的结合。

按照柏拉图的逻辑，不仅"御劣马顽者"的灵魂和肉体相结合，其他灵魂也和肉体相结合。每个人的灵魂都"天然地曾经观照过永恒真实界，否则它就不会附到人体上来"[3]，由此产生了柏拉图的回忆说。一个人见到尘世里美的事物，灵魂就回忆起在上界所见到的美本身，即美的理式，因此对美的理式在下界的摹本惊喜不已，"他凝视这美形，于是心里起一种虔敬，敬它如敬神"[4]。在这里，对美的观照程序和《会饮篇》里的相反。灵魂首先在天国看到先验的美的理式，投胎以后之所以能够观照美的事物，原因在于想起它

[1] 柏拉图：《理想国》，郭斌和、张竹明译，商务印书馆 1986 年版，第 166—170 页。

[2] 采用朱光潜的概括，见柏拉图：《文艺对话集》，朱光潜译，第 136—137 页注②。

[3] 同上书，第 125 页。

[4] 同上书，第 127 页。

是美的理式摹本。这种观照是自上而下的。在《会饮篇》中，对美的观照是自下而上的，从一个形体到全体形体，经过精神领域，最后到美的理式。

在苏格拉底的第二篇演说中，柏拉图区分出四种迷狂：预言的迷狂、宗教的迷狂、艺术（诗神）的迷狂和审美的迷狂。审美的迷狂之所以发生，是因为人见到尘世的美，就回忆起上界真正的美，急于高飞远举，“象一个鸟儿一样，昂首向高处凝望，把下界一切置之度外，因此被人指为迷狂”[1]。和《会饮篇》一样，这里再次强调了审美意识强烈的情感性。

厄罗斯和灵魂马车是哲学和美学概念的诗化，诸如此类的神话、比喻和隐喻在柏拉图美学中占有重要地位。在西方美学史上，普洛丁不仅承袭了《会饮篇》中关于厄罗斯的观点，而且承袭了《斐德若篇》中关于灵魂马车的观点。普洛丁论证了灵魂的不朽，论据和柏拉图的一样，灵魂是自我运动的，其他事物的运动是他物推动的，由此灵魂是不朽的[2]。普洛丁在许多地方也重复了柏拉图灵魂马车的形象，叙述了宙斯率领诸神观照宇宙的情景，跟随其后的还有精灵和灵魂[3]。普洛丁还描绘了审美迷狂的状态。柏拉图对灵魂的三重区分影响了现代美学，西方学者认为弗洛伊德在许多方面重复了柏拉图的思想。弗洛伊德精神分析学中的“本我”是人性中原始的、被压抑的欲望和冲动；“自我”是受理性控制的、对“本我”实施改造的积极意识；“超我”反映社会的准则，支持“自我”有效地压抑“本我”[4]。

第四节　现实中的美

柏拉图始终观照理式的美，同时他又始终观照现实世界中的美。理式是美的最高等级，然而，理式作为生成模式，需要在具体的物、人、国家制度、社会生活、自然和宇宙中体现出来。在现实世界中，柏拉图认为感性

[1] 柏拉图：《文艺对话集》，朱光潜译，第 125 页。

[2] 普洛丁：《九章集》第 5 集第 1 篇第 2 节。

[3] 普洛丁：《九章集》第 3 集第 5 篇第 8 节。

[4] 陈中梅：《柏拉图诗学和艺术思想研究》，第 135—136 页。

的，可以听到、看到和触摸，按照规律永恒地往复运动的宇宙最美，因为宇宙是理性和感性最完美的结合。

一、宇宙学美学

柏拉图的宇宙美学最充分地体现在他的后期对话《蒂迈欧篇》中。在对话中蒂迈欧是来自意大利南部洛克利的毕达哥拉斯学派成员，在政府中担任高官，在哲学上也有很深造诣。可是实际上他名不见经传，所以许多学者认为他是柏拉图虚构的人物，柏拉图通过他的口，把数学、物理学、天文学、生理学的知识和神话结合起来，描绘了宇宙生成的图景。

《蒂迈欧篇》指出，宇宙由灵魂和躯体两部分组成。柏拉图接受了早期希腊哲学家的观点，认为宇宙的躯体是火、气、水、土四种元素构成。他所强调的是，这四种元素必须按照一定的比例安排：火∶气＝气∶水＝水∶土。宇宙的躯体是表面光滑的球形，从中心到各边的长都相等。宇宙的灵魂，即后来的世界灵魂先于躯体，高于躯体，在宇宙中占统治地位。宇宙究竟是本原的，还是生成的呢？柏拉图主张它是生成的。既然是生成的，就应该有它的理式，即范型。范型是永恒的理智（即奴斯）。在范型和摹本之外，柏拉图又引入了一个“造物主”（demiourgos，为了与基督教哲学中造物主相区别，有人译为“创造者”）。当造物主构造这个宇宙时，“他把理智放入灵魂，将灵魂放入肉体”[1]。在《斐利布斯篇》中理智本来就是宇宙生成的原因，即造物主，而在《蒂迈欧篇》中柏拉图在理智之外加了一个造物主，他也把造物主称作神、父亲。柏拉图的造物主以理式、理智为范型，使混沌的物质与空间相结合，形成有序的宇宙。这种造物主不同于基督教的造物主，后者凭空创造世界。

与美学直接有关的是柏拉图对宇宙灵魂结构的划分。柏拉图深受毕达哥拉斯学派的影响，用数的关系来进行这种划分：（1）从整体中分出一部分，得到1；（2）再分出1的两倍，得到2；（3）比2又多一半，得到3；（4）

[1] 苗力田主编：《古希腊哲学》，第369页。

2 的两倍，得到 4；（5）3 的 3 倍，得到 9；（6）1 的 8 倍，得到 8；（7）1 的 27 倍得到 27 [1]。结果，得出两个数列：1 的双倍数（偶数）系列 2、4、8 和 3 倍数（奇数）系列 3、9、27。宇宙灵魂是自我运动的，它推动其他事物运动。宇宙灵魂的结构决定了宇宙的结构。地球、太阳、金星、水星和月亮、火星、木星、土星按照 1、2、4、8 和 1、3、9、27 的比例关系在各自的轨道中往复运动。柏拉图为什么恰恰选择这两个数列来划分宇宙的结构呢？原来，这两组数列是黄金分割的比例：在 1、2、4、8 数列中，前三位数之间和后三位数之间的比例分别是 2∶4 = 1∶2，4∶8 = 2∶4。1、3、9、27 数列中数字之间的比例关系也是如此：3∶9 = 1∶3，9∶27 = 3∶9。我们在第三章第一节中阐述毕达哥拉斯学派美学时，曾经涉及黄金分割问题。柏拉图没有使用过黄金分割的术语，也没有对黄金分割的规则作出说明。他对黄金分割比例的选择与其说是自觉的、有意的，不如说是审美的、直觉的。在他心目中，宇宙结构具有的不是普通的比例，而是美的、艺术的比例。难怪希腊美学把宇宙看作美的艺术作品。

在柏拉图看来，宇宙到处都处在和谐有序的比例关系中。由于 1、2、4、8 和 1、3、9、27 两个数列之间还有间隙，他又在每两个相邻数之间各插入两个数，使它们以相同的比数比前一个大，比后一个小。对此各家解释比较一致：

双倍数（1），4/3，3/2，（2），8/3，3，（4），16/3，6，（8）。

它们每两个数依次的比例都相等：1∶4/3 = 3/2∶2 = 8/3∶3=4∶16/3 = 6∶8，比数是 3∶4。

中间项之间的比例也相等：4/3∶3/2 = 8/3∶3 = 16/3∶6，比例都是 8∶9。

三倍数：（1），3/2，2，（3），9/2，6，（9），27/2，18，（27）。

它们每两个数依次的比例同样都相等：1∶3/2 = 2∶3 = 9/2∶6 = 9∶27/2 = 18∶27，比数是 2∶3。中间项之间的比例也相等：3/2∶2 = 9/2∶6 = 27/2∶18，比数是 3∶4。把充填了中间项的这两个数列连接起来，得出：1，

[1] 柏拉图：《蒂迈欧篇》，35bc。

4/3，3/2，2，8/3，3，4，9/2，16/3，6，8，9，27/2，18，27。有的西方哲学史研究者如 F. M. 康福德（F. M. Comford）在《柏拉图的宇宙论》一书中甚至用五线谱来表示上述数的音调。[1]

确实，柏拉图所理解的宇宙结构处在严格的、经过精确计算的数的比例关系中。不仅如此，柏拉图的数的比例还有另外的审美意义，它表示宇宙的某种乐音。在这方面，他同样深受毕达哥拉斯学派的影响。毕达哥拉斯学派用数量关系来表示乐音，例如：2∶1 是八度音程，4∶3 是四度音程，3∶2 是五度音程，9∶8 是纯音。柏拉图接受了这种观点。在上述数列中，第二项 4/3 是四度音程，第三项 3/2 是五度音程。至于 1、2、4、8 和 1、3、9、27 两个数列，它们之间的比例关系完全表示某种乐音。2∶1（4∶2，8∶4）是八度音程，3∶2 是五度音程，4∶3 是四度音程，9∶8 是纯音。在这种意义上，宇宙是一部完美的音乐作品。在希腊美学中，宇宙不仅是可以见到的美，而且是可以听到的美。柏拉图并不是一位天文学家，他所描绘的也不是一幅准确的天文学图景，然而他的宇宙生成学说仍然具有重要的美学意义。宇宙是按照黄金分割的比例构成的、具有和谐乐音的整体，这是柏拉图宇宙美学的第一个要点。这种美学的另一个要点是，把宇宙看作三维的几何形体和活的有机体。《斐德若篇》已经论述到宇宙是三维的几何形体。宙斯驾驭一辆飞车领队巡行，诸神"沿着那直陡的路高升一级，一直升到诸天的绝顶"，"至于不朽者们到达绝顶时，还要进到天外，站在天的背上，随着天运行，观照天外的一切永恒的景象"。[2] 由此可见，天、宇宙是有限的，它有顶和背。

在《蒂迈欧篇》中，柏拉图更鲜明描绘了宇宙的几何形体。"生成的东西必定有可看见、可触摸的形体。"[3] 柏拉图把宇宙灵魂分为两种成分：一种是永恒的存在——"同"；另一种是生成性的存在——"异"。"同"和"异"都作旋转运动："同"在外圈，向右旋转；"异"在内圈，向左旋转。外圈和内圈的直径以 90° 相交。外圈排列着恒星，内圈共有 7 个圆，地球位于圆

[1] 参见汪子嵩、范明生、陈村富、姚介厚：《希腊哲学史》第 2 卷，第 1035—1036 页。

[2] 柏拉图：《文艺对话集》，朱光潜译，第 121 页。

[3] 苗力田主编：《古希腊哲学》，第 370 页。

心，依次向外的 7 个星体分别为月亮（1，括弧中的数字表示星体之间距离的比率）、太阳（2）、金星（3）、水星（4）、火星（8）、木星（9）、土星（27）。在广袤的苍穹中，各种星体有序地、交错地、多层次地作旋转运动。这确实是一幅瑰丽奇妙的图景。对柏拉图的这种描绘有许多注释，也引起一系列猜测。从美学上说，柏拉图的宇宙理论表现了希腊美学的形体性、结构性和造型性的特点。

宇宙灵魂把宇宙变成活的有机体。宇宙虽然没有眼睛和耳朵，没有手足四肢，也不需要饮食和呼吸，然而"由于神提供了灵魂和理智，世界是作为一个有生物而生成的"，世界是一个完美的生物，"在其自身中包含着所有本性上类似于它的一切可见动物"[1]。"活的有机体"是希腊美学中的重要概念，亚里士多德和其他一些美学家都用有机整体的概念来解释艺术作品。宇宙作为生物和人有类似之处。虽然宇宙没有人的一些器官，但是它和人一样，都是灵魂和躯体的结合。宇宙是一个圆球，人的脑袋作为一个圆球，是宇宙的类似物[2]。为了追求灵魂和躯体的和谐，人应该模仿宇宙，因为宇宙达到了灵魂和躯体之间最完善的和谐。观照宇宙，模仿宇宙，像宇宙那样生活，是希腊美学的重要内容。

除了宇宙美外，柏拉图还论述了物体和自然风景的美。物体的美取决于物体体现理式的程度，而体现理式的物体的美有什么特点呢？柏拉图很重视形式特别是几何形体在其中的作用。《斐利布斯篇》写道：

> 我说的形式美，指的不是多数人所了解的关于动物或绘画的美，而是直线和圆以及用尺、规和矩来用直线和圆所形成的平面形和立体形；现在你也许懂得了。我说，这些形状的美不象别的事物是相对的，而是按照它们的本质就永远是绝对美的；它们所特有的快感和搔痒所产生的那种快感是毫不相同的。[3]

[1] 苗力田主编：《古希腊哲学》，第 369 页。

[2] 柏拉图：《蒂迈欧篇》，73a—74a。

[3] 柏拉图：《文艺对话集》，朱光潜译，第 298 页。

在《斐德若篇》著名的开头，柏拉图描绘了自然风景的美：

> 这棵榆树真高大，还有一棵贞椒，枝叶葱葱，下面真荫凉，而且花开的正盛，香的很。榆树下这条泉水也难得，它多清凉，脚踩下去就知道。从这些神像神龛看来，这一定是什么仙女河神的圣地哟！再看，这里的空气也新鲜无比，真可爱。夏天的清脆的声音，应和着蝉的交响。但是最美妙的还是这块青草地，它形成一个平平的斜坡，天造地设地让头舒舒服服地枕在上面。[1]

这充分表明了柏拉图对自然风景细腻的审美体验。在《斐多篇》中，柏拉图描述了由以太包围的天国世界、由空气包围的地面世界和由水包围的海底世界。从高空看地面世界，地球像由12块皮缝制的球，五彩缤纷，仿佛画家用色彩绘过一样，只是比我们生活中的色彩更绚丽、更纯净。地面上生长的树木、花卉、果实和地球的外貌相匹配。山石美得令人赞叹不已，它们是玛瑙、碧玉和祖母绿。在它们上面是金、银和其他金属[2]。从高空看地球，比我们在地面上看到的景象要真实得多，美得多。

柏拉图也阐述了人的美和社会生活的美。柏拉图并不否定人的形体美，然而在总的倾向上，他主张人的美在于外表和心灵的和谐：最美的境界是“心灵的优美与身体的优美谐和一致，融成一个整体”[3]。他厌恶“没有天然的健康颜色，全靠涂脂敷粉”的外貌[4]。扁鼻和鹰鼻、面黑和面白，如果就它们本身而言，柏拉图认为没有任何意义[5]。《蒂迈欧篇》在阐述宇宙的构造后，又阐述了人体的构造。柏拉图认为在人体中灵魂和肉体是否和谐、比例是否适合是最重要的。如果一个人的双腿过长，或者其他某种属性太过度，那么，这种人体由于自身不合比例就显得丑，同时，它还是无穷的不

[1] 柏拉图：《文艺对话集》，第95—96页。

[2] 柏拉图：《斐多篇》，110b—111c。

[3] 柏拉图：《文艺对话集》，朱光潜译，第64页。

[4] 同上书，第109页。

[5] 柏拉图：《理想国》，郭斌和、张竹明译，第216页。

幸的根源，不得不耗费更多的精力和运动，由于笨拙而经常跌倒。如果与肉体相比灵魂过于强大，那么，灵魂就容易愤怒，给肉体带来疾病，或者灵魂专注于紧张的研究和探索，使肉体衰弱。因此，人的这两个方面应该同时发展，彼此协调，这样才能健康。从事科学研究或脑力劳动紧张的人应该进行体育锻炼，而积极锻炼身体的人应该从事音乐艺术和某种哲学研究，以发展自己的灵魂。这样的人才是既美又好的人[1]。

柏拉图的《理想国》设计了一个真、善、美相统一的政体。理想国中有三个阶层，他们各有自己的职能：统治者，即哲学王，他观照永恒的理式并使它们在生活中得到实现；卫士，他们保卫国家，帮助统治者实现理式；工农业生产者，他们为社会提供生活资料。理想国中有四种主要德行：智慧、勇敢、节制和公正。统治者必须有智慧，卫士必须勇敢，工农业生产者则应当节制。公正在于三个等级各司其职，各安其位，“仿佛将高音、低音、中音以及其间的各音阶合在一起加以协调那样，使所有这些部分由各自分立而变成一个有节制的和和谐的整体”[2]。这样，国家才能秩序井然，达到每个人安乐幸福的境地。理想国中三个阶层的从属关系是一种均衡的、合度的和谐关系。在这种意义上，柏拉图的政治社会哲学也具有审美意义。

二、和谐、比例、对称和尺度

我们在第三章中讨论了早期希腊美学表现结构关系的一些术语，如和谐、比例、对称和尺度。这些术语在柏拉图美学中也起到重要作用。

（一）和谐

“和谐”这个术语经常出现在柏拉图的著作中，他用它来说明形体、灵魂、国家政体和宇宙的特征。柏拉图的和谐论是对毕达哥拉斯学派和赫拉克利特的和谐论的总结：

[1] 柏拉图：《蒂迈欧篇》，87e—88c。

[2] 柏拉图：《理想国》，郭斌和、张竹明译，第 172 页。

> 赫拉克利特说过一句含糊费解的话，也许就是指这个意思。他说“一与它本身相反，复与它本身相协，正如弓弦和竖琴”。说和谐就是相反，或是和谐是由还在相反的因素形成的，当然是极端荒谬的。赫拉克利特的意思也许是说，由于本来相反的高音和低音现在调协了，于是音乐的艺术才创造出和谐。如果高音和低音仍然相反，它们就决不能有和谐，因为和谐是声音调协，而调协是一种互相融合，两种因素如果仍然相反，就不可能互相融合；相反的因素在还没有互相融合的时候也就不可能有和谐。由于同样理由，节奏起于快慢，也是本来相反而后来互相融合。在这一切事例中，造成协调融合的是音乐，它正如上文所说的医学，在相反因素中引生相亲相爱。[1]

我们曾经指出，毕达哥拉斯的和谐偏重对立面的同一，赫拉克利特的和谐偏重对立面的斗争。柏拉图在新的层次上把这两者统一起来，他的和谐论主张：第一，和谐以对立面的存在为前提；第二，对立面经过相互作用以后，达到相互融合。柏拉图正是用这种和谐论来解释肉体和灵魂的关系、灵魂中三种组成成分的关系、理想国中三个阶层的关系，以及宇宙中“同”和“异”的关系。柏拉图的和谐主要体现在灵魂和宇宙中，而灵魂和谐是对宇宙和谐的模仿。柏拉图的《理想国》指出在智慧、勇敢和节制三种德行中，“节制像是一种和谐”，它的作用和智慧、勇敢的作用不同。智慧作用于统治者，使其成为智慧的；勇敢作用于武士，使其成为勇敢的。节制不是这样起作用。它贯穿于全体公民，把最强的、最弱的和中间的都结合起来，“造成和谐，就象贯穿整个音阶，把各种强弱的音符结合起来，产生一支和谐的交响乐一样”。因此，节制就是天性优秀的和天性低劣的部分在谁应当统治、谁应当被统治这个问题上所表现出来的一致性和协调。[2] 这样，和谐是各个对立面之间协调的关系。也可以说，和谐是一种“中”的状态，“过”和“不及”

[1] 柏拉图:《文艺对话集》，朱光潜译，第 234—235 页。引文中的“赫拉克利特”原译为“赫刺克立特”。

[2] 柏拉图:《理想国》，郭斌和、张竹明译，第 152 页。

都会破坏事物的美和好。“健全的人与有缺陷的人之间的主要差别就在于‘中’或“过”与‘不及’”[1]，在这一点上，和谐和尺度相联系。令人感兴趣的是，柏拉图在阐述和谐的对立面时，区分出两种不同的美：一种是敏锐、迅速和有力，另一种是平缓、圆润和娴静。

> 敏锐和迅速，不管是肉体上的，还是灵魂中的，或是发音里的，不管它们是真实的，还是存在于音乐、绘画艺术由摹仿它们而创造出的这样那样的影像之中，——你从来没有赞扬过它们中的一种或听到过它们被别人赞扬吗？[2]
>
> 当我们赞叹神思运作时，当我们谈到动作平缓而舒慢、声音圆润而沉稳，乃至把每个有节奏的动作和音乐通常品评为有着恰如其分的徐缓时，我们总是说“多么娴静啊！”“多么有节制啊！”于是我们以这样一个词表征其意味，它不是“勇敢”，而是“克制”。[3]

对这两种美的区分在柏拉图的著作中不是偶然出现的，《法律篇》《高尔吉亚篇》和《理想国》都涉及这个问题[4]。柏拉图的这种观点对希腊化和罗马美学产生了直接的影响。罗马美学家西塞罗就把美分成威严和秀美，前者是刚强的美，后者是温柔的美（参见第九章第一节）。

（二）比例

我们在第四节中阐述柏拉图的宇宙学美学时，已经涉及比例问题。柏拉图在各种各样的事物中，寻找统一的比例原则。他的比例原则适用于各种存在。

在抽象的数的关系上，柏拉图区分出三种比例。一种是算术比例，如1、2、3，公式是：$b-a = c-b$；第二种是几何比例，如1、2、4，公式是$a/b = b/c$；第三种是和谐比例，如1、$1\frac{1}{3}$、2，第二项等于第一项加上该项的1/3（1+

---

[1] 柏拉图：《政治家》，黄克剑译，北京广播学院出版社1994年版，第74页。

[2] 同上书，第116页。

[3] 同上书，第117页。引文中最后一个词“克制”（cosmiotetos）原译为“得体”。

[4] 柏拉图：《法律篇》，802de；《高尔吉亚篇》，506e—507d；《理想国》，399e。

$\frac{1}{3}=1\frac{1}{3}$)，同时也等于第三项减去该项的 1/3（$2-2\times\frac{1}{3}=2-\frac{2}{3}=1\frac{1}{3}$）。这三种比例是研究者们根据柏拉图的实际运用总结出来的。在平面中，柏拉图推崇正方形和等边三角形。这对建筑产生了重要影响。“首先是希腊的，然后是罗马的，还有后来中世纪的建筑，很多世纪以来都是根据这三角形和正方形的原则设计的。”[1] 在立体中，柏拉图把构成世界万物的水、火、土、气等元素的形状设想成某种合比例的几何形体，水是正二十面体，火是正四面体，土是正六面体，气是正八面体。宇宙结构是合比例的结构，宇宙乐音也是由一定的比例构成的。宇宙好比一架巨大的琴，琴弦绷得越紧，音就越高。柏拉图的比例理论对于美学的意义在于，一切审美对象都是可以看到、可以触摸的规则的几何形体，比例的统一性并不妨碍审美对象的多样性。

（三）对称

在柏拉图的著作中，“对称”（亦译作“匀称”）具有比它的现代含义远为广泛的含义。《智者篇》指出，如果画家描绘美的事物的真实对称，那么就会显得上部太小，下部太大，因为上部离观者远，下部离观者近。因此，画家画画不按实在的美的对称（tas oysas symmetrias），而是按显得美的对称。[2] 在这里，对称指结构、尺寸。

《泰阿泰德篇》中有一段关于数学问题的对话，虽然其中没有出现对称的术语，然而它充分地体现了柏拉图关于对称的思想。这篇对话的直接参与者是苏格拉底、塞奥多洛（Theodorus，约生于公元前 460 年）和泰阿泰德（Theaetetus，约公元前 414 年至前 369 年）。塞奥多洛是数学家，柏拉图和泰阿泰德的老师。泰阿泰德是柏拉图的学生和朋友，也是学园中重要的数学家。这段对话的主要内容如下：

> 在座的塞奥多洛为我们画图表明方数的根，如三方尺和五方尺的方形，指出其边或根以整尺的单位量不尽；逐一举例，直到十七方尺的方形为止。于是我们想出主意：根之为数既是无穷，设法以一名称概括

[1] 沃拉德斯拉维・塔塔科维兹：《古代美学》，杨力、耿幼壮、龚见明、高潮译，第 156 页。

[2] 柏拉图：《智者篇》，235e—236a。

所有的根。

…………

我们把所有的数分为两类：其一，凡同数相乘而生者，用正方形代表，谓之正方形数或等边方形数。

…………

其二，介于此类之间的数，如三、五，与凡不能生于同数相乘、而生于小乘大或大乘小，如形之有长短边者，我们以长方形代表，谓之长方形数。

…………

凡代表等边方形数之正方形的四等边，我们名之曰长度。凡面积大小等于长方形数之正方形的四等边，我们名之曰不尽根。此两种正方形的边异名，因后者与前者，不能在边的长短上，只能在面积的大小上，以共同单位量尽。关于立体亦复如此。[1]

应该怎样理解这段话呢？我国的西方哲学史著作对它没有作出说明。康福德1935年出版的《柏拉图的知识论》是对《泰阿泰德篇》和《智者篇》的翻译和注释。在国内外的西方美学史著作中，只有一处较为详细地分析了这段话[2]。柏拉图把数分为两种：一种数的平方根是整数，如4、9；另一种数的平方根是无理数，如3、5，它们的平方根是某个整数加上小数点后的无穷数。能不能不用数字符号如3、5，而用几何图形直观地来表现无理数、无穷数的抽象概念呢？柏拉图的做法是这样的：取边长为1的正方形，那么，它的对角线就是$\sqrt{2}$。这个无理数和无穷数在这个正方形中是可以看到、可以触摸的，并成为有限的形体的一部分。正方形把有限和无穷、有理数和无理数结合在统一的视觉形象中。$\sqrt{2}$是无理数，然而它作为边长为1的正方形的对角线，和其他线条没有什么区别。如果以$\sqrt{2}$为一边、1为另一边构成长方

[1] 柏拉图：《泰阿泰德·智术之师》，严群译，商务印书馆1963年版，第32—33页。引文中的“塞奥多洛”原译为“德奥多罗”。

[2] A. F. 洛谢夫：《希腊罗马美学史》第2卷，第398—402页。

形，那么，这个长方形的对角线是$\sqrt{3}$（计算程序略）。以$\sqrt{3}$为一边、1 为另一边构成长方形，其对角线为$\sqrt{4}=2$。继续以这种方式构筑长方形，则可以得出$\sqrt{5}$、$\sqrt{6}$、$\sqrt{7}$等对角线。长方形的对角线和边在数学上是不可公约的，然而在图形上却是可以比量的。柏拉图把这种可以比量的特性叫作对称。对称是有理数和无理数在视觉上的结合。或者说，有理数和无理数进入现实的联系中，并形成现实的形式，是谓对称。我们把对称理解为围绕中心或轴分布的等量部分，而柏拉图对中心或轴的理解要广泛得多。对于他来说，对称不仅存在于数和几何形体的关系中，而且存在于灵魂和宇宙中。

现代建筑学家们利用《泰阿泰德篇》的这段对话，提出了动态对称的理论。他们认为，正方形是静态的、机械的对称，而对角线为$\sqrt{3}$特别是$\sqrt{5}$的长方形则是动态对称的范例。大量的艺术例证和自然科学例证，包括雅典娜帕特农神庙和其他希腊神庙基本的建筑成分都可以说明这一点。柏拉图所理解的对称正是动态对称，《泰阿泰德篇》这段对话的审美意义不容置疑。

（四）尺度

在《政治家篇》《斐利布斯篇》《蒂迈欧篇》《法律篇》《会饮篇》《斐多篇》和《理想国》等著作中，柏拉图使用过尺度的概念。《政治家篇》阐述了计量技艺的分类：

> 我们应该按照已经说过的，明确地把量度的技艺分为两部分。一部分包括有测量数目、长度、宽度、厚度以及与它们相关的对立面的技艺，另一部分包括那些与适度、恰当、恰好、必要以及所有其他位于两种极端之间的“中”的标准相关的技艺。[1]

显然，一种方法测量的是事物的形式：数目、长度、宽度、厚度等。另一种方法测量的则是事物的本质，即从使用功能的角度看，事物是否适度、恰当、恰好和必要。在后一种情况下，事物的尺度就是该事物的理式，更确切

[1] 柏拉图：《政治家》，黄克剑译，第 76 页。译文据原文略有改动。

地说，是该事物理式的结构。

《斐利布斯篇》是柏拉图晚年的作品，与《会饮篇》和《斐德若篇》相比，它比较含混难懂，然而对于美学的意义，它完全不亚于《会饮篇》和《斐德若篇》。《斐利布斯篇》讨论“善”究竟是快乐还是智慧。斐利布斯（Philebus）是柏拉图虚构的快乐论的代表，另一位对话人普罗塔克则是智者高尔吉亚的追随者。在这篇对话中，柏拉图认为尺度是有限和无限的结合[1]。我们在第三章第一节中论述了毕达哥拉斯学派关于有限和无限的范畴，有限指规定性，无限指非规定性。柏拉图不是在我们现在通常所理解的意义上，而是在毕达哥拉斯学派所理解的含义上使用这对范畴。通俗一点说，无限和有限相当于亚里士多德后来所使用的“质料”和“形式”。

在《斐利布斯篇》的结尾，柏拉图区分出善的五个等级。他认为尺度是最高的善：“处在第一等级上的是一切以某种形式属于尺度、适度和适时的东西，以及一切类似的、应该认为取得永恒本质的东西。”[2]美处在第二等级上：“占据第二等的是相称、美、完善、充分以及一切属于这一种的东西。”[3]柏拉图这里的善不是伦理学范畴，而是本体论范畴。从对立面统一的观点看，一切存在的东西不仅是可以分割的“多”，而且是不可分割的“一”。这就是柏拉图的善。正因为如此，《斐利布斯篇》讨论了一和多、有限和无限、智慧和快乐这些对立面，它们既是可分的多，又是不可分的一，即善。善是完全的、自足的，即不依赖别的东西[4]。在柏拉图的著作中，术语往往具有多义性。从古代的拉尔修到现代的汉斯－格奥尔格·伽达默尔（Hans-Georg Gadamer），近两千年来不断有人指出这一点。拉尔修写道，柏拉图“常常用不同的词语表示同一个所指……他也用对立的用语说明同一个东西”[5]。“善”就是这样的术语。在善的等级结构中，尺度和美的关系仿佛是理式和理式的体现的关系。可以说，美是尺度的体现。这种观点也存在于《蒂迈欧篇》中：

---

[1] 柏拉图：《斐利布斯篇》，26d。

[2] 柏拉图：《斐利布斯篇》，66a。

[3] 柏拉图：《斐利布斯篇》，66a。

[4] 柏拉图：《斐利布斯篇》，20cd。

[5] 拉尔修：《著名哲学家的生平和学说》第 3 卷第 38 节。

“一切善的东西是美的，而美的东西不能没有尺度。”[1]

在讨论善同快乐和智慧的关系时，柏拉图得出的结论是：善是智慧和快乐的结合。因为一个人离开了智慧，就根本不知道是否享受了快乐。反之，如果只生活在智慧中，没有各种快乐，这也不是人所希望的。智慧和快乐都不是独立自足的，都不是善，只有它们相结合才是善[2]。这也是一种尺度。智慧和快乐的结合对美学具有重要意义。在指称“智慧”时，柏拉图还使用“科学”“知识”“记忆”等术语。“快乐”（hēdonē）也被译为“快感”“享受”。智慧和快乐的结合表明审美既是涉及生活利益的，又是不涉及利害的独立自足的观照。

第五节　艺术模仿和模仿艺术

柏拉图对艺术的理解和早期希腊美学相同。我们在第三章第一节中指出早期希腊美学对艺术的三种理解：1. 人类有目的的活动，在这种含义上艺术等同于手工艺；2. 科学；3. 现代含义上的艺术。在柏拉图那里，艺术创作和物的制作没有区别，所以，艺术等同于手工艺。艺术和手工艺都是理式的物质体现。而理式最完美的物质体现是宇宙，所以宇宙是最美的艺术作品。

根据上述观点，柏拉图在《理想国》中把艺术分作利用事物的艺术、制造事物的艺术和模仿事物的艺术[3]。在《智者篇》中，柏拉图把人类的一切活动都称作艺术，艺术、手工艺、科学和人的其他实践活动没有任何区别。康福德甚至用图表排列出《智者篇》对艺术的详细分类[4]。艺术主要分为两种：生产（poetice）艺术和聚敛（ctetice）艺术。前者生产自然所不具有的事物，后者则利用存在于自然中的事物，如渔、猎等。生产艺术又可以分为造原物的艺术（如木工造床）和造物象的艺术（如画家画床），前者就是“造

---

[1]　柏拉图：《蒂迈欧篇》，87c。

[2]　柏拉图：《斐利布斯篇》，20d—22e。

[3]　柏拉图：《理想国》，601d。

[4]　见柏拉图：《泰阿泰德・智术之师》，严群译，第131页注①。

物艺术”。这是西方最早出现的“造物艺术”的概念。虽然柏拉图关于艺术的概念很宽泛，然而他仍然对纯艺术有独特的感受，纯艺术的形式美能给他带来快感。《斐利布斯篇》写道：

> 真正的快感来自所谓美的颜色，美的形式，它们之中很有一大部分来自气味和声音，总之，它们来自这样一类事物：在缺乏这类事物时我们并不感觉到缺乏，也不感到什么痛苦，但是它们的出现却使感官感到满足，引起快感，并不和痛感夹杂在一起。[1]

我们主要阐述柏拉图关于纯艺术的观点。

一、艺术模仿

柏拉图模仿理论的研究者们，从 19 世纪的 G. 阿贝肯（G. Abeken）到 20 世纪的 B. 洛杰（B. Lodge）都指出，柏拉图对模仿有各种不同的甚至矛盾的理解。他有时充分肯定模仿的价值，有时又竭力否定模仿的意义。要掌握柏拉图模仿理论的复杂性，有必要了解他理解模仿的特点。柏拉图认为有三种不同等级的模仿：第一种是神模仿自身，产生出理式；第二种是工匠模仿理式，制作出具体的事物；最后是画家模仿具体的事物，创作出艺术作品。柏拉图的模仿理论符合他关于世界存在的等级理论。根据这个总原则，我们具体分析一下柏拉图关于艺术模仿的若干含义。

首先，柏拉图把艺术模仿理解为对客观现实的再现。《理想国》第 10 卷指出，床的理式是“床之所以为床”的道理，是床的真实体。木匠模仿床的理式制作出个别的床。画家模仿的不是床的真实体，而是木匠制作的个别的床。并且，他只模仿床的外形，而不是模仿床的本质。画家的“摹仿和真实体隔得很远，它在表面上象能制造一切事物，是因为它只取每件事物的一小部分，而那一小部分还只是一种影象”[2]。如果一个人既能模仿一件事物，

[1] 柏拉图：《文艺对话集》，朱光潜译，第 298 页。

[2] 同上书，第 72 页。

同时又能制造那件事物，他就不会专在模仿上下功夫，而宁愿制作它们，“那样做，他可以得到更大的荣誉，产生更大的效益”[1]。实际上，模仿桌子的画家并不会制作桌子，“摹仿者对于摹仿题材没有什么有价值的知识；摹仿只是一种玩艺，并不是什么正经事”[2]。柏拉图虽然承认艺术是对现实的模仿，然而他把这种模仿放在客观唯心主义基础上，改变了它原来的唯物主义含义。“他否定了客观现实世界的真实性，否定了艺术能直接摹仿‘理式’或真实世界，这就否定了艺术的真实性。”[3]由此，他把艺术家和艺术作品的地位摆得很低，认为艺术美低于现实美，艺术作品低于工匠制作的物品，因为后者直接模仿理式，而艺术作品仅仅间接模仿理式。在《斐德若篇》中，柏拉图把人分成九等，诗人或其他模仿的艺术家被列在第六等，地位在医卜星相之下。荷马作为歌颂英雄的诗人，就不如被诗人歌颂的英雄，如斯巴达的莱科勾（Lycurgus）和雅典的梭伦。

其次，柏拉图把艺术模仿理解成主观的虚构。在《理想国》第 3 卷中，柏拉图批评荷马把最伟大的神——宙斯描写得失去本来面目，宙斯“色欲一动，就把什么都忘了”[4]；还批评他把阿喀琉斯描写成“时而站起沿空海岸行走，哀恸得象要发狂；时而用双手抓一把黑灰撒在头上；时而痛哭流涕”[5]，阿喀琉斯也很贪婪，要收礼才肯办事。柏拉图明确指出：“从荷马起，一切诗人都只是摹仿者，无论是摹仿德行，或是摹仿他们所写的一切题材。”[6]荷马的《奥德赛》和《伊利亚特》当然是模仿，然而它们的模仿和被模仿对象却相去甚远。不知羞耻、没有勇气、容易暴烈、轻易发笑和轻易痛哭这些弱点本来不是神所应该有的，而荷马把这些弱点都强加在神身上。柏拉图认为，荷马的这类模仿既是对神的大不敬，而且也不真实。他的模仿不是再现客观对象，而是主观的、随意的行为。柏拉图定下规则，禁止这类模

[1] 柏拉图:《文艺对话集》，朱光潜译，第 73 页。

[2] 同上书，第 79 页。

[3] 朱光潜:《西方美学史》上卷，第 46—47 页。

[4] 柏拉图:《文艺对话集》，朱光潜译，第 42 页。

[5] 同上书，第 38 页。

[6] 同上书，第 76 页。

仿，把它们排除在艺术领域之外。

最后，如果艺术模仿不是主观的虚构的话，柏拉图认为模仿的关键不在模仿本身，而在模仿的对象。柏拉图并不笼统否定模仿，只是要求模仿勇敢、有节制、虔敬、宽宏之类的品德。至于卑鄙丑恶的事，绝不能模仿。柏拉图在荷马的诗中区分出两种叙述形式：一种是单纯叙述，诗人以自己的身份说话，站在旁观者的位置把故事叙述出来，即所谓间接叙述；另一种是模仿叙述，诗人以诗中人物的身份说话，自己不露面，借人物的动作和对话把故事叙述出来，即所谓直接叙述。柏拉图肯定第一种叙述形式，而否定第二种叙述形式，也就否定了希腊当时盛行的戏剧，因为戏剧采用模仿叙述。在模仿叙述中，性格和教养不好的诗人会模仿“打雷吹风下冰雹的声音，轮盘滑车的声音，号角箫笛以及各种乐器的声音，乃至于鸡鸣狗吠羊叫的声音”[1]。这种模仿使诗人自己在声音容貌上像另一个人，实际上等同于演员的扮演[2]。柏拉图鄙视这种几乎全是声音和姿势的模仿。这种模仿和感性粘连太多，逢迎了人性中的低劣部分，最受下层群众欢迎。柏拉图不仅要把这种模仿逐出艺术领域，而且要逐出生活领域。为此，他写下一段著名的文字：

> 如果有一位聪明人有本领摹仿任何事物，乔扮任何形状，如果他来到我们的城邦，提议向我们展览他的身子和他的诗，我们要把他当作一位神奇而愉快的人物看待，向他鞠躬敬礼；但是我们也要告诉他：我们的城邦里没有象他这样的一个人，法律也不准许有象他这样的一个人，然后把他涂上香水，戴上毛冠，请他到旁的城邦去。[3]

总之，柏拉图的“模仿”取决于上下文的含义，如再现、创造、主客体的同一等。他对艺术模仿的态度是矛盾的。一方面，艺术是模仿事物的结果，而事物与理式相比是不完善的，艺术的目的正是观照这种不完善。这样的模仿

[1] 柏拉图：《文艺对话集》，朱光潜译，第 54 页。

[2] 陈中梅：《柏拉图诗学和艺术思想研究》，第 64 页。

[3] 柏拉图：《文艺对话集》，朱光潜译，第 56 页。

是不需要的。另一方面，任何事物都是对理式的反映，艺术在模仿事物时也分有了理式，即分有了美。随着对美的分有，艺术也具有某种等级的美。在这种意义上，艺术模仿又是值得肯定的。

二、诗、音乐、舞蹈、绘画

除了酒神颂以外的诗，悲剧、喜剧和史诗，以及音乐、舞蹈和绘画等都被柏拉图视作模仿艺术。

（一）诗

在柏拉图的著作中，“诗”（poēma）这个术语比现代意义的诗有广泛得多的含义。他把任何一种制作活动和成就都称为“诗”和“诗歌艺术”，把所有领域里的能工巧匠如鞋匠、木匠、立法者等都称为“诗人”。不过，对于纯诗歌，柏拉图有着很深的爱好，他写过酒神颂、抒情诗和悲剧。他被称为“最富诗意的哲学家”。

柏拉图对诗的态度有两种明显相反的倾向。一方面，他爱好诗，熟悉希腊诗歌作品，受到它们的浸润。他援引希腊诗歌，即使没有这些援引，任何了解希腊文学的读者都会感受到他的对话充盈着希腊诗歌乃至文学的精神。有的研究者甚至对柏拉图哲学的文学基础作了专门探讨[1]。然而，另一方面，他又对诗持激烈的批评态度，甚至完全否定诗，并驱逐诗人。要了解这种状况，必须分析柏拉图的诗歌理论。

柏拉图对诗有敏锐的体验，准确地区分了诗的体裁。《理想国》第3卷写道：

> 凡是诗和故事可以分为三种：头一种是从头到尾都用摹仿，象你所提到的悲剧和喜剧；第二种是只有诗人在说话，最好的例也许是合唱队的颂歌；第三种是摹仿和单纯叙述掺杂在一起，史诗和另外几种诗都是如此。[2]

---

[1] 陈中梅：《柏拉图诗学和艺术思想研究》，第337—378页。

[2] 柏拉图：《文艺对话集》，朱光潜译，第50页。

在这里，柏拉图把诗的体裁分为三种：第一种是剧体诗，即悲剧和喜剧，它们以模仿为基础。第二种是抒情诗，如酒神颂，它们不采用模仿的方法。第三种是史诗，它们部分地采用模仿的方法，部分地采用抒情诗的手法来表现诗人内心的感情。在谈到这三种体裁的关系时，柏拉图既看到它们的区别，又看到它们的联系。一般地讲，一个诗人不能同时掌握剧体诗和史诗这两种不同的体裁，然而荷马能把这两种体裁结合起来，并且取得很高的成就。柏拉图称荷马是“悲剧诗人的领袖”[1]，可见悲剧和史诗是可以结合的。它们之所以能够结合，除了体裁上有兼容的可能性外，还因为这两者都有神话的内容。柏拉图对诗歌体裁的分类为亚里士多德所接受。亚里士多德在《诗学》中把诗歌分为史诗、悲剧和喜剧，以及酒神颂三种。所不同的是，亚里士多德把酒神颂视作模仿艺术，因为当时的酒神颂已经半戏剧化，酒神颂中的诗歌有些像戏剧中的对话。后人关于叙事诗、抒情诗和剧体诗的区分，也起源于柏拉图。

柏拉图的诗歌理论还涉及悲剧的净化功用。净化指过分强烈的情绪得到舒缓和平静：

> 母亲们要让不想睡觉的孩子入睡，她们采用的不是安静的方法，而是运动的方法，把孩子抱在手里固定地摇晃；她们不是沉默不语，而是哼着某种曲调，仿佛直接给孩子弹琴。母亲们运用同扬抑格和诗才相结合的这种运动，医治孩子们的烦躁。[2]

这里虽然没有专门谈到悲剧，然而柏拉图清楚地认识到有节奏的、纯审美的方式对于抚平内心的烦躁和不安的意义。这也完全适用于悲剧[3]。亚里士多德的悲剧净化说是对柏拉图的观点的进一步发展和完善。

对诗的道德评价是柏拉图诗歌理论中最重要的内容，他对荷马的态度就是这种道德评价的具体表现。荷马是希腊最著名的诗人，柏拉图是希腊最权威的

---

[1] 柏拉图：《文艺对话集》，第 67 页。

[2] 柏拉图：《法律篇》，790de。

[3] A. F. 洛谢夫：《希腊罗马美学史》第 3 卷，莫斯科 1974 年版，第 71 页。

哲学家。柏拉图对荷马的态度成为柏拉图美学的重要问题之一。柏拉图深深地热爱荷马，欣赏荷马史诗的美。“他所接受的传统是荷马的，哺育他成长的教育是荷马的”，“荷马的身影似乎总是闪现在他的眼前；荷马、赫西俄德以及悲剧和某些拟剧诗人的作品是他认知、解释和批判传统文化的依据。在评估人性中的精华时，他想到了荷马；在论及神族成员的分工时，他引述了荷马的观点；在谈论文学的表述形式时，荷马‘再次’出现在他的眼前”。[1] 柏拉图仅仅在《理想国》中批评了荷马，在做这种批评时，他还肯定了荷马史诗的艺术价值。然而这种批评是异常严厉的，他不能容忍荷马描写神的种种劣迹，也不满意荷马描写普通人的不良性格。荷马作品的这些内容与他梦想建立的乌托邦理想国相冲突、相违背。柏拉图体验到城邦的衰落，他想恢复过去时代的美与和谐。他所采用的是手段严厉的道德措施和政治措施。有悖于他的道德标尺的一切，包括他所敬爱的荷马，也要毫不留情地加以清洗。柏拉图诗歌理论的悲剧正在于纯粹的、无私观照的美和倾向性明确的、严格的道德规范之间的矛盾。

（二）音乐

希腊语“音乐”（mousikē）有两种含义，广义上指教育的手段和内容，包括阅读、算术、绘画和诗歌，可以译为“缪斯艺术”。柏拉图称哲学是“最高的缪斯艺术”[2]。在狭义上，mousikē 指现代含义上的音乐。在希腊，音乐和诗紧密相连，诗人既作诗又谱曲；另一方面，音乐和舞蹈紧密相连。不过，柏拉图对它们作出了明确的区分：音乐作为声音的运动，不同于以形体动作为基础的舞蹈，也不同于以词语为基础的诗歌。

按照柏拉图的理解，音乐有三个要素：歌词、乐调和节奏[3]。对于乐调和节奏的区别，朱光潜解释道：“节奏侧重长短起伏，乐调侧重高低起伏”[4]。柏拉图认为没有歌词的音乐是粗俗的、野蛮的，不能够独立存在。

---

[1] 陈中梅：《柏拉图诗学和艺术思想研究》，第 342—343 页。“赫西俄德”原译为“赫希荷德”。

[2] 柏拉图：《斐多篇》，61a。

[3] 柏拉图：《文艺对话集》，第 56 页。

[4] 同上书，第 57 页注①。

在音乐三要素中，歌词起主要作用，不是歌词适应乐调和节奏，而是乐调和节奏适应歌词。柏拉图激烈地批评纯音乐，他并非不理解这种音乐，而只是认为它没有明确的理性内容。

关于乐调，柏拉图讨论了四种：吕底亚式、爱奥尼亚式、多利亚式和佛律癸亚式。朱光潜在翻译柏拉图的《文艺对话集》时特意加注阐明：

> 希腊音乐往往以流行地区得名，类似中国古代的"郑声""秦声""楚声"之类。每一地区的音乐往往有它的特殊风格和特殊的伦理性质。希腊音乐约分四种：一、吕底亚式：吕底亚在小亚细亚，这地方音乐柔缓哀婉；二、爱奥尼亚式：爱奥尼亚在小亚细亚西海岸，这地方音乐柔缓缠绵；三、多利亚式：多利亚在希腊北部，这地方音乐简单，严肃，激昂；四、佛律癸亚式：佛律癸亚也在小亚细亚，音乐发达最早，对希腊音乐的影响也最大，它的特点是战斗的意味很强。[1]

表现悲哀的吕底亚式遭到柏拉图的抛弃，因为这类乐调对于培养品格好的女人尚且不合适，更不必说培养男人。文弱的爱奥尼亚式用于饮宴，对于理想国的保卫者没有用处。那么，就只剩下多利亚式和佛律癸亚式了。柏拉图对多利亚式评价最高，"它能很妥帖地摹仿一个勇敢人的声调，这人在战场和在一切危难境遇都英勇坚定，假如他失败了，碰见身边有死伤的人，或是遭遇到其他灾祸，都抱定百折不挠的精神继续奋斗下去"[2]，这是一种勇猛的、表现勇敢的乐调。至于佛律癸亚式，它"摹仿一个人处在和平时期，做和平时期的自由事业，或是祷告神祇，或是教导旁人，或是接受旁人的央求和教导，在这一切情境中，都谨慎从事，成功不矜，失败也还是处之泰然"[3]，这是一种温和的、表现聪慧的乐调。

我们上面援引的朱光潜为柏拉图《文艺对话集》的中译本加的注表明，

---

[1] 柏拉图：《文艺对话集》，朱光潜译，第 57 页注②。为了全书统一，译名有改动。

[2] 同上书，第 58 页。

[3] 同上。

佛律癸亚式“战斗的意味很强”，柏拉图却认为是温和的、顺从的乐调，这显然是一种矛盾。实际上，朱光潜的评价是正确的。所有其他希腊学者都认为佛律癸亚式是热烈的、奔放的、激越的乐调，唯有柏拉图一人对它作出不同的评价。许多研究者想解开这个千古之谜，然而迄今未能取得令人满意的结果。

像对待乐调一样，柏拉图也要求节奏表现某种道德品质，认为要区分适宜表现勇敢、聪慧的节奏，以及表现卑鄙、傲慢、疯狂的节奏；节奏不应该求繁复，不应该有许多音节；美与不美要看节奏的好坏；歌词的美、乐调的美和节奏的美，都表现好性情。柏拉图认可的音乐是表现好性情的音乐。[1]所谓好性情，指灵魂在理性的统辖下尽善尽美。柏拉图认可的音乐还是有节制的音乐，有节制的音乐不能过度，要爱美和秩序。[2]

柏拉图发现音乐中乐调和节奏的运动，同人的心理活动相类似，因此能够最有效地调节这种活动：

> 头一层，节奏与乐调有最强烈的力量浸入心灵的最深处，如果教育的方式适合，它们就会拿美来浸润心灵，使它也就因而美化；如果没有这种适合的教育，心灵也就因而丑化。其次，受过这种良好的音乐教育的人可以很敏捷地看出一切艺术作品和自然界事物的丑陋，很正确地加以厌恶；但是一看到美的东西，他就会赞赏它们，很快乐地把它们吸收到心灵里，作为滋养，因此自己性格也变得高尚优美。[3]

由于音乐和人的心理体验过程相类似，所以，对于培养柏拉图所主张的那些德行，音乐能够比其他艺术发挥更有效的作用。最美的境界是“心灵的优美与身体的优美谐和一致，融成一个整体”，而“真正懂音乐的人就会热烈地

[1] 柏拉图：《文艺对话集》，朱光潜译，第 61 页。

[2] 同上书，第 64—65 页。

[3] 同上书，第 62—63 页。

钟爱这样心身谐和的人们，不爱没有这样谐和的人们”。[1] 按照柏拉图的理解，音乐除了和人的心理活动相类似，具有道德意义外，它还是宇宙有规律的运动的反映。我们可以这样概括柏拉图的音乐理论：音乐是有节制的、表现好性情的；从微观上讲，它最能打动人的内心世界，从宏观上讲，它和宇宙相谐和；它是培育人的德行的最有效的手段。

（三）舞蹈

《法律篇》是柏拉图最晚的一部著作，它的篇幅也最长，约占柏拉图全部对话的五分之一。它主要讨论实际问题，哲学思辨较少，因此不为西方哲学史著作所重视。然而它却专门阐述了柏拉图的舞蹈（orchēsis 或 choros）理论，表明了他对舞蹈的道德取向。《法律篇》和《理想国》一样，讨论了国家和社会的各个方面，是柏拉图为建立理想的城邦制定的一套完整的法律制度。舞蹈对于国家具有重要意义，每个人，成人或儿童，自由人或奴隶，男人或女人，总之，所有人都应该唱歌跳舞。老人由于动作迟缓，跳舞有困难，柏拉图主张让他们喝酒，以活络筋骨，促使他们翩翩起舞。一个人在 18 岁以前禁止喝酒，在 18—30 岁时应该有节制地喝酒，40 岁以后在会饮时可以多喝酒。

舞蹈能够使人快乐。除了“快乐”（chairein）这个术语外，柏拉图还使用了其他一些术语说明舞蹈的这种作用，如“幸福”（de eyphrainethai）、“极乐”（ōeydaimōn）、“愉悦”（hēdistos）、“享受”（hēdonē）、“魅力”（epaidein）等。然而，不是任何舞蹈都能产生快乐，这取决于舞蹈的内容。像对待诗和音乐一样，柏拉图对舞蹈的内容作了严格的规定。舞蹈的一切形体动作都应该表现“灵魂和形体的德行”，这样的舞蹈是美的，而表现恶习劣迹的舞蹈是不美的。[2] 人应该模仿有德行的品质，使舞蹈成为美的。美的舞蹈才能使人感到愉悦。在人的德行中，最重要的是公正。公正的生活是最愉悦的生活，公正生活的人是最幸福的人。舞蹈应该通过形体动作加强人的这种公正性。柏拉图从国家法律的高度，对舞蹈的内容作出了规定，认为舞

[1] 柏拉图：《文艺对话集》，朱光潜译，第 64 页。

[2] 柏拉图：《法律篇》，655b。

蹈应该是国家法律的体现。

根据内容，柏拉图把舞蹈分为高级舞蹈和低级舞蹈。高级舞蹈表现高尚的内容，它又可以分为战争舞和和平舞。在战争舞中，身体弯曲，有各种跳跃动作，然后是面向前方的进攻性姿态，这是柏拉图最喜欢的。在和平舞中，动作幅度可以比较大，也可以比较小。柏拉图认为端庄的、刚强的人的动作比较舒缓，而怯懦的、思维不成熟的人的动作比较忙乱。因此，最美的和平舞是庄严的、祈祷的，它和宗教仪式相联系。

低级舞蹈表现丑陋的形体和卑下的灵魂，是对它们的可笑的再现。柏拉图要把内容不好的诗逐出城邦，却保留了低级舞蹈。因为他认为笑是正常的，“没有可笑的东西，就不能够认识严肃的东西：如果人只想成为理性的人，那么一般说来，一个对立面可以借助另一个对立面被认识”[1]。尽管如此，柏拉图仍然坚持低级舞蹈应该由奴隶和雇佣的外邦人来表演，而他基本上禁止邀请外邦人来表演严肃的艺术作品。

（四）绘画

绘画（zōgraphia）是柏拉图经常论及的艺术。据拉尔修记载，柏拉图从事过绘画创作[2]。柏拉图的对话提到多名画家，并把他想要阐明的对象和绘画相比较。例如，他把哲学家治国和画家画画相比较，画家在干净的画板上“按照神圣的原型加以描画”[3]，哲学家接过城邦和民众，如同拿过一块画板，先要把它擦抹干净，否则不会贸然立法。而理想国中不好的卫士就像不能“注视着绝对真实”、不能“注视着原样”的画家。[4]

柏拉图把世界分为可知世界和可见世界。可知世界就是理式世界，是只有用思想才能看到的实在。可见世界作为现实世界，又可以分为两部分：实物和影像。实物指我们周围的动物以及一切自然界和人造物，影像包括绘画等。实物是影像的原型，就像可知世界是可见世界的原型一样。“影象与

[1] 柏拉图：《法律篇》，816e。

[2] 拉尔修：《著名哲学家的生平和学说》第3卷第6节。

[3] 柏拉图：《理想国》，郭斌和、张竹明译，第253页。

[4] 同上书，第229页。

实物之比正如意见世界与知识世界之比”[1]，这样，绘画处在第三等模仿的地位。不过，柏拉图并没有否定实物作为被模仿对象在绘画中的意义，只是要求画家具有关于被模仿对象的知识。他常用字母来说明知识的获得，比如有字母显影在水中或镜里，“如果不是先认识了字母本身，我们是不会认识这些影象的”[2]。他批评画家不懂得鞋匠、木匠之类的手艺，却画出他们的像，以欺哄小孩和愚人。

在绘画和实物的关系上，柏拉图的态度是矛盾的。一方面，他肯定绘画可以描绘现实中不存在的理想的东西：

> 如果一个画家，画一个理想的美男子，一切的一切都已画得恰到好处，只是还不能证明这种美男子能实际存在，难道这个画家会因此成为一个最糟糕的画家吗？[3]

对这个问题的回答当然是否定的。然而另一方面，对绘画和实物之间毕肖的强调使得柏拉图否定了绘画中的透视理论。在《智者篇》中，柏拉图要求画家按照原物长、阔、深的真实的比例来描绘。如果画家采用透视法，根据某个视点看到的物象来作画，柏拉图就称之为求像不求真的幻象术[4]。他在《理想国》中也批评了透视法：

> 同一件东西插在水里看起来是弯的，从水里抽出来看起来是直的；凸的有时看成凹的，由于颜色对于视官所生的错觉。很显然地，这种错觉在我们的心里常造成很大的混乱。使用远近光影的图画就利用人心的这个弱点，来产生它的魔力，幻术之类玩艺也是如此。[5]

---

[1] 柏拉图：《理想国》，郭斌和、张竹明译，第 269 页。

[2] 同上书，第 108 页。引文中的“影象”原译为“映象”。

[3] 同上书，第 213 页。

[4] 柏拉图：《泰阿泰德·智术之师》，严群译，第 160—161 页。

[5] 柏拉图：《文艺对话集》，朱光潜译，第 80 页。

绘画中的透视理论不仅在柏拉图之前的阿那克萨戈拉和德谟克利特时代，而且在更早的埃斯库罗斯时代就已经流行了。据维特鲁威《建筑十书》第七书记载，埃斯库罗斯的悲剧首次在雅典上演，公元前 5 世纪的画家阿伽塔尔科斯（Agatharkhos）设计舞台，并写了有关舞台的说明，德谟克利特和阿那克萨戈拉也就这个题目写了说明：怎样确定一个中心点，使汇集到中心点的各条线自然地符合人的视线和光线的辐射，从而使平面上的舞台布景产生纵深感。透视法要求再现的不是实物真实的相等与和谐，而是人们眼中的相等与和谐；不是客观的比例与对称，而是符合主观的，即视觉的比例与对称。柏拉图不可能不知道透视法，然而他对客观真实性的考虑却使他对透视法提出严厉的批评。

第六节　艺术教育

近现代西方学者十分重视希腊文化包括柏拉图学说的教育思想，新康德主义马堡学派哲学家 W. 耶格尔（W. Jaeger）就是其中的代表。耶格尔在两卷本著作《潘迪亚：希腊文化的理想》（1959 年柏林第 3 版，初版于 1936 年）中，逐篇分析了柏拉图的对话，极其详尽地研究了柏拉图的教育思想，包括艺术教育思想。耶格尔把柏拉图首先看作道德政治思想家，他对柏拉图教育思想的研究，在深度和广度上至今无人超越。我们在上面阐述柏拉图的美学和艺术理论时，已经部分地涉及他的艺术教育思想，这里我们较为集中地分析《理想国》和《法律篇》中的艺术教育思想。

一、内容与方法

出于对现存的、逐步衰落的城邦的不满，柏拉图为当时的社会寻找出路，他的出路只有乌托邦。柏拉图在《理想国》中构建了理想的城邦国家。城邦是出于经济需要而聚居的社会，社会的根本原则是专业分工的原则，各个人根据自己的天然禀赋从事某种职业。理想国中有统治者、卫士和生产者三个阶层，他们之间脑力劳动和体力劳动的分工绝对化。这种政治体制是希腊奴隶社会和埃及等级制度的结合体。针对统治者和卫士，柏拉图制订了理想的教育计划。耶格尔援引卢梭的说法："《理想国》不是一部关于政治学的著作，而是迄今撰写的有关教育的最好论著。"[1] 艺术教育是柏拉图整个教育的一个部分。

柏拉图把艺术教育的内容摆在首位。他之所以要把不符合他的道德标准的艺术清洗出去，是因为这些艺术对理想国公民的教育有害。我们在上面谈到，柏拉图论述过艺术的净化功用，也承认艺术的审美功用（艺术形式的美能使人产生快感）。然而在艺术的各种功用中，柏拉图最强调艺术的教育功用。他把艺术完全变成为社会政治目的服务的工具。理想国的公民应当敬神，荷马诗歌中谩神的内容是不能容许的：

> 我们已决定了我们的儿童该听哪些故事，不该听哪些故事，用意是要他们长大成人时知道敬神敬父母，并且互相友爱。[2]

理想国的最高社会境界是各安其位，各司其职。卫士担任保卫城邦的职责，他们应该知道谁是真正的敌人，勇敢是他们的德行，会使他们勇气消沉的诗歌要坚决剔除：

> 我们就有理由把著名英雄的痛哭勾消，把这种痛哭交给女人们，交给凡庸的女人们和懦夫们，使我们培养起来保卫城邦的人们知道这种弱点是可耻的。[3]

理想国的公民应该知道什么是善，混淆善恶的艺术当然要禁止：

> 诗人们和做故事的人们关于人这个题材在最重要的关头都犯了错

---

[1] 耶格尔：《潘迪亚：希腊文化的理想》第 2 卷，柏林 1959 年版，第 200 页。

[2] 柏拉图：《文艺对话集》，朱光潜译，第 34 页。

[3] 同上书，第 37 页。

误，他们说，许多坏人享福，许多好人遭殃；不公正倒很有益，只要不让人看破，公正只对旁人有好处，对自己却是损失。我以为我们应该禁止他们说这类话，命令他们在诗和故事中所说的话要恰恰和这类话相反，是不是？[1]

经过对荷马、赫西俄德和其他诗人的作品进行彻底检查和坚决清洗后，剩下的只有“颂神的和赞美好人的诗歌”，而其他一切诗歌都不准闯入理想国的国境。[2]

除了艺术教育的内容外，柏拉图还注意艺术教育的方法。他深知艺术对人的作用是潜移默化地进行的：

我们不是应该寻找一些有本领的艺术家，把自然的优美方面描绘出来，使我们的青年们象住在风和日暖的地带一样，四围一切都健康有益，天天耳濡目染于优秀的作品，象从一种清幽境界呼吸一阵清风，来呼吸它们的好影响，使他们不知不觉地从小就培养起对于美的爱好，并且培养起融美于心灵的习惯吗？[3]

艺术教育应该采用合适的方式，顺其自然，不能有任何强制和压力，要把这种教育变成儿童感到愉悦的游戏。同时，艺术教育既要从每个人的自然禀赋出发，发展符合其禀赋的潜在能力；又要调节人的性格和性情，使其达到某种和谐。引导性格安静的、驯服的人变得坚强、刚毅，促使性情粗鲁的、暴烈的人变得温柔、诚恳。

引起研究者们争论的是，柏拉图在《理想国》中对第三阶层——工农生产者的艺术教育未曾置一词。有人据此认为，这是柏拉图的贵族奴隶主的立场所决定的。实际上，理想国中的第三阶层不是奴隶，而是自由民。他们在

---

[1] 柏拉图：《文艺对话集》，朱光潜译，第46页。

[2] 同上书，第87页。

[3] 同上书，第62页。

生产活动中完全独立，从事贸易，掌握一定的资本，拥有私有财产。柏拉图认为希腊人中不应该有奴隶，奴隶只能是野蛮人。不过，柏拉图对第三阶层是鄙视的。第三阶层和第一、二阶层的关系犹如肉体和灵魂的关系，灵魂主宰肉体，肉体服从灵魂。

二、艺术教育的渗透性

《理想国》中的艺术教育只涉及统治者和卫士，《法律篇》中的艺术教育则为全体公民所必需。《法律篇》中艺术教育的基础是国家法律。“最高尚的剧本只有凭真正的法律才能达到完善。”[1] 国家法律是天体永恒不变的运动规律的反映，社会生活和天体运动相类似。艺术教育的目的是培养德行，全体公民不倦地唱歌、跳舞、演奏乐器是为了歌颂铁的法律。

从艺术教育的目的出发，柏拉图高度评价希腊诗人提尔泰奥斯（Tyrtaios，公元前 7 世纪下半叶）和泰奥格尼斯（Theognis，公元前 6 世纪下半叶）。提尔泰奥斯是抒情诗人，在与外族的战争中斯巴达要求雅典出兵相助，雅典派他一人去声援，他用自己的歌曲鼓舞了斯巴达人的士气。泰奥格尼斯歌颂了德行以及公民在战争与和平时期的相互忠诚。

柏拉图主张艺术教育和一般教育是相互渗透的，甚至是同一的，“教育首先是通过阿波罗和诗神们来进行的”[2]。他认为“受过教育的人就受过很好的合唱的训练，而没有受过教育的人却没有这种训练”，“教育得好的人就能歌善舞”。[3] 只有“知道在歌唱和舞蹈中什么才是好的，我们才真正知道谁受过教育，谁没有受过教育”[4]。针对不同年龄的人，要采用不同的教育手段。对于 1—3 岁的幼儿，不仅要经常带领他们到室外呼吸新鲜空气，关心他们身体的均衡发育，而且要培养他们的正确情绪，不要过于快乐，也不要过于悲伤，要形成和谐的心理状态。对于 3—6 岁的儿童，要继续执行上

[1] 柏拉图：《文艺对话集》，朱光潜译，第 313 页。

[2] 同上书，第 301 页。

[3] 同上书，第 301—302 页。

[4] 同上书，第 302 页。

述适中的教育路线，在哺育人的照管下，儿童们常常聚集在神庙中。从6岁起，男女儿童分开，男孩练习射箭、骑马、掷标枪，女孩也可以从事这些练习活动。然后，儿童们应该学习体操、舞蹈和缪斯艺术。13—16岁的少年必须学习竖琴，以后还要学习基萨拉琴、单声部歌和诗歌，背诵优秀诗人的作品。

在柏拉图的艺术教育理论中，游戏具有重要的意义。一个人要成为优秀的农夫或房屋建筑者，从小就应该做种田或盖房的游戏。他们的教育者应该给他们配备小型工具，教他们最基本的技能，比如教未来的盖房者进行测量和使用抹灰板，教未来的卫士骑马，而这一切都在游戏中进行。通过游戏，培养他们对未来所要从事的职业的爱好[1]。经过柏拉图的教育，人的心理、道德和肉体像社会一样，都与严格的法律相符合。而服从法律、热爱具有完整法律的国家的人，是美的人。

第七节　艺术灵感

在西方美学史上，柏拉图第一次如此强调艺术的政治思想内容和社会教育功用。他从严格的道德标准出发，批评和清洗各种艺术。他所敬爱的荷马史诗中，几乎一切都是非道德的、不好的。抒情诗在理论上被他视为真正的诗（因为抒情诗不模仿外物，而表现诗人的内心），然而他也很少评价抒情诗。悲剧模仿本应受到节制的情感，而喜剧则投合人类本性中诙谐的欲念。对于异邦的诗，他也建立了检查制度。这些诗是否宜于朗诵或公布，应该由长官们加以判定，合格地颁发许可证。这些规矩被定为法律[2]。自由创作的诗人应该被逐出理想国，禁止儿童诵读他们的作品。诗人只能写颂扬神和德行的诗。最好的艺术是埃及的艺术，几千年来不断重复同样的内容，代代相传，“丝毫的改动都在所不许”[3]。《法律篇》虽然谈到全民应该唱歌、跳舞、

[1] 柏拉图：《法律篇》，643b—d。

[2] 柏拉图：《文艺对话集》，朱光潜译，第312—313页。

[3] 同上书，第305页。

游戏，“应该游戏地活着”[1]，然而全国性、全民性的舞蹈以服从、恪守法律为基础。

柏拉图之所以要清洗艺术，是因为他深知艺术对人的情感的特殊作用。他认为情感是人性中的低劣部分，应当由理性加以控制，理应枯萎，而艺术却浇灌它们、滋润它们。愈美、愈悦耳的诗，作用就愈坏。从理性的、道德的立场来对待艺术，这是柏拉图著作中一种非常明显的倾向。与这种倾向截然对立的，是柏拉图在论述艺术创作时，又充分肯定了灵感、迷狂、激情和非理性的重要作用。这种观点明显地表现在《伊安篇》中。《伊安篇》作为西方完整保留下来的谈艺术灵感最早的文献（更早的德谟克利特只留下关于灵感的残篇），是柏拉图最短的对话。朱光潜为《伊安篇》中译本加的题解指出：

> 伊安是一个职业的诵诗人。古希腊的文学类型是史诗，悲剧和抒情诗。悲剧由演员在剧场里表演，史诗和抒情诗由诵诗人在祭典和宴乐场合朗诵。朗诵之外他还可以自出心裁演述，有如中国的“说书”。伊安的拿手诗是荷马的两部大史诗：《伊利亚特》和《奥德赛》。[2]

演员的表演和诵诗人的朗诵都是艺术创作，虽然是第二性的创作。《伊安篇》讨论的主题是：艺术创作是凭专门技艺知识，还是凭灵感？答案是它只凭灵感：

> 凡是高明的诗人，无论在史诗或抒情诗方面，都不是凭技艺来做成他们的优美的诗歌，而是因为他们得到灵感，有神力凭附着。科里班特巫师们在舞蹈时，心理都受一种迷狂支配；抒情诗人们在做诗时也是如此。[3]

---

[1] 柏拉图：《法律篇》，803e。

[2] 柏拉图：《文艺对话集》，朱光潜译，第315页。

[3] 同上书，第8页。

诗人们对于他们所写的那些题材，说出那样多的优美辞句，象你自己解说荷马那样，并非凭技艺的规矩，而是依诗神的驱遣。因为诗人制作都是凭神力而不是凭技艺，他们各随所长，专做某一类诗，例如激昂的酒神歌，颂神诗，合唱诗，史诗，或短长格诗，长于某一种体裁的不一定长于他种体裁。假如诗人可以凭技艺的规矩去制作，这种情形就不会有，他就会遇到任何题目都一样能做。[1]

柏拉图的艺术灵感论至少有三点值得注意。首先，在艺术创作需要天才还是技艺的问题上，他强调天才，否定技艺。驾车、盖房、医疗凭的是技艺，各种技艺有不同的知识，通过学习和训练，人们能够掌握这些知识。然而，艺术创作和这些技艺不同，它靠的是先天的禀赋，而不是后天的训练。依技艺的规矩从事艺术创作所产生的只是匠人之作，而不是真正的艺术作品。其次，灵感达到高潮时，艺术家会失去平常的理智，进入迷狂状态。这时候非理性因素在艺术创作中起很大作用，感情和想象高度白热化。艺术家“失去自主”，“意思源源而来”，有时“满眼是泪”，有时“毛骨悚然”。[2] 最后，凭灵感的艺术创作具有极强的感染力。柏拉图用连在一起的铁环来比喻艺术感染力，听众是最后一环，诵诗人和演戏人是中间的一环，诗人是最初的一环。而诗神像磁石，她首先把灵感传给诗人，诗人把它传给诵诗人，诵诗人又把它传给听众。“磁石不仅能吸引铁环本身，而且把吸引力传给那些铁环，使它们也象磁石一样，能吸引其他铁环。”这样，“许多个铁环互相吸引着，挂成一条长锁链，这些全从一块磁石得到悬在一起的力量”。[3]

柏拉图的艺术灵感论对美学具有重要意义。希腊时期流行的是艺术模仿论，模仿论后来成为现实主义创作的理论基础，在这种理论中客体起着首要的作用。艺术灵感论把主体的作用提到首位，它成为浪漫主义创作的理论基础，浪漫主义运动提出的“天才”“情感”和“想象”三大口号来源于艺术

[1] 柏拉图:《文艺对话集》，朱光潜译，第 8—9 页。

[2] 同上书，第 10—11 页。

[3] 同上书，第 7—8 页。

灵感论。柏拉图敏锐地觉察到艺术创作不是凭借理智、按照某种程序可以不断重复的行为，它需要激情和狂热，从而强调了个性、自由、独创性和创造力的作用。柏拉图所说的灵感实际上是长期在潜意识中酝酿的东西猛然间显现于意识。当时心理学还不发达，柏拉图不可能对灵感的根源作出科学的说明，但是他准确地描绘了灵感的两个重要特征：它是突如其来的，它是不由自主的[1]。柏拉图依据希腊神话把灵感解释为诗神凭附。在希腊神话中，阿波罗是负责诗和艺术的守护神，手下还有9个缪斯女神。诗人由诗神凭附，就产生迷狂。在《斐德若篇》中柏拉图再次指出了这一点：

> 它（指诗神——引者注）凭附到一个温柔贞洁的心灵，感发它，引它到兴高采烈神飞色舞的境界，流露于各种诗歌，颂赞古代英雄的丰功伟绩，垂为后世的教训。若是没有这种诗神的迷狂，无论谁去敲诗歌的门，他和他的作品都永远站在诗歌的门外，尽管他自己妄想单凭诗的艺术就可以成为一个诗人。他的神智清醒的诗遇到迷狂的诗就黯然无光了。[2]

柏拉图一方面从他的道德标准出发，强调艺术的理性内容（艺术只能基于知识），贬抑情感在艺术中的作用；另一方面又肯定艺术灵感，认为迷狂的诗要超过神志清醒的诗。这两种对立的倾向能不能统一呢？柏拉图的辩证法不能不在这两种对立面之间找到统一，他自己虚构的那些神话就是这两者的综合。例如，《会饮篇》中的厄罗斯就是纯粹的、不涉利害的审美形象和严格的道德规范的融合体。

小　结

柏拉图的美学思想很丰富，他的很多对话都广泛地涉及美学问题，美

---

[1] 参见《朱光潜全集》第1卷，第396页。

[2] 柏拉图：《文艺对话集》，第118页。

学在他的学说中的地位并不亚于伦理学、宇宙学和国家学说等。为了便于理解，我们想很简要地勾勒一下柏拉图美学的轮廓。

理式是柏拉图美学的核心概念，它高于事物，与事物相脱离。一方面，柏拉图的理式是静止的、永恒的；另一方面，他的理式又是事物的原则、模式，是事物的生成模式和结构模式，要求在物质中得到体现。理式在物质中得到最完满体现的作品是宇宙，宇宙永恒的运动规律是最终的、最高的美。宇宙连同它的循环往复运动的天体是可以看得见的几何形体，宇宙本身是美的球体。宇宙不仅是可以看得见的，而且是可以触摸的，它由水、火、土、气四种自然元素构成。柏拉图认为这四种元素也是几何形体：土是立方体（正六面体），水是正二十面体，土是正八面体，火是锥体（正四面体）。自然元素由几何形体组成，而柏拉图的宇宙严格地由两种直角三角形构成（一种直角三角形两个一组，可以构成一个正方形，六个正方形构成正方体，这是土元素的形状。另外一种直角三角形两个一组，构成一个等边三角形，这种三角形可以构成正四面体、正八面体和正二十面体，分别为火、气和水元素的形状）。从形体上、造型上看待审美对象，是希腊美学的一个特点，柏拉图美学保留了这个特点。宇宙不仅是可以看到、可以触摸的，而且是可以听到的。天体按照一定的比例排列，不同的比例产生高低不同的乐音。宇宙好比一个巨大的乐器，演奏出和谐的音乐。宇宙是最美的艺术作品，观照宇宙、观照纯粹的永恒的理式是哲学家的职业。柏拉图美学具有观照性、静观性。

宇宙内部的万物应该和宇宙、和宇宙永恒的运动相协调。不仅自然中的万物是如此，人类社会也应如此。柏拉图理想国中的三个阶层处在某种等级结构中，它们之间协调的关系不仅是公正的，而且也是美的。

柏拉图眼中的存在是分等级的，最完善的存在是真实界，即理式。最完善的存在也是最完善的美。真和美是统一的，善和美也是统一的。善和美是一切存在中最明亮的[1]。因此可以说，美是善的明亮的表现。真、善、美

[1] 柏拉图:《理想国》，518c。

的统一是柏拉图美学的本体论基础。“柏拉图是著名的三位一体‘真、善、美’的创造者，它集中概括了最高的人类价值。”[1] 他的三位一体为后来的时代所采用。普洛丁论述过真、善、美的相互转换；奥古斯丁美学的中心是绝对美、绝对善、绝对真的三位一体，即上帝；托马斯·阿奎那谈到美和善的统一。

美存在于自然、社会和艺术中，我们可以观赏这类美。然而这类美是变动不居、有生有灭的，我们不如观赏永恒绝对、不生不灭的美，那是美本原、美本身，即理式。观赏美本原有两种途径：一种途径是从个别形体的美到全体形体的美，再到灵魂和制度学问的美，最后到美本身。另一种途径是不朽的灵魂投胎和肉体结合后，看到尘世事物的美，回忆起在天国里所见到的这些事物的蓝本的美。看到美本身能产生迷狂的情绪，这是一种强烈的爱。爱能使人看到不爱的人所看不到的美。至于艺术，它低于生活，应该服从社会的善和社会需要。于是，柏拉图把艺术的教育功用摆在首位。按照他的标准来衡量，绝大部分希腊艺术应该被逐出理想国。虽然他本人富有艺术才能，在第一次会见苏格拉底时留下了自己的诗作，然而根据他的理式论，艺术不过是物的感性显现，离真正的存在很远，因此在理想国中难有一席之地。

柏拉图的美学和他的哲学一样，产生了长久而广泛的影响。英国哲学家 A. 怀特海（A. Whitehead）甚至将西方两千多年的哲学归结为对柏拉图的注释。柏拉图之所以能够产生如此巨大的影响，首先在于他的理式论。理式是关于一般的概念，只有借助一般，个别才能被认识。一般是个别在其无限丰富的表现中的范型。物总是变化的，甚至可能消亡，但物的理式不会变化，也完全不会消亡。理式是物的最终原因和最终目的，它决定物的整个结构和一切变化形式，并且产生了这些形式，是这些形式的原型。尽管现在已经没有人相信柏拉图的理式存在于天国或天国之外，也没有人相信他的灵魂轮回说，他关于星体位置排列的数学计算从现代科学的观点看也是幼稚的，

[1] 沃拉德斯拉维·塔塔科维兹:《古代美学》，杨力、耿幼壮、龚见明、高潮译，第 151 页。

然而，研究者们仍然在他的理式论中找到积极的内容。其次，柏拉图是一位理想主义者。个性和谐、社会和谐、自然和谐是他一生始终不渝地追求的理想。尽管人们对柏拉图学说的具体评价不一样，甚至对它作出严厉批评，然而，柏拉图追求理想的热情使他的著作广为流行。再次，柏拉图是真理的永恒探索者。他从不以平静的、终极结论的方式阐述自己的思想。他总是不断提出新问题，对这些问题作出回答，然而又不满意这些回答，于是继续思考。他的对话展示了他的思维过程，他的怀疑、犹豫和艰难探索，使得读者和他一样思考他的概念。他的对话归根到底是他和自己心灵的交谈。柏拉图把他的哲学方法称作辩证法，他的哲学和美学是永无终结的辩证法。这些特点使得他的著作吸引了一代又一代的读者。

柏拉图的影响有几条线索可循。第一条是柏拉图学园。柏拉图生前建立的学园在他去世后仍然存在，而且延续的时间很长，直到公元 529 年被东罗马皇帝查士丁尼一世（Justinian Ⅰ）关闭，一共存在了 900 年。柏拉图的亲炙弟子斯彪西波、色诺克拉底（Xenocrates，公元前 4 世纪）、波勒谟（Polemo，公元前 314 至前 276 年）、克拉特斯（Krates）在柏拉图去世后领导的学园是第一期学园，即老学园。阿尔克西劳（Arcesilaus）领导第二期学园，即中期学园。卡尔内亚德（Carneades）领导第三期学园，即新学园。拉里萨的斐洛（Philo of Larissa）领导第四期学园。安提奥克（Antiochus）领导第五期学园。各个时期的学园首领都有一些哲学和美学方面的观点。虽然他们对柏拉图的理解很不一样，然而在总体上仍是柏拉图的继承者和阐释者。希腊化时期和古罗马早期流行三大哲学美学流派——斯多亚派、伊壁鸠鲁派和怀疑论派。新学园派可以被归入怀疑论派。就斯多亚派而言，中期斯多亚派代表帕奈提乌（Panaetius）对斯多亚派哲学和柏拉图哲学进行了折衷，力图恢复被中断的同柏拉图的精神联系。晚期斯多亚派代表爱比克泰德（Epictetus）、马可·奥勒留（Marcus Aurelius）等在某种意义上成为新柏拉图主义的先驱者。

文艺复兴时期，意大利佛罗伦萨建立了柏拉图学园，柏拉图甚至被当作神来供奉。大艺术家米开朗琪罗参加了学园的活动。不同思想倾向的文艺复兴理论家，如库萨的尼古拉（Nicholas of Cusa）、费奇诺（Ficino）、布鲁诺

（Bruno）等都信奉柏拉图的学说。柏拉图主义成为文艺复兴美学的哲学基础之一。文艺复兴美学利用柏拉图的学说论证宇宙的生气活力和人的创造力，论证人的个性的自我确证，从而使柏拉图学说服务于世俗的人文主义目的。

柏拉图产生影响的另一条线索是新柏拉图主义。在柏拉图之后600年诞生的新柏拉图主义虽然不是柏拉图主义的简单复兴，然而它对柏拉图学说的依赖是明显的。新柏拉图主义最重要的代表人物普洛丁继承了柏拉图学说，并且吸收其他学说，根据新的时代要求和历史条件对柏拉图学说进行了重要的补充。通过新柏拉图主义，柏拉图对中世纪基督教哲学和美学最重要的代表人物奥古斯丁产生影响。柏拉图哲学逐渐融入基督教、犹太教和伊斯兰教，柏拉图成为绝对精神哲学的代表。中世纪哲学家斐洛·尤迪厄斯（Philo Judeaus，约公元前20年至公元40年）运用希腊哲学，特别是斯多亚派的柏拉图主义来解释《圣经》，尤其是《摩西五经》。波埃修（Boëthius）作为新柏拉图主义者和世俗的基督教哲学家，他的著作和翻译是中世纪人了解希腊罗马文化遗产最重要的来源之一。第一位经院哲学家爱留根纳（Eriugena）深受新柏拉图主义的影响，力图把新柏拉图主义和基督教学说结合起来。他把托名狄奥尼修斯（Dionysus）的著作从希腊文译成拉丁文，促使了拜占庭美学在西欧的传播。在罗马时期、中世纪和文艺复兴时期，新柏拉图主义在哲学和美学中都起了重要作用。柏拉图主义和新柏拉图主义还对德国古典美学，比如对康德、谢林和黑格尔的美学产生过很大影响。虽然新柏拉图主义受到以笛卡尔为代表的欧洲大陆理性主义和以培根为代表的英国经验主义的反对，然而，17世纪下半叶英国还出现了剑桥新柏拉图主义学派，美学家夏夫兹博里（Shaftesbury）就是一位新柏拉图主义者，他对启蒙运动的领袖们也产生过广泛的影响。“美学中美善统一的思想是由夏夫兹博里从新柏拉图主义派接受过来，又传到大陆方面去的。”[1]

柏拉图产生影响的第三条线索表现在浪漫主义运动中。如果亚里士多德和贺拉斯被现实主义者推为鼻祖的话，那么，柏拉图和朗吉弩斯被浪漫主义

[1] 朱光潜:《西方美学史》上卷，第64页。

者奉为宗师。不必说柏拉图的灵感说和迷狂说是浪漫主义运动三大口号——“天才”“情感”和“想象”的来源，就是柏拉图的理式，后来也被浪漫主义者理解为“理想”。理想成为浪漫主义艺术理论的基础。浪漫主义运动时期，许多诗人和美学家在不同程度上都是柏拉图主义者或新柏拉图主义者，“赫尔德，席勒和雪莱是其中最显著的。歌德本来基本上是一位唯物主义者和现实主义者，但是在他的《关于文艺的格言和感想》里，我们也发现有些段落简直是从新柏拉图主义者普洛丁的《九章集》中翻译过来的”[1]。

根据传说，柏拉图临终前看见自己变成一只天鹅。在苏格拉底第一次见到柏拉图之前，苏格拉底也梦见了一只天鹅。天鹅是诗神阿罗波的神鸟，柏拉图的外甥斯彪西波更把柏拉图说成阿波罗的儿子，因此也是医神阿斯克勒庇俄斯（Ascalepius）的兄弟。这些传说似乎暗示，柏拉图是人的灵魂的医治者，他终生追求美与和谐，追求真善美的统一。

[1] 朱光潜:《西方美学史》上卷，第64页。引文中的“《九章集》”原文为“《九部书》”。

第六章 亚里士多德

亚里士多德（公元前 384/3 年至前 322 年，也译作亚里斯多德、亚理斯多德）出生于马其顿南部的斯塔吉拉城。他是柏拉图以后最重要的希腊美学家，他和他的老师柏拉图堪称希腊罗马美学的双峰。然而，和热情洋溢的诗人哲学家柏拉图不同，亚里士多德的思考方式和写作方式是理性的，不过他的思想仍然是对现实生活的深度介入。在他看来，没有不被思想完全渗透的生活，也没有孤立于生活之外的思想。亚里士多德的生活中隐匿着他的哲学和美学思想的许多奥秘。

第一节　学术生涯及其特色

在柏拉图学园的生活、和马其顿王室的密切关系以及创立自己的吕克昂学园，是亚里士多德一生中最重要的三件事。

亚里士多德于公元前 367 至前 366 年前往柏拉图学园，渴望成为柏拉图的忠实弟子。当时，他还是十七八岁的年轻人，而柏拉图早已是闻名遐迩的六旬哲人了。起先三年他还未能见到柏拉图，因为柏拉图正在西西里推行他的政治主张。亚里士多德在柏拉图学园生活到公元前 347 年柏拉图去世为止，历时二十载，和柏拉图的交往达 17 年。谈到和柏拉图的关系，亚里士多德说过一句名言："吾爱吾师，吾更爱真理。"[1] 某些希腊史学家不仅直接谈到亚里士多德和柏拉图的分歧，而且谈到这两位哲学家之间的不和。据拉尔修记载，柏拉图把他的行动迟缓的门生色诺克拉底同性格执拗的亚里士多

[1]　参见凌继尧《西方美学艺术学撷英》一书中的《说亚里士多德》一文。

德作比较，说“一个需要马刺，另一个需要笼头”[1]。然而，尽管亚里士多德在许多哲学问题上和柏拉图有分歧，但是他根本没有想离开柏拉图学园，只是在柏拉图死后才离去。甚至当他不同意柏拉图的观点时，他也往往不说“我”，而说“我们”，把自己当作柏拉图的弟子们中的一员。他在《尼各马可伦理学》中批评柏拉图的理式论时写道：“理式学说是我们所敬爱的人提出来的。”[2] 当然，这首先指柏拉图。由此可见，他们的个人关系基本上是友善的。彼此亲近的人在理论观点上有分歧，这并非罕见的现象。其实，柏拉图是一个富于自由色彩的哲学家，他允许自己的弟子有各种不同意见。尽管亚里士多德和他有分歧，他仍然高度评价这位弟子的哲学才能，称他为“学园的智慧”。

亚里士多德离开柏拉图学园后，曾在小亚细亚阿索斯、米底勒尼一带讲学。公元前 343 年，他应马其顿国王腓力二世（公元前 382 年至前 336 年）的邀请，担任 13 岁的王太子，后来成为半个世界的征服者亚历山大（公元前 356 年至前 323 年）的老师。马其顿国王对希腊的态度处在深刻的矛盾中。一方面，他们是希腊文化的崇拜者，努力掌握希腊文化的成就；另一方面，他们总是想统治希腊。亚里士多德的父母都是希腊人，但不知何故迁居到马其顿，亚里士多德就出生在马其顿。亚里士多德的父亲尼科马科斯（Nicomachus）是一位医生。他虽然是一位外地人，然而，他在整个马其顿却极有声望，以至马其顿国王阿明塔斯二世（Amyntas Ⅱ）聘他为御医。尼科马科斯携妻扶雏（包括亚里士多德在内的三名子女）住进王宫，直到他去世为止。在希腊，医生的职业不仅受到尊崇，而且希腊人认为，所有的医生都是医神阿斯克勒庇俄斯的后代。根据希腊神话，阿斯克勒庇俄斯是阿波罗和女神科罗尼斯（Coronis）的儿子。亚里士多德郑重地认为自己是阿斯克勒庇俄斯遥远的后代。从历史主义观点来看，这点非常重要。亚里士多德并不是一位理性主义学究，他把哲学工作同自己民族幼稚的宗教神话情绪完美地

[1] 拉尔修：《著名哲学家的生平和学说》第 4 卷第 6 节。

[2] 苗力田主编：《亚里士多德全集》第 8 卷，中国人民大学出版社 1994 年版，第 9 页。引文中的“理式”原译为“形式”。

结合在一起。腓力二世聘请他担任儿子的老师后，特地修建了一条林荫道，供他们边散步边交谈。公元前 336 年夏天，腓力二世被自己的卫兵刺杀身亡，亚历山大即位，也就没有时间学习了。亚里士多德于公元前 335 年离开了生活达 8 年之久的马其顿王宫，回到雅典。不过他仍然没有中断同亚历山大的密切联系，亚历山大的慷慨相助极大地促进了他的学术探索活动。

亚里士多德作为一位成熟的哲学家来到雅典，他的首要任务是创立自己的学园吕克昂。吕克昂和柏拉图学园同在雅典，形成了明显的竞争和有趣的对比。两者的哲学学说不同，在管理方式和研习内容上也存在着很多区别。吕克昂附近有一座阿波罗神庙，柏拉图学园有雅典娜、英雄阿卡德穆（Academus）和普罗米修斯的圣殿。在学园中，柏拉图沿着林荫道边散步边进行学术交谈。在吕克昂也有林荫道，供亚里士多德和他的弟子散步交谈。柏拉图学园是柏拉图的私人财产，而吕克昂直到亚里士多德去世后才由他的学生买下，因为亚里士多德作为一个外省人，无权在雅典拥有地产。吕克昂不同于柏拉图学园的最大特点是教学和研究中的实践性和具体性。

西方哲学史称亚里士多德的学派为“逍遥学派”，因为他和他的学生喜欢在林荫道上一边散步一边讲学讨论。“逍遥”一词来源于希腊语 peripateō，原意为“散步”。宗白华把他的一部美学著作命名为《美学散步》，他写道：“散步是自由自在、无拘无束的行动，它的弱点是没有计划，没有系统。看重逻辑统一性的人会轻视它，讨厌它，但是西方建立逻辑学的大师亚里士多德的学派却唤做‘散步学派’，可见散步和逻辑并不是绝对不相容的。”[1] 边散步边讲学的传统来自柏拉图学园。柏拉图的弟子起初也被称作“逍遥学派”——“学园逍遥学派”，从而有别于“吕克昂逍遥学派”，即亚里士多德的弟子。只是后来，柏拉图的弟子被简称为“学园派”，而亚里士多德的弟子被称为“逍遥学派”。

亚里士多德在柏拉图学园的前期，仿效柏拉图写了许多对话，基本上重复柏拉图的理论。他的对话以柏拉图为主角，就像柏拉图的对话以他的

[1] 《宗白华全集》第 3 卷，安徽教育出版社 1994 年版，第 284 页。

师尊苏格拉底为主角一样。标志着亚里士多德哲学思想转变的对话是《论哲学》，它明显地具有非柏拉图主义的性质。从内容上判断，它和《形而上学》第 1 卷的写作时间相接近，完成于柏拉图死后不久的年代。除了很专门的研究外，一般研究者几乎不涉及亚里士多德的早期著作，原因之一是，它们流传到现在仅剩下断编残简，要研究它们十分困难。亚里士多德比较完整地流传下来的著作是他的课堂讲稿，直到公元前 1 世纪才由逍遥派代表人物安德罗尼柯（Andronicus）编辑成书，共分 5 类：逻辑学、形而上学、自然哲学、伦理学和美学。不过，亚里士多德的著作长期湮没，直到 12 世纪以后，西方学者才通过阿拉伯哲学家见到亚里士多德的著作，并把它们从阿拉伯语译为拉丁语。14 世纪末期，西方出版了原希腊语的亚里士多德著作。亚里士多德的著作有不少中译本，20 世纪 90 年代由苗力田主持翻译了 10 卷本的《亚里士多德全集》。从阅读柏拉图著作到阅读亚里士多德著作，仿佛从一个世界来到另一个世界。柏拉图著作热烈奔放，汪洋恣肆，熔思辨与想象于一炉；而亚里士多德著作严肃冷峻，“以表达的简洁清晰和丰富的哲学语汇见长”[1]。亚里士多德在研究中坚持严格的历史主义和系统性，他总是在历史发展中研究每个问题，在阐述自己的观点前先仔细研究哲学史资料。例如，在《形而上学》一开头，他就对丰富的哲学史资料进行批判分析，然后才论述自己的“第一哲学”。他十分善于把经验的、实践的研究和平静的、怡然自得的纯理性状态结合起来。按照上文提到的安德罗尼柯对亚里士多德著作的分类，其美学著作包括《诗学》和《修辞学》。这形成了一种传统：绝大部分研究者主要根据这两部著作来研究亚里士多德的美学思想。但实际上，亚里士多德的《形而上学》包含着更重要的美学观点。并且，只有结合《形而上学》，以《形而上学》为基础，才能对《诗学》作出深入的理解。此外，他的《政治学》《物理学》《体相学》《论颜色》等著作也具有美学内容。

[1] E. 策勒尔：《古希腊哲学史纲》，翁绍军译，第 181 页。

第二节　本体论美学

在西方哲学史中，亚里士多德是把本体作为一个哲学概念进行分析、加以论证的第一人[1]。他的本体论美学主要体现在《形而上学》一书中。亚里士多德著作的编纂者把他研究具体的自然事物的著作编在一起，名为《物理学》；又把他研究比较抽象的东西的著作编在一起，放在《物理学》之后，称之为《在物理学以后》。中译根据《易经·系辞》中"形而上者谓之道"把它译为《形而上学》，表示它高于其他研究具体事物的科学。这符合亚里士多德的原意，他自己把这部分思想叫作"第一哲学"，研究"作为存在的存在"。亚里士多德对存在的理解和我们不同。他认为事物有各种特殊的存在，比如与物理、生物、逻辑等有关的存在，物理学、生物学、逻辑学等分别研究它们。除了这类存在外，还有一种最一般的存在，它不是具体科学研究的对象，而是哲学研究的对象，这就是"作为存在的存在"。其特点是："所有的东西，将它们各自具有的特殊性都一个一个地去掉以后，最后只留一个最普遍、最一般的共性，那就是'存在'。"[2]研究存在的学问，叫作"本体论"。

一、四因说

亚里士多德的本体学说，是从他的四因说中引申出来的。他在《物理学》第 2 卷第 3 章中系统地论述了四因说，在《形而上学》第 1 卷中重申了这种观点。四因说是亚里士多德哲学体系的核心。他认为，任何事物，不管人造物还是自然物，其形成有四种原因：质料因、形式因、动力因和目的因。质料因是事物之所以形成的原料，如构成房屋的砖瓦。形式因是事物的形式或模型，如房屋的设计图或模型。动力因是事物的制造者或变化者，如房屋的动力因是建筑师。目的因指事物的目的和用途，如房屋的目的因是居住。有了这四个原因，事物才能够产生、变化和发展。质料和形式就是亚里士多德所说的本体。四因中最重要的是形式因。

---

[1]　参见汪子嵩：《亚里士多德关于本体的学说》，生活·读书·新知三联书店 1982 年版，第 1 页。

[2]　同上书，第 9 页。

（一）形式因

亚里士多德的“形式”在希腊文中是 eidos，和柏拉图的“理式”是同一个词[1]。亚里士多德对柏拉图的理式论作过尖锐的批判，但是他们都主张，物的存在要求它是某种理式的载体。柏拉图使物的理式与物相脱离，进而形成与现实世界相对立的理式世界，并把它移植到天国中去。亚里士多德在《形而上学》第 1 卷第 9 章和第 13 卷中，批判了柏拉图关于一般理式可以脱离个别事物而独立存在的观点。亚里士多德哲学的全部基础在于，他不脱离于物来理解物的理式。他认为，在个别的房屋之外不可能还存在着一般的房屋，一般的房屋是我们的思想把它从客观对象中抽象出来的。他主张物的理式就在物的内部。他论证的逻辑很简单：既然物的理式是这个物的本质，那么，物的本质怎么能够存在于物之外呢？物的理式怎么能够存在于远离物的其他地方，而一点也不对物产生影响呢？物的理式存在于物内部，在物的内部发生作用，理式和物之间不存在任何二元论。这一论题是亚里士多德和柏拉图基本的和原则性的分歧。

虽然亚里士多德对柏拉图的理式作了无情的批判，然而他并没有放弃柏拉图的理式。19 世纪初欧洲哲学界普遍认为柏拉图哲学和亚里士多德哲学截然对立，然而黑格尔以及一些现代中外研究者如策勒尔、洛谢夫、陈康等都认为，这两者之间有着深刻的共同性，亚里士多德哲学是对柏拉图理式论的继承和发展。亚里士多德批判理式脱离于物的孤立存在，但是从来没有否定过理式本身。相反，柏拉图的理式几乎全部转移到亚里士多德那里。按照传统翻译惯例，亚里士多德所使用的希腊术语 eidos 在拉丁文中译成“形式”，为的是使物的 eidos 尽可能与物本身相接近，从而强调亚里士多德的 eidos 处在物之中。而在柏拉图的著作中，eidos 从来不被译成“形式”，只译成“理式”，为的是强调“理式”处在物之外。我们不反对把亚里士多德的 eidos 译成“形式”，但是始终要记住，这就是柏拉图的“理式”。

柏拉图的理式论是“一般在个别之外”，亚里士多德的理式论是“一般

[1] 20 世纪 60 年代初期，汪子嵩在《亚里士多德对柏拉图“理念论”的批判是对一般唯心主义的批判》一文中就指出这一点，见《北京大学学报（哲学社会科学版）》1963 年第 5 期。

在个别之中”。柏拉图仅仅承认理式的一般性，而忘掉它的个别性。一般性是对某些个别事物的概括，它总以个别事物的存在为前提。没有个别性，也就没有一般性。物的理式不仅是对物的各种因素的概括，它也必然是某种个别性。这种个别性使某种物的理式区别于其他理式，使某种物区别于其他物。空气可以有干湿冷暖、鲜浊稠薄，但是在所有这些情况下，空气仍然是空气，而不是土石草木。因此，亚里士多德的结论是，存在于物内部的理式既是一般性，又是个别性。就像准确地区分了一般性和个别性一样，亚里士多德还区分出必然性和偶然性。在《后分析篇》第1卷里，亚里士多德谈到，科学是关于一般性的学说，它以必然性为基础。彼此孤立的东西是偶然性，偶然性中没有以证明为基础的知识。如果我们在偶然性中发现了某种规律，那么，偶然性就不再是偶然性，而成为必然性。这样，亚里士多德对一般性的理解与必然性、规律性密切相关。所以，物的理式是一般性、必然性和规律性。

在批判和发展柏拉图理式论的基础上，亚里士多德形成了自己的形式观：个别蕴涵着一般、必然和规律。而这正是亚里士多德美学中典型理论的哲学基础。亚里士多德在《诗学》中比较诗和历史的一段著名的话常为人所援引：

> 根据前面所述，显而易见，诗人的职责不在于描述已发生的事，而在于描述可能发生的事，即按照可然律或必然律可能发生的事。历史家与诗人的差别不在于一用散文，一用“韵文”；希罗多德的著作可以改写为“韵文”，但仍是一种历史，有没有韵律都是一样；两者的差别在于一叙述已发生的事，一描述可能发生的事。因此，写诗这种活动比写历史更富于哲学意味，更被严肃的对待；因为诗所描述的事带有普遍性，历史则叙述个别的事。所谓“有普遍性的事”，指某一种人，按照可然律或必然律，会说的话，会行的事，诗要首先追求这目的，然后才给人物起名字；至于“个别的事”则是指亚尔西巴德所作的事或所遭遇的事。[1]

[1] 亚理斯多德:《诗学》，罗念生译，人民文学出版社1962年版，第28—29页。

亚里士多德在这里所说的“诗”指文学乃至整个艺术。艺术虽然描绘个别现象，但是在假定的前提或条件下可能发生某种结果（可然律），或者在已定的前提或条件下必然发生某种结果（必然律），从而通过个别性揭示普遍规律。历史当然也应当反映规律，只是亚里士多德所理解的历史还仅是罗列现象的编年纪事史。亚里士多德的本意正如朱光潜所指出的那样：“就是诗不能只摹仿偶然性的现象而是要揭示现象的本质和规律，要在个别人物事迹中见出必然性与普遍性。这就是普遍与特殊的统一。这正是‘典型人物’的最精微的意义，也正是现实主义的最精微的意义。”[1] 亚里士多德的形式观蕴含着最早的典型论，是对美学史的一个重大贡献。

（二）质料因

在亚里士多德的四因说中，形式和质料密不可分，形式就存在于质料之中。亚里士多德的“质料”是希腊哲学家所说的物质性元素，如水、火、土、气之类，也是我们现在所说的“物质”，在外文中由“物质”（hylē）一词来表示。我国有人就把它译成“物质”，但我们还是采用“质料”的译名，因为亚里士多德对它有特殊的理解。

要理解质料这个概念，先要弄清它和形式的关系。亚里士多德用“一般在个别之中”的命题批判了柏拉图“一般在个别之外”的观点。接下来的问题是：在亚里士多德自己的命题中，一般和个别的关系如何？是一般先于个别、决定个别呢，还是个别先于一般、决定一般？亚里士多德认为，个别事物中的一般先于个别、决定个别（可与中国哲学史上的宋明理学所主张的“理在事先”相参校），形式是第一本体，个别事物是第二本体。形式和质料的关系是：形式是现实的，质料只是潜能的存在，现实先于潜能，形式先于质料。在这里亚里士多德陷入了唯心主义，因为唯心主义的根本特征是观念、理式、形式先于和高于物质。

在现实生活中任何质料都有形式，它在变成人类所需要的某种物之前根本不可能没有形式。橱的质料是木板，木板是有形式的；木板的质料是原

[1] 朱光潜:《西方美学史》上卷，第 73—74 页。

木，原木也是有形式的。即使是最混乱、最无序的东西，也都有自己的形式。一堆沙在用于建房之前已经有自己的形式，即“堆”的形式。乌云在暴风雨来临时似乎是完全不成形的，不过，如果乌云没有任何形式的话，那么它就不会成为能被我们认识的物。这样看来，究竟怎样理解亚里士多德的质料呢？“他认为，将具体事物的各种形式，也就是它的各种规定性——剥掉以后，最后才得出无形式的纯粹的质料。比如一座铜的雕像，将它的雕像形式去掉，剩下它的质料——铜；再将铜的形式去掉，剥下质料——土和水（当时认为铜是由水和土组成的）；再将水和土的形式去掉，剩下的质料就只是有一定的空间即具有一定的长、宽、高的东西；再将这长、宽、高的空间形式也去掉，最后剩下的才是没有任何规定性的纯质料。”[1]

亚里士多德的质料不过是物成形的潜能，这种潜能是无限多样的。另一方面，没有质料，形式也仅仅是物的潜能，而不是物本身。只有物的质料和物的形式完全结合，只有它们完全同一和不可分割，才能使物恰恰成为物。柏拉图已经善于区分物的形式（理式）和质料，并且把它们相同一。不过，在希腊所有懂得区分形式和质料的哲学家中，亚里士多德把这两者最深刻、最精细地同一起来。事物成形的原则是通过质料体现形式，因而必然是创造原则。形式和质料相互关系的创造原则是亚里士多德在这个问题上的核心立场。

对于亚里士多德来说，质料和形式的关系是潜能和现实的关系，它们相互对立，“但是这种对立具有相对性，比如砖瓦，对于房屋说，它是质料；但对于构成它的泥土说，它又是形式。任何具体事物，对于它更高一层的事物说，它是质料，但对比它更低一层的事物说，它又是形式。因此，从整个世界说，从质料到形式，是一个一层一层不断发展的系列”[2]。亚里士多德又把潜能和现实的关系与运动的理论联系在一起，并把这种从潜能到现实的过渡称为“运动”。他在《形而上学》第 11 卷中写道：

---

[1] 汪子嵩：《亚里士多德》，载叶秀山、傅乐安编：《西方著名哲学家评传》第 2 卷，山东人民出版社 1984 年版，第 24—25 页。引文中的“剥下质料”应为“剩下质料”。

[2] 同上书，第 35 页。

每一种东西都可分为潜能和现实。我把一个潜能上是如此的东西的实现叫做运动。从下面的例证就显然可见我们所说的真实性。一所能被建造的房屋，作为能被建造的东西我们说它自身存在着。然而要现实地存在，就须去进行建筑，这整个的过程就是建造活动。[1]

世界万物都在运动，或生灭，或变化，或增减，或位移。既然万物都在运动，那么，就存在着运动的原因。燃烧要有燃料，点火要有点火器。这样，除了质料因和形式因外，又出现了动力因。

在《诗学》一开头，亚里士多德就明确指出，各种艺术实际上是模仿。质料因、形式因和动力因给亚里士多德的艺术模仿论注入新的、深刻的内容。这主要表现在两个方面：第一，肯定了艺术所模仿的现实是真实的存在。柏拉图也主张艺术是模仿，但是在他那里，理式世界是第一性的，是真正的实在。现实世界是理式世界的摹本和影子，是第二性的。而模仿现实的艺术则是第三性的，是摹本的摹本和影子的影子。亚里士多德则认为理式（形式）就在事物之中，他肯定了现实世界的真实性，从而也肯定了模仿现实世界的艺术的真实性。第二，在艺术模仿中把创造的原则而不是模仿的原则提到首位。如前所述，亚里士多德的质料和形式导致每个物都是创造的结果。自然也是创造的结果，其中形式和质料融成不可分割的整体。对于亚里士多德，与其说是艺术模仿自然，不如说是自然模仿艺术，因为自然本身也是艺术品。朱光潜十分透辟地指出，亚里士多德认为艺术家的“摹仿活动其实就是创造活动，他的摹仿自然就不是如柏拉图所了解的，只抄袭自然的外形，而是摹仿自然那样创造，那样赋予形式于材料，或则说，按照事物的内在规律，由潜能发展到实现了”[2]。

四因说的原则是创造原则，或者艺术创造原则。对于亚里士多德来说，一切存在都是艺术品。整个自然是艺术品，人是艺术品，整个世界包括天体和苍穹也是艺术品。亚里士多德“把任何事物的形成都看成艺术创造，即

[1] 苗力田主编：《亚里士多德全集》第7卷，第257页。

[2] 朱光潜：《西方美学史》上卷，第70页。

使材料得到完整的形式，艺术本身也不过是如此”[1]。泛艺术性是亚里士多德的基本原则。如果不理解他的艺术性原则，不理解这种原则的独特性，那么，就无法理解他的哲学和美学。

（三）四因的相互关系

亚里士多德四因说的最后一项是目的因。事物在运动，这种运动有某种原因。但是，物向何处运动呢？运动能够没有方向吗？显然，运动具有方向性。运动的方向性表明，在这种运动的每一点上都有某种结果。如果事物运动的原因使事物进入某种状态，那么，这种原因以某种目的为前提。任何事物都是为了一定的目的而存在的，燕子筑巢、蜘蛛结网都有其目的。亚里士多德指出：“在那些产生出来的、而且是由自然产生出来的东西里面，是有那种有目的的活动存在的。”[2]

在此，我们逐条分析了四因说。实际上，它们在亚里士多德那里是不可分割的整体。四因可以最完满地体现在事物中，从而创造出美的和合目的性的有机整体。如果它们在事物中的体现缺少尺度，过分或不及，那么，整体就会受到损害，从而失去美、艺术性、效用和合目的性。物质世界的多样性取决于四因不同的相互关系。四因可以出现在最美的事物中，也可以出现在最丑的事物中。这一切取决于四因之间具体的相互关系，由四因说直接产生出亚里士多德的尺度理论。他写道：

> 人们知道，美产生于数量、大小和秩序，因而大小有度的城邦就必然是最优美的城邦。城邦在大小方面有一个尺度，正如所有其他的事物——动物、植物和各种工具等等，这些事物每一个都不能过小或过大，才能保持自身的能力，不然就会要么整个地丧失其自然本性，要么没有造化。例如一指长或半里长的船干脆就不成其为船了，也有一些船在尺寸大小上还算过得去，但航行起来还是可能嫌小或嫌大，从而不利

[1] 朱光潜：《西方美学史》上卷，第 69 页。

[2] 北京大学哲学系外国哲学史教研室编译：《西方哲学原著选读》上卷，第 147 页。

于航行。[1]

亚里士多德把他的尺度理论运用到伦理学和国家学说中。他在《尼各马可伦理学》中分析道德范畴时指出，在情绪方面的道德是勇敢，它的不及是懦怯，过就是鲁莽；在欲望方面的道德是节制，它的不及是吝啬，过就是奢侈；在仪态方面的道德是大方，它的不及是小气，过就是粗俗，等等。在《政治学》中，他指出国家必须保持适当的疆域，国土不能太小，否则缺乏生活所必需的自然资源；但也不能太大，否则过剩的资源将产生挥霍消费的生活方式。国家最好由中产阶级统治，因为中产阶级既不过强过富，又不太穷太弱。而巨富只能发号施令，穷人又易于自卑自贱，这两类人都不适合治理国家。

亚里士多德也把他的尺度理论运用到美学上来。他在《诗学》中写道：

> 一个美的事物——一个活东西或一个由某些部分组成之物——不但它的各部分应有一定的安排，而且它的体积也应有一定的大小；因为美产生于大小和秩序，一个非常小的活东西不能美，因为我们的观察处于不可感知的时间内，以致模糊不清；一个非常大的活东西，例如一个一万里长的活东西，也不能美，因为不能一览而尽，看不出它的整一性；因此，情节也须有长度（以易于记忆者为限），正如身体，亦即活东西，须有长度（以易于观察者为限）一样。[2]

只有理解了亚里士多德的四因说和由此产生的尺度理论，才能够弄清这段貌似平常的言论的深刻内涵。

四因适中的、合度的关系产生出有机整体。

---

[1] 苗力田主编:《亚里士多德全集》第 9 卷，第 239—240 页。原译“美产生于数量和大小”据原文改译为“美产生于数量、大小和秩序”。

[2] 亚理斯多德:《诗学》，罗念生译，第 25—26 页。为了保持译文的统一，也为了译文的确切，原译“美要倚靠体积与安排”改译为“美产生于大小（megethei）和秩序（taxis）”。顺便指出，taxis 一词陈中梅译作“顺序”，我们认为，从亚里士多德的美学体系看，这个词只能译作“秩序”。

整体的意思是，整体的自然构成部分一个不缺。包容被包容者的东西形成某种一，这又有两种情况，或每一个体作为一，或者这些个体构成一。[1]

按照亚里士多德的观点，一种整体的各个部分仅仅在某个方面相一致，另一种整体的各个部分则形成有机的统一。虽然亚里士多德的整体有多种含义，但是他主要把它看作有机整体。怎样理解亚里士多德的“有机整体”概念呢？第一，亚里士多德主张一般在个别之中，一般不能脱离个别，个别也不能脱离一般。任何物都是它的各个部分不可分割的一般性，同时，它又是某种个别的东西，或者由某些个别的物组成。必须寻找物的一种特征，以期在这种特征中无法分割一般性和个别性。亚里士多德找到了这种特征，他称之为整体或整体性。在整体中无法分割一般性和个别性，取走整体的某一部分，整体马上就不再是整体。从钟中取走指针，钟就失去了自己的完整性。从房子上揭去屋顶（比如，为了修理），房子就不是完整的，甚至不再是房子了。

第二，物的有机性不同于物的机械性。对亚里士多德的整体理论再深入一步，就会见出这两者的区别。例如，一个钟的指针坏了，修理工只要给它装个新指针，而完全不必修理它的内部结构，钟就恢复了原样。物的有机性与此不同。如果物的某一种成分损坏就意味着整个物损坏，即使用其他成分来替代也无济于事，那么，这个物就是有机整体。一个人的心脏停止跳动，他的生命就会终结。不过，在有机整体中并非一切都是有机的。有机整体中也有不那么重要的成分，用其他成分替代它并不会导致整体的毁灭。比如，一个人被截肢后装上假肢，对生命不会有影响。

亚里士多德要求艺术成为有机整体。他写道：

按照我们的定义，悲剧是对于一个完整而具有一定长度的行动的

[1] 苗力田主编:《亚里士多德全集》第7卷，第139页。

> 摹仿（一件事物可能完整而缺乏长度）。所谓“完整”，指事之有头，有身，有尾。所谓“头”，指事之不必然上承他事，但自然引起他事发生者；所谓“尾”，恰与此相反，指事之按照必然律或常规自然的上承其事者，但无他事继其后；所谓“身”，指事之承前启后者。所以结构完美的布局不能随便起讫，而必须遵照此处所说的方式。[1]

对于一个完整的行动，“里面的事件要有紧密的组织，任何部分一经挪动或删削，就会使整体松动脱节。要是某一部分可有可无，并不引起显著的差异，那就不是整体中的有机部分”[2]。亚里士多德的这一观点受到美学研究者的高度评价。朱光潜明确指出：

> 这个有机整体观念在亚里士多德的美学思想里是最基本的。就是根据这个观念，他断定悲剧是希腊文艺中的最高形式，因为它的结构比史诗更严密。也就是根据这个观念，他断定叙事诗和戏剧之中最重要的因素是情节结构而不是人物性格，因为以情节为纲，容易见出事迹发展的必然性；以人物性格为纲，或像历史以时代为纲，就难免有些偶然的不相关的因素。[3]

四因说是亚里士多德的有机整体观念的哲学基础。与柏拉图美学关于一般性的概念相比，亚里士多德的有机整体观念前进了一大步。

二、宇宙理性

四因说的第三个原因是动力因。如果一个物在运动，那么，就必须有使这个物运动的第二个物，而这第二个物的运动又是第三个物推动的。整个运动的链条由无数事物组成，每个事物既是被推动者，又是推动者。无生命事

[1] 亚理斯多德：《诗学》，罗念生译，第 25 页。

[2] 同上书，第 28 页。

[3] 朱光潜：《西方美学史》上卷，第 78 页。

物的运动需要其他事物来推动，有生命对象的运动也需要外在的原因（如食物）。亚里士多德要求整个运动的链条有一个起点或终点。他不仅从自然科学的立场，而且从哲学的立场来看待运动。他要解决运动的起源问题。他认为有一种物，它的运动无需其他物的推动，自身就能运动。也就是说，如果万物的运动都有某种原因，那么，必须承认一种自我运动，它自身就是运动的原因。这就是第一推动者，而它本身又是不动的。亚里士多德称它为“不动的第一动者”“不动的始动者”。

在《形而上学》第 12 卷中，亚里士多德强调，“必然存在着某种永恒的、不运动的本体”[1]。接着，他批评了柏拉图的理式论。不过，他的批评并不是削弱了，相反是加强了柏拉图的客观唯心主义。他认为，柏拉图的理式虽然也是永恒的本体，但本身不包含产生变化的原因，不是动因，不能说明运动，而他的“不动的第一动者”是永恒运动的原因。

亚里士多德所谓“不动的第一动者”究竟是什么呢？对此，他有过多种不同的表述。而最能代表他的思想的是他在《形而上学》第 12 卷第 6、7、9、10 章的论述，不动的动者是“奴斯”（nous 或 noys，或者译为“努斯”，意译为“理性”，亦译为“心灵”“理智”等）。阿那克萨戈拉和柏拉图已先于亚里士多德使用过这个术语，不过，亚里士多德赋予它新的含义。他的奴斯的特点产生于四因说。从形式因看，奴斯是“形式的形式”。它是最高的存在，万物都依赖它。在这里一定要把“形式的形式”理解为“理式的理式”，免得把亚里士多德的形式论和柏拉图的理式论对立起来，实际上这两者是一回事。柏拉图的奴斯由理式组成，亚里士多德的奴斯也由理式组成。在这两位哲学家那里，奴斯都是宇宙理性。宇宙理性先于任何物质的东西，同它们相分离，不受任何物质因素的影响。

从质料因看，奴斯虽然与感性质料无粘连，但是它含有纯理性质料。有的研究者认为，亚里士多德的奴斯作为第一动者，是“不带任何质料的纯形

---

[1] 苗力田主编：《亚里士多德全集》第 7 卷，第 275 页。“本体”原译为“实体”，现从汪子嵩改为“本体”。

式”[1]，黑格尔在《哲学史讲演录》中也持这种观点[2]。我们认为这种理解值得商榷。亚里士多德的四因是无所不在的，对于奴斯也不例外。奴斯作为形式的形式，也具有一般形式的特点。如果没有质料，那么，形式仅仅具有抽象的可能性。同理，如果没有理性质料，奴斯就不能实现自己。从动力因看，奴斯是宇宙运动的原则，是第一推动者。宇宙是美的有机体，宇宙在运动着，奴斯是一切运动的原因。同时，它又是永远不动的，因为它仅仅依赖自身，没有其他物推动它；又因为它已经包容了一切，没有地方可动。从目的因看，奴斯是一切运动的目的，是万物追求的绝对目的。它是最高的善，万物热爱它，趋向它，“善是生成和全部这类运动的目的”[3]。亚里士多德的美学和他的哲学一样，实际上是一种目的论。希腊人认为，最高的善、最高的智慧是人不可企及、不可掌握的，人只能对它静穆观照和顶礼膜拜。正如柏拉图在《斐德若篇》里所说的那样，“智慧”这个词太大了，只适合于神，而“爱智”却适合于人[4]。亚里士多德的奴斯就是神（哲学上的神）。他实际上把神看作一个艺术家[5]，这是他哲学的泛艺术性的根源。神或第一动者“力量最强大、容貌最漂亮、生命永不朽、德行最高尚”[6]。他一方面承认运动的永恒性，另一方面又肯定有一个不动的第一动者，为运动设立了终极，这是他的辩证法的严重局限，是他的哲学被中世纪基督教哲学加以利用和发展的原因，也是他把静观作为文艺最高理想的哲学根源：“人应该象神一样，从静观默想中得到最高的快乐，艺术也应该表现出神的庄严静穆，才真达到最高的风格。”[7]在亚里士多德的本体论美学中，奴斯或宇宙理性的意义表现在三个方面。首先，宇宙理性作为最高的存在，也是最高的美、终极的美，而且，这种美先于其他一切美。为了说明宇宙理性的先在性，亚里士

[1] 汪子嵩：《亚里士多德》，叶秀山、傅乐安编：《西方著名哲学家评传》第 2 卷，第 25 页。

[2] 黑格尔：《哲学史讲演录》第 2 卷，贺麟、王太庆译，商务印书馆 1960 年版，第 294—295 页。

[3] 苗力田主编：《亚里士多德全集》第 7 卷，第 33 页。

[4] 柏拉图：《文艺对话集》，朱光潜译，第 175 页。

[5] 朱光潜：《西方美学史》上卷，第 69 页。

[6] 苗力田主编：《亚里士多德全集》第 2 卷，第 626 页。

[7] 朱光潜：《西方美学史》上卷，第 93 页。

多德列举了一个例证。植物的种子长成，有人认为植物的美和完善仿佛不在植物生长过程的初始（种子）中，而在这种过程的终结（种子的产物）中。亚里士多德批驳了这种看法，指出种子出于另一些完整的植物，这种植物是先在的：

> 有些人，像毕达哥拉斯派中人和斯彪西波，认为最美和最善良不在本原之中，不在事物之始。其论据是，虽然本原是植物和动物的原因，然而美和完整却在它们的产物中，他们这种看法是不对的。因为种子出于另一些完整的生物，这些生物是先在的。所以，并不是种子最初，而是这个完整物最初。[1]

其次，宇宙理性是主体和客体、主观和客观的统一[2]。亚里士多德在《形而上学》第12卷第9章中对此作了论证。宇宙理性的活动是思想活动。它要思想，如果什么也不思想，它就没有尊严可言，仿佛是个睡着了的人。如果它依赖别的东西思想，那不是真正的思想，因此它依赖自身思想。那么，思想什么呢？只有两种可能：或者想它自己，或者想别的东西。如果它要想最神圣尊贵、永远不变的东西，那就只能想它自己。宇宙理性在思想，就是思想它自身，“思想就是对思想的思想”[3]。思想与被思想、主体与客体的和谐和同一，被亚里士多德称作“美”。希腊美学包括柏拉图美学都把理想在现实中的体现看作美，亚里士多德发展了这种观点，在宇宙理性中找到理想和现实的统一。

最后，在希腊哲学家中，没有人像亚里士多德那样肯定宇宙理性的独立自在性，从而没有人像他那样肯定美的独立自在性。对宇宙理性的观照是快乐和幸福的顶点，不涉功利目的和实用动机。这样，美在亚里士多德那里第

[1] 苗力田主编：《亚里士多德全集》第7卷，第279页。引文中的“美”在原译中为“美好”，“毕达哥拉斯”原译为“毕达戈拉斯”，“斯彪西波”原译为“斯潘西波”。

[2] 汪子嵩在分析努斯的五个特征时，把“主观和客观合而为一”列为它的第一个特征。见《亚里士多德关于本体的学说》，第91页。

[3] 苗力田主编：《亚里士多德全集》第7卷，第284页。

一次获得如此独立的价值。后来康德明确地阐述过美的独立自在的理论，但那主要是通过主观唯心主义的途径达到的。谢林和黑格尔也论述过美的独立自在，但是他们的美往往远离自然现实和艺术，是纯精神的。而亚里士多德的宇宙理性是第一动者，他的独立自在的美虽然不涉及物质，却是一切物质存在的动力因[1]。

第三节　美的本质和对象

在分析亚里士多德的本体论，即第一哲学时，我们看到宇宙理性是最高的美。这是由亚里士多德的本体论得出的美学结论。虽然亚里士多德的美学是本体论的，然而他也独立地、不依赖本体论直接论述美学问题。这时候他研究的对象不是不涉及物质的神或宇宙理性，而是现实世界的对象。

一、美的本质

亚里士多德关于美的论述很多，而最重要的美的定义有两则。一则见诸《修辞学》：

> 美是由于其自身而为人所向往并且值得赞颂的事物，或是善并且因为善而令人愉快的事物。[2]

这里实际上包含两种美的定义，而这两种美的定义在亚里士多德那里是等同重要的。相比之下，第二种定义更清楚些。塔塔科维兹对第二种定义作了如下的表述："所有的美都是善，但并非所有的善都是美；只有既是善的又是愉悦的才是美的。"[3] 亚里士多德通过善来确定美。善指高尚的道德行为和

[1] A. F. 洛谢夫：《希腊罗马美学史》第 4 卷，莫斯科 1975 年版，第 69—70 页。

[2] 亚里士多德：《修辞学》，1366a34—35。

[3] 沃拉德斯拉维・塔塔科维兹：《古代美学》，杨力、耿幼壮、龚见明、高潮译，第 199 页。

自由的生活，“种种德行必然是善的事物”[1]，它是涉及利害的。善要成为美，它还必须产生愉悦。这种愉悦不是生理上的愉悦，而是精神上的愉悦。愉悦有各种等级，它的极限就是幸福。善作为独立的价值被观照时，能够产生无私的、不涉利害的愉悦。涉及利害的善和不涉及利害的愉悦相结合，就形成了美。至于第一种定义“美是由于其自身而为人所向往并且值得赞颂的事物”，虽然比较含混，但是实际上和第二种定义没有什么区别。“为人所向往”的事物指善，而“值得赞颂的事物”指产生愉悦的事物。亚里士多德以前的希腊美学对善和美往往不作区分，亚里士多德在承认善和美的同一性的同时，在西方美学史上第一次对它们作出明确的区分。如果木匠做的桌子完全符合它的功能，希腊人认为它就是善。但是这张桌子可能是不美的。如果它具有独立观照的价值，能够产生愉悦，那么，它就既是善的又是美的。

亚里士多德另一则重要的美的定义见诸《形而上学》：

> 美的最高形式是秩序、对称和确定性，数学正是最明白地揭示它们。由于它们（我说的秩序和确定性）是许多东西的原因，所以，很显然，数学在谈论这些东西时，也就是以某种方式谈论美的原因。[2]

这则定义通过数学来说明美的原因，事物凭借数维持自身的秩序（taxis）、对称（symmedria，即匀称）和确定性（horiemenon）。而这些正是美的性质，它们与其说表明美的形式，不如说表明美的结构。像希腊美学家一样，亚里士多德具有明确的结构感，他不喜欢混沌无序。与这则定义相类似的定义我们在第二节的引文中曾经提到过：“美产生于数量、大小和秩序”“美产生于大小和秩序。”可见，这是亚里士多德一贯的思想。

亚里士多德所理解的秩序存在于自然、天体、人和社会生活中。他在《物理学》中指出：“那些由于自然和根据自然的事物决不会是无秩序的；因

[1] 苗力田主编：《亚里士多德全集》第 9 卷，第 358 页。引文中的“德行”原译为“德性”。

[2] 苗力田主编：《亚里士多德全集》第 7 卷，第 296 页。

为自然是一切秩序的原因。”[1] 他在《论动物部分》中写道，“秩序和确定性在天体中比在我们身上显示得更为突出”[2]。在《政治学》第 3 卷中亚里士多德谈到，政体是城邦中各种官职配置的一种秩序，法律也是一种秩序。秩序是善的实现。善的存在有两种形式，一种是“就其自身而存在”，万物追求它，就像将领号令军队，军队有了秩序；另一种是“秩序的安排”，就像一支有秩序的军队，将领是这种秩序的一部分[3]。亚里士多德认为，一切都在运动着，而这种运动是有规律的、有秩序的。作永恒的圆周运动的宇宙最有秩序，而宇宙理性是秩序的最终原因。在亚里士多德的结构范畴中，秩序占据首位。

二、美的对象

亚里士多德的著作涉及植物、动物、人、天（宇宙）、颜色、声音等各种对象的美，他的审美领域十分广泛。

（一）体相学[4]

体相学（phusiognomonika）研究身体与灵魂之间的相互作用。有什么样的灵魂，就有什么样的外貌；反之亦然，灵魂、心性也随身体状况的变化而发生变化。亚里士多德篇幅不长的著作《体相学》就专门研究这个问题。虽然《体相学》被学术界怀疑为后人伪托，然而正如《亚里士多德全集》第 6 卷的中译者所指出的那样，《体相学》和收入该卷的其他著作（包括《论天》），“如果撇开作者问题不谈（事实上，它们到底系何人所作，已无法确知），仅从内容上看，它们确实是值得我们认真清理的一笔精神财富”，从这些著作中，“我们不能不强烈地感受到亚里士多德爱智慧、尚思辨、重探索的思想遗风，不能不被古人热忱、真诚的求知欲望和踏实、细致的求知作风所折服”[5]。

[1] 苗力田主编:《亚里士多德全集》第 2 卷，第 214 页。

[2] 苗力田主编:《亚里士多德全集》第 5 卷，中国人民大学出版社 1997 年版，第 10 页。

[3] 苗力田主编:《亚里士多德全集》第 7 卷，第 285 页。

[4] 亚里士多德的《体相学》《论颜色》（本书稍后有论述），学界有人认为是伪作。

[5] 苗力田主编:《亚里士多德全集》第 6 卷，中国人民大学出版社 1995 年版，第 577 页。

对于美学来说，《体相学》的价值更不可忽视。亚里士多德美学的基础是理式（形式）和质料的相互关系，而体相学正是研究灵魂和身体、内部心性和外部面貌的相互关系。亚里士多德认为，理式存在于物之中，我们看到一个物，如果立即知道了它的理式，那么，我们也就认识了这个物，否则，我们还不能够充分地认识这个物。同样，如果我们在体相学中通过外部表征认识到内在灵魂，那么，我们对对象就有一个完整的认识。这里的“表征”，亚里士多德用希腊语 semion 表示，即表示事物特征的标志或符号，它是“符号学”一词的来源。这使得亚里士多德的美学具有符号学意义。

在各种动物中，亚里士多德对狮子评价最高。狮子具有最完全的雄性动物的特点，它脸盘方正，深陷的双眼不大不小，眉毛浓郁，额头方阔，脖子长而厚实；肩膀强壮，胸脯结实有力，体阔膀宽；腿脚肌肉发达，行走有力，走得不快，但步子较大，走时双肩来回晃动。狮子的这些体相特征，和它“宽容、大度、慷慨、好胜、温和、正直，与同伴友善”的性格相吻合[1]。

亚里士多德通过人的运动、外形、肤色、面部的习惯表情、毛发、皮肤的光滑度、声音、肌肉以及身体的各个部位和总体特征，来分析人的性情。例如，动作缓慢表示性情温驯，动作快速表示性情热烈；声音低沉浑厚标示着勇猛，尖细乏力意味着怯懦；身体忸怩作态者是俗媚的，短步幅与慢步态者是软弱的；眼睛下面生有垂凸物者嗜酒，因为眼睛下面的垂凸物是滥饮的结果，而眼睛上面生有垂凸物者嗜睡，因为人从睡梦中醒来时，上眼睑总是下垂的。亚里士多德对人的体相的分析，包含着对人体美的欣赏：

> 那些脚掌生得宽大结实，关节灵活肌腱强壮者，性情也刚烈，是雄性的表征；而那些脚掌窄小，关节不强健，外貌虽不雄壮，但比较富有魅力者，性情也柔弱，是雌性的表征。[2]

[1] 苗力田主编:《亚里士多德全集》第 6 卷，第 48 页。

[2] 同上书，第 49 页。

出于对妇女的轻视，亚里士多德认为女性不如男性勇猛和诚实，甚至比较邪恶，“身体不匀称者是邪恶的，雌性就带有这种特性”[1]。然而另一方面，亚里士多德又主张女性的身体比男性美，女性和雌性动物“整个身体的外貌，与其说是高贵，勿宁说是更富有魅力”[2]。这里就产生了一个矛盾：亚里士多德把秩序、匀称（对称）和确定性看作美的性质，然而不匀称的女性身体却富有魅力，显得美。实际上，亚里士多德说的是两种美的概念。女性的身体美是一种外在的形式美、感性美，而秩序、对称和确定性指与宇宙和谐一致的、内在的有序的结构美。

在人体的各个部位中，眼睛是最重要的表征之一。亚里士多德描绘了眼睛的顾盼生姿和脉脉含情：

> 眼睛不停地向四周环视者，眼珠处在眼睛中央，眼睑低垂，眼睛自下而上地温柔凝视者，眼睛向上转动者，以及一般而言，凡眼眶蓄泪，目光温柔者，都富有青春活力。这在女子方面是显而易见的。[3]

体相表征和内在性情的对应关系不是绝对的。亚里士多德认为，腰腹强健者性情刚烈，但腰腹强健者也有性情不刚烈的，性情刚烈者也有腰腹柔软的。亚里士多德完全懂得，体相特征只说明一种可能性，并不说明必然性。只有哲学才能够辨析某些事物的必然性，使用哲学方法得出的结论有时会和体相观察所得出的结论相反。[4]

（二）宇宙

亚里士多德的《论宇宙》和疑为伪作的《论天》涉及宇宙美学问题。“宇宙”（kosmos）在希腊美学中占有特别重要的地位，它的原义是“秩序”“有序”。据 J. 凯申施泰纳（J. Kerschensteiner）《宇宙》一书（慕尼黑 1962 年版）

[1] 苗力田主编：《亚里士多德全集》第 6 卷，第 56 页。

[2] 同上书，第 48 页。

[3] 同上书，第 55 页。

[4] 同上书，第 42 页。

的研究，kosmos 一词在荷马著作中出现过 18 次，其中绝大部分表示“秩序”“战斗秩序”，有时还表示“美”。而据拉尔修记述，kosmos 第一次获得“天”的含义是在赫西俄德的著作中（希腊文中的“天”为 ouranos，它产生于 horosano，即“上方的界域”）[1]。米利都派自然哲学家们认为宇宙具有统一的、球形的、美的性质，该派哲学家阿那克西美尼（Anaximenes，鼎盛年约在公元前 546 年至前 545 年）已经在上述意义上使用“宇宙”这个词[2]。

希腊人对天的看法和我们现代人不同。在我们看来，天是无限的，没有固定的形式，无数星体排列在其中。我们觉得天是一个半圆形的苍穹，有顶点，也有遥远的、天地相交的地平线，那只是我们的视力所及而产生的印象，实际上天是无法测量的。希腊人认为天是有限的，可以测量，只是它太大了，难以测量。天像任何其他物一样，有固定的形式，也有质料，它是形式和质料的结合体。天像屋顶一样，是现实的、坚硬的，亚里士多德认为它“像拱形建筑中的所谓拱心石”[3]。他指出了天的三种含义。第一，天是整个宇宙最外围的实体；第二，天是与整个宇宙最外围连着的物体，它包括月亮、太阳和某些星体；第三，天指最外围包容着的一切物体。根据第三种含义，天由所有自然的、可以感知的物体所构成。天之外既无物体存在，也不可能有物体生成，所以，天之外无地点、无虚空、无时间。[4]天的第三种含义就是宇宙。在《论宇宙》中亚里士多德指出：“宇宙是一个系统，由天、地和被包含在它们之中的自然事物构成。”[5]宇宙的中心是地球，地球是一切生物之家。宇宙的上面区域是天，是诸神的居所，其中充满着神圣物体，即星体。

《论天》批评一些希腊哲学家关于宇宙结构的理论，例如毕达哥拉斯学派关于星体旋转移动时所发出的声音是和谐的主张，认为“这种虽然讲得美

[1] 拉尔修：《著名哲学家的生平和学说》第 8 卷第 1 节。

[2] DK13B2。

[3] 苗力田主编：《亚里士多德全集》第 2 卷，第 626 页。

[4] 同上书，第 295—297 页。

[5] 同上书，第 606 页。

妙而富于诗意，但却不可能是真实的”[1]。然而，亚里士多德本人关于宇宙结构的理论也不是严格科学的，它带有神话色彩。在这方面，《论天》可以和柏拉图的《蒂迈欧篇》相媲美。实际上，希腊哲学家关于宇宙结构的理论都富于诗意和神话色彩，因此，这种理论不仅具有自然哲学意义，而且具有美学意义。

亚里士多德的宇宙理论首先强调天体作匀速的圆周运动。他把移动分为直线运动和圆周运动两种。地球上的万物由火、气、水、土四种元素构成，这四种元素作直线运动，它们构成的事物也作直线运动。天和天中的星体由第五种元素以太构成，极度纯洁，通明透亮，星体“以庄严肃穆的韵律在同一的圆形轨道上和所有天体一起永无止息地旋转”[2]。圆周运动比直线运动完满，因为圆周是一种完全的形状，而直线是不完全的。无限的直线没有限界和终点，所以不完全；有限的直线能够被延伸，所以也不完全。圆周运动包容那些不完满的、有限界的和停顿的运动。直线运动是断续的、暂时的，由火、气、水、土构成，作直线运动的事物是可朽的。而以太不增不减，万古长存，存在于最高的地点。这也是神存在的位置，“不论是野蛮人还是希腊人，都认为要把最高的地点给予神灵”[3]。希腊神话把天体和上面的地界分派给神，认为只有那里才是不朽的。亚里士多德通过以太来证明天是不可消灭和不可生成的，所以，他关于以太的学说也是一种神话。他试图用当时的自然科学知识来论证神话。

天体作均衡的圆周运动，亚里士多德又论证了天体必然是球形。他高度赞美球体，认为“球体是最为有用的形状”[4]，“球体是第一位的立体图形”[5]，因为它只有一个面，是不可被分开的立体。他说：“在数目上，圆形相当于一”[6]，所以宇宙作为球体是最高的美。

[1] 苗力田主编:《亚里士多德全集》第 2 卷，第 331 页。

[2] 同上书，第 606 页。

[3] 同上书，第 272 页。

[4] 同上书，第 330 页。

[5] 同上书，第 321 页。

[6] 同上。

> 宇宙是个球体，并且，这圆在程度上是如此地精确，以致于没有什么人手造就的东西，也没有任何我们眼睛所看得到的其他东西能与之匹敌。因为在所构成的元素中，没有一种能够像这种包容着其他物体的物体那样有均衡和精确的本性；因此很显然，就像水比土那样，距离得越远的元素就越完美。[1]

其次，亚里士多德的宇宙理论强调“天是有生命的”[2]，在动物中存在的东西也合乎情理地存在于天体中，天有上和下、左和右。如果“把星体认作仅仅是物体和单位，它们具有一定的排列次序，完全无生命”，那是错误的，“我们应该把它们理解为分有行为和生命”[3]。在《物理学》中，亚里士多德把动物与宇宙相比，称动物为“小宇宙”，声称“如若这种情形能在动物中出现，又为什么不能在宇宙全体中同样地出现呢？因为如果它能在小宇宙中发生，也就能在大宇宙中发生”[4]。亚里士多德显然接受了希腊哲学家关于“人是小宇宙，模仿大宇宙”的观点。

在亚里士多德看来，宇宙是最高的审美对象。它的球体形状是最美的，它永恒的、匀速的圆周运动也是最美的。宇宙“整体的真实名称是‘井然有序’，而不是无序”[5]。宇宙就像一支合唱队，指挥示意开始，合唱队就一齐高歌，有些音高，有些音低，由这些不同的音调组成和谐悦耳的一曲。宇宙也像一支军队，统帅一声号令，兵士们有的操起盾牌，有的绑上胸甲，有的套上马车，有的登上战车。神或宇宙理性或不动的第一动者推动最接近的事物，仿佛给万物发出信号，万物的运动组成和谐的、有序的和美妙的图景。

---

[1] 苗力田主编:《亚里士多德全集》第 2 卷，第 323 页。

[2] 同上书，第 316 页。

[3] 同上书，第 335 页。

[4] 同上书，第 216 页。

[5] 同上书，第 624 页。

（三）颜色

亚里士多德的《论颜色》以细腻而丰富的视知觉和感性观察为基础，论述了颜色的形成和变化。歌德对《论颜色》很感兴趣，对它作了仔细的研究，并把它译成德文。歌德关于颜色的理论和对颜色的敏锐观察，深受亚里士多德的影响。

亚里士多德把颜色分为单一色和复合色两类。单一色有三种：白、黄、黑。附随于火、气、水、土这些元素的颜色都是单一的。气、水、土在本性上是白色，火和太阳是黄色，黑色则出现于元素之间的转换，“当水和气通过火烧热，黑颜色就随之出现，因此，所有燃烧的东西，都要变黑，正如被火所烧的木材和柴炭”[1]。

复合色由单一色混合，以及与阳光、阴影的混合而形成。白色和黑色混合形成灰白色，黑色与阳光混合变成红色，太阳升起和降落时空气呈紫红色，微弱的阳光照在暗色上就成灰褐色。颜色的这种变化难以穷尽，亚里士多德力图在其中找出某种规律性的东西，“必须在其颜色的生成很明显的事物中，探寻令人信服的证据和相似性”[2]。复合色的生成在于混合物的比例和数量。“通过较大和较小比例的混合而从这些颜色中生成的其他颜色，显得多种多样，且形成诸多不同的性质。”[3]“我们必须注意颜色的多样性和无限性，这是由于数量所导致的。”[4]颜色的不同，是由于它们分有的阳光和阴影的不同而造成的。在《论感觉及其对象》中亚里士多德也谈到颜色的混合比率问题：

> 所以，这样的颜色所产生的方式很像和声；因为取决于这种简单比率的颜色，就像和声一样，被认为是赏心悦目的颜色，例如，紫色、绯红色以及其他少数几种类似的颜色，和声稀少，也是由于同样的

[1] 苗力田主编:《亚里士多德全集》第 6 卷，第 4 页。

[2] 同上书，第 6 页。

[3] 同上书，第 4—5 页。

[4] 同上书，第 6 页。

原因……[1]

就像音乐中的和声一样，结构上合比例的颜色是最美的。亚里士多德正是从结构、比例、数量上来评价颜色的美丑的。这种观点完全符合希腊美学的精神。

第四节　诗学理论

亚里士多德的《诗学》是西方第一部最重要的文艺理论著作。它原名为《论诗的》，意即《论诗的艺术》，应译为《论诗艺》[2]。在亚里士多德那里，“诗”可以被广义地理解为文学作品，包括史诗、悲剧和喜剧等。《诗学》被译成各种文字，中译本主要有四种：罗念生译的《诗学》（人民文学出版社1962年版）、缪灵珠译的《诗学》（载《缪灵珠美学译文集》第1卷，中国人民大学出版社1998年版）、崔延强译的《论诗》（载《亚里士多德全集》第9卷，中国人民大学出版社1994年版）、陈中梅译注的《诗学》（商务印书馆1996年版，陈中梅的译本除了有详细的注释外，在附录里还分析了《诗学》中的某些关键术语）。《诗学》的注释者和研究者不计其数，他们对《诗学》理解的分歧是如此之大，以至《诗学》的一位注释者H.科勒在《古希腊中的模仿》一书（瑞士伯尔尼1954年版）中宣称，读者们应该忘掉所有研究者关于《诗学》的一切诠释，他要对《诗学》作出自己的阐述。

对《诗学》理解的分歧，在某种程度上与《诗学》本身有关。《诗学》是亚里士多德的讲稿，它长期湮没，直到1500年西方学术界才知道了它。由于传抄者和校订者增删、改动的缘故，《诗学》中有很多含混、矛盾、缺漏、不连贯、不确切的地方，研究者们屡次指出了这种情况。例如，在《诗学》第6章中亚里士多德主张，悲剧必然具有六个组成成分：情节、性格、

[1] 苗力田主编:《亚里士多德全集》第3卷，中国人民大学出版社1992年版，第105页。

[2] 罗念生:《〈诗学〉译后记》，亚理斯多德:《诗学》，罗念生译，第109页。

台词、思想、情景（opsis）、歌曲[1]。他还用模仿说来解释这六个成分，其中之二（台词和歌曲）是模仿的媒介，其中之一（情景）是模仿的方式，其余三者（情节、性格和思想）是模仿的对象。但是他马上又表示："情景固然能打动人心，但最无艺术价值，同诗艺的关系最少。因为悲剧的效果并不依赖表演和演员，至于产生情景的效果，舞台设计者的技术就比诗人的艺术更有权威了。"[2]这样，悲剧组成成分就成为五个。亚里士多德之所以把情景排除在悲剧组成成分之外，是因为他把悲剧看作一种独立于演出的艺术样式。人们无需观看演出，只要听到悲剧故事如"俄狄浦斯"的发展，就会产生悲剧的情感——恐惧和怜悯。悲剧作者若是借情景来产生这种效果，就显得他缺乏艺术手腕。又如，《诗学》第20—22章讨论了音和词的分类，这与诗学没有联系或者很少联系。缪灵珠在翻译《诗学》时干脆把这三章略去。《诗学》主要研究悲剧，它的书名和内容也不吻合。《诗学》第18章第2自然段提到悲剧《普罗米修斯》。埃斯库罗斯写过几种有关普罗米修斯的悲剧，如《被缚的普罗米修斯》《被释放的普罗米修斯》《盗火的普罗米修斯》。这里究竟指哪一部历史剧，也令人费解。类似的问题还可以举出很多。为了准确地掌握《诗学》中深刻而丰富的美学思想，分清这些瑕疵是必要的。

从结构上看，《诗学》分为五个部分[3]。第一部分为序论，包括第1—5章。亚里士多德分析了各种艺术所模仿的对象、模仿所采用的媒介和方式的差异，论述了诗的起源，以及悲剧和喜剧的历史发展。第二部分包括第6—22章，主要讨论悲剧，特别是悲剧的两种组成成分——情节和性格。第三部分包括第23、24章，讨论史诗。第四部分为25章，讨论批评家对诗人的指责，并提出反驳这些指责的原则和方法。第五部分为26章，比较悲剧和史诗的特征。这部分仍然和悲剧有关。从结构中可以看出，《诗学》的研究对

[1] 关于悲剧的六个组成成分，诸家的译法很不一样，我们择善而从之。按照缪灵珠的意见，情景指："（一）布景、道具、服装等等舞台装饰；（二）演出的惊人的行为，尤其是引起怜悯与恐惧的行为，例如舞台上的死伤。凡是诉诸观众的视觉、摆在观众眼前的一切壮丽的或惊人的景象，都是'情景'。"（见章安祺编订：《缪灵珠美学译文集》第1卷，中国人民大学出版社1998年版，第32页。）

[2] 见章安祺编订：《缪灵珠美学译文集》第1卷，第10页。

[3] 亚理斯多德：《诗学》，罗念生译，第111页。

象是悲剧和史诗，而且主要是悲剧。在研究悲剧时，亚里士多德提出了一系列重要的美学概念，其中有些概念我们在论述亚里士多德的本体论美学（本章第二节）时已有所涉及。

一、模仿

希腊美学把艺术与现实的关系看作为模仿。根据流传下来的文献资料，荷马在《阿波罗颂》中第一次使用了“模仿”词语。在荷马那里，这个词语并不是指“再现”，而是指“表现”。后来，这个词语获得了准确地、逼真地再现外物的意思。柏拉图在《理想国》第10卷中谈到，一个画家“如果有本领，他就可以画出一个木匠的象，把它放在某种距离以外去看，可以欺哄小孩子和愚笨人们，以为它真正是一个木匠”[1]。

希腊哲学中个性、主体的概念还不发达，艺术模仿说表明了主体对客观现实的某种依赖，在和客观现实的关系中，主体处于某种消极状态。希腊艺术也把对外物的逼真再现看作优秀作品的标志。据说，马其顿国王亚历山大的坐骑看到一幅栩栩如生的马的画而嘶鸣不已，希腊著名画家宙克西斯画的葡萄也曾使飞鸟受骗。这些传说赞叹了画家技艺的高超。作为典型的希腊美学家，亚里士多德也信奉艺术模仿说。不过与前人相比，他的模仿带来了新的重要内容。我们在本章第二节中曾经谈到亚里士多德的模仿说有两点值得注意。第一，亚里士多德批判了柏拉图的理式论，他所理解的现实是真实的，因此模仿现实的艺术也是真实的。第二，根据四因说，模仿是一种创造。罗念生也曾多次指出这一点。亚里士多德在《气象学》和《物理学》中说“艺术摹仿自然”，指的是艺术模仿大自然的创造过程[2]。在此基础上，我们对亚里士多德的模仿说作进一步的说明。《诗学》开宗明义地指出：

史诗和悲剧、喜剧和酒神颂以及大部分双管箫乐和竖琴乐——这一切实际上是摹仿，只是有三点差别，即摹仿所用的媒介不同，所取的

[1] 柏拉图:《文艺对话集》，朱光潜译，第72页。
[2] 亚理斯多德:《诗学》，罗念生译，第113页。

对象不同，所采的方式不同。[1]

艺术模仿什么呢？答案似乎不言自明：艺术模仿我们周围存在的客观现实。实际上，这种回答并不确切。在《诗学》第9章中，亚里士多德明确指出，艺术不是模仿已经发生的事，而是模仿可能发生的事，即按照可然律或必然律可能发生的事[2]。也就是说，艺术不是模仿整个现实，而是模仿某种特殊的现实。在这种意义上，亚里士多德是最早提出艺术特殊对象的人。按照可然律或必然律发生的事，是体现某种一般性、普遍性和规律性的事。"艺术所摹仿的决不如柏拉图所说的只是现实世界的外形（现象），而是现实世界所具有必然性和普遍性即它的内在本质和规律"，这样，艺术比现象世界更为真实，"这个基本思想是贯串在《诗学》里的一条红线"[3]。艺术模仿要通过个别体现一般，"不能只摹仿偶然性的现象而是要揭示现象的本质和规律，要在个别人物事迹中见出必然性与普遍性"[4]。这是亚里士多德一贯的思想。他在《形而上学》和《尼各马可伦理学》中都曾指出，"经验只知道特殊，艺术才知道普遍"[5]，"那些愿意去通晓艺术善于思辨的人进而走向普遍，尽可能通晓普遍"[6]。《诗学》第25章列举了三种不同的模仿对象：

诗人既然和画家与其他造形艺术家一样，是一个摹仿者，那么他必须摹仿下列三种对象之一：过去有的或现在有的事、传说中的或人们相信的事、应当有的事。[7]

---

[1] 亚理斯多德：《诗学》，罗念生译，第3页。

[2] 同上书，第28页。

[3] 朱光潜：《西方美学史》上卷，第72页。

[4] 同上书，第73—74页。

[5] 苗力田主编：《亚里士多德全集》第7卷，第28页。"艺术"原译为"技术"。

[6] 苗力田主编：《亚里士多德全集》第8卷，第235页。"艺术"原译为"技术"。

[7] 亚理斯多德：《诗学》，罗念生译，第92页。

在同一章里，亚里士多德对这三种模仿作了解释。第一种是简单模仿自然，如欧里庇得斯，他“按照人本来的样子描写”。第二种指根据神话传说来模仿。第三种是“按照人应当有样子来描写”，如索福克勒斯。[1] 在这三种方式中，最好的是第三种，索福克勒斯一直是亚里士多德的理想的悲剧诗人，而欧里庇得斯却经常遭到他的谴责。按照事物应当有的样子来描写，就是描写按照可然律或必然律可能发生的事情。在讨论第二种模仿时，亚里士多德指出，“一桩不可能发生而可能成为可信的事，比一桩可能发生而不能成为可信的事更为可取”[2]。荷马根据神话写成的史诗是不可能发生的，在历史上不真实。然而在荷马所假定的那种情况下，他的描写又是可信的，即符合可然律或必然律。而可能发生或已经发生的偶然事件，由于不能体现出某种必然性，它就不能成为可信的。这就是第一种模仿。这样，第二种模仿就要优于第一种模仿。亚里士多德理想的创作方法是按照事物应当有的样子来描写，这对 19 世纪车尔尼雪夫斯基关于美的定义产生了直接的影响。车尔尼雪夫斯基写道：“任何事物，我们在那里面看得见依照我们的理解应当如此的生活，那就是美的。”[3]

《诗学》第 4 章还有关于模仿的一段重要论述：

> 人从孩提的时候起就有摹仿的本能（人和禽兽的分别之一，就在于人最善于摹仿，他们最初的知识就是从摹仿得来的），人对于摹仿的作品总是感到快感。经验证明了这一点：事物本身看上去尽管引起痛感，但维妙维肖的图画看上去却能引起我们的快感，例如尸首或最可鄙的动物形象。（其原因也是由于求知不仅对哲学家是最快乐的事，对一般人亦然，只是一般人求知的能力比较薄弱罢了。我们看见那些图画所以感到快感，就因为我们一面在看，一面在求知，断定每一事物是某一事物，比方说，“这就是那个事物”。假如我们从来没有见过所摹仿的对

[1] 亚理斯多德：《诗学》，罗念生译，第 94 页。

[2] 同上书，第 101 页。

[3] 车尔尼雪夫斯基：《生活与美学》，周扬译，人民文学出版社 1957 年版，第 6—7 页。

象，那么我们的快感就不是由于摹仿的对象，而是由于技巧或着色或类似的原因。)[1]

这段论述包含着丰富的内容。艺术作品能够使我们产生快感，原因在于模仿。我们在欣赏绘画时，同时在求知，即“断定每一事物是某一事物”，也就是把艺术作品和原型相比较，通过比较作出艺术评价。快感是作品和原型相吻合引起的，也就是由艺术模仿引起的。可见，艺术知觉需要有原型存在。这里的原型，就是根据可然律或必然律可能发生的事。求知使艺术具有认识作用，这符合模仿的本性，人们最初的知识就是从模仿得来的。如果我们没有见过所模仿的对象，那么，我们对绘画的快感就仅仅是由于着色、技巧等外在原因引起的。此外，从科学或伦理学的角度使人引起痛感的事物，如尸首或最可鄙的动物，对它们的艺术模仿也能使人产生快感。也就是说，描绘丑的现象的艺术作品可能是美的，自然丑可以化为艺术美。亚里士多德在《修辞学》中的一段论述可以与此相参较：

> 既然学习和惊奇是令人快乐的，那么与此同类的事物必然也是令人快乐的，例如摹仿的事物，如绘画、雕像、诗歌以及所有摹仿得逼真的作品；即便是被摹仿的原物本身并不令人愉快；因为引起愉快的并不是原物本身，而是观赏者做出的“这就是那事物”的结论，从而还学到了某种东西。[2]

亚里士多德使艺术及其内在规律成为独立自主的领域，使艺术体验和审美体验成为独立自在的领域。这是亚里士多德模仿论的特色和创新之处[3]。

---

[1] 亚理斯多德：《诗学》，罗念生译，第11—12页。原译中的“图像”改为“图画”，原译中的“那么我们的快感就不是由于摹仿的作品”改为“那么我们的快感就不是由于摹仿的对象”。参见苗力田主编：《亚里士多德全集》第9卷，第645—646页。

[2] 苗力田主编：《亚里士多德全集》第9卷，第387页。

[3] A. F. 洛谢夫：《希腊罗马美学史》第4卷，第409页。

二、悲剧过失说

《诗学》第 6 章给这部著作的主要研究对象——悲剧下了个定义：

> 悲剧是对于一个严肃、完整、有一定长度的行动的摹仿；它的媒介是语言，具有各种悦耳之音，分别在剧的各部分使用；摹仿方式是借人物的动作来表达，而不是采用叙述法；借引起怜悯与恐惧来使这些情绪得到净化。[1]

这个定义指出了悲剧的四个特征，前三个特征分别涉及悲剧模仿的对象、媒介和方式。然而，这三个特征并不是悲剧独具的特征。亚里士多德谈到，史诗也模仿严肃的行动[2]，完整、有一定长度的行动也是其他艺术模仿的对象。至于第二个特征，所谓“具有悦耳之音”的“语言”，指具有节奏和音调（亦即歌曲）的语言；所谓“分别在剧的各部分使用”，指某些部分单用韵文，某些部分则用歌曲[3]。此前亚里士多德就说过，几种艺术“都用节奏、语言、音调来摹仿”[4]。第三个特征完全不符合希腊悲剧舞台的实际。希腊演出悲剧时，“合唱队跳舞、唱歌，对剧中人表示同情，提出劝告，并向观众解释或预示后来的情节，对剧中事件的发展表示感慨”[5]。希腊的悲剧演出不仅借人物的动作来表达，而且采用叙述法。这样，悲剧的特征就剩下最后一个：“借引起怜悯与恐惧来使这些情绪得到净化。”然而，这句话又说得过于含混。据此推测，亚里士多德关于悲剧的定义已经不符合它的原貌。尽管如此，怜悯与恐惧的净化说仍然受到研究者的高度重视。它和悲剧主角的过失说是密切联系的。朱光潜认为它们是“亚理斯多德的两个极重要

[1] 亚理斯多德：《诗学》，罗念生译，第 19 页。原译“陶冶”改为“净化”，“这种情感”改为“这些情绪”。

[2] 同上书，第 17 页。

[3] 同上书，第 19 页。

[4] 同上书，第 4 页。

[5] 杨周翰、吴达元、赵萝蕤主编：《欧洲文学史》上册，第 31 页。

的关于悲剧的理论”[1]。

我们先看过失说。《诗学》第13章专门讨论了过失说。前此（第6章）亚里士多德已经指出，悲剧各种成分中最重要的是情节，“即事件的安排”，“悲剧的目的不在于摹仿人的品质，而在于模仿某个行动”[2]。“情节乃悲剧的基础，有似悲剧的灵魂。”[3]希腊悲剧的情节（剧情的内容）通常利用某些神话故事，但是也允许虚构。有些悲剧“只有一两个是熟悉的人物，其余都是虚构的；有些悲剧甚至没有一个熟悉的人物，例如阿伽通的《安透斯》，其中的事件与人物都是虚构的”[4]。

悲剧应给我们一种特殊的快感——怜悯与恐惧之情，这是由诗人的模仿，即“通过情节来产生”的[5]。在情节的安排上，悲剧不应写好人由顺境转入逆境，不应写坏人由逆境转入顺境，也不应写极恶的人由顺境转入逆境，因为这些情节都不能引起怜悯与恐惧。那么，悲剧应该描写什么呢？悲剧应该描写“与我们相似”的人，他“不十分善良，也不十分公正”，即不是好到极点的人，不过，这种人甚至宁可更靠近好人，不要更靠近一般人，“而他之所以陷于厄运，不是由于他为非作恶，而是由于他犯了过失”。[6]“过失”一词在希腊语中由hamartia表示，罗念生、缪灵珠和陈中梅译为“错误”，崔延强译为“缺陷”，我们采用朱光潜的译法“过失”[7]。荷兰学者J. M. 布雷梅（J. M. Bremer）在《亚里士多德诗学和希腊悲剧的悲剧过失》一书（阿姆斯特丹1969年版）中详细分析了从荷马到希腊化时代关于“过失”（hamartia）一词的用法，以及从中世纪到当代对亚里士多德的悲剧——过失说的研究。布雷梅指出，公元前4世纪之前hamartia一词的基本含义是“过错”，然而随后它有了“故意犯罪”的意义。布雷梅列表说明了公元前4

[1] 朱光潜：《西方美学史》上卷，第86页。

[2] 亚理斯多德：《诗学》，罗念生译，第21页。

[3] 同上书，第23页。

[4] 同上书，第29页。原译“阿伽同”改为“阿伽通”。

[5] 同上书，第43页。

[6] 同上书，第38页。引文中的“过失”原译为“错误”。

[7] 朱光潜：《西方美学史》上卷，第85页。

世纪雄辩家吕西亚斯（Lysias）、伊索克拉底、埃斯基涅斯（Aeschines）、狄摩西尼以及柏拉图和亚里士多德使用带有该词词根 hamart 的一组单词的基本含义[1]（表中数字为使用次数）：

	Hamartanein			hamartia			hamartema		
	雄辩家	柏拉图	亚里士多德	雄辩家	柏拉图	亚里士多德	雄辩家	柏拉图	亚里士多德
落空，没有达到目的	3	11	4	—	—	—	—	—	—
过失	34	37	36	5	5	29	12	11	20
犯罪	90	16	3	6	4	1	63	12	1

从这张表里可以看出，亚里士多德对这些单词的使用不仅不同于当时的雄辩家们，而且不同于柏拉图。他极少在“犯罪”的含义上使用它们。自从文艺复兴以来，学者们通常把亚里士多德的悲剧过失解释为“悲剧罪愆”(tragische schuld)。布雷梅认为这是不对的。亚里士多德并没有强调悲剧过失的道德方面。悲剧主角在道德上是一个好人，他的悲剧过失是良好愿望的意想不到的结果，不是蓄意的，而是意外的。正如罗念生在《诗学》译注中指出的那样，“指由于看事不明（例如不知对方是自己的亲属）”而犯了过失，“不是指道德上有缺点”[2]。

悲剧过失不涉及道德方面，这表明悲剧主角虽然不是尽善尽美的道德楷模，但仍然是和我们相似的有道德的人。他在不明真相或不自愿的情况下有了过失，遭受了不应遭受的厄运，他的这种“祸不完全由自取”使我们产生

[1] 布雷梅：《亚里士多德诗学和希腊悲剧的悲剧过失》，阿姆斯特丹 1969 年版，第 56 页。

[2] 亚理斯多德：《诗学》，罗念生译，第 39 页注⑤。缪灵珠则认为亚里士多德的悲剧过失既可能是“判断的过失”，又可能是“道德的过失”。见章安祺编订：《缪灵珠美学译文集》第 1 卷，第 33 页注⑱，引文中的“过失”原译为“错误”。

怜悯。例如，索福克勒斯的悲剧《俄狄浦斯》中的主人公由于“无知”弑父娶母，最后挖目自贬以赎罪。另一方面，悲剧“过失”是一个内涵丰富的概念。悲剧主角遭的祸又有几分咎由自取[1]，俄狄浦斯的莽撞是引发悲剧的原因。这样，我们才会产生因小过而惹大祸的恐惧。不涉及道德方面的悲剧过失所产生的悲剧效果，却和我们的道德评价密切相连。

三、净化说

在西方美学史上，净化说是争论时间最长、分歧最大的理论问题之一。截至 1931 年，西方研究净化说的文献已达 1425 种。在这之后，这类研究文献的数量又极大地增加了。虽然研究者们无法就净化说得出一致的结论，然而他们的研究工作从不同方面丰富了艺术知觉过程中审美体验的理论。“结果像一则尽人皆知的寓言所说的那样：一位父亲对儿子们说，果园里埋着财宝，儿子们挖遍整个果园，却什么财宝也没有找到，然而，这样一来，葡萄园里的地被掘松了。”[2] 葡萄的丰收给儿子们带来了财富。

对净化说理解的分歧，是由《诗学》第 6 章中悲剧定义的最后一句话“借引起怜悯与恐惧来使这些情绪得到净化”的含混多义所引起的。现存的《诗学》已残缺，没有关于净化的详细解释。长期以来，参与解读这句话的不仅有美学家和文艺理论家，而且有语言学家。有的注释家甚至认为，这句话中没有一个词语是容易理解的。“怜悯”与“恐惧”貌似好懂，然而亚里士多德没有说明悲剧产生什么样的怜悯与恐惧，因为并非所有的怜悯与恐惧都是悲的。正如朱光潜所指出的那样：“‘怜悯和恐惧’这短短两个词一直成为学术的竞技场，许许多多著名学者都要在这里来试一试自己的技巧和本领，然而却历来只是一片混乱。”[3] 尤其令注释家伤透脑筋的是词组“这些情绪”(toioytōn

---

[1] 朱光潜：《西方美学史》上卷，第 87 页。

[2] 斯托洛维奇：《生活 · 创作 · 人——艺术活动的功能》，凌继尧译，中国人民大学出版社 1993 年版，第 147—148 页。

[3] 朱光潜：《悲剧心理学——各种悲剧快感理论的批判研究》，张隆溪译，人民文学出版社 1983 年版，第 73 页。

pathēmatōn，朱光潜译为“这些情绪”[1]，罗念生译为“这种情感”，缪灵珠译为“这类情绪”，崔延强译为“这类情感”，陈中梅译为“这些情感”）。如果把 toioytōn 译为“这种”或“这些”，那么，“这种情感”或“这些情绪”就指怜悯与恐惧。19 世纪以前的一些语言学家们就是这样译的，20 世纪也有人如 A. 罗斯塔尼（A. Rostagni）采用这种译法。这种译法的结果是：借引起怜悯与恐惧来使怜悯与恐惧得到净化，也就是感情通过自身来净化。这种译法遭到反对者的嘲笑。反对者主张把 toioytōn 译为“类似的”。“类似的情感”或“这类情感”就不仅仅指怜悯与恐惧。例如，高乃依就认为，悲剧涤除的是悲剧中表现的所有情绪，包括愤怒、爱、野心、恨、忌妒等。亚里士多德本人确实在将怜悯与恐惧相并列时也谈到其他情感。《诗学》第 19 章的相关论述中，与怜悯、恐惧一起，提到愤怒（org）[2]。《修辞学》第 2 卷第 1 章指出：

> 各种激情是能够促使人们改变其判断的那些情感，而且伴随有痛苦与快乐，例如愤怒、怜悯、恐惧和诸如此类的其他激情，以及与它们相反的激情。[3]

在《政治学》中，亚里士多德谈道：“这种情形当然也适用于怜悯、恐惧以及其他类似情绪影响的人。”[4] 不过我们仍然认为把 toioytōn pathēmatōn 译作“这些情绪”更合适，因为亚里士多德认为，不同的艺术净化不同的情绪，悲剧引起怜悯与恐惧，又使它们净化。《政治学》第 8 卷谈到音乐净化另一种情绪，我们在下面将会论及。

为了解释净化说，很多人首先力求理解亚里士多德所说的怜悯与恐惧[5]。《修辞学》第 2 卷第 8 章专门阐述了怜悯问题，亚里士多德写道：

---

[1] 朱光潜：《西方美学史》上卷，第 87 页。

[2] 亚理斯多德：《诗学》，罗念生译，第 66 页。文中的“愤怒”原译为“忿怒”。

[3] 苗力田主编：《亚里士多德全集》第 9 卷，第 409 页。

[4] 亚里士多德：《政治学》第 8 卷第 7 章。

[5] 朱光潜的《悲剧心理学——各种悲剧快感理论的批判研究》第 5 章，陈中梅译注的亚里士多德《诗学》（商务印书馆 1996 年版）附录〈三〉论述了对怜悯和恐惧的理解。

可以把怜悯定义为一种痛苦的情感，由落在不应当遭此不测的人身上的毁灭性的、令人痛苦的显著灾祸所引起，怜悯者可以想见这种灾祸有可能也落到自己或自己的某位亲朋好友头上，而且显得很快就会发生。[1]

《修辞学》第2卷第5章专门论述了恐惧：

姑且让我们把恐惧定义为某种痛苦或不安，它产生于对即将降临的、将会导致毁灭或痛苦的灾祸的意想。人并不对一切灾祸感到恐惧，例如对将会成为不义的或蠢笨的人，而只是对那些将会导致极大的痛苦与毁害的灾祸感到恐惧，而且只在这些灾祸显得并不遥远而是近到迫在眉睫的情况下。[2]

这些论述对于理解净化固然有参考价值，然而对净化的关键论述见诸《政治学》第8卷：

音乐应该学习，并不只是为着某一个目的，而是同时为着几个目的，那就是（1）教育（2）净化（关于净化这一词的意义，我们在这里只约略提及，将来在诗学里还要详细说明）（3）精神享受，也就是紧张劳动后的安静和休息。从此可知，各种和谐的乐调虽然各有用处，但是特殊的目的宜用特殊的乐调。要达到教育的目的，就应选用伦理的乐调，但是在集会中听旁人演奏时，我们就宜听听行动的乐调和激昂的乐调。因为象哀怜和恐惧或是狂热之类情绪虽然只在一部分人心里是很强烈的，一般人也多少有一些。有些人在受宗教狂热支配时，一听到宗教的乐调，卷入狂迷状态，随后就安静下来，仿佛受到了一种治疗和净化。这种情形当然也适用于受哀怜恐惧以及其它类似情绪影响的人。某些人特别容易受某种情绪的影响，他们也可以在不同程度上受到音乐的

[1] 苗力田主编：《亚里士多德全集》第9卷，第435页。

[2] 同上书，第423页。

激动，受到净化，因而心里感到一种轻松舒畅的快感。因此，具有净化作用的歌曲可以产生一种无害的快感。[1]

对净化说的历史悠久、数量众多的研究中，有若干种有代表的观点[2]：

第一，挖掘净化的伦理学含义，认为净化的作用在于改造人的不良习性，培养道德规范。17 世纪法国新古典主义戏剧学家高乃依和拉辛，特别是 18 世纪德国美学家和戏剧理论家莱辛就持此说。希腊悲剧具有崇高的内容，它必然涉及道德方面。不过，道德作用仅仅是悲剧净化的一个方面。在上述引文中，亚里士多德还谈到净化引起的快感，以及净化和治疗的联系，即净化的心理和生理方面。强调净化的道德教育作用有其正确的一方面，然而仍不免是片面的。

第二，从医学观点解释净化，主张悲剧净化像胃净化一样，排除和宣泄灵魂中不必要的积淀，对灵魂起治疗作用，就像药物对身体起作用一样。这种观点以德国学者 J. 贝奈斯（J. Bermays）为代表，他在 1857 年发表的《关于戏剧理论的两篇论文》中对悲剧净化作了医学阐释。其实，早在文艺复兴时期，意大利学者明屠尔诺（Minturno）于 1564 年就在《论诗艺》中提出了悲剧的净化作用等同于药物的治疗作用的观点。接着，J. 弥尔顿（J. Milton）于 1671 年、T. 特瓦依宁（T. Tvayning）于 1789 年、H. 维尔（H. Weil）于 1847 年都阐述了类似的看法。这种观点的出现并不奇怪。据西塞罗记载，最先运用净化疗法的是医神阿斯克勒庇俄斯[3]。按照希腊希波克拉底的医学观点，人的健康产生于身体里四种体液的平衡，如果某种体液郁积过多，就会产生病害，但可以用医药办法去除过量的体液。这就是净化疗法。亚里

[1] 亚里士多德：《政治学》第 8 卷第 7 章。这里采用的是朱光潜的译文，见北京大学哲学系美学教研室编：《西方美学家论美和美感》，第 44—45 页。亦可参见吴寿彭译文（《政治学》，商务印书馆 1965 年版）和颜一、秦典华译文（《亚里士多德全集》第 9 卷）。

[2] 朱光潜：《悲剧心理学——各种悲剧快感理论的批判研究》，张隆溪译，第 172—192 页；A. F. 洛谢夫：《希腊罗马美学史》第 4 卷，第 193—202 页；亚里士多德：《诗学》，陈中梅译注，第 226—233 页；罗念生：《卡塔西斯笺释》（《剧本》1961 年第 11 期）；章安祺编订：《缪灵珠美学译文集》，第 31 页。

[3] 西塞罗：《论神的本性》第 3 卷第 22 章第 57 节。

士多德自认为是神医遥远的后裔，他的父亲又是名医，他本人也受了医学教育，因此他不可能不知道净化疗法。他的著作几十次提到净化的医学意义。《物理学》和《形而上学》都谈到减肥、清泄（或灌肠，即净化）和药剂是达到健康的中介 [1]。净化的医学解释在现代仍然很有影响。D. 卢卡斯（D. Lucas）、C. W. 凡・伯克尔（C. W. van Boekel）就持这种观点。弗洛伊德也从事过心理的净化治疗工作。医生通过疏泄精神病患者的情感，引导其精神状态恢复正常。这种净化疗法掀起了精神分析运动。净化的医学解释具有一定的合理内核，当然，这是指心理的净化，而不是指生理的净化。

第三，从宗教观点解释净化，“净涤”“洗涤”不洁净的心灵是宗教活动的目的。持这种观点的有 K. 策尔（K. Zell）和《诗学》的德语译者 A. 施达尔（A. Stahr）。古代希腊流行的奥菲斯教（Orpheus）主张灵魂需要净涤，它有以水净化洗身的教义。奥菲斯教的宗教神秘仪式传给毕达哥拉斯学派，柏拉图又受到毕达哥拉斯学派的影响，认为净化具有纯净和升华灵魂的作用。在罗马时期美学家西塞罗和马可・奥勒留的著作中，可以看到净化和宗教神秘仪式相联系的材料。在古代希腊还没有建立法庭的时候，每个罪人，特别是杀死亲人的罪人被认为是“不洁净的”，应该通过宗教仪式来净化这种“不洁净”。亚里士多德的净化术语无疑具有神秘宗教的起源，但是亚里士多德作为一个理性的哲学家，已经远离这种古老的起源。他在《诗学》中追溯悲剧的起源时，淡化了它的宗教背景，没有赋予净化术语的宗教起源以重要的意义。

第四，《诗学》的英译者、著名的亚里士多德研究者 S. H. 布切尔（S. H. Butcher）把净化看作一种审美快感，认为希腊美学评价艺术作品时首先从道德观点出发，而亚里士多德偏离了这种传统，把接受者观照艺术作品所获得的审美快感放到首位。他由此得出结论说：亚里士多德“是第一个设法把美学理论和伦理理论分开的人。他一贯地主张诗的目的是一种文雅的快感” [2]。实际上，亚里士多德并没有忽视艺术的教育功用。他在《政治学》

[1] 苗力田主编：《亚里士多德全集》第 2 卷，第 38 页；第 7 卷，第 111 页。

[2] 布切尔：《亚里士多德的诗与艺术的理论》，纽约 1951 年第 4 版，第 238 页。采用朱光潜的译文，见朱光潜《西方美学史》上卷第 83 页。

中论述音乐净化时，列举了音乐的目的：（1）教育，（2）净化，（3）精神享受。这里就把教育功用摆在第一位。

上述四种观点尽管有各自的片面性，然而对我们理解净化说仍然有帮助。综合《诗学》中关于悲剧净化和《政治学》中关于音乐净化的论述，我们认为，艺术净化就是通过艺术作品，舒缓、疏导和宣泄过分强烈的情绪，恢复和保持心理平衡，从而产生一种快感即美感。不同的艺术能够净化不同的情绪。悲剧净化怜悯和恐惧，产生悲剧的快感。宗教音乐净化迷狂的情绪，产生音乐的快感。艺术净化的快感又不同于艺术模仿的快感和艺术作品的技巧或着色所引起的快感。亚里士多德对审美快感的分析是很仔细的。

值得注意的是，朱光潜在1933年用英文撰写的博士论文《悲剧心理学》第10章就对亚里士多德的净化说作了精彩的分析。第一，在讨论净化的对象时，朱光潜区分出悲剧所表现的情绪和悲剧所激起的情绪。悲剧表现的情绪是悲剧人物感受到的，悲剧激起的情绪则是观众感受到的。例如，悲剧《奥赛罗》表现的情绪是嫉妒和悔恨，但是观看这部悲剧的观众所感到的情绪却是怜悯和恐惧。悲剧中受到净化的情绪是怜悯和恐惧，而不是嫉妒、悔恨、野心等情绪。

第二，在讨论净化的本质时，朱光潜区分出情绪和对应于这些情绪的本能潜在的能量。情绪与本能密切相关，产生一种情绪时，必定有一种对应的本能在起作用。怜悯和恐惧不是心中随时存在的具体事物，它们只有在某种客观事物的刺激之下才会出现。在刺激产生之前，它们只具有本能的潜在性质，这类潜在性质在适当的时候可以使人产生一定的情绪。例如，怜悯只有在面对值得怜悯的对象时才会产生。人不能总是用哭泣来表现悲伤，用笑来表现欢乐。本能冲动被压抑后，其潜在能量就会郁积起来，对心灵造成痛苦的压力，甚至会引起各种精神病症。但是，压抑一旦排除，郁积的能量就可以畅快地排出，从而产生轻松的快感。净化的本质是情绪的缓和，实际上得到疏导的是本能潜在的能量。“于是，亚里士多德那段有名的话就等于说：悲剧激起怜悯和恐惧，从而导致与这些情绪相对应的本能潜在能量的宣泄。”[1] 朱光潜对净化说作了美学和心理学的分析。

亚里士多德只谈到悲剧和音乐的净化，其实，其他艺术也有净化功用。例如，净化表现在哥特式“建筑艺术从沉重、惰性的石头中取得”的那种“轻盈、飘渺和清澈”中[2]。不仅在艺术知觉过程中，而且在艺术创作过程中存在着净化。艺术史上很多例证表明，一些艺术家在强烈的情绪的驱动下从事创作，创作完成后会有摆脱重荷的轻松。除了感知艺术作品外，审美地感知自然、社会现象、人的外貌和行为也能产生净化。净化为任何一种审美体验所固有。在艺术功用系统中，净化功用和补偿功用相互毗邻、相互转化。补偿功用指知觉者从艺术那里补充了精神上不存在的东西，是潜意识愿望的满足，净化功用则是现存的、压抑精神世界的那些东西的释放。亚里士多德提出的净化说极大地丰富了审美知觉和艺术创作理论。

四、喜剧

《诗学》第 5 章对喜剧下了一个影响深远的定义：

> 喜剧的摹仿对象是比一般人较差的人物。所谓“较差”，并非指一般意义的“坏”，而是指具有丑的一种形式，即可笑性（或滑稽）。可笑的东西是一种对旁人无伤，不至引起痛感的丑陋或乖讹。例如喜剧面具虽是又怪又丑，但不至引起痛感。[3]

这条定义不仅适用于喜剧，而且适用于喜的现象。亚里士多德第一次把喜作为审美范畴提出来。喜的本质是丑陋乖讹和对旁人无伤、不引起痛感这两者之间的统一。喜产生的快感是笑。喜使我们产生审美愉悦，不仅由于我们看到丑陋乖讹的现象，而且因为我们不知不觉地把自己和“较差的人物”进行对比，感受到自身的价值，或者说，感到自身的优越。“可笑性”是对臆

[1] 朱光潜：《悲剧心理学——各种悲剧快感理论的批判研究》，张隆溪译，第 180 页。

[2] 列·谢·维戈茨基：《艺术心理学》，周新译，上海文艺出版社 1985 年版，第 317 页。

[3] 亚里士多德：《诗学》，1449a3—35。采用朱光潜的译文，见朱光潜《西方美学史》上卷第 91 页。

造的价值的揭穿，它本身成为一种人类价值[1]。亚里士多德关于喜的定义是深刻的。另外，亚里士多德关于喜的定义中还提到丑，把喜看作丑的存在形式。西方美学在19世纪中叶以后把丑归入审美领域。亚里士多德所说的丑虽然不是一般的丑，只是喜中的丑，然而他“把‘丑’作为一个审美范畴提出”，表明了丑在审美理论和艺术实践中都占有一席之地。“喜剧里不但摹仿的对象丑（人物），而且摹仿的成品（面具）也丑。这种丑的存在却不妨碍人把喜剧作为艺术来欣赏。”[2]

亚里士多德在《修辞学》中指出：“关于可笑的东西，我们在《诗学》中已经作了规定。”[3]可是后人在《诗学》中并没有发现这些论述。现存法国国家图书馆、编号为MS120的《科斯林抄本》（*Tractatus Coislianus*）阐述了喜剧理论，有的研究者把它当作失传的《诗学》第2卷的摘要。虽然此说无法证实，然而抄本原作者无疑受到亚里士多德或亚里士多德学派成员的喜剧理论的影响。抄本原作者姓名和生卒年代不详，之所以被称为《科斯林抄本》，是因为它由法国人科斯林（Coislin）收藏，抄本成文年代约在10世纪初，亦说在11—12世纪。《科斯林抄本》后被译成多种文字。

《科斯林抄本》援引了亚里士多德关于喜剧的定义：

> 喜剧是对于一个可笑的、不顺利的、有一定长度的行动的模仿；它的各部分的形象中是表演的东西，而不是叙述的东西；表演的东西借引起快感和笑来使这些情绪得到净化。笑是喜剧之母。[4]

这个定义和《诗学》第6章的悲剧定义在结构上非常相似。喜剧和悲剧的基础都是模仿，都具有一定的长度，同样借人物的动作来表达，而不采用叙述法，也都具有净化功用。不同的地方仅仅在于，悲剧模仿“严肃的”行动，

[1] 参见列·斯托洛维奇：《审美价值的本质》，凌继尧译，中国社会科学出版社1984年版，第138页。

[2] 朱光潜：《西方美学史》上卷，第91页。

[3] 亚里士多德：《修辞学》，1372al。

[4] 《科斯林抄本》第2章。

喜剧模仿“可笑的、不顺利的”行动；悲剧通过“怜悯和恐惧”实现净化，而喜剧通过“快感和笑”实现净化。《科斯林抄本》中的喜剧定义没有提到我们在上面引用的《诗学》第5章对悲剧下的定义。不过，《科斯林抄本》随即补充说：“笑产生于行动，产生于欺骗，产生于未曾有的、可能的和乖讹的事件，产生于意外的事件。”[1]

《诗学》第6章指出了悲剧的六个成分，《科斯林抄本》则指出了喜剧的六个成分：情节、性格、思考、言词、歌曲和戏剧情景。情节是可笑的事件的安排，性格是可笑的、讽刺的、招摇撞骗的。思考包括两个方面：思想和信念。由此可见，喜剧成分和悲剧成分在结构上是相同的。喜剧不是无思想的，不是粗俗的插科打诨，它和悲剧一样，应该表现性格和思想。性格和思想与情节一起，是喜剧的基本成分。

《科斯林抄本》把喜剧分为四个段落：开场、场、退场和合唱部分。开场是歌队进场前的整个部分，场是两支完整的歌之间的整个部分，退场是最后一支歌之后的整个部分，合唱部分则是歌队唱的歌。《科斯林抄本》对喜剧段落的划分，和《诗学》第12章对悲剧段落的划分如出一辙。

五、史诗

《诗学》第26章对史诗和悲剧的比较研究并不成功，然而，作为《奥德赛》和《伊利亚特》的杰出鉴赏家，亚里士多德对这两部史诗及其作者荷马的评价却涉及一系列美学问题。对于荷马，亚里士多德抱有深深的敬意。他十分熟悉荷马的著作，需要引用时随手拈来，而又恰到好处。

《奥德赛》第13卷描述俄底修斯乘坐的船被冲上岸，水手们把他移到岸上，然后乘船而去，俄底修斯却一直酣睡未醒[2]。亚里士多德认为这是不可能发生的事，然而“荷马却用他的别的特长加以美化，把这事的荒诞不经

[1] 《科斯林抄本》第3章。

[2] 荷马:《奥德赛》12.70—125。见《奥德赛》中译本，陈中梅译，第239页。

掩饰过去了”[1]，这表明“一桩不可能发生而可能成为可信的事”[2]，仍然是艺术应该描写的对象。合情合理的不可能就是“把谎话说得圆”，这主要是荷马教给其他诗人的，其方法就是“利用似是而非的推断”[3]。假如第一件事情存在，那么第二件事情就会存在，因此，人们就会认为：既然第二件事情存在，那么，第一件事情也会存在。亚里士多德在《诗学》第 24 章中举了《奥德赛》中洗脚一幕的推断。伪装乞丐的俄底修斯在洗脚之前告诉他的妻子珀涅罗珀，他从前很富有，曾经款待过俄底修斯。为了证实这件事，他提到俄底修斯当时穿的衣服[4]。珀涅罗珀知道他所说的关于衣服的事是真的，因此作出错误的推断，认为这个乞丐一定见过俄底修斯。在荷马那里，A 等于 B，B 就等于 A。这当然是个逻辑错误。然而，亚里士多德认为，这种逻辑错误并不妨碍艺术创作和艺术效果。

《诗学》第 8 和 23 章论述了史诗的行动整一性。史诗的情节应该像悲剧的情节那样，围绕一个整体的行动，有头，有身，有尾，从而像一个完整的有机体，给我们以特别的快感。行动的整一性要求史诗不描绘偶然的事件，而描绘本质的事件，即按照可然律或必然律从情节中产生出来的事件。与其他诗人相比，“惟有荷马在这方面及其他方面最为高明”[5]，亚里士多德甚至称荷马“像神一样”[6]，有幸受亚里士多德如此赞誉的仅有荷马一人。《伊利亚特》只取历时十年的特洛伊战争中最后一年中五十天左右的故事（阿喀琉斯的愤怒及其后果）作为核心，这个核心是整一的。荷马把十年战争中的其他故事穿插其中，从而以五十天的故事表现十年战争的全貌。《奥德赛》也是围绕俄底修斯回家“这种有整一性的行动”展开的，并没有把俄底修斯的每一个经历，例如他在帕耳那索斯山上受伤、在远征军动员时装病都放到主

[1] 亚理斯多德：《诗学》，罗念生译，第 91 页。

[2] 同上书，第 89 页。

[3] 同上。

[4] 荷马：《奥德赛》19.164—307。

[5] 亚理斯多德：《诗学》，罗念生译，第 27 页。

[6] 亚里士多德：《诗学》，1459a31。“thespesios”字面意思为“神似的”，中译本译为“出类拔萃”“高人一等”“超凡入圣”等。

要情节里，而只是把这些经历作为穿插情节来描写。

亚里士多德重视荷马语言的隐喻风格。所谓隐喻，指“用一个表示某物的词借喻它物”，其应用范围包括以属喻种和以种喻属等[1]。《诗学》第21章以《奥德赛》和《伊利亚特》的语言为例证进行分析：

> 借“属”作“种”：例如“我的船停此”，“泊”是“停”的一种方式。
>
> 借“种”作“属”：例如“俄底修斯曾作万件勇敢的事”，“万”是“多”的一种，现在借来代表“多”。[2]

在《修辞学》第3卷中，亚里士多德也论述了荷马对隐喻的运用，从而“把无生命的事物描写成有生命的事物”[3]。这样的句子有：“那无耻的石头又滚下平原”，“那枝箭在飞”，“那枝箭急急地飞”，“（那些长枪）栽进了土地，依然想要吃肉”，“那枪尖迫不及待地刺穿了他的胸膛”。[4] 在这些句子中，无生命的事物似乎有了生命，从而显出了现实性。

亚里士多德对荷马的崇敬和爱戴，是希腊文化史和美学史上的重要现象。他不仅热爱荷马，而且热爱荷马史诗中描绘的奥林匹斯和奥林匹斯上的诸神。奥林匹斯是马其顿的特萨勒边境上的一座高山，被厚厚的云层所守护。对于亚里士多德来说，那是美的、永恒的、幸福的家园。在《论宇宙》中，他引用了荷马的《奥德赛》中的诗句：

> 奥林匹斯，人们说那是诸神的居所，
>
> 永远安全和牢固；
>
> 无疾风袭击，亦无雨水浇淋，

[1] 亚里士多德：《诗学》，陈中梅译注，第149页。

[2] 亚理斯多德：《诗学》，罗念生译，第73页。

[3] 苗力田主编：《亚里士多德全集》第9卷，第521页。

[4] 分别见《奥德赛》11.598和《伊利亚特》13.587、9.126、11.574、15.542。

雪不飘落在附近，万里无云；
只有以太缭绕，
闪耀着透亮的光明。[1]

第五节 修辞学理论和音乐理论

除了诗学理论外，修辞学理论是亚里士多德着力研究的另一个领域。亚里士多德并没有专门研究音乐（他的许多学生对音乐作了研究），然而作为一个希腊哲学家，他对音乐感兴趣，因为希腊哲学家都认为音乐是哲学的一个组成部分。

一、修辞学理论

亚里士多德的修辞学由希腊语 rhetorike 表示，指的是演说艺术，亦可译为“雄辩术”，而不是现代意义上作文的艺术。修辞学家就是演说家。亚里士多德的《修辞学》一书专门阐述了修辞学理论，他把修辞学定义为“在每一事例上发现可行的说服方式的能力”[2]。修辞学的目的是说服人。

在希腊社会生活中，修辞学有着广泛的用途。赋税的征收、战争与和平、疆土的防卫、进口与出口，以及立法方面的事务都是修辞学家所游说的内容。修辞学按照应用范围可以分为三种：议事修辞学对未来的事情进行劝说或劝阻，力陈提议的利或弊，推动或阻止提议的实施，这适用于私人场合或公众场合；法庭修辞学对过去的事进行控告或辩护，达到公正或不公正的目的；展示性（epideiktikon）修辞学对现在的事情进行赞颂或谴责，赋予当事人以荣誉或耻辱。

修辞学的说服论证有三种形式，“第一种在于修辞学家的品格，第二种在于使听者处于某种心境，第三种在于借助证明或表面证明的论证本

[1] 亚里士多德:《论宇宙》，400a10—14。荷马的诗句见《奥德赛》6.42—45。
[2] 苗力田主编:《亚里士多德全集》第 9 卷，第 338 页。

身”[1]。从美学的角度看，这三种形式分别涉及修辞学家的人格修养、修辞学听众的接受心理和修辞学的风格问题。

（一）修辞学家的人格修养

修辞学的目的在于说服人，而修辞学家的品格具有重要的说服力量。亚里士多德认为，修辞学家使人信服要依靠三种素质，即明智、德行与善意[2]。这就是修辞学家的人格修养。修辞学家如果缺乏明智，就不能形成正确的意见；即使有了正确的意见，由于心地邪恶，也不说出其意见。如果缺乏善意，修辞学家有可能不把自己最好的识见作为劝说提出来。

对于修辞学家的三种素质，亚里士多德作了具体说明。德行是“能够提供和保存诸善，而且是一种可以在诸多事情或最重大的事情上，以及在一切方面的一切事情上带来好的效果的能力”[3]。德行的组成成分是公正、勇敢、节制、大方、大度、慷慨及和蔼等。德行必然对其他人有用处。公正在和平期间对人有用，每个人通过它拥有自己合法的份额，不公正则是不合法地侵占他人的份额。勇敢在战争期间对人有用，人们通过它在危险之际做出高尚的业绩。通过节制，人们把身体的快乐控制在法律允许的范围之内。慷慨之人乐善好施。明智是头脑或思想的德行，凭借它，人们对善和恶能有贴切的见解，从而增进各自的幸福。善意是这样一种心意，“据此人们把拥有善意的人说成是对某些有所需求的人提供了帮助的人，而且这种帮助不图任何回报，也不想为帮助者本人带来某种好处，而仅仅为被帮助的那人着想”[4]。如果是为了回报才帮助别人，或者善举不过出于偶然或被迫无奈，这就谈不上善意。具有这三种素质的修辞学家能够使别人信服，因为在所有事情上我们都更多和更愿意依赖好人。亚里士多德在这里谈的实际上是艺术家的德和艺、人品和文品的关系问题。

[1] 苗力田主编:《亚里士多德全集》第9卷，第338页。引文中的“修辞学家”原译为“演说者”。
[2] 同上书，第409页。
[3] 同上书，第372页。
[4] 同上书，第433页。

（二）听众的接受心理

修辞学家的人格修养是修辞学产生效果的必要条件，但不是充分条件，充分条件还包括听众的接受心理。朱光潜指出："亚里士多德也是心理学的祖宗，无论是在《诗学》里还是在《修辞学》里，他随时随地都在进行心理的分析，特别是考虑重要问题， 都从观众心理着眼。"[1] 在讨论悲剧过失说和净化说时，亚里士多德分析了观众的心理；在讨论修辞学的效果时，他又分析了听众的心理。

修辞学家的演说针对不同的听众，听众的情绪对演说的接受产生直接的影响，因为听众在友爱之中与在仇恨之中、在愤怒与温和的情绪下对演说的判断绝不相同。因此，修辞学家应该针对不同听众的心理，有的放矢调动他们的情绪。亚里士多德分析了不同年龄和不同社会地位的人的心理特点。

年轻人精力旺盛，热情冲动，追求超越，易于相信别人，因为他们还没有受过太多的欺骗。他们满怀希望，期待未来而不眷恋过去，因为来日方长，去日尚短。他们热爱名誉胜于热爱钱财。他们满怀激情，无所畏惧，志向远大。他们的一切错误都起因于过分和过激，他们做一切事情都有过之而无不及，爱人爱得太深，恨人也恨得太过。老年人与此相反，他们活过许多岁月，受过太多的欺骗，自己也做过许多事情。他们疑虑重重，畏畏缩缩，显得冷漠。他们不慷慨，因为深知财物来得艰难，去得却容易。他们靠记忆而不是靠希望为生，在追忆往昔中感到快乐。他们显得很有节制，欲望已经衰退，而且是得失的奴隶。他们总是满腹牢骚，缺乏机智风趣。中年人的性情介于上述两种人之间。他们既无太大的胆量，亦无过度的恐惧，既不吝啬也不挥霍。他们的节制中有勇敢，勇敢中又有节制。凡是在青年人和老年人那里过度或不及的东西，都能在中年人那里居中得宜。贺拉斯在《诗艺》中对青年、中年和老年三种年龄性格特点的分析和亚里士多德相似，他很可能受到亚里士多德的影响。但是，亚里士多德的着眼点在于修辞学对听众的效果，而不是像贺拉斯那样，要求文艺按照不同年龄的类型特点描绘人物的性格。

---

[1] 朱光潜:《西方美学史》上卷，第 90 页。引文中的"亚里士多德"原文为"亚理斯多德"，"《修辞学》"原文为"《修词学》"。

出身、财富和权力也会对人的心理和性格产生影响。出身高贵的人热爱名誉。有时候只要家族优良，就能在一定时期内产生出卓越的人，但随后又开始退化。资质聪颖的家族可能蜕变出疯狂的情性，意志沉稳的家族则易蜕变出愚蠢和懒惰的情性。富人容易奢纵和炫耀。亚里士多德对暴发户的心理做了入木三分的描绘：

> 不过新发财的富人跟由来已久的富人在性情上还是有差别的，其差别在于新富或暴发户具有全部甚至更多更坏的恶德，新富就好比是在财富方面的缺乏教育。[1]

与富人相比，当权者更加爱名也更勇敢。他们更有尊严，这种尊严是一种温和的经过了文饰的威风。听众的心理是修辞学家研究的重要对象。

（三）修辞学的风格

《修辞学》第 3 卷论述了修辞学的风格。亚里士多德所说的修辞学的风格指用语和演说各部分的安排[2]。他所要求的风格的第一个特点是明晰。所谓“明晰”，就是要自然流畅，不露痕迹，用语不流于粗俗，也不能过于高雅，而应恰到好处。演说不能含混不清，不能矫揉造作，要少用奇词异字、复合字和生造字，多用转义字、本义字和规范字。“转义或隐喻最能使风格变得明晰”[3]，不过隐喻必须用得恰当，应该“取材于在声音上、在表达能力上、在视觉上或在其他某种感觉上显得优美的那些词汇”[4]。明晰不同于呆板。亚里士多德分析了造成呆板的四种原因：一是使用各种复合字，例如吕科弗朗所说的“有‘高耸峰顶’的地上的‘多重面目’的天”。二是使用奇词异字，例如阿尔喀达马斯所说的“在他内心的尖怒上砥磨过的”。三是不适宜地使用附加词，例如把“在跑”说成“灵魂发动的飞奔”。四是不恰

[1] 苗力田主编:《亚里士多德全集》第 9 卷，第 452 页。

[2] 同上书，第 493 页。

[3] 同上书，第 498 页。引文中的“风格”原译为“用语”。亚里士多德所说的“风格”（lexis）字面含义为用语、说、词语结构。

[4] 同上书，第 500 页。

当地使用隐喻。如果隐喻关系转得太远，意思就会含混不清，例如高尔吉亚所说的“浅绿色的、没有血色的事件”。[1]

亚里士多德所要求的风格的第二个特点是纯正。纯正的希腊语是风格的本原或基点。这种纯正表现在五个方面：一是连接词的使用，应当按自然顺序排出它们的先后。二是应当使用专名而不是通名。三是避免模棱两可的用语。四是区分名词的种类，如普罗泰戈拉那样，把名词分为阳性、阴性和无生命的中性。五是正确地表示名词的多数、少数与单位。

明晰和纯正并不意味着枯燥和冷漠。风格应该能够表现丰富的感情、多样的性格和五彩的现实，关键在于和题材相协调。亚里士多德写道：

> 风格若是能表达情感和性情，并且与事实载体或题材相比之下显得协调，就称得上适当。风格与题材之间成比例是指，对很有分量的事情不能随随便便，对大可不了了之的事情不能一板一眼，而且对十分寻常的字眼不能刻意雕饰，否则就会显得像是喜剧的风格。[2]

这里所说的“适当”是亚里士多德所要求的风格的第三个特征。“适当”在希腊语中是prepon，在亚里士多德的著作中多次出现。它在希腊美学，特别是希腊化时期和罗马美学中是一个技术术语，然而在亚里士多德那里却具有审美意义。《诗学》第22章在论述了衍体字、缩体字和变体字后指出，“适当的使用上面所说的各种字以及双字复合字和借用字是很重要的事”[3]。《论题篇》第5卷更是明确指出，“美和适当是同样的”[4]。对于风格的适当特点，《修辞学》中还有一段更加清楚的说明：

> 风格表达激情或情感，要是谈到暴虐的行径，就应有愤怒的措

[1] 苗力田主编：《亚里士多德全集》第9卷，第501—503页。

[2] 同上书，第508页。引文中的“风格”原译为“用语”，“适当”原译为“得当”。明晰、纯正和适当是亚里士多德所要求的风格特点，这也是希腊风格的特点。

[3] 亚理斯多德：《诗学》，罗念生译，第81页。

[4] 亚里士多德：《论题篇》，135a13。

辞；要是谈到不恭敬或可耻的行为，措辞就应显出难堪和谨慎；要是谈到可赞颂的事物，就应有喜悦的措辞；要是谈到可怜悯的事物，就应有感伤的措辞；其余各类情况皆可依此类推。[1]

二、音乐理论

亚里士多德把音乐称作模仿艺术。不过，它的模仿对象和其他艺术不同，它模仿人的心理过程，即性情。《政治学》第 8 卷写道：

> 节奏和曲调模仿愤怒和温和、勇敢和节制以及所有与此相反的性情，还有其他一些性情。[2]

其他艺术不直接模仿人的内心世界，只模仿人的内心世界的外在表现。“形象和颜色这类派生的视觉印象并不是与性情相同的东西”，它们模仿的只是性情的表征，即激情的状态。然而，“旋律自身就是对性情的模仿”。[3] 各种曲调本性迥异，人们在欣赏每一支乐曲时心境也就迥然不同。例如，吕底亚式令人悲郁，多利亚式令人神凝气和，佛律癸亚式令人热情勃发。由于“音乐的旋律和节奏可以说与人心息息相通”[4]，人的灵魂就是一支旋律，或者说人的灵魂蕴藏着旋律，所以，音乐对灵魂和性情能产生特殊的影响。在这种意义上，亚里士多德把直接模仿心理的音乐称作真正的模仿艺术。其他艺术只是间接的模仿，它们通过人的外部形象模仿内心状态。

除了音乐模仿的特征外，亚里士多德还论述了音乐知觉的特征。我们通过听觉来接受音乐，听觉不同于其他感官的知觉。亚里士多德的《问题集》第 19 卷专门讨论了音乐方面的问题，共有 50 节。其中第 27 节写道：

---

[1] 苗力田主编:《亚里士多德全集》第 9 卷，第 508 页。引文中的“风格”原译为“用语”。

[2] 同上书，第 280 页。

[3] 同上。

[4] 同上书，第 281 页。

为什么在感觉到的东西中，只有听到的才具有品性[1]？因为音乐虽无文字，却有品性，但颜色、气味和味道却没有。是因为，只有声音才有运动吗？当然，不是指在我们之中引起的那种运动，因为这样的运动也存在于其他感官中，例如颜色就使视觉器官运动；而是指我们感觉到的、跟随着如此这般的声音而发生的运动。这种运动在节拍上和高低音的排列次序上都类似于品性，但不是在混合上相似。[2]

听觉不同于视觉、嗅觉、触觉和味觉，它具有伦理属性，其他感觉则没有这种属性，原因在于声音产生运动。这不是指声音使听觉器官产生的那种运动，因为颜色也使视觉器官产生运动，而是指声音对我们听觉器官的作用，和听觉感受对我们心灵的作用几乎是一样的。正是在这种意义上，听觉具有伦理属性。这使音乐在整个艺术中占有一种特殊的地位。《问题集》第 19 卷第 29 节对音乐感觉的这种特征作了进一步说明：

为什么只有声音的节奏和音调相似于品性，气味不像，颜色和味道也不像？因为它们是运动，就像行为是运动一样吗？活动是有品德的，且造就品性，但气味和颜色却不造成同样的效果。[3]

音乐最擅长模仿人的心理，能对人的心理产生最强烈的影响。亚里士多德把音乐和人的心理紧密地联系在一起，这在美学上具有重要的意义。一切事物和对象都处在永恒的生成和消亡、发展和变化中。不过，这些事物和对象又都具有某种相对的稳定性、明确性和有序性。音乐的特点在于描绘永恒的生成和消亡过程，描绘这种纯粹的时间过程。其他艺术也以这种时间过程为基础，否则，它们就是呆滞的、僵死的。然而，其他艺术如绘画必然描绘某种稳定的、明确的、有序的形象，也就是描绘处在时间过程中的相对固定

[1] “品性”的原文是 ethos，指道德、伦理属性。

[2] 苗力田主编:《亚里士多德全集》第 6 卷，第 388 页。

[3] 同上书，第 389 页。

的事物和对象，而不像音乐那样描绘纯粹的时间过程本身。人的心理中存在着某些固定的形象、表象和概念，但这不是心理本身。亚里士多德所理解的人的心理是一种过程，用现代学者威廉·詹姆士（William James）的话来说，是一种“意识流”。音乐描绘人的心理的运动、生成和变化过程，描绘“意识流”。亚里士多德的音乐理论区分了意识流和处在意识流中的事物，即意识的对象[1]，这是他对希腊美学的重大贡献。

第六节 其他艺术理论

和其他希腊美学家一样，亚里士多德对艺术作广义的理解，包括技艺、科学和现代意义的艺术。亚里士多德把人类活动分为三种：理论活动（认识和观照）、实践活动和创制活动。相应地，知识有三种：理论知识，包括第一哲学（形而上学）、数学和物理学；实践知识，包括政治学和伦理学；创制知识，包括诗学和修辞学。创制活动指人工制作的活动，艺术和技艺都属于创制活动。在《形而上学》第1卷第1章中，亚里士多德指出科学和艺术都以经验为基础，“人们通过经验得到了科学和艺术”[2]。艺术和技艺的共同性以及艺术和科学的共同性使得“艺术”一词在亚里士多德那里获得多义性。不过，亚里士多德仍然试图界定艺术不同于科学和技艺的特点。

一、对艺术的界定

我们先看艺术和技艺的区别。亚里士多德认为，手艺人（工匠）做事情只凭经验和习惯，只知其然，而不知其所以然。艺术家虽然也以经验为基础，但是他们对经验进行了加工和概括。他们之所以比手艺人更加智慧，并不在于实际做事情，而是由于懂得道理，知道原因。在这里，亚里士多德强调了艺术和普遍规律的联系。实际上技艺也具有普遍的规律和方

[1] A. F. 洛谢夫：《希腊罗马美学史》第4卷，第557页。

[2] 苗力田主编：《亚里士多德全集》第2卷，第27页。原译“技术”改为“艺术”。

法，亚里士多德对此作否定是错误的。从他对艺术和技艺的界定中，可以看出他对技艺的轻视。在他看来，技艺是奴隶所从事的工作，而艺术是自由民所从事的工作。他从奴隶主阶级的立场出发，特别贬低没有技能的纯体力劳动，认为这是粗活。柏拉图则坚决主张，画家画的桌子要远远低于木匠做的桌子。与此相反，亚里士多德强调自由民不应该“从事任何工匠的贱技”[1]。

在《政治学》中为儿童教育立法时，亚里士多德明确把技艺说成非自由人的事务：

> 有一点很清楚，就是儿童应该学习种种必需的和实用的事务，但还不是全部实用的事务，因为它们明确分为自由人的和非自由人的两类，儿童们只能从事工匠们不能从事的有关实用事务。任何工作、艺术和学识倘若使得自由人的身体和思想不适合于德行的运用和实行，都应认为与工匠的营生同类。[2]

我们再看亚里士多德对艺术和科学的界定。亚里士多德把科学看作逻辑论证的系统，他在《尼各马可伦理学》第 6 卷中给科学下了一个严格的定义：

> 我们全都认为，科学地认识的东西是不可改变的，而可改变的东西既处于考察之外，那也就无法知道它们是存在还是不存在。凡是出于必然的东西，当然能被科学地认识，当然是永恒的东西。而凡是出于必然而存在，当然完全无条件是永恒的。而永恒的东西既不生成也不灭亡。[3]

[1] 苗力田主编:《亚里士多德全集》第 9 卷，第 374 页。

[2] 同上书，第 272 页。引文中的“艺术”原译为“技术”，“德行”原译为“德性”。

[3] 苗力田主编:《亚里士多德全集》第 8 卷，第 123 页。

科学的对象是永恒的、必然的东西。艺术的对象与此不同，“一切艺术都和生成有关，而进行艺术的思考就是去审视某些可能生成的东西怎样生成。它可能存在，也可能不存在。”[1]艺术的对象不是纯粹的现实，而是一种可能的存在，是一种生成。亚里士多德所理解的生成具有一定的结构特征，那就是完整的行动。于是，艺术的真正对象就是作为一种可能性的完整的行动。《诗学》第 8 章批评了某些诗人没有模仿完整的行动的错误：

> 有人认为只要主人公是一个，情节就有整一性，其实不然；因为有许多事件——数不清的事件发生在一个人身上，其中一些是不能并成一桩事件的；同样，一个人有许多行动，这些行动是不能并成一个行动的。那些写《赫拉克勒斯》、《忒修斯》以及这类诗的诗人好像都犯了错误；他们认为赫拉克勒斯是同一个人，情节就有整一性。[2]

完整的行动或整一性的行动要求各种行动之间具有必然的或可然的联系。在这方面，亚里士多德赞扬了荷马，他的《奥德赛》和《伊利亚特》就是按照情节的整一性构成的。关于这一点，我们在第四节的史诗部分已经讨论过。

二、艺术和审美

亚里士多德对艺术和审美的关系作过零散的论述，这些论述令人感兴趣。《政治学》第 8 卷第 3 章写道：

> 儿童们的教育中包括一些实用的课程，例如学习读写，但并非仅仅为了实用，而是为了通过它们得以步入更加广阔的知识天地。同样，学习绘画也并非为了在私下的交易中不致出差错；或者在各种器物的买

[1] 苗力田主编:《亚里士多德全集》第 8 卷，第 124 页。引文中的“艺术”原译为“技术”。

[2] 亚理斯多德:《诗学》，罗念生译，第 27 页。引文中的“赫拉克勒斯”原译为“赫剌克勒斯”。

或卖中不致上当受骗，而毋宁是为了增强对于形体的审美能力。[1]

“增强对于形体的审美能力”译法不妥，因为在希腊还没有出现“审美”的术语。这句话据原文应译为“培育确定形体美的眼睛”。但两者的含义是相似的。艺术不涉功利，不为实用，绘画的目的是增强对于形体美的知觉能力。有无审美能力是人和动物的根本区别之一。人先天具有审美的潜能，这是人的感官长期进化的结果，但是潜能的实现有赖后天的培育。在《尼各马可伦理学》第6卷第5章中亚里士多德指出，艺术和实践不同，“良好的实践本身就是目的”[2]。艺术是没有目的的，即没有实用的、功利的目的，但是艺术有自身的和谐、节奏和规定性，艺术中的一切都是合目的性的，所以艺术是没有目的的合目的性。这是亚里士多德所理解的艺术的特征，也是他所理解的美的特征。

视觉和听觉作为审美感官为人所独有。《尼各马可伦理学》第3卷第10章谈到，一个人在聆听音乐和歌剧、观看图像和绘画时，会产生快感。这种快感不涉利害，与欲望无关，因此是一种审美的快感。人的快感一旦和欲望相联系，比如佳肴的香气所产生的快感，就只是生理上的快感，而不是审美的快感。动物的快感没有审美意义，它仅仅和生理欲望相连接。“公牛的叫声也不会使狮子感到快乐，只有在吞咽的时候它才感到快乐。”[3]

在《优台谟伦理学》第3卷第2章中，亚里士多德描述了审美快感的直觉性和强烈的情感性。一个人看到漂亮的雕塑、听到美妙的歌声时，就像“那些被海妖们的歌声迷住了的人”一样[4]，这些感觉是动物所没有的。虽然动物的感觉比我们灵敏，但“和谐和美”“美好的东西”“悦耳的音乐”不能使动物产生审美快感。

《政治学》第3卷第11章也论述了艺术和美的关系。

[1] 苗力田主编:《亚里士多德全集》第9卷，第275页。

[2] 苗力田主编:《亚里士多德全集》第8卷，第125页。

[3] 同上书，第65—66页。

[4] 同上书，第393页。

> 贤良之人之所以出类拔萃，就在于每人都集众人之长于一身，恰如被称为美的事物胜于不美的事物，艺术的产物胜于真实的事物，因为它们汇集孤立存在的要素于一体，尽管分开来看，一幅画像中人物的眼睛或其他某个部分可能会不如另外某个人的眼睛或其他相应的部分。[1]

亚里士多德的这段论述表明，艺术美高于现实美。艺术把“孤立存在”于现实中的各种美的要素“汇集于一体”，是各种美的集中、概括和凝聚。尽管画像中人物的眼睛或其他某个部分可能不如现实中某个人的眼睛或其他相应的部分美，但是画像中人物各个部分的组合仍然比现实中的人物更美。

第七节　审美教育

和柏拉图一样，亚里士多德重视全民的、全社会的教育。《政治学》第8卷第1章指出：“对教育的关心是全邦共同的责任，而不是私人的事情。”[2]亚里士多德反对各人关心各自的子女，各人按自己认可的准则施教，赞扬斯巴达人把儿童的教育作为全邦的共同责任。和柏拉图不同的是，亚里士多德的“全民”仅指自由民，他的教育对象不包括奴隶。在这方面，他表现出更为强烈的奴隶主思想意识。亚里士多德的审美教育理论的特色是，把它作为一个独立的教育层面提出来，使它有别于道德教育和智力教育。

一、闲暇

在《政治学》第8卷第3章中，亚里士多德把时间分为劳作时间和闲暇时间。闲暇时间有两种：社会闲暇时间和个人闲暇时间。在奴隶社会中，社会闲暇时间以奴隶的劳作时间为基础，奴隶生产的剩余产品为不劳动阶级提供了发展其他能力的闲暇时间，成为社会发展，包括科学、文化和艺术发展

[1]　苗力田主编:《亚里士多德全集》第9卷，第94—95页。

[2]　同上书，第271页。

的物质基础。亚里士多德把个人闲暇称作“全部人生的唯一本原”，“人的本性谋求的不仅是能够胜任劳作，而且是能够安然享有闲暇”[1]。如何用艺术充填闲暇时间，这是亚里士多德的审美教育所关心的问题。正如他所说的那样，需要思考“闲暇时人们应该做些什么”，他的答案是，“显然应该有一些着眼于消遣中的闲暇的教育课程”。[2] 这些课程只为了自身范围的事物，而不以自身之外的其他事物为目的。音乐就是这样的课程：

> 前人们把音乐归入教育，既不是作为必需之物——因为它不具备这种性质，也不是作为实用之物——因为音乐不像读写，在理财、家政、求知和政治活动等方面有着广泛的用途；它也不像绘画，有助于更好地鉴别各种艺术作品；它也不像体育，有助于健康和强壮，因为我们看不到音乐能起这样的作用。于是，剩下的可能就是在闲暇时的消遣，显然这是设置音乐课程的初衷。音乐被认为是自由人的一种消遣方式。[3]

亚里士多德的“闲暇”概念对于审美具有重要意义。首先，这个概念把艺术、审美和自由联系在一起。艺术和审美“既不立足于实用也不立足于必需，而是为了自由而高尚的情操”[4]。艺术创作是在社会自由的闲暇时间中实现的，艺术欣赏是在个人自由的闲暇时间中进行的。艺术活动和审美活动是自由地、不受强制地实现的。没有闲暇，艺术既不能产生，也不能被欣赏。这种观点触及艺术和审美的本质特点，对后世产生巨大的影响。启蒙运动美学就把艺术活动和审美活动同自由联系起来。

其次，“闲暇”的概念涉及艺术的娱乐功用，“音乐被认为是自由人的一种消遣方式”。《政治学》第 8 卷第 5 章明确提出了音乐的娱乐功用。其实，

[1] 苗力田主编:《亚里士多德全集》第 9 卷，第 273 页。

[2] 同上书，第 273—274 页。

[3] 同上书，第 274 页。

[4] 同上书，第 275 页。

不仅是音乐，其他艺术也具有娱乐功能。娱乐功能使艺术对广大观众具有强烈的吸引力，虽然它不是艺术的目的，然而没有它，艺术的目的就无法实现。亚里士多德所阐述的艺术功能是多种多样的。

二、体育锻炼和音乐

体育锻炼和音乐被亚里士多德当作审美教育的手段。当时最关心儿童的城邦中，为了使儿童具有运动员一般的体质，过度强化了体育锻炼，损害了他们的体形，阻碍了他们的发育。亚里士多德反对这种做法，主张体育锻炼是为了人的美。斯巴达人以对儿童进行艰苦训练著称，认为这样可以大大增强其勇敢。然而他们的目的没有达到，因为勇敢并不是与残暴结合在一起，而是伴随着温顺的、类似狮子的性格。《政治学》第 8 卷第 4 章指出："斯巴达人热衷于从事艰苦的训练，他们超过其他希腊人仅仅因为其他希腊人轻视这些训练。而现在有些人已经超过他们，这些人锻炼中重视的不是劳动和训练本身，而是美。""在教育中起着首要作用的应该是美，而不是粗野的动物性的东西。"[1] 亚里士多德批评了有些人教育儿童过于注重粗野的身体训练的做法，这种做法的结果是把儿童变成了低贱的工匠。

出于审美的考虑，亚里士多德对体育训练的方式提出了建议。青春期以前的儿童只应该从事轻微的锻炼，并要避免严格的饮食限制和强制性的劳累。青春期到来之后的三年里，应该学习其他一些课程，随后的年龄才适合从事剧烈的运动和接受严格的饮食限制，因为人的思想和身体不宜同时操劳。

《政治学》第 8 卷第 5—7 章讨论了音乐教育问题。音乐的功用有三种：教育、娱乐和消遣[2]。在审美教育中，音乐的这三种功用是结合在一起的。我们在第五节中阐述亚里士多德的音乐理论时，曾经指出他把音乐看作对人的心理过程的模仿，认为人的听知觉具有伦理属性。音乐能对人的性情和灵魂起教育作用，人的性情通过这样或那样的韵律会有所改变。关于音乐的娱乐和消遣功能，亚里士多德写道：

---

[1] 亚里士多德：《政治学》，1138b26—30。

[2] 苗力田主编：《亚里士多德全集》第 9 卷，第 278 页。

> 娱乐是为了松弛，而松弛必定带来享受，它是医治劳苦的良药；至于消遣，人们公认它不仅包含美，而且包含愉悦，幸福是美和美所产生的愉悦构成的。[1]

为了使音乐在审美教育中更好地发挥作用，亚里士多德主张少年亲自学习歌唱和演奏，因为没有音乐实践经验的人很难或几乎不可能成为评判音乐演奏的行家。不过，不能让音乐的学习妨碍青少年日后的事业，也不能损害他们的身体，使他们不适于战争或政治方面的训练。亚里士多德所要求的音乐教育不是专业教育，不是为参加竞赛而刻苦进行技术训练，也不是追求惊奇和高超的表演，其目的在于“使青少年有可能欣赏旋律和节奏的美，而不仅仅满足于欣赏连某些动物、奴隶和幼儿都能体验的普通音乐”[2]。

审美教育和伦理教育是结合在一起的，根据这种原则，并非所有乐器都适宜在教育中采用。例如笛管就不适宜，亚里士多德认为它们不能表达道德情操，过于激越。凡是需要专门技巧的乐器也应当排除在音乐教育之外。专门技巧指为参加竞赛而训练的技巧，参赛者的表演不是为了自身的德行，而是为了取悦听众。和乐器一样，也不是所有的曲调和节奏都适宜于音乐教育。亚里士多德把旋律分为三种：伦理的、行动的和激昂的。在教育方面，要采用伦理的旋律。至于音乐剧场的观众，他们也可分为两类；一类是受过教育的自由人，一类是工匠、雇工和其他诸如此类的鄙俗之人。对于后者，专职的乐师在演出时可以选用与他们相宜的那种音乐，比如偏好紧张和花哨的旋律。对于自由人，需要采用严格规定的旋律。亚里士多德指出最合适的旋律是最为沉稳庄严、最能表达勇敢刚强的情操的多利亚调式，因为它在各种乐调中居中。当然，亚里士多德也不排斥通晓哲学和音乐教育的人所赞同的其他乐调。由于年龄的差异，老年人很难再唱紧张高亢的曲调，应该给他们一些轻松的乐曲。

总之，亚里士多德的音乐教育不限于聆听音乐，还包括演奏乐器。但

---

[1] 亚里士多德：《政治学》，1339b16—19。

[2] 亚里士多德：《政治学》，1341a13—17。

是，演奏乐器既要避免走上职业的道路，又要对乐器有严格的选择。曲调和旋律也应当按照人物的身份和年龄有所选择，最适宜于青少年审美教育的旋律是多利亚调式。

在本章结束时，我们对亚里士多德的美学作一个简单的小结。亚里士多德美学的哲学基础是所谓“四因说”。他认为任何事物都有质料因、形式因、动力因和目的因这四种原因。质料和形式是亚里士多德所说的本体，所以，以四因说为基础的美学是本体论美学。在四因中，最重要的是形式因。亚里士多德的形式就是柏拉图的理式。亚里士多德激烈批判了柏拉图的理式论，但是他并没有放弃“理式”这个概念。和柏拉图不同的是，亚里士多德的形式存在于物之中，而不存在于物之外，他的形式论（或理式论）是一般存在于个别之中。由此出发，他主张艺术通过个别表现一般，艺术的典型人物是普遍与特殊的统一。

一般存在于个别之中，形式存在于质料之中，那么，一般和个别、形式和质料孰先孰后呢？亚里士多德主张，形式先于质料，形式是第一本体，个别事物是第二本体。在这方面，亚里士多德陷入了客观唯心主义。亚里士多德的唯心主义还表现为，在论述动力因时，他设定了“不动的第一动者”，这就是神或者宇宙理性。宇宙理性是最高的美，也是最高的善，是万物追求的目的，亚里士多德的美学是一种目的论。

四因的原则是创造原则。任何事物的形成都是使质料获得形式，艺术也是如此。与其说艺术模仿自然，不如说自然模仿艺术。泛艺术性是亚里士多德哲学和美学的基本特点。在美的事物中，四因处在合乎尺度的相互关系中，这种相互关系产生出有机整体。亚里士多德把艺术看作有机整体。

当亚里士多德不依赖第一哲学而直接阐述美学问题时，他的审美对象就不是宇宙理性而是现实世界，包括植物、动物、人、宇宙、颜色、声音等。在这些审美对象中，球形的、作永恒匀速的圆周运动的宇宙是最高的审美对象。人应该观照宇宙，并从中感到幸福。人本身是小宇宙，应该像宇宙那样和谐地生活。亚里士多德对美下过两个主要的定义。在《修辞学》中，他通过善来确定美，认为美是善和愉悦的结合，从而在西方美学史上第一次对善和美作出明确的区分，虽然他也承认它们的同一性。在《形而上学》中，亚里士多德通过数学来确定美，认为美的最高形式是秩序、对称和确定性。与其说这是美的形式特征，不如说是美的结构特征。在这三个特征中，秩序最为重要。宇宙的真实名称就是“秩序”（kosmos）。亚里士多德的宇宙完美说对近现代自然科学家也产生了重要影响。他们认为，宇宙是完美的，阐释宇宙的理论也应该是完美的。每当这种理论出现破绽时，他们就力图更新这种理论。比如哥白尼提出了日心说，牛顿创立了经典力学体系，普朗克、麦克斯韦突破了经典物理学，爱因斯坦提出了相对论。

在西方美学史著作中，很少有像亚里士多德的《诗学》那样引起如此众多的学者作历久不衰的研究和异常激烈的争论的。由于后人的加工整理，也由于数百年来的窖藏造成《诗学》手稿的破损，《诗学》中有不少含混不清之处。《诗学》的这种历史命运更助长了人们对《诗学》内容的争议。尽管如此，《诗学》的价值和影响不容置疑。《诗学》和亚里士多德的其他著作涉及艺术的本质和功用。亚里士多德也把艺术看作模仿，不过他的模仿比柏拉图前进了一大步。亚里士多德明确地论述到艺术的多种功用：教育、净化、娱乐、消遣。他谈论艺术处处从心理学出发，认为艺术模仿出于人的天性，净化则是强烈的情绪的宣泄，他的音乐理论更是与人的心理有关。

在《政治学》中亚里士多德讨论了审美教育，他把审美教育看作治国方略的一部分。在审美教育中，他提出了“闲暇”的概念。艺术创作因社会闲暇而产生，艺术欣赏因个人闲暇而可能。这样，艺术和审美同自由、不涉及利害联系在一起。这和亚里士多德对哲学的态度是一脉相承的。哲学的特征是“因闲暇而沉思，因沉思生诧异，从诧异求知识，因知识而满足”，“这种无需外求、不务实用的思辨生活被推崇为最高贵、最幸福的生活”。[1]

[1] 赵敦华：《西方哲学通史》第1卷，第202页。

第七章
希腊化时期和古罗马美学导论

希腊化时期和古罗马美学指从公元前 322 年亚里士多德去世，到公元 529 年罗马帝国皇帝查士丁尼一世下令关闭雅典所有学园这段时期的西方美学（这和历史上的希腊化和古罗马时期不完全吻合）。它历时 800 多年，比历时 200 年的古希腊美学长得多。希腊化时期和古罗马时期在历史上是两个时期。在希腊化时期，古希腊美学传至东方；在古罗马时期，古希腊美学传至拉丁语地区。这两个历史时期流行着同样的美学流派。

第一节　社会历史状况

公元前 334 年，统治了希腊的马其顿国王亚历山大率领大军开始东征，标志着历史上的希腊化时期的开始。经过十年征战，亚历山大逐渐建立了前所未有的、横跨欧亚的大帝国，其范围西起希腊、马其顿，东至印度河流域，南临尼罗河第一瀑布，北抵多瑙河和药杀水（即锡尔河）。很多希腊人不承认非希腊的所谓“蛮夷之族”是真正的文明人，然而亚历山大认为自己的历史使命就是要使希腊人和东方民族融合为一个整体。他的远征在历史上第一次使东西方世界连在一起。为了实现东西方的融合，亚历山大采取了很多具体措施。一次，他安排了 3 万名东方民族男孩学习希腊文化和操练马其顿武器。他曾在苏萨举行过一次盛大的集体婚礼，东西方贵族联姻的有 1 万多对。他自己也曾和东方女性结婚。他在尼罗河入口处建立了一座新城市——亚历山大里亚，日后该城和雅典并列为文化和哲学的中心。

亚历山大建立的横跨欧亚的大帝国只是一个不稳定的、临时的军事联合体，并没有统一的经济基础。亚历山大于公元前 323 年去世后，群臣混战，逐渐形成三支割据势力。占据埃及的大将托勒密（Ptolemy）建立了托勒密王朝，占据中亚、西亚的塞琉古（Seleucus）建立了塞琉古王朝，马其顿和希腊则在卡山德（Cassander）的控制下。公元前 2 世纪中叶，这些地区的经济危机增大，阶级和民族矛盾加剧，逐渐被走向强盛的罗马所征服。公元前 31 年，埃及的托勒密王朝作为最后一个希腊化国家被罗马吞并，历时 300 年的希腊化时期终结。

罗马原是古意大利的一个城邦，它的历史通常被分为三个时期：王政时期、共和国时期和帝国时期。首先，它于公元前 343 年至前 266 年征服了整个意大利。接着，为了战胜西部地中海霸主——北非的迦太基，它发动了三次布匿战争。迦太基是腓尼基人在北非建立的殖民地，领土包括北非西部沿岸、西班牙南部、巴利阿里群岛、撒丁岛、科西嘉岛和西西里岛。罗马人称腓尼基人为“布匿人”，所以对他们的战争被称为“布匿战争”。在第一、二次布匿战争中取得胜利的罗马人进入迦太基人的势力范围。“经过半个世纪的争斗（公元前 264 ～前 202 年），罗马成为一股‘世界性力量’，西方的土地将由雅利安人（Aryan）而非闪族（Semitic race）统治，这已成定局。”[1] 公元前 149 年的第三次布匿战争实际上是罗马军团对解除了武装的迦太基人的一场屠杀。

布匿战争后，罗马开始了对希腊化东方的征服。罗马人在希腊化时期同希腊人交往时，很羡慕他们的文化。然而，希腊化各国无休止的混战使罗马人厌烦。罗马在军事上组织良好，军队纪律严明，装备精良，训练有素；在政治上效率高，元老院、公民大会、执政官和保民官相互制衡。罗马决定一个一个地征服希腊化国家。公元前 148 年它占领了马其顿，公元前 146 年占领了希腊，公元前 137 年占领了加里西亚，公元前 133 年占领了帕加马，公元前 63 年占领了叙利亚，公元前 31 年占领了埃及。罗马疆域的扩张在共和国政府的统治时期已经基本完成，它的领土“西至大西洋边；北至莱茵河和多瑙河；东至幼发拉底河；南边则直到阿拉伯和非洲的沙漠地带”[2]。

---

[1] R. H. 巴洛：《罗马人》，黄韬译，上海人民出版社 2000 年版，第 30—31 页。

[2] 爱德华・吉本：《罗马帝国衰亡史》上册，黄宜思、黄雨石译，商务印书馆 1997 年版，第 20 页。

从公元前146年布匿战争结束到前31年屋大维作为罗马第一个皇帝登基，是罗马由共和国体制向帝国体制转型的时期。公元前27年，罗马元老院授予屋大维“奥古斯都”（Augustus，意为“至圣至尊”“帝国的唯一执政者”）的称号，罗马至此进入帝国时期。所谓“帝国”，并不是针对领土而是针对统治方式而言，即罗马开始由一个皇帝来统治。

罗马帝国时期始于公元前27年，终于公元476年，这一年西罗马帝国被日耳曼雇佣军灭亡。帝国时期可以分为两个阶段：帝国前期约200年，政治稳定，经济繁荣；而自2世纪到3世纪末，帝国在政治和经济方面爆发了全面危机，从而导致帝国的衰落和灭亡。屋大维在位的40多年和近100年的安敦尼王朝是帝国前期的黄金时代。在这两段时期之间罗马宫廷充斥着血腥和丑闻，并且出现了罗马历史上最著名的暴君尼禄（Nero）。斯多亚派哲学家、美学家塞涅卡（Seneca）曾任尼禄的老师和大臣，后被尼禄赐死。安敦尼王朝有6位皇帝：涅尔瓦（Nerva）、图拉真（Trajan）、哈德良（Hadrianus）、安敦尼·庇护（Antoninus Pius）、马可·奥勒留、康茂德（Commodus）。2世纪初期图拉真在位时，罗马帝国版图最大。马可·奥勒留则是斯多亚派哲学家、美学家。

如果说希腊民族是个思想的民族，那么，罗马民族则是个实践的民族。在罗马帝国前期，农业、手工业、商业和市政建设都有了长足的发展。罗马人眷恋土地，罗马诗人维吉尔（Vergilius，公元前70年至前19年）的《农事诗》描绘了农村稼穑丰阜、葡萄藤上和橄榄枝头硕果累累、牛羊牲畜繁衍成群的兴旺景象。[1] 罗马诗人、美学家贺拉斯也对中等规模的农场怀有真挚的情感。通过改良土壤和种植技术，改进生产工具，农业出现了前所未有的繁荣。罗马的手工行业达八十多种，分工细密，产品种类繁多，有制陶、金属加工、玻璃吹制、纺织、榨油和酿酒等。[2] 新的机械设备得到应用，如建筑中的起重装置、作坊中的水磨。当时的科学家还研究了嵌齿轮、滑轮、涡轮驱动，光线折射以及以此为基础的原始经纬仪。罗马人擅长把科学技术运

[1] R. H. 巴洛：《罗马人》，黄韬译，第144—145页。

[2] 王晋新、周巩固主编：《世界史纲》上册，上海人民出版社1999年版，第211页。

用于生产实践。由于地中海成为罗马帝国的“内湖”，所以地中海沿岸地区的贸易畅通无阻。与此同时，国际贸易也十分频繁，罗马和亚历山大里亚成为内外商贸的枢纽。有一年，120 艘商船从罗马前往印度。汉桓帝延熹九年（公元 166 年），罗马皇帝安敦尼派遣使臣向中国进献象牙、犀角、玳瑁，和中国开展贸易。《后汉书·西域传》曾记载，罗马皇帝马可·奥勒留向中国派遣了商贸使团。

最令人称道的要算帝国的市政建设。屋大维热衷于罗马公共工程建设，大兴土木，把一座砖造的罗马改建成大理石造的罗马。罗马人以直线规划城市，两条宽阔的大街相交，以十字路口为起点，一行行地规划其他道路。路面平整，坚固的路基至今犹存。城市入口处建有纪念性的拱门，市内建有神殿、法庭、带柱廊的广场、图书馆、学校、剧场、浴场、圆形露天竞技场。为了向城市供水，罗马修建了 14 条引水渠，总长 265 英里，一些引水渠至今仍在使用。著名的嘉德水道桥由三层拱桥相叠而成。住宅用水由铅管从蓄水池引入。罗马人还建造了喷泉，“公共广场、花园和街角的喷泉在日光下熠熠生辉，并给尘土飞扬的城市带来清爽的感觉”[1]。罗马人建造的每一项工程都巨大而华美，巨大是罗马明显不同于希腊的地方。

由于奴隶制束缚了劳动者的积极性，不能适应生产力发展的需要，加上奴隶经常逃亡，奴隶来源枯竭，于是，帝国经济中出现了隶农制。土地所有者把土地分割成小块给奴隶或农民耕种，收取地租，承租土地的奴隶或农民就是隶农。与奴隶相比，隶农有一定的自由，他们的劳动积极性也较高。隶农制在某种程度上促进了生产力的发展。以普洛丁为代表的新柏拉图主义就是罗马帝国封建化过程在意识形态领域的反映。

公元 192 年安敦尼王朝的最后一个皇帝康茂德死于宫廷政变，罗马帝国陷入混乱中，军队哗变不断，王朝短命，皇帝更迭频繁。从公元 235 年到 284 年的 50 年中，罗马有 24 个皇帝，其中只有一个是自然死亡，其余都死于皇位争夺战。只是有赖戴克里先（Diocletianus）和君士坦丁（Constantinus）

[1] R. H. 巴洛：《罗马人》，黄韬译，第 149 页。

的努力，罗马帝国才免于彻底崩溃。284—305 年在位的罗马皇帝戴克里先为了稳定和加强帝国统治，实行了君主专制的“多米努斯制”。他把罗马划分为四大区域，进而细分为 12 个行政大区，行政大区之下设行省。连同特别行政区罗马城，行省总数为 101 个。罗马帝国建成了等级森严的军事官僚制度，这种政治制度在普洛丁以后的新柏拉图主义中留下了不可磨灭的印记，新柏拉图主义非常热衷于划分存在的各种等级。

继承戴克里先皇位的君士坦丁，继续组建帝国的安全保障体系。由于罗马东部在许多方面超过了罗马西部，君士坦丁把帝国的首都从罗马迁往东部的拜占庭，取名“君士坦丁堡”。君士坦丁去世后，罗马帝国一分为二，被他的两个儿子继承。东罗马帝国以君士坦丁堡为首都，西罗马以罗马为首都。戴克里先和君士坦丁所采取的一系列措施延缓了罗马帝国的衰亡过程，但是无法挽狂澜于既倒。西罗马危机沉重，生产萎缩，财源枯竭，城市凋敝，军队横征暴敛，哀鸿遍野，民怨沸腾，人民起义风起云涌。4 世纪下半叶，西哥特人、日耳曼人、匈奴人相继攻入罗马。476 年，日耳曼雇佣军废黜了西罗马最后一位皇帝，西罗马帝国灭亡，罗马的奴隶制随之结束。

关于罗马帝国灭亡的原因，有多种说法。然而，罗马人道德的沦丧无疑是重要原因之一。“残忍和纵欲的倾向贯穿于罗马人的个性。”[1] 罗马人把竞技场当作自己的家。竞技场里经常举行角斗士表演、斗兽表演。连狮子、老虎等猛兽也被引进竞技场，与赤手空拳的角斗士进行生死搏斗。观看这种残酷、兽性的表演的，既有达官贵人，又有芸芸众生。3—4 世纪，罗马街头整日整夜地游荡着大批流氓无产者。为了观看角斗表演，他们迫不及待地在天刚破晓时就去占地方，甚至在竞技场近处的柱廊里度过焦急的不眠之夜。观众人数有时多达 40 万。[2]

骄奢淫逸是弥漫罗马的又一种风气。各种宴饮通宵达旦，食品精心炮制。罗马人生活的某些时期，餐桌上的享乐所达到的程度令人惊讶。罗马作家佩特罗尼乌斯反映罗马社会习俗的长篇小说《萨蒂利孔》，以大量篇幅生

[1] R. H. 巴洛：《罗马人》，黄韬译，第 117 页。

[2] 爱德华·吉本：《罗马帝国衰亡史》下册，黄宜思、黄雨石译，第 20 页。

动描绘了一个暴发户家宴的饕餮场景。罗马富人的马车常用雕刻精美的白银装饰，马的鞍辔也镶嵌着黄金饰物。皇帝戴克里先的浴池有3000多个座位，在规定的时间内不分等级从元老到平民都可以使用。“那些高大房间的墙壁上都覆盖着模仿铅笔画艺术的，设计精美、颜色各异的绚丽的马赛克。埃及的花岗岩十分精美地镶嵌着贵重的努米底亚绿色大理石；洁净的热水不停地从众多闪闪发光的银制大喷嘴中注入宽大的浴池。”[1]然而，从这些宫殿般的建筑中走出的平民却衣衫褴褛，他们四处闲逛，在赌场、酒馆或妓院里消磨时光。

第二节　希腊化时期和古罗马的文学艺术

古罗马文学艺术以希腊文学艺术为圭臬，而希腊化时期的文学艺术是古罗马文学艺术学习和模仿的直接对象。希腊化时期的文学艺术作为古希腊文学艺术的继续和发展，取得了辉煌的成就。

与古希腊艺术相比，希腊化时期的艺术的个性化因素增强，通过面部表情、多变的姿态和衣服的褶皱深入地刻画人物的情感特征。这一时期是人物肖像诞生的时期，在艺术史上有重要意义，艺术家把视线从神转向人。这和前此苏格拉底把哲学思想从天上拉回人间的行为相呼应。著名的雕像有合手而立的雄辩家狄摩西尼像（约公元前280年，被认为是波利厄克托斯[Polyeuktos]的作品）、哲学家伊壁鸠鲁的坐像（约公元前270年）、斯多亚派哲学家克吕西甫（Chrisippus）的坐像（约公元前200年，被认为是欧布里德斯[Euboulides]的作品），以及盲诗人荷马的雕像（约公元前150年）。这些雕像手法细腻，人物栩栩如生，或深思，或倾诉，或矜持，或安详，个性各异。除了这些肖像作品外，这段时期最负盛名的雕像是公元前2世纪后半期的《米洛的阿芙洛狄忒》（亦称《米洛的维纳斯》），出自塞琉西王国都城安条克的一位雕塑家之手。它的手臂已经被毁，然而美神的断臂引起了人们丰

[1] 爱德华·吉本：《罗马帝国衰亡史》下册，黄宜思、黄雨石译，第19页。

富的想象。《米洛的阿芙洛狄忒》把《卡普亚的阿芙洛狄忒》的姿势及部分裸体和普拉克西特利斯的《尼多斯的阿芙洛狄忒》的“对偶倒列”及面部的类型结合起来[1]。女神雍容大方，端庄静穆，然而，它的“躯干和肢体的不同的方向与多样化的衣褶，还传达出了一种流动的韵律”[2]。希腊化雕像通常具有强烈的动感。例如，《萨莫色雷斯岛的胜利女神》（约公元前 200 年）的衣裳在劲风的吹动中飘然掠向后方，《跳舞的农牧之神》（公元前 3 世纪前半期）的雕塑家通过风吹的头发、骨架的结构、柔软皮肤的凹陷刻画了身体的旋转。

希腊化时期艺术中戏剧化的情节、格斗厮杀的悲剧性因素代替了古希腊艺术中的和谐、从容和凝重。在某种程度上，这也是希腊化时期动荡不安的社会现实的反映。这类作品主要是帕加马的雕刻，包括超过真人高度的《垂死的高卢人》和《杀妻后自刎的高卢人》（约公元前 240 年至前 200 年），装饰在帕加马的宙斯和雅典娜祭坛上的《神祇和巨人战斗》饰带浮雕（约公元前 180 年至前 150 年）。高卢人是被希腊化城市帕加马打败的敌人，他们被描绘成充满尊严的高尚对手。身材高大、头发浓密、肌肉结实的一位高卢人眼见失败不可避免，不愿自己钟爱的妻子成为帕加马人的奴隶，于是杀死了妻子。妻子毫无生气的女性的手臂垂挂在丈夫强有力的、绷紧的男性的大腿边。这位高卢人向后看着，大胆对抗到最后，并准备将剑刺进自己的咽喉。雕像中生和死、男和女、裸体和着装形成强烈的对比。[3]

和帕加马作品密切相关的是因莱辛的同名著作而享有盛名的群雕《拉奥孔》。这座两米多高的大理石雕像由哈格山大（Hagesander）、波利多罗斯（Polydoros）和阿提诺多罗斯（Athenodoros）三位雕塑家约于公元前 175 年至前 150 年合作完成。拉奥孔是特洛伊的司祭，他识破了攻打特洛伊的希腊人所施的木马计，极力劝阻特洛伊人把藏有希腊精兵的大木马移入城内，从而触怒了偏袒希腊人的阿波罗神。阿波罗遣两条巨蟒把拉奥孔和他的两个儿

[1] 苏珊・伍德福特、安尼・谢弗－克兰德尔、罗莎・玛丽王・莱茨：《剑桥艺术史》第 1 卷，罗通秀、钱乘旦译，第 108 页。

[2] 吉塞拉・里克特：《希腊艺术手册》，李本正、范景中译，第 124 页。

[3] 苏珊・伍德福特、安尼・谢弗－克兰德尔、罗莎・玛丽王・莱茨：《剑桥艺术史》第 1 卷，罗通秀、钱乘旦译，第 104—105 页。

子绞死。尽管在雕像中拉奥孔剧烈痛苦的感情没有充分宣泄，从而被温克尔曼称作“静穆的伟大”，然而希腊古典雕塑的理想化倾向在这里已大为削弱。

希腊化艺术的题材比古希腊艺术明显扩大。“这个时代，在题材的开掘上，几乎是无休无止的。跳舞的森林神、年迈的渔翁、贩货的老妪、酣睡的孩子和厄罗斯、被吊起的马尔斯亚、马上的骑师、摔跤手等等，全部用等身像的尺寸制作。同时，这些题材也表现在小雕像和浮雕中。”[1] 希腊化时期希腊人的大扩张也表现在艺术题材上。如果说希腊哲学家追求自然的本原，那么，希腊化时期的艺术家则对自然本身感兴趣。人、神、动物、植物以及各种生活场景都成为艺术的题材。这一时期，出现了描绘街头音乐家的镶嵌画（公元前 3 世纪），画面上是一群戴着假面具、正在全神贯注地演奏的音乐家和一个穷孩子；描绘正在喝水的鸽子的镶嵌画（公元前 2 世纪），画面宁静庄重；博斯科里利出土的壁画（公元前 2 世纪），以红、黄、白、蓝等色调描绘了城市建筑的风貌。

希腊文学至希腊化时期已成为强弩之末，失去了深刻的内容，一味讲究形式和辞藻。尚可言说的有忒俄克里托斯（Theocritus，约公元前 310 年至前 245 年）的田园诗和米南德（Menander，约公元前 342 年至前 292 年）的新喜剧。田园诗为忒俄克里托斯首创，他的诗描绘了西西里优美的田园生活和自然风景，对后世欧洲的诗歌有很大影响。在希腊化时期，剧场不再是群众政治文化活动的中心，而成为富人的娱乐场所。适应这种需要，新喜剧应运而生。新喜剧通过爱情故事和家庭关系反映当时的社会风貌，出现了新的人物类型，如食客、艺妓、奴隶和兵士等。最著名的新喜剧作家是米南德，他的剧本对后世欧洲喜剧，尤其是风俗喜剧，产生了影响。

罗马人在政治和军事上征服了希腊人，但是在艺术和文化上却被希腊人所征服。用罗马诗人贺拉斯的话来说，“被俘虏的希腊人诱使他的粗野的捕捉者成为俘虏”[2]。希腊艺术模仿自然，罗马艺术接受了这一信条，但它首

[1] 吉塞拉・里克特:《希腊艺术手册》，李本正、范景中译，第 129 页。“厄罗斯”原译为“厄洛斯”。

[2] 转引自苏珊・伍德福特、安尼・谢弗 – 克兰德尔、罗莎・玛丽王・莱茨:《剑桥艺术史》第 1 卷，罗通秀、钱乘旦译，第 132 页。

先模仿希腊艺术。

罗马艺术呈现出若干特点，首先是它的折衷性。罗马帝国时期的大部分雕塑作品是希腊雕像的复制品，不过，罗马人的审美趣味和艺术趣味毕竟和希腊人不同。希腊人追求理想化，他们的艺术作品要求概括同类人物的典型性格。罗马人追求写实化，他们要求表现具体人物的准确形象，对毕肖的追求甚至超过希腊化时期的作品。罗马帝国第一位皇帝奥古斯都的肖像雕塑就是希腊雕塑家顺应罗马人的要求，通过折衷主义方法创作的成功范例。

《奥古斯都像》（约公元前 19 年，青铜原件，大理石摹制品）以希腊古典雕塑的顶峰、波利克里托斯的《持矛者》为摹本。《持矛者》安详、威严，适合人们对奥古斯都权威的敬仰和对他伟大业绩的赞赏。但是需要作一系列改动。《持矛者》不是真人的形象，而是想象的形象，于是雕塑家按照奥古斯都的真实面貌对《持予者》的头部作了许多必要的修改。《持矛者》是裸体，这对于希腊雕塑是正常的，但不适合奥古斯都这样一个传统礼节的卫道者，因此，《奥古斯都像》穿上盔甲，甚至还有斗篷。《持矛者》缺乏焦点和方向，《奥古斯都像》则是头抬起并稍稍向前看，右手扬成指挥的姿势，表明他支配着面前的空间。《持矛者》的侧面形象也被认真考虑过，《奥古斯都像》的整个重点则集中在正面，他扬起的右臂的弯曲与松弛的左腿的弯曲优美地呼应。《持矛者》成为《奥古斯都像》，表明希腊古典结构罗马化了。[1]

罗马皇帝哈德良的妻子维比亚·萨宾娜（Vibia Sabina）的雕像《像维纳斯一样的萨宾娜》（公元 130 年），头像是萨宾娜的，身子却是公元前 5 世纪著名的《吉尼吉克斯的维纳斯》的复制品，改动的地方是把左边裸露的胸脯盖住了。

罗马艺术的折衷性也表现在建筑中。在罗马的多层建筑（大角斗场）中，一楼是多利亚式风格，二楼是爱奥尼亚式风格，三楼是科林斯式风格，四楼则是科林斯式壁柱。公元前 1 世纪建于法国南部尼姆的奥古斯都神庙也是折衷的产物。希腊神庙的基础通常由三层台阶组成，建得不是很高。而罗马神

[1] 苏珊·伍德福特、安尼·谢弗 – 克兰德尔、罗莎·玛丽王·莱茨：《剑桥艺术史》第 1 卷，罗通秀、钱乘旦译，第 133—135 页。

庙高高耸立，它的基础比人还高。希腊神庙四边看上去都差不多，而罗马神庙正面突出，其他三面就不那么重要了。奥古斯都神庙对这两者进行折衷，它仍然建在高高的墩座墙上，通过台阶攀登而上，首先进入纵深的门廊，穿过门廊可以进入内室。它同时吸收了希腊神庙的建筑风格，把门廊的柱廊扩大到神庙周围，使得神庙被列柱环抱。

宏伟和刚劲是罗马艺术的另一个特点。这种宏伟和刚劲令人想起大一统的罗马帝国广袤无垠的疆土、庞大威严的国家机器和帝王的宏图伟业。恺撒是西方帝国的象征，为他雕刻的《恺撒头像》(公元前1世纪)个性极为鲜明。在这尊头像中，恺撒的头发经过精心梳理，“他有着坚硬而光滑的前额，不大的但显得炯炯有神的眼睛，尽管瞳孔并没有刻出来，眼中却仍然像射出威严锐利的目光，让人感到人物充分认识到自己的权威和优势，内心充满了自信和骄傲。嘴唇并不大，双唇紧闭着，嘴角透出一点冷峻的笑容，似乎正嘲弄着他所蔑视的敌手”[1]。

罗马艺术的宏伟尤其体现在罗马建筑中。罗马人是建筑的天才，2世纪时他们就开始使用石灰、水和砂浆制成的混凝土，并在建筑拱门、拱顶和穹顶等方面积累了丰富的经验。把罗马万神殿与低矮的希腊神庙相比较，可以看到罗马人对宏伟的特殊的审美追求。万神殿建于罗马皇帝哈德良时代，圆形，屋顶呈穹隆状，周围绕以6.2米厚的混凝土墙体，穹顶的直径和高度均为43.43米(在19世纪前，它的穹顶保持着最大跨度的纪录)。

与希腊神庙仅注重外立面设计不同的是，万神殿也注重内部空间设计。连续的墙体和半圆的穹顶仿佛形成一个球状空间。墙体无窗，穹顶正中央开有一个直径8.9米的天窗，从天窗射入的光的圆盘，随着时辰的变化神奇而诡异地移动。墙体内壁沿圆周有8个大券，目的是减轻墙体的自重，丰富墙体的构图。同时，封闭而连续的内壁把庞大的穹顶过渡到地面，增强了整个构图的连续感和稳定感。穹顶的内表面采用了放射形拱肋和水平拱肋组成的“井”字划分，丰富了室内的透视效果。[2] 巨大的半球形穹顶建筑和高达7米

[1] 章利国:《希腊罗马美术史话》，人民美术出版社1999年版，第137页。

[2] 凌继尧主编:《艺术鉴赏》，北京大学出版社2007年版，第227—228页。

的青铜大门体现了罗马帝国的强盛和大一统。在希腊罗马，球形是永恒的象征，是任何闭锁的形体的极限。半球形穹顶使人想起天穹和宇宙，然而，这是“社会的宇宙”[1]。万神殿里能够容纳许多人，许多祭祀者。而希腊神庙只是某位神的住处，人不应该在希腊神庙里逗留，他们在神庙前露天祈祷。

气势恢宏、巍峨壮丽的罗马建筑还有大角斗场、君士坦丁凯旋门、奥林匹亚宙斯神庙、嘉德水道桥等。大角斗场建于公元 69 年至 82 年，材料为石头和混凝土，长轴 190 米，短轴 155 米，高 48.5 米，4 座看台建有容纳 8.2 万名观众的座位，与地面中间角斗区相连的是密如蛛网的人行走道。现已残破的大角斗场，不难使人想起它昔日的雄姿。君士坦丁凯旋门建于公元 312 年至 315 年，材料为大理石，高 21 米，宽 25.7 米，进深 7.4 米，正面为 3 个拱门，由 4 个科林斯式装饰半柱隔开，这使凯旋门益发显得高大。凯旋门装饰所需的大量浮雕来不及创作，就把其他建筑物上的雕刻作品移植此处。奥林匹亚宙斯神庙始建于希腊，竣工于罗马（约公元 130 年）。宙斯神庙的地基长 106 米，宽 40 米，庙顶由 104 根华美的科林斯式石柱支撑。石柱现存 15 根，这些高达 16 米、峥嵘屹立的石柱仿佛在向人们诉说着往日的辉煌。法国南部嘉德河上的水道桥是罗马人在奥古斯都时代建的向尼姆城供水的输水道，历经 2000 年依然保存完好。渡槽由三层拱组成：底层 6 个孔，中层 11 个孔，上层 35 个孔。三层拱总高度为 47 米。罗马建筑的壮观和宏伟不同于希腊建筑的单纯和典雅。

装饰性是罗马艺术的又一个特点。在希腊人的影响下，罗马人在建筑中也喜欢柱式。罗马的多利亚柱式对希腊的多利亚柱式稍有偏离，罗马的科林斯柱式则更为华丽奢侈，并在希腊柱式的基础上创立了混合柱式，其主要特征在于复杂的柱头。这种柱头由爱奥尼亚柱式中的涡卷和科林斯柱式中的爵床叶饰组合而成，它的唯一目的是装饰建筑物，炫耀奢华，从而产生强烈的效果。

在希腊建筑中，结构因素和装饰因素相结合；而罗马人则往往使结构因

[1] A. F. 洛谢夫：《1—2 世纪希腊化时期和罗马美学》，莫斯科 1979 年版，第 43 页。

素完全服从于装饰因素。希腊建筑中的立柱支撑重物，具有结构意义；罗马建筑中的立柱有时候不是一种建筑单元，而是只起装饰作用的假立柱。我们在上文中提到的奥古斯都神庙（又称四方神殿）好像被列柱环抱着，实际上这些列柱分为两种：一种是门廊周围独立的列柱，另一种是正殿周围非独立的列柱。后一种列柱和正殿外侧墙一起处于墩座墙的边缘，成为嵌入墙壁的半圆柱，即附墙柱。结构形式和装饰形式的分离表示某种象征意义。

罗马人爱好纯装饰，他们使用拼花的地板和有雕塑装饰的天花板。他们的图案花纹比希腊人华美得多，用以装饰的不仅有月桂、常青藤、棕榈和番草叶，而且有各种人物和动物。古城赫库兰尼姆、庞贝和罗马发现的壁画在题材和艺术手法上比希腊丰富、细腻得多。纯粹的风景画《花园》（约公元前25年）鲜花怒放，草木竞长。庞贝残存的后期壁画构图精致，注重幻觉，使人产生虚无缥缈的感觉。这种壁画可以与1600年以后的巴洛克式装饰绘画相媲美。

罗马艺术的宏伟和刚劲与罗马人的性格有关。罗马雄辩家西塞罗说过，与希腊人和其他民族相比，罗马人天生有种特点，那就是精神的宏大、坚定和崇高。一些拉丁语研究者如O. 魏泽（O. Weize）、A. 克罗塞（A. Croiset）认为，罗马人的语言——拉丁语也体现了他们性格上的特点。如果把希腊语和拉丁语这两种古老的语言相比较，可以明显地看到它们之间的差异。在发音上，希腊语中元音和辅音平稳地交替，总的说来元音多，并有很多双元音。而在拉丁语中辅音多，使其发音显得生硬。在词法上拉丁语也缺乏灵活性，它喜欢保持工具格。在句法上，拉丁语以力度和逻辑的彻底性令人惊讶。这种句法是为法律文件和军事文件而不是抒情诗制定的。罗马雄辩家昆体良（Quintilianus，约公元35年至96年）指出，拉丁语不像希腊语那样细腻，但更有力。确实，拉丁语的句法缺乏希腊语的温柔和绵软。用昆体良的话说，恺撒说话就像吵架一样。拉丁语是强硬的、刚性的语言，使人想起能征善战的罗马士兵晒得黝黑的面孔，以及他们高傲、威严的姿态[1]。海涅把

[1] 魏泽：《拉丁语的特征》俄译本，莫斯科1901年版，第17页。

拉丁语称作命令的语言。罗马人追求语言的逻辑性和明晰性，他们是天生的律师。

罗马人思维的特点是准确、严格、庄严和不容置疑。这和希腊时期，甚至和希腊化早期很不相同。希腊人的思维方式显得轻松，往往很优雅。罗马帝国的庞大要求人们的思维和言辞确定不移。这种言辞受到法律条文和军事条例的影响。美国作家爱伦·坡在诗歌《海伦颂》中写道："光荣属于希腊，伟大属于罗马。"这也适用于罗马艺术。

罗马文学中最重要的诗人有维吉尔、贺拉斯和奥维德（Ovidius，公元前 43 年至约公元 18 年）。维吉尔的作品有《牧歌》《农事诗》和《伊尼德》。《牧歌》模仿希腊田园诗，《伊尼德》则模仿《奥德赛》和《伊利亚特》。贺拉斯的主要作品《颂歌集》中有一组罗马颂歌，颂扬罗马帝国和屋大维。奥维德的主要作品为《变形记》，他的早期作品《爱情诗》《爱的艺术》等内容轻佻，风格纤巧。与希腊诗歌相比，罗马诗歌显得内容贫乏，崇尚修辞技巧。

第三节　美学的演进轨迹及承上启下的作用

与古希腊美学相比，希腊化时期和古罗马美学时间长，流派多，枝蔓繁复。它的美学思想演进的轨迹不如古希腊美学那样清晰可辨，然而也不是无迹可寻的，虽然勾勒这种轨迹有一定的难度。

一、希腊化时期和古罗马美学的内容

希腊化和古罗马美学主要有三部分内容：希腊化时期和古罗马早期的哲学美学、古罗马文艺美学和新柏拉图主义美学。

希腊化时期和古罗马早期的哲学美学指这一时期三个哲学流派——斯多亚派、伊壁鸠鲁派和怀疑论派的美学。这三派美学是希腊城邦瓦解、奴隶制大国兴起时产生的美学。希腊人摆脱了氏族公社，进入奴隶制城邦后，他们在政治、经济、道德和审美上与城邦生活紧密地联系在一起。由于希腊城

邦的小国寡民不能适应大规模奴隶制和工商业的发展，它最终走向瓦解。希腊化时期开始形成的奴隶制大国第一次使人把客观世界放在次要地位，而首先保持自身内心的特点。斯多亚派、伊壁鸠鲁派和怀疑论派美学尽管有种种差异，然而它们的共同之处是追求内心的平静和安宁，并认为这才是最高的美。

斯多亚派创立了“有智慧的人”的理论。有智慧的人坦然面对生活中的不幸，不追求日常生活的充裕，始终保持内心的宁静。伊壁鸠鲁派也宣扬保持宁静的心境，并把宁静视为快乐和幸福。伊壁鸠鲁的“花园”学校不同于柏拉图学园和亚里士多德的吕克昂学园，他不要求学生研究科学和艺术，因为从事这些研究会带来烦恼。“不从事社会事务”是他的一条律令。在有面包和水的情况下，伊壁鸠鲁派唯一要做的事，就是躺在“花园”学校美丽河畔的浓密树荫下，对心灵宁静这一理想境界作纯审美的观照。怀疑论派对任何现象都不作判断，既不说“是”，也不说“不是”。他们不说“蜜是甜的”，只说“我觉得蜜是甜的”。他们吃过蜜，味觉感到蜜的甜，但蜜在本质上是否也是甜的，他们说不知道。他们认为不作判断是一种宁静的心灵状态，他们先于斯多亚派和伊壁鸠鲁派把灵魂的安宁当作生活的目标。

然而，这三派美学仍然和希腊美学保持着内在的联系，他们对内心宁静的追求或者以希腊的自然哲学为基础，或者以当时的客观存在为背景。斯多亚派接受了赫拉克利特关于火是世界本原的思想，认为火是一切存在，即感性宇宙的基础，把火向其他元素（气、水、土）转变的规律看作逻各斯，逻各斯弥漫于宇宙万物中。赫拉克利特关于火是逻各斯的学说成为斯多亚派美学的基础。斯多亚派把宇宙看作“世界国家”，自称是“宇宙公民”。他们要求参与社会事务和国家事务，履行公民职责。正因为如此，晚期罗马国家意识形态以斯多亚派学说为基础。斯多亚派认为，有智慧的人的内心生活是宇宙中的规律和秩序的再现。追求内心宁静的斯多亚派美学并不是主观主义美学。伊壁鸠鲁派接受了德谟克利特的原子论，认为世界由原子的垂直运动和偏斜运动产生，世界的产生和神没有任何关系。死不足惧，因为死只是原子的分解，死后的生活是不存在的。伊壁鸠鲁派能够以闲适的心情对待死亡，因此能够对任何现象保持内心的宁静。他们的美学并不否定客观的存在。斯多亚派和伊壁鸠鲁派都力图建立客观存在的理论，只是这种客观存在不仅不会妨碍反而能促进内心的宁静。

与斯多亚派和伊壁鸠鲁派相比较，怀疑论派对客观存在最不感兴趣，他们宣扬客观存在的不可知。不过，怀疑论派接受了赫拉克利特万物皆流的思想。所不同的是，赫拉克利特并没有由此得出非理性的结论，他注意把握万物皆流中的逻辑界限，而怀疑论派则从万物皆流中得出非理性结论。他们认为，既然一切都在流动，那就不能对它们作出判断，认识是不可能的。他们否定关于存在的客观学说，却并不否定万物非理性的流动。他们内心宁静的背景是万物无限的、不停的、非结构的生成。只是他们对这种生成完全不动心，不让这种生成破坏他们内心深处的宁静。这样看来，怀疑论派美学也不是纯主观主义的。[1]

希腊化时期和古罗马美学的第二部分是古罗马文艺美学。在古罗马文艺美学中，诗学以贺拉斯为代表，修辞学以西塞罗和朗吉弩斯为代表，建筑学以维特鲁威为代表。贺拉斯在《诗艺》中论述了诗和诗人，即创作客体和创作主体。这种两分法的论述方法常见于当时的修辞学、哲学、音乐学和建筑学著作中。在总的美学倾向上，贺拉斯把早期斯多亚派的诗学理论移植到罗马土壤上，从而确立了具有世界意义的古典主义。从艺术形式上看，贺拉斯的《诗艺》精致、细腻，有鲜明的形象性，富于表现力。他作为诗人，受到尼采的激赏。然而在内容上，《诗艺》缺乏激情和思想深度。贺拉斯要求一切都规矩合度，一切都简洁整一。他力图把希腊的内容纳入罗马固定的，甚至刻板的规则中。《诗艺》虽然也受到希腊美学著作，包括亚里士多德的《诗学》的影响，然而《诗艺》和《诗学》的区别是明显的。亚里士多德的《诗学》是古希腊美学的代表作，而贺拉斯的《诗艺》则是古罗马美学的代表作。

古罗马时期，诗学和修辞学成为文学的基本理论。贺拉斯是诗学家，西塞罗和朗吉弩斯是修辞学家。修辞学在古希腊罗马得到高度发展，因为社会

[1] A. F. 洛谢夫:《希腊罗马美学史》第 5 卷，莫斯科 1979 年版，第 14 页。

管理问题始终是当时的思想家关注的主要对象，他们力图利用词语对人的心灵发生作用，这正是修辞学研究的对象。“有人把亚理斯多德死后五六百年的时期（包括罗马时期）叫做‘修词学的时期’，这是很有见地的。这时期修词学论著确实是如雨后春笋，多至不可胜数。”[1]在思想倾向上，西塞罗是一个折衷主义者。他第一个把大量的古希腊哲学著作翻译成拉丁语，并且师从各种哲学流派。但是在折衷中，西塞罗也有创新。例如，在西方美学史上他是对美的概念进行仔细辨析的第一人，并提出了“秀美”的问题。朗吉弩斯和贺拉斯一样，也是古典主义者。他作为亚洲风格的支持者，在《论崇高》中反对雅典风格。在朗吉弩斯之前，一些修辞学家已经使用过“崇高”这一术语。不过朗吉弩斯不是在修辞学含义上，而是在美学含义上第一次使用了这个概念。他在美学史上第一个把崇高作为审美范畴提出来。

古罗马时期科学分类的发展，导致美学中出现了一种值得注意的倾向：产生了专门研究建筑、绘画和音乐的著作。维特鲁威就是著名的建筑理论家。古罗马统治阶级倾心于军事、交通、建筑、水利等实际工作，维特鲁威的《建筑十书》是对古希腊罗马建筑理论的总结。《建筑十书》的思维方式符合罗马时代的特点：富于技术性和功利性，缺乏审美体验和哲学概括。不过，《建筑十书》是西方唯一保留下来的完整的古代建筑典籍。

希腊化时期和古罗马美学的第三部分，也是最重要的部分是以普洛丁为代表的新柏拉图主义美学。新柏拉图主义美学的社会基础是罗马帝国的军事官僚等级体系，当时罗马的土地拥有者和高利贷本金、包税制税金的拥有者合而为一，成为帝国官僚，并被纳入经过精心安排的官僚等级结构中。普洛丁的《九章集》用希腊语写成，他的哲学和美学是对古希腊、希腊化和古罗马哲学与美学的总结。普洛丁美学不是纯罗马美学，它是对以往美学的综合，而不是折衷。在上千年的古希腊罗马美学中，柏拉图美学、亚里士多德美学和普洛丁美学最为重要，也是我们在本书中着重撰写的篇章。普洛丁哲学和美学的基本原则是关于太一、理智和世界灵魂三大本体的学说，他把美

---

[1] 朱光潜:《西方美学史》上卷，第98页。

学本体论化，是新柏拉图主义最有影响的代表。新柏拉图主义具有很高的精神性和很浓的神秘性，它为基督教所利用，然而它根本不同于基督教。连新柏拉图主义的神秘内容也具有冷漠的性质，它不是对灵魂的忏悔，没有对世界恶的暗示，也没有消除对世界恶的热忱[1]。不过，普洛丁仍然是典型的希腊罗马美学家。新柏拉图主义不仅存在于罗马，而且存在于中世纪和文艺复兴时期。这三个时期的新柏拉图主义是新柏拉图主义具有世界意义的三种基本类型。

二、希腊化时期和古罗马美学思想演进的轨迹

希腊化时期和古罗马美学是希腊美学的自然承续，它和古希腊美学具有共同的社会历史背景——奴隶社会形态，它们只是一个整体的两个不同发展阶段。不过，既然是不同发展阶段，那么，无论在社会历史背景中，还是在美学本身中，希腊化时期和古罗马美学都会出现新的内容。

以柏拉图和亚里士多德为代表的希腊鼎盛期美学，综合了希腊早期的宇宙论美学和过渡期的人本主义美学。在柏拉图和亚里士多德美学中占据核心地位的分别是“理式”和“不动的第一动者”，它们都是一种客观存在。一改古希腊美学偏重客体的倾向，希腊化时期的斯多亚派、伊壁鸠鲁派和怀疑论派美学把作为主体的人提到首位，追求人内心的平静和安宁。如果说古希腊美学的基础是对世界和世界的美的客观理解，人是客观秩序的结果，那么，希腊化时期美学则以人和主观感觉为基础，客观对象是人的思维和体验的结果。造成这种情况的原因主要有三个。首先，希腊化以后，分散的、独立的希腊城邦被统一到庞大的、多民族的国家中去。能征善战的将军成为国家的统治者，产生了君主政体。经济规模迅速扩大，出现了大型的个人商贸企业。一批新兴城市崛起，如埃及的亚历山大城、小亚细亚的帕加马、西西里的锡拉库萨，并建立了国家的科学研究机构、图书馆和博物馆，亚历山大城和帕加马相继成为最大的文化中心。面对新的社会环境，个人和国家的关

[1] A. F. 洛谢夫：《1—2 世纪希腊化时期和罗马美学》，第 90 页。

系已经大大不同于个人和城邦的关系。在城邦里人们彼此熟悉，依附于城邦，城邦可以看得见摸得着。与城邦相比，现在的国家是远为宽泛、远为抽象的概念，主体在新的社会中的地位、命运和作用受到关注。与哲学研究中的伦理学化趋势相一致，美学研究也把人的主体提到首位。其次，希腊化时期不按照希腊神话英雄的方式来理解人，而主要是在同客观现实的比较中来理解人的主体。与客观现实相比，主体总是软弱的、不稳定的，因此人们会对主体提出过分严肃、冷峻的道德要求。最后，希腊化时期征伐不断，战争频仍，各希腊化国家也经常争斗杀戮。社会上两极分化严重，财富集中在少数人手中，广大群众日趋贫困。面对激烈的社会矛盾，很多人感到惶恐迷茫，看不到出路。顺应这种社会情形，希腊化时期美学教导人们漠视外物的诱惑、回避现实的纷扰，遁入内心深处以求安宁。这使得希腊化时期美学具有悲观失望的色彩。

希腊化时期和古罗马美学进一步的发展，是不仅把作为主体的人而且把人的某一个方面、能力和功用提到首位。这种趋势在希腊化时期美学中已露端倪。例如，斯多亚派把理性、伊壁鸠鲁派把快乐提到首位，人的主观心理能力得到更加细腻的划分。这在美学中产生的直接结果是，对各种艺术进行了分门别类的研究，产生了诗学、建筑学、音乐学著作，特别是修辞学著作层出不穷。这些著作重视艺术的形式方面和技巧方面。虽然希腊美学，首先是柏拉图和亚里士多德的美学也具有形式因素，然而在他们那里形式因素具有哲学意义。罗马美学中的形式因素不具有哲学意义，而只具有纯艺术学意义。西塞罗、贺拉斯、维特鲁威和朗吉弩斯就是古罗马艺术美学家的杰出代表。

希腊化时期美学重视主体、轻视客体的倾向，作为整个时代的风貌并没有维持多久（虽然在某个流派中可以长久存在）。促使这种倾向转变的是中期斯多亚派的代表帕奈提乌和波西多纽（Posidonius），他们不满意早期斯多亚派的理论，用柏拉图的观点对它加以改造。帕奈提乌作为“柏拉图的热烈的爱戴者”[1]，力图恢复被早期斯多亚派中断的同柏拉图的精神联系。波

[1] 斯特拉登编：《帕奈提乌残篇》第 57 节。

西多纽把斯多亚派哲学和柏拉图哲学结合起来，形成了所谓的斯多亚的柏拉图主义。斯多亚派接受了赫拉克利特的火本原说，认为万物由火生成。在人身上，火就是暖的“普纽玛”（pneuma，“气息”“嘘气”）。波西多纽把斯多亚派火的普纽玛同柏拉图的宇宙学结合起来，把火的普纽玛理解为柏拉图的“奴斯”或理智，也因此，普纽玛成为柏拉图的宇宙的原则和结构。宇宙由奴斯调节，奴斯渗入宇宙的各个部分，就像灵魂推动躯体的各个部分一样[1]。具有普纽玛的宇宙是波西多纽美学研究的对象。《斯多亚派流传残篇》中有一则关于宇宙美的引文，虽然没有指明这是谁的言论，然而根据内容来判断，一般认为是波西多纽的观点：“因此，宇宙是美的。这从它的形状、色彩和满天繁星中是显而易见的。宇宙是球形的，它优于各种形状。因为只有这种形状能够同时指向自身的各个部分：作为圆形，它的各个部分也是圆形的。”[2] 这种观点和柏拉图如出一辙，波西多纽重新回到柏拉图的本体论美学上来。不过，他是在新的历史条件下这样做的，他承认主体的重要性，力图消弭希腊化时期美学造成的主体和客体之间的分裂。

不仅在审美理论上，而且在审美实践上帕奈提乌和波西多纽都一改早期斯多亚派严峻冷酷的形象。作为真正的希腊人，帕奈提乌喜欢平易温和的生活态度和自然中的合目的性。在他那里，宇宙、宇宙的逻各斯和人的生活是美的，他欣赏星空、自然、动植物、人体和人的精神的美。波西多纽也像他的老师帕奈提乌一样，喜欢观照丰富多彩的生活和宇宙。

波西多纽注释过柏拉图的《蒂迈欧篇》，他的注释对后人，包括对新柏拉图主义者产生过影响。波西多纽和随后两个世纪（1、2 世纪）的柏拉图主义者的研究工作为新柏拉图主义的诞生准备了条件，他们是以普洛丁为代表的新柏拉图主义者的先驱。由于这个缘故，在斯多亚派、伊壁鸠鲁派和怀疑论派三个学派中，普洛丁与斯多亚派关系最为密切。普洛丁的学生波菲利（Porphyrius）在《普洛丁生平》中指出：“斯多亚派和逍遥学派的学说以隐

[1] 爱德尔斯坦、基德编：《波西多纽残篇》第 21 节。

[2] 阿尼姆编：《斯多亚派流传残篇》第 2 卷第 1009 节。

匿的形式成为他（普洛丁）的著作的组成部分。”[1]

1、2世纪的柏拉图主义者从与波西多纽不同的方向为新柏拉图主义的诞生打下基础。他们是第五期学园首领安提奥克的继承者，安提奥克就以在学园内从事斯多亚派哲学研究著称。1、2世纪的柏拉图主义者精心构筑了存在的等级结构：在最高的神和地面之间有着广阔的空间，各种存在在其中形成完整的系统。处在最高地位的是最高的神、天外的神，它不是理智，是理智的本质和原因，只为紧随其后的理智所知觉。理智有两种，一种较高，一种较低，较低的理智与整个天相等同。理智下面是世界灵魂，世界灵魂栖居在宇宙内部。世界灵魂下面是可以看得见的神、星辰、精灵，它们分别由以太、火、气、水构成，充斥在月亮和地球之间。这里已经出现了三个本体：最高的神、理智和世界灵魂。它们可以被看作普洛丁的太一、理智和世界灵魂三大本体的雏形。所不同的是，最高的神虽然高于理智，但还不是普洛丁所明确阐述的太一。理智的概念也有两种，不如普洛丁的理智那样清晰。然而无疑，晚期柏拉图主义者的这种理论，对新柏拉图主义的诞生具有直接的意义。普洛丁用流溢说解释太一生成其他本体的过程，“流溢”这个概念是波西多纽首先使用的[2]，虽然普洛丁以柏拉图关于理式世界和感性世界等级结构的观点对它进行了改造。

普洛丁美学的哲学基础是关于太一、理智和灵魂三大本体的学说。他提出了美的等级结构：第一等级是理智美，理智美的根源是太一；第二等级是自然的理式美、人的灵魂美，以及德行、学术、艺术的美；最低等级是感性知觉的美，包括物质世界的现实美和艺术作品的美。在普洛丁那里，美不仅是实体的属性，而且是存在的本质。一个实体越美，就越接近于真正的和永恒的存在。于是，美学成为一种本体论。普洛丁关于太一的学说使他的美学成为绝对的客观主义，一切东西首先要存在，然后才可能是美的。他的美学的这种形而上学基础是新的。另一方面，他的审美经验分析也是新的。美的等级结构按照流溢说自上而下地形成，而审美历程则自下而上，由低级

[1] 波菲利：《普洛丁生平》第14节第4—5行。

[2] 阿尼姆编：《斯多亚派流传残篇》第1卷第120节。

美逐步走向高级美，最后返回太一。要观照和欣赏最高的、本原的美，必须“抑肉伸灵，收心内视”，即把眼睛折回到自身内部，观照自己深层的内心世界。这时候运用的不是观看普通客体的肉眼，而是“内在视觉”，即理智视觉。借助它，我们可以在自己的理智中观照抽象的、没有视觉形象的表象。普洛丁指出了在自身隐秘的灵魂深处而不是在外部物质世界中寻求真、寻求美的途径，这对中世纪基督教美学家如奥古斯丁产生了很大的精神震撼。

三、普洛丁美学的承上启下作用

新柏拉图主义是古希腊罗马最后一个成熟的哲学体系，普洛丁是站在古希腊罗马和中世纪之交的美学家。如何理解和评价普洛丁美学，是西方美学史研究的关键点之一。普洛丁美学对上千年的中世纪美学产生了重要影响，他的理论常为基督教学说所利用，他的思想体系也含有神秘因素。这些事实使得普洛丁有时被理解成具有基督教神学倾向的美学家，或者具有东方神秘主义色彩的美学家。实际上，普洛丁是典型的古希腊罗马美学家，他的美学没有超出古希腊罗马美学的范围，他自始至终受到古希腊罗马的文化传统和美学传统的影响。

像其他古希腊罗马美学家一样，普洛丁也深受希腊神话的影响，他经常援引荷马和赫西俄德的著作以说明自己的观点。《九章集》中的《论理智美》第 13 节一开头就写道，克罗诺斯把统治宇宙万物的权力授给儿子宙斯（隐喻“世界灵魂”）[1]。普洛丁的这种说法来自《伊利亚特》：宙斯是“众神之主，克罗诺斯之子”[2]。普洛丁在《论美》第 8 节中有一句著名的话：“让我们逃回到我们的亲爱的故乡吧！”[3]“故乡”指彼岸的理智世界。这句话脱胎于荷马的描写：“我要返回家乡弗西亚——能乘坐弯翘的海船回家，是一

[1] 章安祺编订：《缪灵珠美学译文集》第 1 卷，第 259 页。

[2] 荷马：《伊利亚特》，陈中梅译，第 334 页。

[3] 《朱光潜全集》第 6 卷，第 417 页。

件好得多的美事。”[1] 普洛丁利用赫西俄德《神谱》中的乌拉诺斯、乌拉诺斯的儿子克罗诺斯、克罗诺斯的儿子宙斯分别比拟他的三大本体的太一、理智和灵魂。这种比拟使“父亲”的概念在普洛丁那里具有特殊的意义，“父亲”指太一，也指较高一级的存在。

普洛丁吸收了早期希腊美学家的思想，毕达哥拉斯学派数的学说在他那里得到回应。普洛丁熟悉毕达哥拉斯学派的著作，他的《论数》一文（《九章集》第 6 集第 6 篇）赋予数以重要的意义，这些数在他的太一和理智之间占据中间的位置。赫拉克利特认为相反的力量造成和谐。普洛丁持同样的看法[2]，他还复述了赫拉克利特的见解：“内在的和谐比表面的一致更为强大。”[3] 他对赫拉克利特关于美的相对性的观点也感兴趣：最美的猴子与人类相比也是丑的[4]。恩培多克勒的六本原说把爱和恨说成火、气、水、土四种元素聚散运动的本原。《恩培多克勒残篇》17 指出“万物一时在爱中结合，变成单一，一时又因恨分散，彼此离异”，普洛丁多次援引恩培多克勒的这条基本原理。[5] 普洛丁也了解德谟克利特的原子论以及感觉和思想的关系的观点。

在古希腊美学家中，柏拉图和亚里士多德对普洛丁的影响最大。新柏拉图主义的命名本身就表明了普洛丁对柏拉图的依赖，虽然普洛丁并不是柏拉图著作的简单的诠释者。在柏拉图的所有对话中，普洛丁援引《蒂迈欧篇》的次数最多。在美学方面，普洛丁援引柏拉图对话最多的是《斐德若篇》。《斐德若篇》论证了灵魂的不朽[6]，普洛丁接受了这个观点。他把灵魂分为世界灵魂和个别灵魂两种。产生于世界灵魂的个别灵魂要弱小得多，有时会屈服于欲望。然而，无论世界灵魂还是个别灵魂，它们都是不朽的。《斐德

[1] 荷马：《伊利亚特》，陈中梅译，第 7 页。引文中的“能乘坐”原译为“够乘坐”。

[2] 普洛丁：《九章集》第 3 集第 2 篇第 16 节。

[3] 普洛丁：《九章集》第 4 集第 8 篇第 1 节。引文为《赫拉克利特残篇》54，见苗力田主编：《古希腊哲学》，第 42 页。

[4] 《九章集》第 6 集第 3 篇第 11 节。

[5] 普洛丁：《九章集》第 6 集第 7 篇第 14 节、第 5 集第 1 篇第 9 节。

[6] 柏拉图：《文艺对话集》，朱光潜译，第 119 页。

若篇》描绘了著名的灵魂马车，“诸天的上皇，宙斯，驾驭一辆飞车，领队巡行，主宰着万事万物；随从他的是一群神和仙……”[1] 在普洛丁的《论理智美》中我们可以读到似曾相识的句子：“于是宙斯（在他领导的诸神中他最为年长）首先前来观照这种美，随后是其余的神灵以及凡能观照的精灵和灵魂。”[2]

普洛丁在柏拉图的《巴门尼德篇》（137c—142a）和《理想国》（508a—509c）的基础上发展了“太一”的概念，在亚里士多德的《形而上学》第12卷的基础上发展了“理智”的概念。亚里士多德的《形而上学》比他的《诗学》和《修辞学》包含着更重要的美学思想，普洛丁几乎援引过亚里士多德的每一部著作，特别是对《形而上学》作过详细研究。普洛丁美学和亚里士多德美学相类似，在普洛丁那里最美的是理智，在亚里士多德那里最美的是“第一动者”，也就是奴斯或理智。

以普洛丁为代表的新柏拉图主义美学为希腊罗马美学画上了句号，普洛丁美学是对希腊罗马美学的总结，并对中世纪美学产生了深远的影响。在西方美学史中，普洛丁起到了承上启下的作用。

[1] 柏拉图:《文艺对话集》，朱光潜译，第121页。

[2] 章安祺编订:《缪灵珠美学译文集》第1卷，第256页。引文中的“精灵”和“灵魂”原译为“幽灵”和“生灵”。

第八章 希腊化时期和古罗马早期的哲学美学

希腊化时期和古罗马早期的哲学美学指当时最有影响的三个哲学流派——斯多亚派、伊壁鸠鲁派和怀疑论派的美学，以往的西方美学史著作大多数对他们的美学没有或很少研究，于是，从亚里士多德（公元前4世纪末）到普洛丁（公元3世纪）的500多年期间的哲学美学研究出现了巨大的空白。实际上，仅就美学文献的数量来说，这也是一个不仅不容忽视而且值得仔细研究的新时代，其哲学美学呈现出新特点。与人物突出、主线清晰的希腊美学相比，以整体流派为特征的希腊化时期和古罗马早期哲学美学呈现出错综复杂、令人眼花缭乱的局面。如果说希腊美学偏重客体，那么，希腊化时期和古罗马早期的哲学美学则偏重主体。尽管赫拉克利特论述过人的心灵的多方面表现，在柏拉图和亚里士多德那里作为主体的人也起着非常重要的作用，然而在总的倾向上，希腊美学的基础是对世界和世界的美的客观理解，人是客观秩序的结果。希腊化时期和古罗马早期的哲学美学则以人的主观感觉为基础，客观对象是人的思维和体验的结果。

第一节　斯多亚派

在希腊化时期和古罗马早期的三个哲学流派中，斯多亚派的影响最大。“斯多亚”在希腊语中的意思是“画廊”。该派第一创始人塞浦路斯的芝诺（Zeno of Cyprus，公元前336年至前264年）于公元前300年左右在雅典开办了学校，在一个画廊讲学，他的学派因此而得名。经过30年的努力，他的画廊成为与柏拉图学园、伊壁鸠鲁花园齐名的雅典著名学校。斯多亚派历史悠久，可以分为早期、中期和晚期三个时期。早期为公元前 3 世纪至前 2 世纪的希腊化时期，中期为公元前 2 世纪至前 1 世纪罗马征服希腊化地区之后的罗马共和国时期，晚期为公元 1 世纪至 2 世纪的罗马帝国时期。早期斯多亚派的代表有芝诺、芝诺的弟子和朋友克里安西斯（Cleanthes，公元前 331 年至前 232 年）、克里安西斯的弟子克吕西甫（公元前 280 年至前 206 年）。他们是该学派的创始人。中期斯多亚派的代表有帕奈提乌（公元前 189 年至前 109 年）及其弟子波西多纽（约公元前 135 年至前 51 年）。晚期斯多亚派的代表有塞涅卡（公元前 4 年至 65 年）、爱比克泰德（公元 55 年至 135 年）、马可・奥勒留（公元 121 年至 180 年）。斯多亚派和上层统治阶级关系密切，其代表人物既有宫廷大臣塞涅卡，又有被称为“御座上的哲学家”的罗马皇帝马可・奥勒留。

根据第欧根尼・拉尔修的记载，斯多亚派的不少著作与美学直接有关。仅就其早期代表来说，有芝诺的《论符号》《论词语表现》《荷马的五个问题》《论诗艺》和《艺术》、克里安西斯的《论诗人》和《论美》、克吕西甫的《论言语》《怎样听诗?》《隐喻句的比较》和《反对修复绘画》。[1] 从这些著作的题目可以看出，斯多亚派美学所涉及的领域很广。不过，希腊化时期和古罗马早期的希腊文哲学典籍只有残篇保存在当时的传记作家和编纂者的著作中，而拉丁文著作则大多流传下来。斯多亚派残篇有多种版本，流传最广的是 H. 冯・阿尼姆（H. von Arnim）编的《斯多亚派流传残篇》1—4 卷，该书于 1921 年至 1923 年在利普西（Lipsea）出版，1964 年在荷兰莱顿再版。

一、斯多亚派美学的哲学基础

斯多亚派哲学包括逻辑学、自然哲学和伦理学三部分。对于哲学这三个分支的关系，早期斯多亚派哲学家有不同的理解，有人“把哲学比作一个动物，把逻辑学比作骨骼与腱，自然哲学比作有肉的部分，伦理哲学比作灵

[1] 拉尔修:《著名哲学家的生平和学说》第 7 卷第 4、160、174 章。

魂。他们还把哲学比作鸡蛋，称逻辑学为蛋壳，伦理学为蛋白，自然哲学为蛋黄。也拿肥沃的田地作比，逻辑学是围绕田地的篱笆，伦理学是果实，自然哲学则是土壤或果树”[1]。

按照斯多亚派伦理学，“成为有智慧的人”是最高的道德理想。有智慧的人能够坦然面对生活中的苦难，尽管他们遭遇许多不幸，然而他们在外界的折磨中砥砺德行，他们的内心始终保持宁静。斯多亚派的著作经常把这种平静的、安宁的、不动心的、有智慧的人的理想放在首位，称颂赫拉克利特、苏格拉底、芝诺、克里安西斯、第欧根尼·拉尔修等有智慧的人，因为他们都备受苦难的折磨但内心平和宁静。斯多亚派不追求富有，也不追求日常生活的充裕。斯多亚派还主张，人应该按照自然生活。这种自然既是人生活于其中的自然，又是人的理性。有智慧的人的内心生活是整个自然中的秩序和理想原则的再现，顺应自然的生活引导人走向幸福。人也有自己的自然，即本性。人的本性是人的灵魂，人借助自己灵魂的本性来认识自然。

按照斯多亚派自然哲学，火是世界的本质。他们接受了赫拉克利特关于原初的火周而复始循环的思想。这种作为世界本原的火可以转变为其他各种元素（气、水、土），可以与气构成精气，是最富有火的能动性的热气，即火的“普纽玛”。这样，他们把原初的火解释为活的有机体，它扩散到整个宇宙中，使宇宙成为其产品。火向其他元素转变的规律实际上被斯多亚派称作逻各斯。逻各斯是理性，自然和逻各斯连在一起。理性是自然的，自然也是理性的。理性弥散于宇宙之间，渗入万物之中。于是，斯多亚派成为泛神论者。

除了把斯多亚派的伦理学和自然哲学当作他们美学的哲学基础外，在西方美学史研究中出现了一种值得注意的倾向：依据斯多亚派逻辑学来确定斯多亚派哲学的特征，从而阐述斯多亚派美学的哲学基础。也就是说，不仅通过关于平静、安宁和智慧的学说，而且通过纯逻辑理论来说明斯多亚派学说的基本原则。

[1] 北京大学哲学系外国哲学史教研室编译:《西方哲学原著选读》上卷，第178—179页。

这种倾向的出现首先与西方逻辑学史研究中对斯多亚派逻辑遗产的重新评价有关。在希腊化时期和罗马时期的哲学学派中，伦理学占有重要地位。西方哲学史研究早就指出，伦理化倾向是这些哲学家学派的显著特征。他们的哲学以伦理学为旨归，主要目标不是像希腊哲学那样追求智慧，而是追求幸福，追求内心的安宁。近几十年来，关于斯多亚派的大量研究著作，例如，H. 西蒙（H. Simon）和 M. 西蒙（M. Simon）的《早期斯多亚派及其自然概念》（柏林 1956 年版）、L. 爱德尔斯坦（L. Edelstein）的《斯多亚派的意义》（剑桥 1966 年版），以及 J. 古尔德（J. Gould）的《克吕西甫哲学》（莱顿 1970 年版）等，特别是在斯多亚派学说中寻找现代数理逻辑起源的研究著作表明，在斯多亚派学说中逻辑学即使不高于伦理学，也至少与它平起平坐。正如有的研究者所指出的那样："波兰逻辑学家 J. 卢卡西维茨、美国逻辑学家 B. 麦茨等均一反过去历史上一些哲学史研究者对这一学派逻辑学的贬斥和批评，从斯多阿学派创立的命题逻辑在现代逻辑发展中的重要奠基作用，对这一学派的逻辑学给予很高的评价。"[1] 确实，早期斯多亚派素来重视逻辑学研究，克吕西甫有著作 705 卷，其中逻辑学占 262 卷，这就是一个明证。

就西方美学史研究自身而言，试图通过斯多亚派逻辑学阐述该派哲学和美学特征的做法，受到克罗齐的影响。克罗齐在《作为表现的科学和一般语言学的美学的历史》一书中写道：

> 尽管斯多亚派把语言和思维而不是和幻想结合在一起，然而他们似乎感到了语言的非逻辑本性，并把希腊人的 λεχτόγ 一词和拉丁人的"effatum"或"dicibile"一词所指明的一个确然的东西置于思维和声音之间。[2]

---

[1] 李今山：《斯多阿学派美学初探》，《外国美学》第 2 辑，商务印书馆 1986 年版，第 67 页。引文中的"斯多阿学派"即"斯多亚派"。

[2] 贝内戴托·克罗齐：《作为表现的科学和一般语言学的美学的历史》，王天清译，中国社会科学出版社 1984 年版，第 18 页。引文中的"斯多亚派"原译为"斯多噶派"。

希腊语 lecton 指“可说的东西”，即语句的意义。语句的意义不同于语句的表达：“表达是说出的声音，但被说出的内容却是事物状态，它们才是实际上可说的东西。”[1] 虽然克罗齐在他的著作中没有论述斯多亚派的美学，然而他涉及斯多亚派关于“可说的东西”的学说是重要的。后来一些西方美学史研究者正是从这个学说出发，来界定斯多亚派美学的基本特征。

对斯多亚派这种学说的最早记述见诸公元 2 世纪至 3 世纪的经验论怀疑主义者塞克斯都·恩披里柯的著作。他写道：

> 所指（含义）、能指（声音）和对象三个因素彼此结合在一起。能指是词语，例如“狄奥”。所指是词语所表示的物本身；我们把它作为在我们理性中得到确定的东西来知觉，而蛮族人虽然听到词语，但是不理解它。对象像“狄奥”本身一样是外在的。这三种因素中有两种是有形体的，它们就是声音标志和对象，而一种是无形体的，它就是所指的物和词语所表示的对象性（lecton），它可能是真的，也可能是伪的。[2]

对这段话必须作些解释。斯多亚派的“可说的东西”在恩披里柯那里就是“所指”。然而这种“所指”不是对象，而只是对象的含义。亚里士多德区分出客体和主体，客体存在于主体之外，主体凭借理性和语言能够理解和指称客体。斯多亚派在客体和主体之间添加了一个中间环节，即可以说出和可以理解的对象的含义。只有通过这个中间环节，主体才可以理解和指称客体。对象是有形体的，而对象的含义则是无形体的。后期斯多亚派代表塞涅卡曾用一个例子说明所指的这种无形体性。他写道：

> 我看见卡托在散步。感性知觉指出这一点，而理智相信这一点。我所看见的东西是一种形体，我把自己的眼睛和理智转向这种形体。然

[1] A. 朗和 D. 塞德利编：《希腊化时期哲学家》第 1 卷，剑桥 1987 年版，第 155 页。转引自赵敦华：《西方哲学通史》第 1 卷，第 276 页。

[2] 恩披里柯：《驳数理学家》第 8 卷第 11—12 节。

后我确认："卡托在散步。"[1]

在他看来，"卡托在散步"作为一句说出的话是有形体的（声音），作为一种行为也是有形体的，然而作为一种含义是没有形体的，但是它表示某种形体。看来，斯多亚派对散步的例子很感兴趣，早期的克吕西甫曾举过"狄奥在散步"的例子。

为什么斯多亚派的所指"可能是真的，也可能是伪的"呢？原来，他们的所指处在现实之外，不和现实发生关系。克吕西甫曾以"现在是白天"为例加以说明。所指不同于表达它的词语，也不同于它所表达的事实。说"现在是白天"的人显然认为，他关于现在是白天的观念（或概念）是合适的，是可以被接受的。言说的事实本身不是观念的被接受（或被拒绝），词语本身不是观念，它只是观念的表述。"现在是白天"的观念也不同于"现在是白天"的状况。也就是，"现在是白天"这个所指如果符合事实，它就是真的；如果不符合事实，它就是伪的。然而就它本身来看，它既不是真的，又不是伪的；它既可能是真的，又可能是伪的。无论是否符合事实，它都有一定的含义。总之，斯多亚派的所指是相对的、中立的、不涉现实的，它是一种思维结构。所指的这种特点也决定了斯多亚派哲学和美学的特点。斯多亚派把词语分为语音层和意义层，这是希腊哲学的独特成就。如果把这条原则运用到客观现实中去，客观现实也就分为两个层次——物质层次和意义层次。意义高于存在，赋予存在以含义。

西方美学史研究一般把斯多亚派的伦理学和自然哲学当作他们美学的哲学基础。塔塔科维兹就持这种观点，他在论述斯多亚派美学的哲学基础时写道：

> 斯多亚派的美学被他们的体系——伦理学和本体论——的一般假设所限制，所具有的特色是斯多亚的道德论以及美学价值应从属于道德价值的信念。斯多亚派的美学是建立在逻各斯的理论基础上的，这种理

[1] 塞涅卡:《信件集》第 117 集第 13 节。

论迫使斯多亚派把世界看成渗透了理性。[1]

把斯多亚派的逻辑学当作他们美学的哲学基础，是一种新的视角。不过，在采用这种研究视角时，也不应该忽视伦理学和自然哲学在斯多亚派美学中的作用。

二、美在于适度和比例

在论述斯多亚派关于美的本质的观点时，塔塔科维兹开宗明义地指出：

> 关于美取决于什么的问题，斯多亚派根据希腊美学的主要传统而给予了一致的答复，断言美取决于适度和比例。他们保留了传统的概念和传统的术语对称。[2]

确实，在论述美时，斯多亚派经常提到“对称”的概念。

根据柏拉图主义者盖伦（Galenus，约公元 129 年至 200 年）的记载，克吕西甫在论述形体美时，“认为健康在于各种元素的对称（下文作了解释，元素是冷暖干湿——引者注），而美在于各个部分的对称”[3]。他在另一处也强调了这一点：“人体四肢的对称或不对称导致美或丑。”[4] 5 世纪编纂家斯托拜乌（Stobaeus）曾记载了斯多亚派类似的观点：

> 身体的美是四肢在它们的相互关系中以及与整体的关系中的对称，同样，灵魂的美是理性的对称，以及理性的各种因素在与灵魂整体的关系中和彼此的相互关系中的对称。[5]

---

[1] 沃拉德斯拉维·塔塔科维兹：《古代美学》，杨力、耿幼壮、龚见明、高潮译，第 244—245 页。引文中的“斯多亚派”原译为“斯多噶学派”，“斯多亚”原译为“斯多噶”。下文同，不再另注。

[2] 同上书，第 248 页。

[3] 阿尼姆编：《斯多亚派流传残篇》第 3 卷第 472 节。

[4] 阿尼姆编：《斯多亚派流传残篇》第 3 卷第 471 节。

[5] 阿尼姆编：《斯多亚派流传残篇》第 3 卷第 278 节。

在身体中四肢有某种匀称的姿态，再加上某种悦目的肤色，这被称作美；同样，在精神中，与某种有力和坚定连在一起的意见和判断的平稳的一贯性，被称作美。[1]

《斯多亚派流传残篇》还写道：

身体美在于各部分的对称，美好的肤色和结实的肌体……而理性美在于信条的和谐和德行的协调……[2]

由此可见，斯多亚派对对称作为美的本质作了充分论述。事物和人体的美是各部分和整体的协调，内在心灵的美是各种心理因素和理性的协调。然而，对斯多亚派美学的研究不能到此止步，因为把和谐、比例和对称看作美是希腊美学的共同传统，这里还看不出斯多亚派美学独具的特征。只有说明斯多亚派的对称的本质及其专门的审美意义，才能认清他们美学的风貌。

斯多亚派的对称的本质和他们的逻辑理论有关系。我们在前面已经说过，斯多亚派逻辑学中的所指是中立的、不涉现实的。与此相适应，他们在伦理学中宣扬和践履“不动心”(apatheia) 和“心平气静”(ataraxia) 的原则。在美的理论中，他们则把美说成“中立的”“无涉的”(adiaphora) [3]。这可与怀疑论派的“无动于衷”“漠不关心”(adiaphoron) 相参较。事物可以分成好的和坏的、有益的和有害的。然而斯多亚派认为，美、健康、富有既不是好的又不是坏的，既不是有益的又不是有害的。可以为了善的目的或恶的目的追求美、健康和富有，但它们本身不是善和恶。在这种意义上，它们是无私的、不涉利害的。斯多亚派主张无私地、不涉利害地观照客观现实和客观存在的美。拉尔修写道：

---

[1] 阿尼姆编:《斯多亚派流传残篇》第 3 卷第 279 节。

[2] 阿尼姆编:《斯多亚派流传残篇》第 3 卷第 392 节。

[3] 参见 A. F. 洛谢夫:《希腊罗马美学史》第 5 卷，第 139—140 页。

> 他们（指斯多亚派——引者注）主张，有些东西是善，另外一些东西是非善，还有些东西两者都不是……两者都不是的东西既无利又无害，如生命、健康、快乐、美、强健、富有、好名声、出身高贵，和它们的反面——死亡、疾病、苦难、丑、虚弱、贫困、坏名声、出身卑微，以及与其相近的东西，就像赫卡通在《论目的》第9卷，以及阿波罗多和克吕西甫所主张的那样。这些东西都不是善，而是无所谓的，仅仅从某种观点来看是需要的。确实，热的特征是变暖，而不是变冷，同样，善的特征是有益，而不是有害。富有和健康带来的益处并不比坏处多，因此，富有和健康都不是善。他们还说，能够利用得好或坏的东西也不是善。富有和健康可以利用得好，也可以利用得坏。这表明富有和健康不是善。[1]

斯多亚派把美、富有、健康归入既非可取又非不可取的中立领域。美不是善，它处在道德之外；美没有益，它处在合目的性之外。关于美的这种观点是以前的美学中所没有的。在以前的美学中，美同善、同合目的性往往很难区分。而在斯多亚派那里，美成为与实际生活无涉的、独立自在的领域。美在生活中可以起积极作用，也可以起消极作用，但是它不取决于这些作用。它在本质上是中立的，与实际无沾无碍。显然，美的这种性质和斯多亚派的“所指”概念的性质是一致的。斯多亚派对身外之物平淡甚至冷漠的态度也与此有关，因为任何心理动机都要服从于与实际无沾无碍的美。在这里，斯多亚派的伦理学和美学融为一体。

根据拉尔修的记载，斯多亚派把中立的东西分为两类：一类有积极价值（如健康、富有、强健、好名声等）或者消极价值（如疾病、贫困、虚弱、坏名声等），另一类没有什么价值（如头发数目的奇偶、钱币的正反面等）[2]。斯托拜乌复述了这种观点[3]。积极价值是值得追求的，它们能够给

[1] 拉尔修：《著名哲学家的生平和学说》第7卷第102节。亦见阿尼姆编：《斯多亚派流传残篇》第3卷第117节。

[2] 拉尔修：《著名哲学家的生平和学说》第3卷第104节。

[3] 阿尼姆编：《斯多亚派流传残篇》第3卷第28节。

人带来内在的幸福。美属于有积极价值的一类。我们追求美，完全不同于我们在日常生活中追求某种实用目的。美使我们产生的幸福感也完全不同于我们在功利生活中所体验到的快感。这样，美是中立的、不涉利害的，它能够使我们产生强烈的幸福感，其价值是在评价中被知觉的。斯多亚派的对称的本质和专门的审美意义就在于此，这也是斯多亚派美学的根本特征。斯多亚派把美同健康、富有、强健、好名声等归为一类，对于美同它们的区别，斯多亚派没有作出说明。不过有一点可以肯定，斯多亚派不是在实践的、功利的含义上理解健康、富有、强健这些概念，在他们那里，这些概念是高尚的。

在以上的引文中，斯多亚派明确表示，美不是善。然而在其他场合，他们又屡次谈到美就是善。例如，拉尔修写道：

> 他们（指斯多亚派——引者注）之所以把完美的善称作美，是因为完美的善反映了自然所要求的各种数的关系，或者说反映了完美的对称。按照他们的学说，有四种美——正义、勇敢、适宜和智慧。美的行为正是在这种范围内完成的。相应地，也有四种丑——不正义、怯懦、不适宜和愚蠢。一些人拥有值得称赞的善，使这些人值得称赞的东西被称作美，这是美的一种含义。在另一种含义上，美是对于自身事业的成功的自然禀赋。还有第三种含义，当我们说“有智慧的人是善的和美的”时，这是一种修辞。[1]
>
> 他们只把善称作美（像赫卡通在《论善》第 3 卷和克吕西甫在《论美》一文中所说的那样）。美是德行和以德行为美的东西。[2]

在美和善的关系上，斯多亚派不是自相矛盾了吗？确实，这里存在着矛盾。这种矛盾来自他们对道德美、精神美和感官美、形体美的二元论理解。与以往的美学相比，他们的美学更加鲜明、更加对立地区分了这两种美。他们把

[1] 阿尼姆编：《斯多亚派流传残篇》第 3 卷第 83 节。

[2] 阿尼姆编：《斯多亚派流传残篇》第 1 卷第 188 节。

精神美、道德美等同于德行，因而等同于善，并使它们在很大程度上有别于美学的美，高于美学的美。

上面我们论述的是早期斯多亚派关于美的本质的观点，这种观点在中期斯多亚派那里发生了很大变化。中期斯多亚派代表帕奈提乌是罗马斯多亚派团体的创始人，也是罗马执政者西庇阿（Scipio）的密友和西塞罗的老师。西塞罗的《论责任》就是以帕奈提乌的同名著作为原本编译的拉丁文著作。帕奈提乌的残篇由 M. 凡・斯特拉登（M. van Straten）编辑，1946 年在莱顿出版，1952 年和 1962 年再版。帕奈提乌把希腊化时期的斯多亚派哲学罗马化，把该派哲学中能为罗马接受并为罗马所需要的那些内容移植到罗马土壤上来。在总的思想倾向上，他对斯多亚派哲学和柏拉图哲学进行折衷，力图恢复被早期斯多亚派中断的同柏拉图的精神联系，称柏拉图为神、最有智慧的人和“哲学中的荷马”[1]。他喜欢平易温和的生活态度，摒弃了早期斯多亚派严峻冷酷、心如古井、可敬不可亲、不食人间烟火的形象，使美更加接近于尘世，更加接近于普通人的体验。他对自然中的合目的性感兴趣，热爱星空、自然、动植物、人体和人的精神的美。在他那里，美不仅是宇宙和宇宙逻各斯，而且是人的生活，这种生活充满了各种感情和思想，同时追求最高的理性。

如果说在哲学上帕奈提乌偏离了早期斯多亚派，那么，在美学上他简直走到早期斯多亚派的反面。他主张美和效用有联系，认为美是最高的效用，因为它能够帮助人们生活和相互交往。效用如果没有任何美，甚至不成其为效用。当效用和某种丑的东西联系在一起时，其中就没有真正的效用。使人感到丑的东西，不可能有任何效用。[2] 帕奈提乌指出，对感性事物外在美的欣赏，能够产生行为美。只有人能够借助自己的本性和理性能力欣赏美，其他动物不能感受到感性事物的美和各部分的和谐。人在观照外在美时，这种美的类似物传达给人的灵魂，人的灵魂在自己的言行中遵循美和秩序，避

[1] 《帕奈提乌残篇》第 56 节。

[2] 《帕奈提乌残篇》第 102 节。

免丑的和不良的举止，从而产生行为美。[1] 帕奈提乌还认为美虽然不归结为道德，但是和道德有联系。他区分出四种道德美：对真的认识和艺术，公正和国家德行，对灵魂崇高的坚定，人的一切行为的有序和节制。这四种道德美相互联系，然而每种都有独特的道德责任。[2] 和早期斯多亚派不同的是，帕奈提乌强调了道德美和责任的密切联系。早期斯多亚派则认为责任低于德行，履行责任的人不一定具有道德美。从总的方面说，帕奈提乌美学思想的独特性表现为：美是有效用的，同时又是完全独立自在的，人们对美的欣赏与他们的物质需要无关。

中期斯多亚派的另一位代表、帕奈提乌的弟子波西多纽力图把希腊哲学和希腊化时期哲学综合起来。他的著作很多，思想遍及哲学的每一个分支。然而，他没有一部完整的著作流传下来，他的残篇由 L. 爱德尔斯坦和 I. 基德（I. Kidd）编辑，于 1972 年在剑桥出版。他对西塞罗、维特鲁威、恩披里柯、塞涅卡、爱比克泰德、马可·奥勒留和新柏拉图主义者都产生了影响。中世纪和文艺复兴的学者首先按照《蒂迈欧篇》的精神来理解柏拉图也与他的学说有关。波西多纽关于哲学是生活的安慰者的说法流传很广，他的亲炙弟子西塞罗在《图斯库卢姆辩论集》中最早对此作出回应。在美的本质问题上，他认为美就是善，灵魂的理性能力追求美。[3] 有智慧的人主张美是最高的和不可逾越的善。[4] 他因病卧床，对前来探视的罗马统帅庞培（Pompeius）说，只有善才是美。按照克吕西甫等早期斯多亚派代表的观点，富有和健康既可以利用得好，又可以利用得坏，因此，它们不是善。波西多纽不同意他们的观点，提出它们也是善。富有和健康对于人来说，甚至是最高的善。[5] 波西多纽认为善和恶、美和丑具有同样的起源，恶仅仅是表现不充分的善，因此，丑也仅仅是表现不充分的美。对于美和善、美和丑的这种一元论理解是前所未有的。

---

[1] 《帕奈提乌残篇》第 98 节。

[2] 《帕奈提乌残篇》第 103—104 节。

[3] 《波西多纽残篇》第 160 节。

[4] 《波西多纽残篇》第 164 节。

[5] 《波西多纽残篇》第 172 节。

晚期斯多亚派既不同于早期斯多亚派，又不同于中期斯多亚派。他们在混乱的社会生活面前强烈地感到软弱无助和微不足道，希望挣脱罪恶世界，对内心的宗教体验的兴趣大增。宇宙的美仍然存在，然而被他们道德化了，最要紧的是按照美的结构塑造自己的道德生活和内心世界。他们还完全轻视逻辑学，逻辑学在他们那里不再是一门独立的学科，不再是哲学的一个分支。早期斯多亚派仔细研究的逻辑概念以及对美学的影响，在他们那里已经荡然无存。他们虽然反对基督教，可是在方法论上已经接近于基督教，并且在某种意义上成为新柏拉图主义的先驱。在美的本质问题上，爱比克泰德和马可·奥勒留都有一些值得注意的观点。奴隶出身的爱比克泰德流传下来的著作 4 卷集《言谈集》或者《格言集》，是由其学生阿里安（Arrian）根据他的讲话提纲整理而成。该书有 W. A. 奥尔德法泽（W. A. Oldfather）的英译本（伦敦 1926—1928 年版，1959 年版）、J. 苏伊尔（J. Souilhé）和 A. 雅古（A. Jagu）的法译本（巴黎 1950 年版）。《言谈集》第 3 卷第 1 章专门阐述了美学问题。爱比克泰德有一次和一位年轻的修辞学家讨论美的问题：

他对那个人说："请告诉我，你是否认为有些狗和马长得美，其他各种动物中间也是这样呢？"

那人说："我认为是这样。"

"这就是说，人中间也是一些人长得美，另一些人长得丑吗？"

"怎么可能不是呢？"

"那么，我们把各种和每种中的个体称作美的，是根据同样的原因，还是根据不同的原因呢？你会看到情况是这样的。既然我们看到，狗在本性上是按照一种目的长成的，马按照另一种目的长成，夜莺则按照第三种目的长成，那么，这样说是完全合理的：每种个体最符合自身的本性时就是美的，而由于每种个体的本性都不相同，我以为，每种个体的美也就不同。"

那个人同意："难道不是这样吗？"

"这不就意味着，使狗变得美的东西，会使马变得丑了吗？而使马变得美的东西，会使狗变得丑了吗？因为它们的本性是不同的呀！”[1]

这段论述表明，爱比克泰德在美的本质问题上保持了中期斯多亚派的传统，但是也有自己的特色。他把“美”的概念同“合目的性”的概念联系在一起，而他的目的是具体充分的理想性（“最符合自身的本性”）。既然每种对象都有自身的目的、自身的功能，那么，美的对象是极其丰富和多样的。

晚期斯多亚派的最后一个重要代表、161年至180年在位的罗马皇帝马可·奥勒留是爱比克泰德最忠实的崇拜者和追随者，他比爱比克泰德更加专注于伦理学问题。“所不同的是，爱比克泰德经受外部环境的折磨而保持道德的纯粹性，身为奴隶却感到是精神上的国王；奥勒留遭受内心煎熬，无力摆脱悲惨命运，身为皇帝却感到是精神上的奴隶。”[2] 马可·奥勒留的著作《沉思录》被译成多种文字，其中有S. 罗戈文（S. Rogovin）的俄译本（莫斯科1914年版）、C. R. 哈内斯（C. R. Haines）的英译本（伦敦1916年版，1970年版）、A. J. 特拉诺（A. J. Trannoy）的法译本（巴黎1925年版）、W. 蒂勒（W. Theiler）的德译本（苏黎世1951年版）。《沉思录》充满世纪末的悲怆情调，发出“人生如烟”的慨叹[3]。然而，在这动荡不安的时代中，奥勒留却遵循希腊美学精神，显示出对纯粹的、无私的美的热爱。他写道：

一切美的东西无论是什么，都因自身而美：赞扬不能作为一个组成部分进入其中。因此，它不由于赞扬而变坏或变好。我在这里指的是从平常观点看被称作美的东西，例如，物质的东西和艺术作品。那真正美的东西需要什么样的赞扬呢？除了法则、真理、仁慈和秩序，不需要任何东西。这一切中的什么东西是由于赞扬才美或者由于谴责才丑的呢？难道纯绿宝石缺乏赞扬就会变坏吗？难道黄金、象牙、紫袍、大理

[1] 爱比克泰德：《言谈集》第3卷第1章第1—4节。

[2] 赵敦华：《西方哲学通史》第1卷，第305页。

[3] 奥勒留：《沉思录》第10卷第31章。

石、花卉和植物缺乏赞扬就会变坏吗？[1]

在这里，美成为独立自在的，它由于自身具有意义，而不需要任何其他东西。这表明在斯多亚派美学完全瓦解和走向终结的时候，在阴郁暗淡的时代氛围中，罗马人仍然没有忘记光明、愉快的希腊美学理论。

三、对艺术的广义理解

斯多亚派对艺术作广义的理解，即把艺术理解为人工技艺，凡是人凭技艺制作的一切产品都是艺术品。这种理解往往难以说明现代意义上的艺术的特殊本质。斯多亚派在阐述艺术问题时最早使用了“体系”（即“系统”）的术语。体系的原意是组合，艺术是有用之物的体系，而哲学则是知识的体系。

根据底比斯的奥里庇奥多尔（Olympiodorus of Thebes）记载，克里安西斯把艺术定义为：“艺术首先是通过方法达到一种状态。”[2] 昆体良的转述与此完全相符。克里安西斯认为，“艺术是达到某种途径，即秩序的力量。”[3] 底比斯的奥里庇奥多尔也记载了芝诺的观点：“艺术是为了生活中某种有目的的共同培育的理解的体系。”[4] 芝诺还谈道：“艺术是创造某些途径的状态，即借助途径和方法创造某种东西的状态。”[5]

这些定义未免使人感到困惑。为什么在艺术中如此强调方法，强调有意识地实施的、能够形成某种体系的方法呢？这和斯多亚派的个性教育的理论有关。他们以道德规定的严格性著称，主张摒弃任何激动的感情，而保持内心绝对的宁静。他们认为真正的艺术不是众所周知的传统艺术，而是使人达到道德完善、保持不动心的一种自我教育方法。因此，艺术作品是人的主观努力的结果，是有意识地追求某种体系的结果。他们关于艺术的定义中的方

[1] 奥勒留：《沉思录》第 4 卷第 20 章。
[2] 阿尼姆编：《斯多亚派流传残篇》第 1 卷第 490 节。
[3] 同上。
[4] 阿尼姆编：《斯多亚派流传残篇》第 1 卷第 73 节。
[5] 阿尼姆编：《斯多亚派流传残篇》第 1 卷第 72 节。

法，实际上指预先制订的、经过深思熟虑的计划，所以，他们又把方法称作途径。在他们那里，对艺术的理解是和艺术的功能联系在一起的。

艺术作品不是自然产品，它是在方法上经过周密考虑、人的主观努力的结果，是严格按照预定的计划制作出来的。艺术作品中的人物，比如俄狄浦斯遇到的就不应该是偶然的状况和意想不到的命运，而是早就知道的、预先安排好的结局。就像斯多亚派的有智慧的人那样，他们预先知道将来会发生什么事，应该怎样做，从而在任何情况下都保持内心的平静。斯多亚派对艺术的这种理解不同于希腊美学，可以认为这是他们所理解的艺术的第一个特征。

斯多亚派所理解的艺术的第二个特征应该在他们的自然观中去寻找。他们把自然（宇宙）看作“最伟大的艺术作品”（克吕西甫）。自然作为艺术作品是和美联系在一起的。克吕西甫写道：

> 大自然为了美创造了许多生物，大自然欣赏它们并为它们的丰富多彩感到愉悦……孔雀因为它的尾巴、因为它的尾巴的美而被创造出来。[1]

公元 1—2 世纪的哲学家艾修斯（Aetius）有一段转述斯多亚派关于宇宙和宇宙美的引文，虽然艾修斯没有指明这是波西多纽的言论，然而根据内容来推断，一般认为是波西多纽的观点：

> （斯多亚派）首先从外在表现的美产生这样的概念。因为任何美的对象都不是枉然地和偶然地，而是由于某种造化的艺术形成的。因此，宇宙是美的。这从它的形状、色彩、宏伟和满天繁星中是显而易见的。宇宙是球形的，它优于各种形状。因为只有这种形状能够同样指向自身的各个部分：作为圆形，它的各个部分也是圆形的。[2]

[1] 阿尼姆编：《斯多亚派流传残篇》第 2 卷第 1163 节。

[2] 阿尼姆编：《斯多亚派流传残篇》第 2 卷第 1009 节。由于艾修斯没有指明这段引文是波西多纽的言论，所以《波西多纽残篇》没有收录。

美是艺术创造的结果。宇宙是艺术作品，因为它是美的，这种美体现在它的形状、色彩等丰富多彩的外在感性形式中。所以，斯多亚派理解的艺术的第二个特征是，艺术是具体可感的，而且是具体可感的美。

与希腊美学家的自然观相比，斯多亚派的自然观发生了变革：他们不仅把自然看作客体，而且也看作主体。因此，他们不仅把自然看作伟大的艺术作品，而且看作伟大的艺术家。芝诺就赋予自然这种称号，《斯多亚派流传残篇》写道：

> 根据这个理由，整个自然是艺术的，因为它仿佛具有它所遵循的某种途径和规则。而对于吸纳一切和包容一切的世界本身，自然不仅被同一个芝诺称为艺术的，而且直接称为艺术家，称为一切有益的东西的保护者和制造者。[1]

自然之所以成为艺术家，是因为在斯多亚派看来，自然是有生命的，是一个巨大的活物。原初的火和气组成“普纽玛”（pneuma），希腊语 pneuma 的字面意思是“微微吹动”，或者“风”“一阵风”，它很早就表示“呼吸”“气息”。由于呼吸是一切生命的特征，所以，普纽玛又衍生出“精神”的意思，西文把它译为 spirit。在希腊罗马文献中，学者们往往把生命的呼吸等同于生命本身，于是就把普纽玛理解为生命。斯多亚派对普纽玛作了高度的哲学概括，把它理解为“自然的本质”[2]。自然作为火的普纽玛放射的结果，像一切活物一样，第一是温暖的，第二能够呼吸。宇宙的火的普纽玛也被斯多亚派称作“艺术创造的火”。波西多纽曾以火来解释为什么是月亮，而不是太阳成为涨潮的原因。太阳是纯粹的火，因此它能迅速清除大地和海洋上升起的湿气；月亮的火不纯粹，比较软弱无力，因此它不能消弭湿气，只能以自身微弱的火推动湿气作某种运动，而无法减少湿气的数量。在阳光下海水被

[1] 阿尼姆编：《斯多亚派流传残篇》第 1 卷第 172 节。
[2] 阿尼姆编：《斯多亚派流传残篇》第 2 卷第 715 节。

火烧烤，变得匀整，而在月光下，海水上扬并扩散。[1] 总之，火是支配宇宙的力量。

斯多亚派的这种观点来自赫拉克利特，他们都把火称作逻各斯。然而，赫拉克利特的火的逻各斯是生和死在宇宙中永恒地、无目的地循环的规律，而斯多亚派的逻各斯首先是合目的性。在这方面，他们受到亚里士多德的影响[2]。既然自然的逻各斯具有合目的性，既然火的普纽玛使自然有温度又能呼吸，所以，自然是活的有机体。希腊美学家也把自然看作有机体，然而这是理性分析的结果，他们仅仅把自然当作观照的对象。斯多亚派不仅把自然当作观照的对象，而且通过火的普纽玛即温暖的呼吸，把自然当作直接感觉的对象[3]。从自然是活的有机体的观点，派生出斯多亚派对艺术的理解的第三个特征：艺术像自然一样，也是有机整体。

虽然艺术和自然有着密切的关系，然而，早期斯多亚派对希腊传统的艺术模仿自然的观点却不感兴趣。据查阅，在早期斯多亚派的所有残篇中，仅有唯一的一处提到"模仿"的术语，那是在公元前 1 世纪伊壁鸠鲁派哲学家菲罗德谟批评斯多亚派的音乐理论时出现的。菲罗德谟指出，斯多亚派"既在模仿的含义上，又在发明的含义上"把音乐和诗相等同[4]。晚期斯多亚派代表塞涅卡沿袭柏拉图和亚里士多德的传统，重新阐述了艺术模仿自然的理论。塞涅卡是暴君尼禄的老师和大臣，西方哲学史研究常以他为例说明晚期斯多亚派道德说教和行为之间的矛盾。他经常谴责财富，然而他又非常富有；他反对残忍行为，然而他又为虎作伥。他的著作有《致卢齐利乌书信集》《论天命》《论幸福生活》《自然问题集》等，与美学关系最大的是《致卢齐利乌书信集》中的第 65 封信。另外，他的散文和悲剧作品中也含有一定的美学思想。

在阐述艺术模仿自然的理论之前，塞涅卡在致卢齐利乌的第 65 封信中

[1] 阿尼姆编：《斯多亚派流传残篇》第 2 卷第 219 节。

[2] 沃拉德斯拉维·塔塔科维兹：《古代美学》，杨力、耿幼壮、龚见明、高潮译，第 247 页。

[3] A. F. 洛谢夫：《希腊罗马美学史》第 8 卷第 2 册，莫斯科 1994 年版，第 271 页。

[4] 菲罗德谟：《论音乐》第 90 节。参阅 A. F. 洛谢夫：《希腊罗马美学史》第 8 卷第 2 册，第 65 页。

首先说明了世界万物的成因：

> 如你所知，按照斯多亚派的学说，参与万物创造的有两种元素：质料和原因。质料是怠惰的，能够接受任何形式，如果没有东西促使它运动，它就不会动。而原因或理性赋予质料以形式，按照自身的意愿给予它某种功能，由它产生各种物。因此，应该有某种东西，由它形成事物；然后还有一种东西，它创造事物。前者是质料，后者是原因。[1]

然后，塞涅卡把这种原理运用到艺术中：

> 艺术模仿自然。因此，我关于整个世界所说的东西，也可以运用到人工制品上来。比如，雕像既要有质料，它由质料制成，又要有艺术家，艺术家赋予质料以某种形式。铸造雕像的青铜是质料，而雕刻家是原因。关于其他各种物也可以这样说，它们中有两种元素：物所由制成的东西和使物产生的东西。[2]

斯多亚派认为物的形成只有一个原因，就是使物产生的东西。而亚里士多德认为有四个原因。塞涅卡以雕像为例来解释亚里士多德的四因说。第一种原因是青铜，因为如果没有质料，雕像就无从浇铸或塑造。第二种原因是制作者，即雕刻家，因为如果没有雕刻家有经验的双手的工作，青铜就不可能获得雕像的形式。第三种原因是形式，亚里士多德称它为埃多斯（eidos），因为如果雕像没有某种形式，它就不会成为《持矛者》或者《束发的运动员》。第四种原因是目的，因为如果没有目的，也就不会有雕像。目的可以是金钱，如果雕刻家想出售雕像的话：目的也可以是荣誉，如果雕刻家想获取知名度的话；目的还可以是虔诚，如果雕刻家要把雕像赠给神庙的话。

令人感兴趣的是塞涅卡在亚里士多德的这四种原因之外，添加了第五种

---

[1] 塞涅卡：《致卢齐利乌书信集》第65封信第2节。

[2] 塞涅卡：《致卢齐利乌书信集》第65封信第3节。

原因，即柏拉图所说的“理式”（idea），塞涅卡称之为“范型”。范型指画家在完成自己的构思时所观照的对象，它可以存在于画家的外部，也可以仅仅存在于画家的想象中。塞涅卡认为，按照柏拉图的观点，事物的形成有五种原因：质料因、动力因、形式因、范型因和目的因。实际上这仅仅是塞涅卡的理解，柏拉图本人从来没有这样说过。现在的问题是，既然塞涅卡明确地区分了亚里士多德的埃多斯（eidos）和柏拉图的理式（即范型，idea），那么，这两者之间的区别何在呢？在致卢齐利乌的第 58 封信第 16 节中，塞涅卡对此作了说明。如果一位画家为芝诺画肖像，那么，画家画肖像时所依据的芝诺本人的面孔就是范型。而画家从芝诺的面孔中提炼出来并使之入画的那些东西，则是埃多斯。这样，塞涅卡所说的范型和埃多斯的区别，颇类似朱光潜在论述美的本质时所说的物甲和物乙的区别。一朵花客观地存在着，无论放在室内还是室外，它都是同样的一朵花。这时候，花是范型，是物甲。然而，我们在知觉同一朵花时，我看到的花不同于你看到的花，我在此时看到的花也不同于在彼时看到的花。这时候，花是埃多斯，是物乙。客观存在的物是范型，包含了我们意识的作用的物的形象是埃多斯。艺术作品作为艺术创作的结果和产物是范型，经过我们理解和诠释的艺术作品是埃多斯。

塞涅卡在第 28 封信中，还谈到埃多斯和范型（理式）的相互关系。同一个对象既可以是埃多斯，又可以是范型。物就它自身而言，即自为的时候，它是埃多斯。但是，物一旦进入我们的阐释领域，即他为的时候，它就成了范型。塞涅卡仍以雕像为例，说明所谓柏拉图的五因说：用什么做——青铜，由谁来做——雕刻家，为什么做——某种目的，照什么做——范型，这些原因的结果就是雕像（什么样的）。塞涅卡对范型和埃多斯的区分，在艺术模仿理论中迈出了重大的一步。他强调了主观意识的作用，认为主观意识应该在客体中寻找相关的东西。

斯多亚派的艺术理论还涉及艺术分类问题。塞涅卡在第 88 封信中援引了波西多纽关于艺术分类的观点：

> 波西多纽把艺术分为四种：民众的和低级的艺术，戏剧表演艺术，增进学识的艺术，以及自由艺术。[1]

民众艺术是工匠双手劳作的产品，目的在于使生活舒适，其中没有美和对高尚的模仿。戏剧表演艺术为我们的耳、目提供享受。增进学识的艺术指较为专门的艺术和科学：诗、音乐、绘画、雕刻、建筑和数学、几何学、天文学。自由艺术是以德行为目的的艺术。波西多纽的艺术分类表明，他继承了希腊美学的传统，把艺术、科学和技艺相等同。然而，他在艺术领域中分出了等级：最低级的艺术是民众艺术，戏剧艺术较高，增进学识的艺术更高，而最高的艺术是德行。这反映了斯多亚派对艺术的评价：艺术归根到底仅仅是道德生活的艺术。在同一封信中，塞涅卡也表述了对艺术分类的观点。他认为艺术还不是通向德行的途径，犹如没有树就没有船，然而树还不是船。塞涅卡并不反对艺术，但他力图寻找艺术的外在含义。甚至科学和哲学也会受到他严厉的谴责，如果它们仅仅研究纯粹的知识，而不以培育德行作为中心任务的话。

斯多亚派美学于 2 世纪结束。它经过早期、中期和晚期的发展，为 3 世纪新柏拉图主义美学登上历史舞台准备了条件。

第二节　伊壁鸠鲁派

伊壁鸠鲁派的创立者伊壁鸠鲁是亚里士多德较为年轻的同时代人。公元前 306 年他在雅典自己领地的花园创办的“花园”哲学学校，与柏拉图的学园、亚里士多德的吕克昂学园和斯多亚派的“画廊”齐名。他后来把领地连同学校遗赠给自己的学生们。和斯多亚派一样，伊壁鸠鲁派也分为早期、中期和晚期。本节主要阐述伊壁鸠鲁本人和中期伊壁鸠鲁派代表菲罗德谟、卢克莱修的美学。

[1] 《波西多纽残篇》第 90 节。

一、伊壁鸠鲁

伊壁鸠鲁（公元前 342/341 年至前 271/270 年）生于萨摩斯，早年学习柏拉图和德谟克利特的哲学。他生前享有盛名，他的学校接纳了众多学生，包括一些女生。他的朋友从四面八方来看望他，并住在他的花园里。他的著作有 300 多卷，大多失传，与美学和艺术直接有关的有《论音乐》和《论雄辩》。伊壁鸠鲁流传下来的若干著作和残篇保存在拉尔修、恩披里柯、普鲁塔克、塞涅卡、斯托拜乌和西塞罗等人的著作中。在后人编辑整理的伊壁鸠鲁的各种残篇中，H. 乌塞纳（H. Usener）编的《伊壁鸠鲁残篇》最为流行。该书 1887 年在利普西出版，1966 年再版。

伊壁鸠鲁快乐主义的伦理学、原子论的自然哲学和感觉主义的认识论，给他的美学打下了印记。把幸福等同于快乐是伊壁鸠鲁伦理学的基本原则。“快乐”一词在希腊语中是 hēdonē，在拉丁语中是 voluptas。伊壁鸠鲁著作的一些翻译者为了使普通读者便于理解，把这个词译成“享乐”。这种译法对于许多希腊文文献和拉丁文文献来说是正确的，然而，如果用它来确定伊壁鸠鲁伦理学的基本原则的话，那就不确切了[1]。因为伊壁鸠鲁的快乐主义不是后人误解的官能欲望的满足，更不是罗马贵族曲解的穷奢极欲，相反，在某种意义上伊壁鸠鲁是个禁欲主义者。他说过，只要给他大麦、面包和水，他“就准备同宙斯本人辩论什么是幸福”[2]。他的快乐仅仅以面包和水为基础，这两种食品就足以使他感到自己像神一样幸福。因此，准确地把握伊壁鸠鲁的快乐主义的含义，是深入理解他的美学的前提。

如果说斯多亚派是从符合自然的理性出发，那么，伊壁鸠鲁派则是从符合自然的感觉出发。火是热的，雪是白的，蜜是甜的，快乐和痛苦从外在

---

[1] 沃拉德斯拉维·塔塔科维兹的《古代美学》中译本（杨力、耿幼壮、龚见明、高潮译）就译为“享乐”，见该书第 229 页。

[2] 斯托拜乌：《论适度》。马克思在《关于伊壁鸠鲁哲学的笔记》中写道，伊壁鸠鲁声称：“只要有了面包和水，他就准备同任何人辩论什么是幸福。”（《马克思恩格斯全集》第 40 卷，人民出版社 1982 年版，第 157 页）这段话在乌塞纳编的《伊壁鸠鲁残篇》中未收录，但见诸 G. 阿里格蒂（G. Arrigheti）编注的《伊壁鸠鲁残篇》第 3 卷第 66 节，都灵 1960 年版。

的、直接的感觉中产生。快乐是任何生物的目的，因为任何生物从存在之日起就自然而然地追求幸福，回避痛苦。拉尔修援引了伊壁鸠鲁在《论目的》中的一段话：

> 如果我拒绝饮食的快乐，如果我轻视爱情的享乐，如果我不与我的朋友们一起聆听音乐和观看美的艺术品，那么，我不知道我还能设想什么善？[1]

伊壁鸠鲁还说：

> 胃的快乐是一切善的起始和根源，一切智慧和卓越也产生于这种快乐。[2]

在这里，伊壁鸠鲁强调了官能的享受。然而，这仅是问题的一个方面。伊壁鸠鲁区分了人的三种欲望：自然的和必需的，如渴了饮水；自然的而非必需的，如名贵肴馔；既非自然又非必需的，如得到颂扬和为自己立铜像。他认为有智慧的人只应该产生第一种欲望，因为这种欲望如果得不到满足，就会感到痛苦，而消除痛苦也是一种快乐。因此，伊壁鸠鲁所说的“胃的快乐”仅仅指满足人的自然需要的有节制、有益于健康的饮食的快乐。他对此身体力行，一生过着俭朴的生活。拉尔修指出了伊壁鸠鲁和昔兰尼派的区别。[3]昔兰尼派认为仅仅消除痛苦是不够的，他们还要求动态的快乐，即欲望的满足。伊壁鸠鲁既承认动态快乐，又承认静态快乐，并主张静态快乐高于动态快乐。静态快乐的主要特征是宁静的心态，这是一种恒定的、平稳不变的幸福。伊壁鸠鲁把快乐同美和德行联系起来：

[1] 拉尔修：《著名哲学家的生平和学说》第 10 卷第 6 节。

[2] 《伊壁鸠鲁残篇》（乌塞纳编）第 409 节。凡引自该书的，不另注编者。

[3] 拉尔修：《著名哲学家的生平和学说》第 10 卷第 136—137 节。

只有在美、德行和诸如此类的事物等产生快乐的时候，它们才值得珍视；如果它们不产生快乐，那么，就应该抛弃它们。[1]

德行对于幸福生活是不够的，因为幸福是由德行所产生的快乐，而不是德行本身。伊壁鸠鲁的快乐主义理论之所以应该进入西方美学史，是因为被他当作“幸福生活的起始和终结”的快乐，被他当作德行的真正内容的快乐，其最高境界是宁静轻松的、无痛无求的心态。这与其说是一种伦理心态，不如说是一种审美心态，是一种享受内在的、精神的宁静的审美体验。不涉他物的美学原则使斯多亚派进入“不动心”的境界，对独立自在的美进行观照。这种美学原则使伊壁鸠鲁派进行审美的自我享受，追求清朗的、绝对稳定的快乐。但这种快乐并不是纵欲，因为任何过度的享乐都会妨碍内心的平静。

从快乐主义原则出发，伊壁鸠鲁对艺术持否定态度。古代文献中有大量关于他否定艺术的记载。西塞罗在《论目的》中写道：

你觉得他（伊壁鸠鲁）没有受过足够的教育，原因在于他否定任何教育，如果教育对幸福生活的科学没有帮助的话。难道他应该在细读那些没有任何实实在在的效用，而仅有一种孩提的乐趣的诗人作品中耗费时光吗？[2]

折衷主义哲学家普鲁塔克（约公元 40 年至 120 年）在《论信从伊壁鸠鲁不可能有幸福的生活》中写道：

语法学家赫拉克利特回敬了伊壁鸠鲁，因为伊壁鸠鲁派谈论诗的混乱和荷马的鄙俗。[3]

[1] 《伊壁鸠鲁残篇》第 70 节。

[2] 西塞罗:《论目的》第 1 卷第 21 章第 71 节。

[3] 普鲁塔克:《论信从伊壁鸠鲁不可能有幸福的生活》第 2 章第 1086 节。

2—3 世纪的语法家瑙克拉提斯的阿特纳奥斯（Athenaeus of Naucratis）谈到，伊壁鸠鲁和柏拉图一样，要把荷马逐出理想国[1]。拉尔修指出，如果伊壁鸠鲁认为，“只有有智慧的人才能够正确地谈论音乐和诗”，那么，这里所说的智慧不过是逃避任何教育。[2] 拉尔修提到的伊壁鸠鲁的一句警言“善良的人，请扯起桅帆，逃避任何教育”[3]，也为普鲁塔克和昆体良屡次引用。伊壁鸠鲁认为演说艺术是不好的艺术，其中只有一种性质值得肯定（如果它出现的话），那就是明晰[4]。虽然伊壁鸠鲁有时候也提及艺术快感，然而在总的倾向上，他坚决否定艺术，主张同艺术作斗争。在这一点上他和斯多亚派不同。斯多亚派肯定艺术，但对艺术作道德化的理解，艺术的目的和功能在于培养德行，从而使人达到内心的宁静。伊壁鸠鲁否定艺术，因为艺术刺激了人的内心生活，破坏了内在的宁静，解决问题的途径是远离艺术、抛弃艺术。伊壁鸠鲁和斯多亚派对待艺术的态度不同，然而目的一样，他们殊途同归。可以推测，伊壁鸠鲁失传的《论音乐》和《论雄辩》的主要内容会告诫人们放弃音乐、放弃雄辩，而回归内心的宁静快乐。

伊壁鸠鲁是唯物主义的无神论者，这对他的美学产生了重要影响。然而，他的唯物主义思想和无神论与现代意义上人们对唯物主义和无神论的理解不同。他是唯物主义者，因为他把感性的物质元素看作存在的基础。他是无神论者，因为他不承认神有干预世界的能力，虽然他承认神的存在。如果说斯多亚派的火本原说来自赫拉克利特，那么，伊壁鸠鲁的原子论则来自德谟克利特。伊壁鸠鲁派和斯多亚派把主体提到首位，但是他们并不否定客观现实，相反，由于主体内在感觉的发展，他们对客观现实作了更深刻的描绘。这也表现在伊壁鸠鲁的原子论中。伊壁鸠鲁像德谟克利特一样，认为万物的本原是原子和虚空。虚空是物存在的地方和运动的场所，原子则是构成物的最小的、不可分割的单位。德谟克利特认为原子有大小和形状。伊壁鸠

[1] 《阿特纳奥斯著作集》第 5 卷第 187 节。

[2] 拉尔修：《著名哲学家的生平和学说》第 10 卷第 121 节。

[3] 拉尔修：《著名哲学家的生平和学说》第 10 卷第 6 节。

[4] 拉尔修：《著名哲学家的生平和学说》第 10 卷第 13 节。

鲁为原子补充了一个性质：重量。重量使原子像雨点一样垂直下落，产生有序的、整齐的运动。但是，这样无法形成世界。为了解决这个问题，伊壁鸠鲁又提出原子在下落时具有偏斜的能力。作偏斜运动的原子和其他作垂直运动的原子相碰撞、缠结和交织，形成了世界。这样，垂直是原子运动的必然性，偏斜是原子运动的偶然性。从偶然性出发，伊壁鸠鲁否定了德谟克利特原子论中的命运决定论。在伊壁鸠鲁那里，物理学上原子随意的偏斜运动和伦理学上的自由意志、美学上自由的内在体验是相通的。

普鲁塔克和拉尔修都指出伊壁鸠鲁的原子偏离说和人的自由特别是精神自由的联系。伊壁鸠鲁的头上“没有任何主宰”[1]，他不怕任何折磨、任何艰苦，特别不怕死。

> 死不足畏的人，在生活中就无所惧。……我们存在的时候，死亡就不存在；而死亡到来的时候，我们已经不存在。因此，对于生者和死者来说死亡都不存在。[2]

伊壁鸠鲁以闲适的心情对待死亡，就像对待其他一切事情一样。他感到死亡来临的时候，仅仅洗了个热水澡，喝了几口纯葡萄酒。因为在他看来，死仅仅是原子的分解，是生命的自然终结。在他那里，审美快感不是消极的状态，而是主体内在自由的一种表现。

既然世界是原子的垂直运动和偏斜运动产生的，那么，它的产生和神没有任何关系。然而，伊壁鸠鲁不仅承认神的存在，而且论证神的存在。他的论证方法是：“所有可感的东西都是真实的”，神即使在我们的梦中出现过，也有充分的理由认为它们是存在的。他的神有一系列特征：神和万物一样，由原子构成，只是这些原子非常精细，在地面上是没有的。神有形体，外貌像人一样，他们吃、喝以维系生存。按照菲罗德谟的说法，神还说希腊语，

[1] 拉尔修：《著名哲学家的生平和学说》第 10 卷第 133 节。

[2] 拉尔修：《著名哲学家的生平和学说》第 10 卷第 125 节。

或者说接近希腊语的某种语言[1]。神是至福和不朽的生物，它们无忧无虑无烦恼。“操劳、烦恼、愤怒和恩赐都不符合至福，这些通常出现在软弱、恐惧和欲求中。”[2]

在描绘“美的生活的基本原则”时，伊壁鸠鲁写道：

> 神是不朽的和至福的生物，像关于神的一般想象所指出的那样（存在于人的理智中），没有给它添加异己于它的不朽，或者不符合它的至福的任何东西，而是设想神的一切能够保持它的和不朽连在一起的至福。确实，神存在着；认识它们是明显的事实。然而，它们不是芸芸众生所想象的那样，因为芸芸众生没有始终保持自己关于神的想象。不虔诚的并非取消芸芸众生所相信的那些神的人，而是把芸芸众生的想象用到神身上的人。因为芸芸众生关于神的说法不是正常的概念，而是虚妄的臆测，根据这些臆测，神会给坏人带来最大的损害，而给好人带来最大的利益。[3]

伊壁鸠鲁的神居住在世界之外，对善恶无动于衷，从不干预世界和人间的事务，充分表现了希腊化时期的哲学和美学中不涉他物的原则。卢克莱修在《物性论》第 3 卷序诗中的一句话，极其传神地描绘了伊壁鸠鲁的神泰然自若、与世无争、享受着最完满的宁静境界的状态：神永远“带着远远散开的光辉在微笑”。神的至福是无私的、不涉利害的。在西方哲学史上，这种神是很独特的。这与其说是自然神论，不如说是超然物外的独立自在。实际上，伊壁鸠鲁的神是人的生活的理想，神能够以更加恒定不变的形式永远保持内心的宁静。“伊壁鸠鲁派的圣贤就是他们心目中的神，因为神的本性只是无忧无虑地、快乐地生活，达到了心灵宁静这一快乐的理想境界，也就是

[1] 《伊壁鸠鲁残篇》第 356 节。

[2] 拉尔修：《著名哲学家的生平和学说》第 10 卷第 77 节。

[3] 拉尔修：《著名哲学家的生平和学说》第 10 卷第 123—124 节。

达到了神的崇高境界。”[1] 在这一点上，伊壁鸠鲁关于神的学说和美学，更确切地说，和审美体验、审美意识发生了联系。在对心灵宁静这一理想境界无私的、纯审美的观照中，伊壁鸠鲁派找到了慰藉和快乐。

由于神不干预人间的事务，所以神不会理睬更不会兑现人间的祈祷。伊壁鸠鲁否定祈祷的意义和作用。然而，他又主张有智慧的人应该对神顶礼膜拜。[2] 对神的顶礼膜拜完全不是为了祈求神的恩赐，不是为了某种功利目的，而是对神作无私的、审美的观照，和神发生不涉利害的、审美的交往。伊壁鸠鲁对神的观照就是对自己的理想的观照，神的生活是最高的和最完善的美，神是伊壁鸠鲁派美学的审美对象。

伊壁鸠鲁自然观中的“虚空”概念也和他的美的理想有关。在他看来，生活在虚空中、遁入这种不存在中是一种幸福。这时候你已分辨不出周围是梦还是真—— 一切如雾，如烟，如幻。伊壁鸠鲁的审美意识就是人似醒非醒的一种状态，这时候人有点醒了，感到自己躺在床上，回味着梦境，但是还不想离开梦境马上起床。换言之，伊壁鸠鲁的审美意识是一种令人愉悦的昏昏欲睡，人感受到自己的手脚不能动，然而也不需要动，对于别人和对于自己都不需要任何运动[3]。面对社会生活的矛盾和危机，伊壁鸠鲁找不到解决问题的办法和出路，感到失望甚至是绝望，于是遁隐到内心世界，宣扬保持宁静的心境，并把宁静视为快乐。这种闲云野鹤般的遗世独立、这种漠视权力名位的大彻大悟、这种于尘世喧嚣中的心如止水，是对社会现实的全面回避和彻底退隐。“不从事社会事务”就是他的一条律令[4]，连他的神都不过问世事。实际上，他的快乐和绝望结合在一起，是一个问题的两个方面。他的美是遁入虚空，循入精神的虚静（虚空和宁静）。

马克思在博士论文《德谟克利特的自然哲学和伊壁鸠鲁的自然哲学的差别》中写道：

---

[1] 赵敦华：《西方哲学通史》第 1 卷，第 271 页。

[2] 《伊壁鸠鲁残篇》第 12 节。

[3] A. F. 洛谢夫：《希腊罗马美学史》第 5 卷，第 304 页。

[4] 卢克莱修在《物性论》（方书春译，商务印书馆 1981 年版）第 2 卷序诗中把营营于权力名位的人称作为“惶惶不可终日的”“可怜虫”（第 61 页）。

> 人们曾经嘲笑伊壁鸠鲁的这些神，说它们和人相似，居住在现实世界的世界和世界之间的空隙中，它们没有躯体，但有类似躯体的东西，没有血，但有类似血的东西；它们处于幸福的宁静之中，不听任何祈求，不关心我们，不关心世界，人们崇敬它们是由于它们的美丽，它们的威严和完美的本性，并非为了某种私利。
>
> 不过这些神并不是伊壁鸠鲁的虚构。它们本来就存在着。这是希腊艺术塑造的众神。西塞罗，作为一个罗马人，有权嘲笑它们，但是普卢塔克，作为一个希腊人，当他说：这种关于神的学说消除了恐惧和迷信，但是并不给人以神的快乐和恩惠，而是使我们和神处于这样一种关系中，就象我们和赫尔干尼亚海的鱼的关系一样，从这种鱼那里我们既不想得到什么害处，也不想得到什么好处，——当他说这番话时，他已完全忘记希腊人的世界观了。理论上的宁静正是希腊众神性格上的主要因素。亚里士多德也说："最好的东西不需要行动，因为它本身就是目的。"[1]

马克思把伊壁鸠鲁的神说成"希腊艺术塑造的众神"，从而简洁明了地说明了伊壁鸠鲁美学的特征。

二、菲罗德谟

菲罗德谟（公元前110年至前40/35年）是伊壁鸠鲁派哲学家和诗人，生于巴勒斯坦的加达拉，年轻时在雅典向伊壁鸠鲁派哲学家、西顿的芝诺学习哲学（西塞罗在公元前79年至前78年也曾听过芝诺的讲学）。公元前75年菲罗德谟迁居罗马，将伊壁鸠鲁哲学传至罗马。他曾住在公元前58年任罗马执政官的卡普尼乌·皮索的家中。西塞罗曾称赞菲罗德谟学识渊博[2]。

菲罗德谟的著作原已全部佚失，19世纪发掘皮索赠给他的位于意大利赫库兰尼姆的别墅遗址时，获得了他的一些著作残篇。其中与美学有关的有

---

[1] 《马克思恩格斯全集》第40卷，第215页。引文中的"普卢塔克"即"普鲁塔克"。

[2] 西塞罗:《论目的》第2卷第35章第119节。

三种：《论诗歌作品》，耶森（Chr. Jensen）编，1923年在利普西出版；《修辞学》1—2卷，S. 苏德豪斯（S. Sudhaus）编，1902年至1906年在利普西出版；《论音乐》，J. 凯姆克（J. Kemke）编，1884年在利普西出版。另外，菲罗德谟还有300多篇短诗存世。从伊壁鸠鲁到菲罗德谟跨越了200多年，在这期间伊壁鸠鲁派的学说发生了很大变化。伊壁鸠鲁对艺术持完全否定的态度，而菲罗德谟对艺术的兴趣大增。除了消除人对死亡和神的恐惧的科学外，伊壁鸠鲁不仅排斥关于艺术的科学，而且排斥其他一切科学；而菲罗德谟在同斯多亚派成员的争论中，不仅分析了艺术的伦理内容和审美内容，而且分析了艺术的表现形式。伊壁鸠鲁学说的主要目的是保持人内心的宁静，而爱情和婚姻会破坏这种宁静，因此他认为最好不要恋爱和结婚，如果要恋爱和结婚，也必须以不破坏内心的宁静为前提；菲罗德谟的所有诗篇则几乎都以爱情为题材[1]。

《论诗歌作品》批评了三位斯多亚派的代表：对贺拉斯产生重要影响的帕里昂的涅奥普托勒墨斯（Neoptolemus of Parium，公元前3世纪，参见第九章第二节对贺拉斯美学的理论渊源的论述）、希俄斯的阿里斯图（Aristo of Chios，公元前3世纪）和马卢斯的克拉特斯（Crates of Mallus，公元前2世纪）。菲罗德谟的艺术观点不仅不同于上述哲学家，而且不同于他的同时代人西塞罗和贺拉斯。西塞罗和贺拉斯在阐述传统的艺术观点时，从来没有提起他。他和伊壁鸠鲁派的观点是偏离希腊罗马美学主流派的唯一的少数派的观点[2]。

涅奥普托勒墨斯主张真正的诗，如荷马史诗，兼有教益和娱乐的功能。其理由是：艺术描绘现实，所以具有教益功能；艺术以其特有的形式（艺术的形式）描绘现实，所以具有娱乐功能。菲罗德谟驳斥了他的观点，认为艺术不是对现实的模仿，不能把描绘现实的作品看作有益的作品，因为现实是多种多样的。伊壁鸠鲁派给艺术下的定义是："艺术是创造对生活有益处的东西的途径。"[3]对艺术的这种功利主义理解排除了艺术的娱乐功能。涅奥

---

[1] A. F. 洛谢夫：《希腊罗马美学史》第5卷，第267页。

[2] 参见沃拉德斯拉维·塔塔科维兹：《古代美学》，杨力、耿幼壮、龚见明、高潮译，第234页。

[3] 《伊壁鸠鲁残篇》第229节。

普托勒墨斯还主张，诗应当简洁而明晰，菲罗德谟也不同意这种观点，因为简洁和明晰不是诗所特有的，与诗没有关系的谎言和臆造也可能是简洁和明晰的。从菲罗德谟的批评中可以看出，在论述诗歌作品时，斯多亚派使用了“教益”“娱乐”“简洁”“明晰”等术语。斯多亚派理解的简洁和明晰，在罗马美学中得到广泛的传播。涅奥普托勒墨斯把诗学分为三部分：诗人论、作品论和创作论。诗人论研究诗人的心理，作品论研究诗的表现形式，创作论研究诗的创作过程。这种区分在西方美学史上是第一次。而菲罗德谟反对这种区分，认为诗的内容结构和形式表现结构是不可分割的。

阿里斯图是位道德主义者，他遵循斯多亚派的传统，从伦理学观点看待艺术，主张具有好的内容和教育作用的诗是好的诗。他称赞荷马的诗，力图在诗中寻找美学和伦理学相结合的手段，即完善的形式和良好的道德内容相结合的手段。另一方面，他又把艺术作品的内容和形式割裂开。他把事物划分为三类：好的、坏的、不好不坏的。根据这条原则，他不仅把艺术作品分为三类，而且把艺术内容和艺术形式也分为三类。对于内容不好的诗歌作品，他主张用脱离内容的、言语表现的美来补救。这种观点理所当然地遭到菲罗德谟的驳斥，因为艺术技巧一旦脱离了内容，也就丧失了对技巧进行评价的标准。在任何情况下，艺术作品的形式都不能脱离内容。阿里斯图还主张，知觉艺术形式需要专门培育的听觉。这也不为菲罗德谟所首肯。菲罗德谟把语言只看作理智的创造，而看不到语音对听觉的作用。对于他来说，诗歌中最重要的东西是内容。他不否定艺术存在的必要性，但是不像阿里斯图那样重视艺术的形式。

被菲罗德谟批评的第三位斯多亚派哲学家克拉特斯把诗歌批评当作自己的任务。克拉特斯自称是一位批评家，而这种批评家不同于当时评论艺术的语法学家。恩披里柯写道：

> 他（指克拉特斯——引者注）确认批评家不同于语法学家的地方恰恰在于，用他的话来说，批评家在整个逻辑学中有经验，而语法学家只是不清晰的表述的诠释者、诗律的阐述者和诸如此类事物的行家。因

此，批评家像建筑师，而语法学家像听差。[1]

批评家所谓的逻辑批评，指对整个艺术语言的研究。斯多亚派诗学赋予音响以巨大意义。克拉特斯也主张，诗歌批评首先应该从听觉经验出发，分析诗歌作品的音响。听觉在知觉语音、重音和节奏方面起着重要作用，由听觉可以进而知觉诗歌作品的思想内容。这样，听觉就成为诗歌作品价值的唯一标准和判断者。克拉特斯重视感性的审美体验，菲罗德谟认为克拉特斯的批评方法太主观了，把仅仅由节奏产生快感的听觉说成判断诗歌作品的出发点未免可笑。在这种判断中起作用的只是主观因素，而缺乏客观的法则和标准。在菲罗德谟看来，客观的标准之一是语言应该模仿能带来益处的东西。诗歌语言要模仿日常语言，日常语言因社会生活的自然需要而产生，其中包含着各种风格特征。因此，没有必要刻意学习语言技巧，艺术技巧是一种直接的天然禀赋。

在对斯多亚派的批评中，菲罗德谟未能明确地阐述自己的观点。塔塔科维兹看到他的这种缺点，认为其“关心与别的理论进行论战超过关心发展自己的理论”[2]。然而，菲罗德谟仍然值得注意，因为他的观点是明显的非正统观点。他否定艺术是对现实的模仿；在艺术创作的天才和技巧问题上，他强调天才而否定技巧；在艺术的教益功能和娱乐功能的关系上，他只承认教益是衡量艺术的标准。这些观点都和传统的希腊罗马美学思想相违背。不仅如此，他也偏离了早期伊壁鸠鲁派的轨道。

在《修辞学》中，菲罗德谟也表现出非正统的倾向。与西塞罗和昆体良相对立，菲罗德谟认为雄辩家和道德没有任何共同之处。在阐述雄辩艺术的风格时，他指出，为了表现事物，唯一的和美的途径是美的语言[3]。在各种雄辩艺术中，仅仅专注表现力和听众印象的语言最富于艺术性。这种语言没有任何道德内容，不追求诉讼和政治活动的成果。在这里，菲罗德谟出人意

[1] 恩披里柯：《驳数理学家》第 1 卷第 79 节。

[2] 沃拉德斯拉维・塔塔科维兹：《古代美学》，杨力、耿幼壮、龚见明、高潮译，第 234 页。

[3] 菲罗德谟：《修辞学》第 1 卷第 149 节。

料地从纯审美立场看待艺术作品，这和他在《论诗歌作品》中的观点相矛盾。然而，菲罗德谟随即表示，这种语言虽然美，但是没有任何必要。语言的简洁、自然和生活可靠性是第一位的。他的功利主义观点又占了上风。

菲罗德谟的《论音乐》只有第4卷得到比较完整的恢复，其他部分只有残篇。他在《论音乐》中直接批评的对象是斯多亚派的巴比伦的第欧根尼（Diogenes of Babylon，约公元前240年至前152年）。然而，他对音乐的教育意义和伦理意义的否定，实际上又把矛头指向了以柏拉图和亚里士多德为代表的哲学家。在这种意义上，有的研究者认为他的《论音乐》毋宁叫作《反音乐》。菲罗德谟"反对认为音乐和灵魂间存在着一种特殊的联系的主张。他直截了当地说明音乐对灵魂的影响与烹饪艺术的影响并无不同"[1]，把音乐仅仅当作一种感性知觉。至于一些人感到音乐是"高尚的和纯洁的"，另一些人感到音乐是"严厉的和专横的"，这些意见不过是从外部加给音乐的，音乐本身并没有与此相类似的东西。他写道：

> 音乐并非像有些人所想象的那样是一种模仿。它不是作为模仿具有一些性格的属性，它在存在着宏伟和柔顺、英勇和怯懦、礼貌和放肆的地方显示这些性格的属性，完全不比烹饪艺术所显示的多。[2]

音乐所提供的东西并不比"食物和香气"多。[3]既然音乐不能对人的心理产生影响，那它就与德行没有任何关系，没有教育作用。《论音乐》虽然没有点名批评亚里士多德，但提到一些散步学派哲学家的名字，并且驳斥了亚里士多德关于音乐净化、音乐和德行的关系、旋律和人的性格的类似的理论。菲罗德谟轻视音乐，因为它是非逻辑的、无思想的。正因为如此，音乐也没有什么坏处。能够毒害青年的不是音乐，而是思想。音乐本身是非逻辑的，然而由于知觉者的思想背景不同，同样的音乐能够得到完全不同的

---

[1] 沃拉德斯拉维·塔塔科维兹：《古代美学》，杨力、耿幼壮、龚见明、高潮译，第292页。

[2] 菲罗德谟：《论音乐》第65节。

[3] 菲罗德谟：《论音乐》第53节。

阐释。

《论音乐》也否定音乐在宗教中的作用，从而反对音乐和神的联系。菲罗德谟认为根本不需要崇拜神，有些人之所以这样做，那是出于他们自身的需要。宗教音乐产生的狂喜状态，不过是乐器震耳欲聋的音响造成的。所以，它们主要对妇女产生作用。[1] 总之，音乐是无用的艺术，是一种奢侈品。它只能像好闻的气味和美味的食品那样给人提供愉悦。如果要说到用处的话，充其量不过是使劳动轻松些，或者在战斗中鼓舞士气，因而在一些战争和搏斗中往往演奏某种乐器。《论音乐》还批评了毕达哥拉斯及其学派关于音乐和数的关系的观点、柏拉图的音乐教育理论、斯多亚派的克吕西甫等许多反对派的观点，所以，说它是一部反对音乐的作品也许并不过分。虽然他对艺术的兴趣较之伊壁鸠鲁已经大为增强，然而伊壁鸠鲁派对艺术的轻视态度也在他身上体现出来。

三、卢克莱修

卢克莱修（约公元前 96 年至前 55 年）是罗马共和国时期的伊壁鸠鲁派哲学家和杰出的诗人。他的《物性论》（亦可译为《论事物的本性》）是用拉丁文写的长篇哲学诗，分 6 卷，每卷都超过千行。《物性论》中译本由方书春翻译，原来由生活·读书·新知三联书店出版，1959 年后商务印书馆出版了此书。

《物性论》不是一部美学著作，然而它以诗情和哲理的融合，形象地描绘了伊壁鸠鲁派的学说，揭开了只有经过仔细研究才能了解的伊壁鸠鲁派哲学奥秘上覆盖的帷幔。对于理解伊壁鸠鲁派的美学，它所提供的内容比专门论述美学问题的著作还要多。不过，《物性论》不仅是对伊壁鸠鲁哲学的通俗阐释，而且以伊壁鸠鲁的学说来思考卢克莱修自身所处的血腥时代。卢克莱修生活于罗马共和国行将崩溃而向罗马帝国过渡的时期，统治阶级内部的战争连绵不断，对奴隶的残酷镇压频频发生。卢克莱修正值盛年时，从罗马通往斯巴达的角斗奴隶生活过的加普亚的大道上，曾有 6000 名斯巴达起义

[1] 菲罗德谟：《论音乐》第 49 节。

者被血淋淋地钉死在十字架上，其惨烈程度触目惊心。罗马共和国的崩溃在某种程度上类似于希腊城邦在被马其顿王国占领前夕的崩溃，伊壁鸠鲁面对希腊城邦的崩溃感到走投无路而专注于内心的宁静，同样，卢克莱修对社会现实感到悲观而潜入内心的自我观照。他在《物性论》第2卷写道：

> 当狂风在大海里卷起波浪的时候，
> 自己却从陆地上看别人在远处拼命挣扎，
> 这该是如何的一件乐事；
> 并非因为我们乐于看见别人遭受苦难，
> 引以为幸的是因为我们看见
> 我们自己免于受到如何的灾害。
> 这同样也是一件乐事：去瞭望
> 远处平原上两军布成阵势大战方酣，
> 而我们自己却不是危险的分受者；
> 但再没有什么更胜于守住宁静的高原，
> 自身为圣贤的教训所武装，
> 从那里你能瞭望下面别的人们，
> 看他们四处漂泊，全都迷途，
> 当他们各自寻求着生的道路的时候；
> 他们彼此较量天才，争取名位，
> 日以继夜地用最大的卖命苦干
> 企图攫取高高的权位和对世事的支配。[1]

卢克莱修认为，“除了使痛苦勿近”，“除了要精神享受愉快的感觉，无忧无虑”，人“并不要求任何别的东西”[2]。以精神的宁静为至福，他的这种审美意识和伊壁鸠鲁是一致的。在《物性论》第3卷第417—827行中，卢克莱

[1] 卢克莱修:《物性论》，方书春译，第61页。引文中的“瞭望”原译为“辽望”。

[2] 同上书，第62页。

修用大量篇幅，列举了 28 个证据，论述“灵魂是有死的”。[1] 灵魂如果不死，就会永远遭受痛苦和折磨。外物“叫它老在恐惧，用忧虑使它憔悴；而即使恶行已经属于过去的时候，旧时的罪过仍然会痛苦地啃啮着它”[2]。为了求得彻底的宁静，宁可让灵魂死去，也不要让它活在永恒的黑暗中，不要像宗教那样否定灵魂的死亡。

卢克莱修继承了伊壁鸠鲁的原子论，不过，又有所发展。这种发展首先表现在对原子性质的描绘上，正是这些性质使人产生不同的审美反应。由圆滑、光滑、平滑的原子构成的事物使人产生快感，感到美；反之，由粗糙、歪斜的原子构成的事物使人产生厌恶感，感到丑。他写道：

> 切勿以为尖锐而使人起疙瘩的锯子声音
> 是由于同样光滑的元素所构成，
> 象那由灵敏的手指在琴弦上所唤醒的
> 那巧妙的乐师们所塑造的旋律一样……[3]
>
> 也不要以为赏心悦目的东西的美好色彩，
> 和那些刺痛眼睛而使人流泪、
> 或以可憎的面目显出其凶恶的东西一样，
> 都是由相似的种子所构成。
> 因为从未有一件迷醉我们感官的东西，
> 能够不是由一定的元素的平滑所构成；
> 反之，凡是粗糙而讨厌的东西，
> 乃是由一些元素的粗糙所构成。[4]

在卢克莱修那里，圆滑、光滑和平滑是一种审美性质。卢克莱修发展了伊壁

[1] 卢克莱修:《物性论》，方书春译，第 151—173 页。

[2] 同上书，第 173 页。

[3] 同上书，第 84 页。引文中的“元素”原译为“原素”，下同，不另注。

[4] 同上书，第 85 页。

鸠鲁原子论的另一个表现是对万物成形的多样化统一原则的阐述。他尖锐地提出了一个问题：既然万物都是由原子组成的，为什么“闪亮的谷实，快乐的灌木和树林”[1] 以及“到处梭巡的野兽”[2] 各不相同呢？即使是同一个种类的动植物，也没有彼此完全相同的：

> 那些栖居在近水美好的地带、
> 在河岸、泉潭和池塘旁边的鸟类，
> 以及那些群集飞翔在树木间、
> 在人迹不到的森林里的鸟类，
> 随便你挑哪一种的哪一个，
> 你总会发现它们每一个
> 和其他的总是形状有所不同。[3]
>
> 再者，咩咩地叫着的小山羊
> 能认识它们有角的母亲，
> 而那些用角相抵着玩的羔羊
> 也认识它们自己的羊群，
> 因此它们的每一个
> 都常常无误地循其本性
> 奔回各自的母亲的乳房。
> 最后，试拿任何的谷粒，
> 你会看到对于任何谷类来说，
> 其中没有一粒是和另一粒这样地相同，
> 以致它们之间在形状上再没有什么差别。[4]

---

[1] 卢克莱修:《物性论》，方书春译，第 119 页。

[2] 同上书，第 314 页。

[3] 同上书，第 80—81 页。

[4] 同上书，第 82 页。引文中的“咩咩”和“抵”原译为异体字“哶哶”和“牴”，“它们之间”原译为“他们之间”。

造成这种状况的原因除了原子具有不同的形状外，还在于原子的排列和物的结构。伊壁鸠鲁对物理学的结构不那么感兴趣，他只用关于原子和虚空的一般论述来解释物的起源，而卢克莱修把物的结构提到非常重要的地位。他写道：

虽然有许多为许多东西所共有的始基，
但它们（指原子——原译注）当彼此结合起来的时候，
却能形成新的整体，与别的很不相同。[1]

就是在我们这些诗句里面，要紧的也是：
每一字母是和什么别的字母，
以及在什么次序中被放置，
同样的字母标志天空、
海洋陆地河流和太阳；
同样字母标志五谷、树木和生物。
如果不是全部至少也是大部分都相同——
但位置所能带来的区别是如何巨大！
同样地在事物本身，当物质的
〔距离、路线、联系、重量、撞击、〕
冲突、运动、次序、结构、形状
等等方面有所改变的时候，
事物本身也必定同样起变化。[2]

卢克莱修从原子论出发阐述的宇宙万物多样化统一的原则，对于美学有什么意义呢？英国物理学家、诺贝尔奖获得者乔治·佩吉特·汤姆森（George Paget Thomson，1892—1975）认为，大自然进行着大批量生产，这种生产是科学真理中最深刻的真理。有人把大自然比作巨型宇宙工厂，它源

[1] 卢克莱修：《物性论》，方书春译，第 103 页。
[2] 同上书，第 120 页。原译中的“元素”改译为“字母”。

源不断地提供大批量生产的产品——人、鸡、蝴蝶和松树等。这些大批量生产的产品确实是独特的系列，这些系列仿佛由同样的标准件所组成。然而，每种标准件又都是严格地个性化了的，世界上绝对没有雷同的人、鸡、蝴蝶和松树。卢克莱修的论述已经涉及这条科学真理中最深刻的真理。大自然所创造的一切既符合标准而又纷繁多姿。它衍生出美学和标准化的问题，这是当代技术美学和现代艺术设计中的现实问题之一。在工业生产中，能不能通过大批量生产制造出具有个性特征的标准产品，就像大自然的标准件一样呢？在将来发明了新的调和级数、模数系统，以及新的设计和装配方法以后，也许有这种可能。

卢克莱修在《物性论》第 5 卷中描绘了人类文明的起源和进化的图景，其宏伟瑰丽是希腊罗马美学中所没有的。人类早期是野蛮时期，原始人过着“一种象野兽那样到处漫游的生活”[1]。经过长期发展，“他们获得了茅舍、皮毛和火”[2]，有了家庭生活，变得温和起来。社会处在信约关系中，这促成了语言的进化：从指称事物到表达概念。人们用一个个的新发现，来改变他们以前的生活方式。然后，建立了国家和城市，制定了法律。人们发现了铜、金、铁、银和铅的功能，加工它们，“当人们看见那一块块冷却了的东西不久都在地面上闪闪发光的时候，大大地被它们的光滑可爱所迷住”[3]，这是一种审美快感。人们利用金属制作工具和武器，从事生产和作战。随着社会的进化，出现了艺术：

人们用口模仿鸟类的流畅歌声，
远远早于他们能够唱出富于旋律
而合乎节拍的歌来娱悦耳朵。
风吹芦苇管而引起的鸣啸，
最先教会村民去吹毒芹的空管。

---

[1] 卢克莱修:《物性论》，方书春译，第 321 页。
[2] 同上书，第 325 页。
[3] 同上书，第 339 页。

之后他们逐渐学会优美而凄惋的歌调，
由吹奏者用手指按箫笛吹出的歌调……[1]

航海耕种筑城法律武备道路服装，
以及诸如此类的一切，所有的奖赏，
所有更好的生活的享受，诗歌，绘画，
巧夺天工的雕像，——所有这些技艺，
实践和活跃的心灵的创造性逐渐地
教晓人们，当人们逐步向前走的时候。[2]

在卢克莱修看来，社会历史进化的动力有三种：首先是物质需要。这种需要促使人利用火，制造工具，学会了农耕，有了一个又一个的发现。其次是理性，理性把人发明的每一种东西“升举到光辉的境界”[3]。卢克莱修多次谈到人与人之间的信约关系。“邻居们开始结成朋友，大家全都愿意不再损害别人也不受人损害”，“对于弱者大家都应该有恻隐之心。虽然当时完全的和谐还不能得到，但是很大的一部分人都遵守信约”。[4] 这是一种友谊，是对物质需要的限制。由此可见，信约是理性的表现。第三种动力与美学有关。人们的歌唱模仿鸟类的鸣啭和风吹芦苇管的啸声，后来，人们学会用手指按箫笛吹出优美而凄婉的歌调，唱出富于旋律而合乎节拍的歌。这已经不是对自然的简单模仿。音乐和舞蹈能够“安慰人们的心灵”，“使他们快乐”。[5] 卢克莱修还描绘了人们沉浸在艺术享受中的田园牧歌式的图景：天气晴好，绿草鲜花，歌声笑语，人们三五成群，头戴花冠纵情舞蹈[6]。这表明，在人类社

[1] 卢克莱修:《物性论》，方书春译，第 346 页。
[2] 同上书，第 350 页。引文中的“雕像”原译为“雕象”。
[3] 同上。
[4] 同上书，第 326 页。
[5] 同上书，第 346 页。
[6] 同上书，347 页。

会的某个历史阶段，自由的审美感受也是社会历史进化的动力之一。

为了理解卢克莱修的美学特性，还必须分析他的社会历史进化观中所蕴含的深刻矛盾。他在描绘社会历史进化的同时，也描绘了世界的进化。他浓墨重彩地描绘了大自然的美："以太父亲投到大地母亲怀里的雨点消失了，但是这之后金黄的谷穗就长出来，绿枝就摇曳在树林间，而树木自己也胀大起来，载满了累累的果实"，"而茂密的林地就回响着新的鸟声"，"幼畜就用弱小的四肢在嫩草上跳跃"。[1] 卢克莱修还特别喜爱"沿着天际铺开玫瑰色的早晨"[2] 的日出。然而，与大自然的美形成强烈反差的是社会现实的丑。权势者凶暴丑恶，"他们就用同胞的血来为自己积累好运，他们增殖自己的财富，他们是贪婪的，是死尸的堆集者"[3]。在富人的住宅里，"黄金童子的雕像沿着大厅用右手举着明亮的灯火来照耀夜宴"[4]。而奴隶"被贫困的巨力所迫"，从事繁重危险的劳动，"惯于在短时间内就死掉"。[5] 卢克莱修的这些描述被认为影射苏拉（Sulla，公元前 138 年至前 78 年）执政时期的罗马社会现实。苏拉把反对者列入不受法律保护的黑名单（proscriptio），进行大规模屠杀，并作为敛财手段（被列入黑名单者的财产要被罚没）。社会表面上进化了，但是实际上退化到原始人的野蛮时期。这使得卢克莱修的美学具有内在矛盾和悲剧色彩，而不像伊壁鸠鲁美学那样一味地追求宁静的快乐。

在本节结束时，我们对斯多亚派和伊壁鸠鲁派作一个简单的比较。表面上看来，斯多亚派和伊壁鸠鲁派是截然对立的，因为一个安于贫贱，而另一个追求快乐。他们之间的激烈争论和相互攻击也加深了人们关于他们之间彼此对立的印象。实际上，这两派有不少共同之处，有时候甚至很难把他们相互区分开来。我们首先看他们之间的相异点。斯多亚派认为世界起源于火，万物是火流溢的不同阶段的产物；伊壁鸠鲁派认为万物由原子构成，它们的不同取决于原子的排列。斯多亚派的神是世界的主宰者，它们自上而下地起

[1] 卢克莱修：《物性论》，方书春译，第 14 页。引文中的"胀大"原译为"涨大"。

[2] 同上书，第 302 页。

[3] 同上书，第 133 页。

[4] 同上书，第 62 页。

[5] 同上书，第 399 页。

作用；伊壁鸠鲁派的神不干预世事，独立自主，仅仅自下而上地起作用。这两派都不畏惧死亡：斯多亚派把死亡看作火在一定尺度上的熄灭，伊壁鸠鲁派把死亡看作原子的彻底分解。斯多亚派既思考又行动，伊壁鸠鲁派仅仅满足于享受宁静。然而，他们之间也有重要的相似点。他们都承认存在的事物是有形体的，因而都是唯物主义者。他们都把内心的安宁看作幸福的最高状态，都追求清心寡欲的生活，主张有智慧的人应当摒弃过分的热情和欲望。他们都把神当作理想，幸福是和宁静的神结合在一起的。这些异同都在他们的美学中体现出来。

第三节　怀疑论派

怀疑论作为一种思潮，始终贯穿在希腊哲学中。但是怀疑论作为一个学派，存在于公元前 4 世纪至公元 3 世纪。这一学派对真理是否存在持怀疑主义态度，反对被称为独断论者的斯多亚派和伊壁鸠鲁派，因为这两派相信发现了真理。不过，怀疑论派与斯多亚派和伊壁鸠鲁派也有共同之处，那就是追求心灵的宁静。这是由共同的社会历史条件造成的。西方哲学史研究对怀疑论派的分期有多种意见，我们从美学史研究的角度，把怀疑论派分为两部分来阐述：第一，皮浪（Pyrrhon）和学园派；第二，恩披里柯。皮浪和学园派没有美学和艺术理论著作，他们主要以自己的思维方式和生活方式对美学产生影响。恩披里柯则有专门的美学和艺术理论著作。

一　皮浪和学园派

在斯多亚派、伊壁鸠鲁派和怀疑论派的所有代表人物中，怀疑论派早期阶段的首领皮浪（约公元前 360 年至前 270 年）最早出生，他仅比亚里士多德晚生二十多年。皮浪出生于希腊城邦伊利斯，跟随德谟克利特的继承者阿那克萨库斯（Anaxarchus）学习哲学。他做过画匠，喜爱荷马的诗，但是从不写作，他的言行见诸传记家的著述。怀疑论稍后在柏拉图学园派中得到发展（这已不是老学园派，而是中期以后的学园派），其代表人物有中期学园派首领阿尔克西劳（公元前 315 年至前 241 年）、新学园派首领卡尔内亚德（公元前 214 年至前 129 年）、第四期学园派首领斐洛（约公元前 140 年至前 79 年）、第五期学园派首领安提奥克（公元前 2 世纪至前 1 世纪）。公元前 1 世纪学园派和它所批评的独断论者首先与斯多亚派发生联系，这引起学园派成员埃奈西德穆（Aenesidemus，公元前 1 世纪）的不满，他成为皮浪主义的坚定继承者和复兴者。他和后来的阿格里帕（Agrippa，公元 1 世纪）成为后期皮浪主义的代表。

要理解怀疑论派的哲学和美学，有必要弄清皮浪首先或较早使用而后来广为流行的三个术语。第一个术语是“悬搁”（epochē）。悬搁的意思是避免，既不肯定，又不否定。皮浪反对以科学材料和论证为基础的独断论知识，要求按照现象，即事物向我们显现的那样看待事物。例如，一座山峰在远处看来云雾缭绕，平平正正，在近处看则是犬牙交错。山有不同的现象，因此，山是不确定的，它的本性不可知，对山的判断也就不可能作出。既然我们不知道任何事物，甚至不知道“我们究竟是知道某事物还是什么都不知道”，那么，就应该悬搁一切判断。恩披里柯在《皮浪主义概略》中举例说，蜜对我们显得是甜的，我们承认这一点，因为我们通过感官知觉到甜味了，但它本质上是否也是甜的，我们认为是一件可疑的事情，因为这不是一个现象而是一个关于现象的判断。[1]

第二个术语是“无动于衷”或“漠不关心”（adiaphoron）。由于悬搁任何判断，所以对一切都无动于衷。拉尔修在记述皮浪的生平时写道：

> 他的生活方式与他的学说相一致。他不注意任何事物，从不避免任何事物，而是面对着一切危险，无论是撞车、摔倒、被狗咬还是其他，总之从不让感官武断地断定什么。[2]

有一次他的老师阿那克萨库斯跌入泥潭，他径自走过而没去拉他一把。别人

[1] 苗力田主编：《古希腊哲学》，第 650 页。

[2] 同上书，第 650—651 页。

都谴责他，阿那克萨库斯却称赞他的冷漠和无动于衷。

第三个术语是“不动心”（apatheia）。怀疑论的起因是希望获得安宁。皮浪先于斯多亚派和伊壁鸠鲁派把灵魂的安宁当作生活目标。恩披里柯在《皮浪主义概略》中指出：

> “不作判断”是一种宁静的心灵状态，由于它我们既不肯定也不否定任何事物。“不动心”是心灵的不受干扰、安宁平静的状态。[1]

有一次皮浪和同伴们一起乘船出海，遇到了风暴，同伴们都惊慌失措，而他却若无其事，指着船上一头正在吃食的小猪，对他们说，这就是哲人所应当具有的不动心状态。皮浪把哲人的不动心状态理解为幸福。

怀疑论是一种生活方式，怀疑论美学是一种生活美学。拉尔修在《著名哲学家的生平和学说》第 9 卷中记述了皮浪生活中的其他一些趣事。皮浪永远都镇定自若，泰然安详。即使你在他演说的时候离开了他，他也会在没有听众的情况下把话说完。有一次人们发现他自言自语，便问其故，他回答说正在培养善。他的个性特点和深刻思想使其受到尊敬。伊壁鸠鲁十分敬重他的生活方式。他的母邦人民选他为祭司司长，并在他故乡的广场上为他树立了雕像。这一切促使我们深入思考怀疑论的本质，不能对它作简单否定。

皮浪的学生蒂孟（Timon，约公元前 325 年至前 235 年）写过 60 部悲剧、30 部喜剧和其他作品。作为皮浪主义的天才宣传者，他曾以自问自答的方式阐述了怀疑论的本质。第一，事物怎样存在着？答曰：事物是不可识别和不稳定的。第二，我们应该怎样对待事物？答曰：我们不应该相信我们对事物的知觉，也不能相信我们关于事物的表象的认识，由于事物不稳定，这些知觉和表象既不是真的，也不是伪的。第三，由此我们应该有什么样的行为？答曰：我们不能对事物决定什么，不能对事物说些什么，我们应该完全摒弃自己的判断，从而形成我们精神的坚定性。[2] 采取这种态度的结果只能是

---

[1] 苗力田主编：《古希腊哲学》，第 648 页。

[2] 第尔斯：《苏格拉底以前的哲学家残篇》第 175 节。

沉默。怀疑论派在纷扰的人生中对各种问题保持沉默，并不是因为他们愚昧无知，也不是因为他们对知识秘而不宣。他们感知丰富，机敏智慧，洞悉精神的奥秘。他们之所以沉默，是因为生活比词语和思想深刻得多，存在比人的意识深刻得多。生活和存在好比汪洋大海，而词语仅仅是大海浪尖上的泡沫。他们的沉默就是对滚滚红尘中各种尖锐问题的回答。“我们可以说，这是最有趣、最复杂和最深刻的哲学回答之一。”[1] 只有沉默，才能不受任何烦恼所扰，从而保持内心的宁静。怀疑论派与斯多亚派和伊壁鸠鲁派都是希腊城邦瓦解时产生的哲学，都旨在追求个人平静的、不动心的状态。

学园派中的怀疑论代表修正了皮浪的观点，皮浪主义归于沉寂。只是在一两百年后，经过埃奈西德穆和阿格里帕等人的努力，皮浪主义才重新登上历史舞台。为了驳斥独断论，埃奈西德穆提出十个论证，阿格里帕提出五个论证。[2] 尽管怀疑论派内部有种种分歧，然而，这派代表都认为，哲学不能论证事物，不能给生活和科学提供标准，因此，应该“遵循现象”“悬搁判断”。怀疑论派代表有丰富的审美趣味，爱好诗歌和艺术创作。我们已经指出，皮浪当过画匠，并爱好荷马的诗歌。蒂孟流传下来的诗歌表现了他的讽刺才能，他年轻时还是个舞蹈家。阿尔克西劳像皮浪一样，也爱好荷马的诗歌，自己还写过有一定水平的诗。

“遵循现象”“悬搁判断”的原则对怀疑论派美学产生了重要影响。怀疑论派在观照美和艺术作品时，把美的定义和艺术创作理论统统悬搁起来，因为不需要，也不可能有什么美的定义和艺术创作的理论。希腊美学喜欢追问：什么是美？美有哪些性质？美是怎样产生的？怀疑论派对这些问题置之不理，他们割裂了美和现实的一切联系，把审美对象置于完全孤立的境地，作无所为而为的玩索。他们深信，只有对美进行这种完全不涉他物的、独立自主的、无所为而为的知觉，才是真正的审美知觉。比如，我们从高处看风景，我们喜欢它，对它产生了强烈的审美情感，然而这处风景究竟是什么，

---

[1] A. F. 洛谢夫：《希腊罗马美学史》第 5 卷，第 384 页。

[2] 有兴趣的读者可参阅苗力田主编：《古希腊哲学》，第 653—659 页。

怀疑论派不感兴趣；肯定什么或者否定什么，对于他们并不重要。[1] 同理，我们在聆听音乐时，不必知道音乐史和音乐理论，只要全身心地沉浸在美妙的旋律和音响中就足够了。在观照自然风景和聆听音乐时，你是否体验到美感，这仅仅是你个人的事，完全不需要什么理智判断和科学论证。怀疑论派美学的合理之处是肯定了审美知觉的直觉性和直接性，缺点是容易导致审美知觉的非理性和虚无主义。

皮浪喜欢荷马的诗句：

> 凡人的生活，就像树叶的聚落。
> 凉风吹散垂挂枝头的旧叶，但一日
> 春风拂起，枝干便会抽发茸密的新绿。
> 人同此理，新的一代崛起，老的一代死去。[2]

这些诗句流露出光阴易逝、人生苦短的伤感，倾诉了宇宙无穷、生命有限的慨叹。怀疑主义的生活美学的这种精神倾向和希腊传统相一致。

早期斯多亚派和伊壁鸠鲁派都主张美是独立自在、不涉他物的，对美应该作无所为而为的观照。怀疑论派秉承了这种美学观点，并把它推演到极端。在早期斯多亚派那里，所谓 lecton（语句的意义）虽然是中立的、不涉他物的，然而它仍然是认识存在的原则。而怀疑论派不需要存在，存在或不存在对他们都一样。至于认识，那是不可能的。伊壁鸠鲁派把神看作最高的美，神是独立自在的，不干涉世事。然而在他们那里，毕竟有神存在。怀疑论派则是什么也不能说，什么也不想说。他们是斯多亚派不涉他物的美学原则最极端、最坚定的支持者。他们悬搁判断的目的是使主体免受一切侵扰，对外物漠不关心。在他们那里，美是喧嚣中保持的精神平静。所以，他们对“什么是美”的问题的回答不是空洞的、无内容的。恩披里柯以前的怀疑论派哲学家批评了独断论，不过这种批评本身也可以被看作一种判断。恩披里

[1] A. F. 洛谢夫：《希腊罗马美学史》第 5 卷，第 320—321 页。

[2] 荷马：《伊利亚特》，陈中梅译，第 137 页。

柯则更进一步，认为自己批评独断论的论据也是不可信的、值得怀疑的。在这种意义上，他成为绝对的怀疑论者。

二、恩披里柯

塞克斯都·恩披里柯（公元2世纪）是唯一有大量著作流传下来的怀疑论者。然而关于他的生平，人们所知甚少。他的名字也许透露出关于他的生平的某些信息。塞克斯都·恩披里柯都是名字，当时完整的人名往往由两个或三个名字组成。塞克斯都（Sextus）是拉丁语"第六"的意思，但是这并不表明恩披里柯是罗马人，因为在多民族聚居的罗马帝国，希腊人常取罗马人名字，罗马人也常取希腊人的名字。恩披里柯是希腊人，他用希腊语写作。恩披里柯（Empiricus）的意思是"经验的"。当时的医生仅仅以经验观察为基础，所以人们把医生称作"恩披里柯"。"恩披里柯"成为塞克斯都的一个别名，后来成为他的完整名字的一个组成部分。

恩披里柯不仅对存在了600年的怀疑论进行了系统的总结，而且对怀疑论派所攻击的独断论哲学进行了阐述和批评，保存了希腊罗马哲学的丰富史料。在这方面能够和他相媲美的，庶几只有拉尔修一人。相比之下，拉尔修的著作生动有趣，但缺乏系统性；恩披里柯的著作以系统性和逻辑性见长，但比较抽象。恩披里柯的著作中与美学关系密切的有《反对修辞学家》和《反对音乐家》。

《反对修辞学家》分析、归纳了从柏拉图到斯多亚派的独断论哲学家关于修辞学的概念：修辞学是一门科学，言语是修辞学的材料，修辞学的目的是说服。恩披里柯对修辞学的驳斥就是围绕这三方面进行的。

首先，他证明修辞学不是一门科学。修辞学不像哲学或语法学那样有稳定的目的，也不像医学或航海学那样对某种事物占优势。修辞学不总是能够帮助人战胜对手。从这个观点来看，它不是科学。不学习修辞学的人能成为修辞学家，相反修辞学中的繁琐练习无助于法庭上的论辩。因此，雄辩家的存在与科学无关。科学是有益的，而修辞学无益。也因此，国家鼓励科学的繁荣，却驱逐修辞学家。克里特的立法者和斯巴达人通过了法律，禁止炫耀言语的人在他们的国家出现。斯巴达人以言语的简洁和直截了当著称。既然国家不驱逐科学而驱逐修辞学，可见修辞学不是科学。至于哲学家遭到放逐，但被放逐的不是哲学科学，而是它的个别学派的代表，如宣扬享乐的伊壁鸠鲁派，或者贬损神的苏格拉底派。修辞学不仅没有益，而且还有害。它对掌握它的人有害，这种人不得不同坏人打交道，成为欺骗者，树敌很多。修辞学对国家有害。法律是国家的灵魂，如果法律消亡，国家也就消亡，修辞学恰恰反对法律。修辞学家随心所欲地对待法律：或者仅仅照字面含义来解释它，或者不照字面含义来解释它。人们问一位拜占庭雄辩家："拜占庭的法律处在什么状态中?"他回答说："处在我想要的那种状态中。"修辞学也对人民有害，因为它教人学坏。

其次，恩披里柯从修辞学的材料——言语出发，论证修辞学的非现实性。其他一切科学都使用言语，但是它们都没有成为修辞学，因此，修辞学使用言语时也不会成为一门科学。修辞学不创造好的言语，不为此提供科学规则。说得漂亮不是修辞学独具的特征。言语本身不好也不坏，它的好坏取决于使用它的人。如果它解释有益的事物，它可能是好的。但这不是修辞学所特有的，因为修辞学不知道有益的事物。想把话说得好的人应该依赖习俗，而不是修辞学。

最后，恩披里柯驳斥了修辞学的目的在于说服。他认为修辞学的目的不是说服。修辞学家在说服法官后，还要达到其他的目的。因此，修辞学的目的是紧跟说服之后的某种东西。修辞学言语同说服相对立，它不清晰，过滥，不能引起好感。能引起好感的是简洁的和真诚的言语。因此，古代法庭不允许被告邀请辩护人，每位被告可以自己辩护，但是不能花言巧语。关于修辞学也可以这样说：它既是科学，又不是科学。如果它不是科学，那么，就无法找到它的目的。如果它是科学，那么，它的目的没有修辞学的帮助也可以达到，因为富有、美或荣誉也有说服的作用。这样，修辞学没有目的，它作为一门科学并不存在。

关于音乐，古代有多种含义。恩披里柯在《反对音乐家》中所驳斥的音乐指的是关于旋律、音响、节奏创作的科学。有人认为，音乐以一种迷人的信服力达到哲学所达到的结果。这样的例证有：毕达哥拉斯借助扬扬格节奏的音乐使喝醉酒的年轻人平静下来；斯巴达人和雅典人利用音乐来提高斗志；阿喀琉斯弹奏乐器以平息愤怒；柏拉图确认有智慧的人像音乐家一样灵魂和谐，苏格拉底年迈时不羞于向基萨拉琴演奏者学习音乐。恩披里柯对此展开批评。在他看来，我们不能认为一些旋律在本性上刺激灵魂，而另一些旋律则安抚灵魂。实际上，一切取决于我们的想象。例如，同一种旋律能够使马兴奋，却不能使人兴奋。音乐不具有安抚力，它仅仅具有吸引的能力；它没有治疗的属性，仅仅像梦游或酒一样起作用。至于毕达哥拉斯使醉汉平静下来，那是一种轻率的行为。如果真是音乐起了作用的话，那意味着长笛演奏者比哲学家重要。斯巴达人想用音乐把自己从不安和软弱中吸引出来，而不是音乐能够导向勇敢。容易冲动的阿喀琉斯也是这样。

恩披里柯的怀疑论观点“尤其被运用于希腊人特别重视的两种艺术主张上，即关于艺术的认识价值和道德价值的主张。怀疑论者对这两者均加以否定，坚持认为艺术既不能教育人也不能改善人的道德”[1]。有人认为，音乐的成分和哲学的知识是同样的，因为世界是按照和谐被安排的，而音乐是追求和谐的。恩披里柯批评这种观点，否定音乐和哲学的联系。因为世界不是按照和谐被安排的，即使世界按照和谐被安排，音乐仍然不能造就幸福，就像借助乐器创造的和谐不能造就幸福一样。[2] 还有人认为，没有音乐，不能造就好人，某些音乐旋律能够促进道德完善。恩披里柯也不同意这种观点，他指出音乐不仅不能造就德行，相反，它导致淫逸放荡。[3]

《反对修辞学家》和《反对音乐家》表明：“人们关于艺术、它的效果和价值所陈述的那些普遍真理都是一些值得怀疑的真实；事实上它们都是虚假

[1] 沃拉德斯拉维·塔塔科维兹：《古代美学》，杨力、耿幼壮、龚见明、高潮译，第 241 页。

[2] 恩披里柯：《反对音乐家》第 36—38 节。《反对音乐家》是恩披里柯 6 卷本《反对学者》中的第 6 卷。

[3] 恩披里柯：《反对音乐家》第 34—36 节。

的、不合理的概括。”[1]恩披里柯甚至对自己怀疑的论据都表示怀疑，在他那里，怀疑论已经走向终结。如果说怀疑论派的先驱——智者派的怀疑论还是一种年轻的、有活力的理论，是“对独创论和草率概括的一个警告”[2]，那么，恩披里柯的怀疑论已是一种衰老的、枯萎的理论。智者派的怀疑论是充满希望、带有启蒙色彩的怀疑论，而恩披里柯的怀疑论则是丧失任何希望、带有保守色彩的怀疑论。在它之后，新的独断论——新柏拉图主义登上历史舞台。

[1] 沃拉德斯拉维·塔塔科维兹:《古代美学》，杨力、耿幼壮、龚见明、高潮译，第 241 页。

[2] 同上。原译“教条主义”改译为“独断论”。

第九章
古罗马文艺美学

在古罗马文艺美学中，我们主要阐述修辞学、诗学和建筑学中的美学思想，而不拟涉及音乐理论和绘画理论。在修辞学中我们选出西塞罗和朗吉弩斯，在诗学中选出贺拉斯，在建筑学中选出维特鲁威。朗吉弩斯的《论崇高》虽然是一部修辞学著作，然而它的意义远远超出修辞学范围。朗吉弩斯论述了新的审美范畴——崇高，这标志着风气的转变，即从现实主义倾向到浪漫主义倾向的转变。

第一节　西塞罗

西塞罗（公元前 106 年至前 43 年）是古罗马著名的雄辩家（演说家）、政治家和哲学家，出身于骑士家庭，年轻时学习过修辞学、法学、哲学等。在哲学方面，西塞罗先后师从斯多亚派和柏拉图学园派哲学家。诉讼的屡次成功给他带来巨大声誉，他成为站在古罗马雄辩实践和雄辩理论顶峰上的人物。公元前 51 年，他出任小亚细亚的西里西亚总督。公元前 49 年恺撒和庞培内战时，他支持比较接近元老院的庞培。庞培失败后，他与恺撒和解。公元前 44 年恺撒被刺后，他支持屋大维，反对安东尼。不久屋大维与安东尼和解，他作为共和理想的捍卫者最终被杀。根据安东尼的命令，他的头和手被砍下，挂在元老院的演讲坛上。因为他用头想、用手写，去反对安东尼。西塞罗的著作很多，广泛地涉及哲学、美学、诗学和修辞学问题。

与美学关系比较密切的著作有《论雄辩家》(公元前 55 年)、《雄辩家》[1](公元前 46 年)、《论合式的本质》、《论神的本性》、《论职责》、《论国家》和《图斯库卢姆辩论集》等。

一、修辞学理论中的美学思想

作为古罗马第一雄辩家，西塞罗的美学思想首先体现在修辞学理论中。为了深入理解西塞罗的修辞学理论，有必要简略回顾一下古希腊罗马修辞学发展的总背景。修辞学是关于公开演讲的艺术，亦可译为“雄辩术”或“演说术”。它是语言艺术的科学，在世界上没有一个民族像古代希腊人和罗马人那样重视修辞学。修辞学起始于公元前 5 世纪的大希腊时期[2]。它的奠基者是智者派哲学家，他们高度评价词语的力量及其说服力。柏拉图虽然反对智者派，但是他并没有怀疑修辞学的艺术价值，而是想说明修辞学对知识和伦理学构成了威胁。亚里士多德和散步学派则把修辞学和逻辑学、辩证法结合起来。

现代学者 E. 诺尔顿（E. Norden）、H. 里德（H. Reader）、E. 韦伯（E. Weber）、E. 舒尔茨（E. Schulz）、D. 费勒（D. Fehler）等人的研究表明，古希腊罗马的著作，无论哲学著作还是历史著作，甚至医学著作都包含着修辞学的某些特征。柏拉图善于使用高尔吉亚式的辞格和过分颂扬的叙述方法，他巧妙地把夸夸其谈的语调变成严肃、简洁和崇高的哲学风格。对于希腊罗马的历史学家来说，最重要的是风格。只要翻阅希罗多德（Herodotus）的历史著作，就会立即感受到他的语言的自然、简洁和平稳。不仅在贺拉斯的《诗艺》中，而且在维特鲁威的《建筑十书》和琉善（约公元 125 年至 192 年，亦译“卢奇安”）的《论舞蹈》中也可以看到修辞学是古希腊罗马精神文化的重要组成部分。希腊罗马人甚至认为修辞学比纯粹的声乐和纯粹的器乐更富于音乐性，难怪有人把修辞学称为“希腊罗马真正的音乐”。

---

[1] 《论雄辩家》(*De oratore*) 和《雄辩家》(*Orator*) 亦可译为《论演说家》和《演说家》。有人译为《论演说》和《演说家》(见沃拉德斯拉维・塔塔科维兹:《古代美学》，杨力、耿幼壮、龚见明、高潮译，第 272—279 页)，前一个译名似有误。

[2] 参见沃拉德斯拉维・塔塔科维兹:《古代美学》，杨力、耿幼壮、龚见明、高潮译，第 336 页。

西塞罗在希腊传统的基础上，依据自己的实践经验，形成了一套修辞学理论。他的修辞学理论以雄辩为主要对象，但也往往越出雄辩的范围，涉及其他艺术。他的理论中既有对古希腊罗马美学传统的继承，又有自己的创新。我们先看继承方面。西塞罗认为雄辩是一门艺术，雄辩家类似于诗人，而且雄辩高于诗，诗的魅力与雄辩相比只占第二位。希腊美学主张艺术模仿自然，西塞罗也指出："人自身是为了观照和模仿世界而生的。"[1] 他对模仿的理解比较辩证，这种模仿不是刻板的照抄，而是有选择、有概括的。他以宙克西斯作画为例说明自己的观点。画家从众多姑娘中挑选了 5 位姑娘作为自己的模特儿。虽然 5 位姑娘都很美，但每个人都不是完美无缺的，画家要把她们身上最有代表性的特点集中起来，体现在一幅画中。不过，大自然和现实世界在西塞罗的心目中具有如此崇高的地位，以至于人的聪明才智和任何模仿都在它面前黯然失色："任何艺术都不可能模仿大自然的发明（sollertian）。"[2] "确实，没有任何东西比世界更优秀，更卓越，更美。"[3]

在西塞罗的修辞学理论中，"合式"（从朱光潜译，亦译为"得体"）是一个重要的概念。这个概念存在于希腊美学中，它的希腊语是 prepon，西塞罗用拉丁语 decorum 来表示，它在罗马美学中得到特别的强调。所谓"合式"，指的是秩序、适度、始终如一、和谐的结构和适宜的组合，合式就是美。这和艺术模仿自然的看法有关，因为大自然中一切都那样合式，模仿它的艺术也只有做到合式才能够美。西塞罗在《论雄辩家》中写道：

> 我们看到，为了平安和安全，整个世界由于大自然而这样安排：天是圆的，地处在中间，凭自身力量平衡地支撑着。大阳围着它转，逐渐重新上升；月亮或盈或亏，接收阳光；五颗星以不同的速度、沿不同的方向在同一空间中运动。一切是如此匀称，以致极小的变化都会造成

[1] 西塞罗：《论合式的本质》第 2 卷第 14 章第 37 节。

[2] 西塞罗：《论合式的本质》第 1 卷第 33 章第 92 节。

[3] 西塞罗：《论合式的本质》第 2 卷第 7 章第 18 节。

紊乱；这种秩序有这样的美，甚至无法想象还有比它更美的形式。[1]

他在《论职责》中有一段话说得更醒豁：

躯体美以四肢适宜的组合吸引我们的视力，并用各个部分彼此优雅地协调使我们的视力感到愉悦。与此类似，一切言谈举止中的合式以秩序、适度和始终如一而引起称赞。[2]

后来，合式成为贺拉斯美学中最重要的概念，它像一根红线贯穿他的《诗艺》的始终。西塞罗把物质可感的、天体在其中作永恒的往复运动的宇宙看作最高的美，要求艺术具有合式的品质，这符合古希腊美学关于宇宙美和把艺术看作有机整体的看法。

按照西塞罗的理解，合式的基础是心灵中理性压倒渴求（appetitus）。“理性起统治作用，渴求应该服从。”[3] 如果放纵渴求，让它们听任热情或恐惧的摆布，那么，它们就会超越界限和尺度，就不会合式。人应当压抑热情，因为人以道德美胜过动物。西塞罗对美的要求是节制。在他看来，“正确”和“明晰”是雄辩家语言中极其重要的因素，然而最主要的是说得“美”，即“平稳、展开、详尽、词藻华丽和形象鲜明”[4]。优秀的语言应当机敏，能够引人发笑。然而对于雄辩家来说，引人发笑要遵守尺度，不能是无节制的。由此我们可以理解西塞罗和热情奔放的希腊雄辩家狄摩西尼的不同风格，朗吉弩斯在《论崇高》第 12 章中对他们俩人进行了著名的比较研究。

不过，在承认理性的主导作用时，西塞罗也不排斥雄辩家的激情，只是要求避免不遵循理性的过分强烈的情绪。愤怒也妨碍雄辩家，不能保障他的言谈举止正确。由于雄辩家的言论是智慧的，所以激情要有一定的尺度。

[1] 西塞罗：《论雄辩家》第 3 卷第 45 章第 179 节。

[2] 西塞罗：《论职责》第 1 卷第 28 章第 98 节。

[3] 西塞罗：《论职责》第 1 卷第 28 章第 97 节。

[4] 西塞罗：《论雄辩家》第 3 卷第 14 章第 52—53 节。

“激情应当节制，而本能服从理性。”[1] 为什么要服从理性呢？因为人应当以大自然为师，大自然中的一切都理性地存在着。在这方面，西塞罗受到斯多亚派的影响。斯多亚派把按照自然生活看作最高的善。按照自然生活就是按照理性生活。这里的理性既指人的理智活动，又指支配世界的自然本性。斯多亚派认为德行是生活的最高的善，既然他们也把按照自然生活看作最高的善，那么，他们就把自然和德行等量齐观。西塞罗同样把合式和德行联系在一起。对于他来说，一切合式的东西是德行，任何德行都是合式的。在西塞罗那里，德行不仅指道德完善，而且指结构完善，不仅指道德状态，而且指审美状态，它是美和善的相互渗透。理性的思想和言论、深思熟虑的行为、对真的遵循，即凡是和德行相联系的一切都属于合式的范围。西塞罗的合式不仅是形式上的，而且具有伦理内容。斯多亚派把智慧看作主要的德行，西塞罗则充分肯定修辞学的伦理价值。他说：“修辞学对于我们雄辩家来说属于广义的智慧和学问。”[2] 有的研究者指出：

> 可以揣测，西塞罗推崇雄辩的理由与斯多亚派有密切联系。斯多亚派重视个人的社会责任，西塞罗也认为哲学家应把国家公众事业置于个人思辨之上，雄辩正是影响和说服公众、履行社会职责的必要工具。再者，斯多亚派认为语言是“内在逻各斯”的外在化，语言的意义在于摹仿自然声音，语言表达的理性和世界理性有着同样“音调”等等。雄辩的气势和流畅的声音按照这种解释不正是理性的表达吗？[3]

确实，西塞罗对雄辩语言和诗歌艺术风格提出的审美要求，是顺应自然的结果。而他的合式、节制和尺度感又是和斯多亚派的德行密切相关的，他追随斯多亚派智慧的生活原则，认为这种智慧是艺术应该遵循的典范。“智慧”这个概念在希腊美学、早期罗马美学和随后的新柏拉图主义美学中都具有重

---

[1] 西塞罗：《论职责》第 2 卷第 5 章第 17 节。

[2] 西塞罗：《论雄辩家》第 3 卷第 31 章第 122 节。

[3] 赵敦华：《西方哲学通史》第 1 卷，第 298—299 页。

要意义。它不仅指人的智慧，而且指宇宙的智慧。宇宙是始终不可分割的整体，它的各个部分反映了整个宇宙的完善和美。

修辞学旨在增强雄辩和文章的说服力、感染力，使它们在更广的范围内传播。这涉及艺术的功能问题。西塞罗指出，艺术的功能在于模仿真实，虽然真实都优于模仿，但是它不足以有效地表达自己，所以需要艺术的帮助。同时，西塞罗也重视艺术对人的愉悦作用：

> 如果我们扪心自问，使用各种诗格的目的何在呢？那么，我们回答说：为了愉悦听众。[1]

艺术的这两种功能是由艺术的理性内容和感性形式产生的。

> 既然对事物和词语的判断在于渊博的知识，而声音和节奏的裁判是耳朵，既然前者属于智慧，后者属于愉悦，那么，在前种情况下理性出现在艺术中，在后种情况下感觉出现在艺术中。[2]

艺术既需要有教益的理性内容，又需要愉悦知觉者的感性形式，两者不可偏废。艺术的说服教育功能和娱乐功能相结合，艺术的理性内容和感性形式相结合，这仍然是沿袭希腊罗马美学的传统。

西塞罗的修辞学理论还涉及艺术家的天才和技艺、灵感和训练的问题。他高度评价天才和灵感，认为“没有一个伟大的人没有神的灵感”[3]。他还写道：

> 在我看来，甚至一切更卓越和更重要的东西也没有丧失神的力量。我也认为，如果没有上天的力量的激励，诗人不可能写出重要和华丽的

[1] 西塞罗：《雄辩家》第 60 章第 203 节。

[2] 西塞罗：《雄辩家》第 49 章第 162 节。

[3] 西塞罗：《论合式的本质》第 2 卷第 66 章第 167 节。

诗章；如果没有伟大的力量，词句铿锵、思想深沉的雄辩也不会产生。[1]

不过，西塞罗一点也不菲薄技艺和训练，对于它们的重要性他同样说得十分肯定和坚决：

> 确实，在天资和刻苦之间没有什么留给艺术。艺术仅仅指明到哪里去探索和你急切想要找到的东西的位置：一切别的东西都依赖于细致周到、全神贯注、深思熟虑、谨慎小心、持之以恒和勤奋努力。用我们经常用的一个词语来概括，就是刻苦，所有其它的优点都取决于这个优点。[2]

在艺术创作中坚持天才和技艺相结合，是希腊罗马美学一贯的思想。在艺术模仿现实、艺术作品的合式、艺术功能、艺术创作中天才和技艺的关系等问题上，西塞罗基本上采用了前人的观点，“但他提炼了这些观点并使它们更为精确”[3]，同时他也有创新的地方。

西塞罗的创新首先表现为，他对“美”这个概念作了更精细的区分。他把美分为威严和秀美，前者是刚强的美，后者是温柔的美，从而赋予它们以明显的伦理色彩。他写道：

> 因为有两种美，一种是秀美，另一种是威严，我们应该认为秀美是女性美的属性，威严是男性美的属性。[4]

对美的这种区分，不仅适用于男性和女性，而且适用于自然和社会中不同形态的美，以及艺术中不同风格的美。这避免了过去比较空泛的美的概念，有

[1] 西塞罗：《图斯库卢姆辩论集》第 1 卷第 26 章第 64 节。

[2] 西塞罗：《论雄辩家》第 2 卷第 35 章第 150 节。译文引自沃拉德斯拉维·塔塔科维兹：《古代美学》，杨力、耿幼壮、龚见明、高潮译，第 275 页。

[3] 沃拉德斯拉维·塔塔科维兹：《古代美学》，杨力、耿幼壮、龚见明、高潮译，第 267 页。

[4] 西塞罗：《论职责》第 1 卷第 36 章第 130 节。

助于人们更准确、更深入地把握审美对象，对以后的美学研究和审美欣赏产生了重要影响。

作为修辞学家，西塞罗对词义的辨析具有天生的敏感，他仔细地分辨了作为美的同义词使用的一些词语在含义、色调上的差异。在他的著作中，“美”用 pulchritudo 表示，“秀美”用 venustus 或 venustas 表示，这两者之间有什么区别呢？法国学者 P. 蒙泰伊（P. Monteil）在他的著作《拉丁语中的美和丑》中，以拉丁语作家包括西塞罗的著作为材料，考察了拉丁语中表示“美”和“丑”的一些审美术语的原义和转义。他屡次称赞西塞罗对“美”的概念的仔细辨析：

> 西塞罗比其他任何人更具有准确的语言感觉和趣味，他的哲学著作和批评著作使他对其他作家不加辨析就使用的那些概念，一一加以确定。[1]

西塞罗在使用“美”这个术语时，指体现在和谐完善中的美，例如人体的和谐美。它也可以表示体现在完善的艺术作品中的美，或者宇宙美，以及精美雕塑的美。它还可以表示视力可见的、某个对象中的美。至于“秀美”，那么，它指能够使视力愉悦、给人带来快感、带有优雅特质的美。美可以确认完善、稳定，而秀美是对不那么完善的美的一种冲动性的、暂时性的反映。由此，秀美更多地适用于女性美，而不是男性美，尽管男性也可以是优雅的。秀美也指那样一种精致的艺术作品，它在瞬间令人迷醉，而不久就不再提供智慧。美中的快感来自社会生活和文学生活，它的使用具有道德的、社会的和艺术语言的色彩，或者表示“内在和谐”“适宜”和“逻辑统一”等。在西方美学史上西塞罗第一次对美作了这样仔细的区分，连对他颇多非议的鲍桑葵也承认，这是“比较深入的分析的必要条件之一”[2]。

主张雄辩和艺术风格的多样化，是西塞罗美学理论的又一特点。对艺术中合式的强调并不导致艺术风格的刻板化和单一化。相反，西塞罗屡次谈到

---

[1] P. 蒙泰伊:《拉丁语中的美和丑》，巴黎 1964 年版，第 100 页。

[2] 鲍桑葵:《美学史》，张今译，商务印书馆 1985 年版，第 138 页。

艺术的创新和风格的多样化。他说："雕塑艺术只有一种，米隆、波利克里托斯和卢西帕斯都是这门艺术的杰出代表，但是，你不会愿意看到他们中的任何人失去自己的风格。"在绘画中，"艺术和规则是一致的"，不过，画家宙克西斯、阿格劳芬（Aglaophon）、阿佩莱斯（Apelles）"彼此都不相同"[1]。在"言语和语言"中这种多样化更是惊人，西塞罗列举了很多希腊罗马作家，或"华丽"，或"简洁"，或"机敏"，或"深沉"，或"温婉"，或"平稳"。他称赞雄辩风格的多样性，指出"我们看到，有多少个雄辩家，就有多少种雄辩"[2]。塔塔科维兹认为，现在十分平常的这种多样化的观点，在美学史上是经历了很长时间才确立起来的。它"直到亚里士多德时才出现，并在西塞罗那里得到加强"[3]。

西塞罗还阐述了美感的个人直觉性，并且高度评价作为主要的审美感官的视觉和听觉。人在欣赏美的过程中，无需借助理性思考和概念分析，在瞬间就能直接作出对象是否美的判断，在不知不觉中产生美的享受。西塞罗用"直接感觉""自然感觉"和"无意识的感觉"等术语来说明美感的直觉性和直接性。他写道：

> 于是，不难相信散文语言中有某种节奏。直接感觉指出了这一点……因为诗本身不是被抽象的理论，而是被本性和自然感觉所掌握的，而理论只是后来通过衡量来解释，这里究竟发生了什么。[4]

诗的匀称的结构虽然是"由艺术理论发现的"，然而是"由听觉本身无意识的感觉规定的"[5]。产生美感的能力只为人所固有，动物对美不具有感受力。人的视觉和听觉要远胜于动物的感官，对色彩、形状和音响具有非凡的

---

[1] 西塞罗:《论雄辩家》第 3 卷第 7 章第 26 节。

[2] 西塞罗:《论雄辩家》第 3 卷第 9 章第 31 节。

[3] 沃拉德斯拉维·塔塔科维兹:《古代美学》，杨力、耿幼壮、龚见明、高潮译，第 270 页。

[4] 西塞罗:《雄辩家》第 55 章第 183 节。

[5] 西塞罗:《雄辩家》第 60 章第 203 节。

鉴赏能力。西塞罗的这些看法预示了美感的现代理论的发展[1]。

二、折衷主义美学

除了作为雄辩家形成了修辞学理论外，西塞罗另一个最引人注目的特点是他在哲学倾向和思维方式上的折衷主义，这也表现在他的美学理论中。

在哲学上，西塞罗的目的不在于建立一个独立的哲学体系，而在于以拉丁语阐述希腊哲学，给希腊哲学以一种罗马解释。“西塞罗是第一个把大量希腊哲学概念译成拉丁文的学者，他的理解对哲学语言拉丁化及哲学概念随之发生的意义变化，起着难以估量的重大影响。”[2]他直接师从各种流派的哲学家，其中对他影响最大的老师是中期斯多亚派的波西多纽和柏拉图学园第五任首领安提奥克。他有时认为自己和苏格拉底、柏拉图、亚里士多德相接近，有时又承认和斯多亚派相接近，有时还谈论不同于老学园派的新学园派的怀疑论。可以说，除了伊壁鸠鲁派以外，他和希腊罗马的所有哲学流派都接近。不过他不是全盘吸收这些哲学流派的观点，而是力图综合其中某些共同的、正确的内容。在希腊罗马美学史上，他是进行广泛概括的标志性人物之一。他的美学是“古典时代旧观点的一个总结”[3]。

鲍桑葵认为，“西塞罗在哲学上是一个折衷派，我们当然不能希望他有独创的思想”[4]。其实，情况未必如此。西塞罗的折衷之中也有独创，这特别表现在他关于艺术创作描绘内在形象的观点上。希腊美学主张艺术模仿现实。根据这种理论，艺术家在创作中以现实存在的人和物为对象，当然也允许虚构，只是虚构要逼真。雕塑家菲狄亚斯的雕像无与伦比，他是按照现实原型创作的，然而，西塞罗认为无论菲狄亚斯的雕像多么美，无论他的创作所依据的现实原型多么美，我们仍然能够设想出更美的形象，这就是存在于艺术家心中的内在形象。画家和雕塑家在创作时，其实并不专注于他所依据

[1] 沃拉德斯拉维・塔塔科维兹：《古代美学》，杨力、耿幼壮、龚见明、高潮译，第 269 页。

[2] 赵敦华：《西方哲学通史》第 1 卷，第 298 页。

[3] 沃拉德斯拉维・塔塔科维兹：《古代美学》，杨力、耿幼壮、龚见明、高潮译，第 264 页。

[4] 鲍桑葵：《美学史》，张今译，第 137 页。

的现实原型，而是常常凝视自己心中的内在形象，内在形象指挥着他们的双手去创作。西塞罗的原话是这样的：

> 我坚决认为，无论在任何别的种类中，都没有一种东西会如此美，以至会超过最高美。任何一种别的美都是最高美的类似物，就像面膜是面孔的类似物一样。最高美不可能由视觉、听觉或者其他感官来把握，我们只可以通过思维和理智理解它。例如，我们虽然没有见到比菲狄亚斯的作品更完美的雕像，然而我们仍然能够设想出更美的雕像来，以及比我们提到的那些绘画更美的绘画来。画家本人也是这样做的，他在创作朱庇特或者米涅瓦时，不去旁顾他可能描绘其面貌的那些人，但是在他的理智中有一个最高的美的形象，他凝神观照它，驱动自己的双手按照它去创作。[1]

西塞罗在西方美学史上第一次提出了内在形象的问题，并用对它的模仿代替对现实的模仿。内在形象不是感性存在，它是人心中的理想，艺术家在创作时观照它，并把它体现在艺术作品中。西塞罗的内在形象说明显受到柏拉图的理式说的影响。他随即解释道，柏拉图把内在形象称作理式，理式是永恒的，“而其他一切东西生长着，死亡着，流动着，消失着”[2]。但是内在形象毕竟不同于理式。理式是一种客观的、形而上学的存在，而内在形象存在于主体的意识中，这时候主体成为理想的载体。内在形象具有内在内容，主体不断地与它相比照。这种内在性的根源来自斯多亚派。希腊美学侧重于对世界和美的客观理解，而斯多亚派美学侧重于人的主观感觉和体验，从主观体验的角度描绘客观现实，西塞罗折衷了柏拉图学说和斯多亚派学说，形成了内在形象的观点。这种观点的价值在于，它强调了艺术家在创作中的能动作用，避免了艺术家在模仿说中的被动地位。

---

[1] 西塞罗:《雄辩家》第 2 章第 8 节。

[2] 西塞罗:《雄辩家》第 3 章第 10 节。

西塞罗的折衷主义也表现在对美和效用、功利的关系的看法上。柏拉图不承认效用、功利就是美，当他把美看作审美范畴时，效用比美要低得多。在某些场合，西塞罗的观点和柏拉图相类似。他以神殿的建筑为例，来说明美和效用的关系："卡庇托林神殿和其他建筑物的这种山墙不是为了美而是为了需要而建造的。"[1] 神殿山墙之所以具有特殊的形状，乃是为了发挥功能效用：使雨水从屋顶两翼快速流淌。这样看来，效用和美不是一回事，它们甚至是对立的。这里可以看到柏拉图的影响：力图从美中剔除功利因素和物质因素。

然而，另一方面，美和效用在西塞罗那里又是同一的。"石柱支撑着神殿和门廊。不过它们的效用并不多于威严。"[2] 在西塞罗的概念中，威严和秀美是美的两种不同形态。支撑重物是石柱的效用，然而它在发挥效用的同时也显得美。同样，在卡庇托林神殿山墙的效用后面也蛰伏着美。可以设想在天上建造卡庇托林神殿，如果因为那里不下雨而把山墙取消，那么，神殿也就没有任何美。美和效用的同一性也表现在语言和人的躯体上。西塞罗写道：

> 但是在大多数事物中，大自然本身不可思议地安排了这一切，与此类似，在语言中具有最大效用的东西恰恰具有最大的威严，或者甚至常常具有最大的美。
>
> 现在注意一下人或者其他动物的形状和姿态吧，你们会发现躯体的每一部分都是完全必要的，而整个形状是艺术地，而非偶然地制造出来的。[3]

西塞罗在评价艺术作品时，运用的不是忠实于理想的抽象标准，也不是艺术形式完善的审美标准，而是社会效用标准。他关心艺术的社会影响问题。18世纪的启蒙运动者继承了他的这种传统，使艺术和社会相接近。西塞罗把美

[1] 西塞罗：《论雄辩家》第 3 卷第 45 章第 179 节。

[2] 同上。

[3] 同上。

和效用相联系的观点来自斯多亚派。斯多亚派关于美的定义之一是“适合于自身的目的”[1]。这个定义把美和合目的性联系在一起。在美和效用、美和合目的性的关系上，西塞罗再一次折衷了柏拉图学说和斯多亚派学说，这种折衷也符合罗马时代的实践精神和功利精神。我们想顺便指出，对西塞罗影响最大的老师之一、中期斯多亚派哲学家波西多纽也被称作斯多亚派的柏拉图主义者。他试图综合希腊和罗马的思维方式，沿着柏拉图的方向革新斯多亚派哲学，从而使他领导的中期斯多亚派有别于早期斯多亚派。西塞罗对他的老师的继承是显而易见的。

在希腊化时代，艺术中形成了两种风格：亚洲风格（因为它诞生并繁荣于小亚细亚而获此名）和雅典风格。亚洲风格热情浓烈，雅典风格则冷峻精确。这两种风格在雄辩中得到了强烈的表现。它们之间的斗争在公元前 1 世纪上半叶，即西塞罗从事雄辩的时期显得特别尖锐，这和当时罗马的社会矛盾和政治矛盾的激化有关。随着元首制[2]的胜利，雅典风格占了上风，它被认为是符合罗马国家传统和精神的唯一风格。它的地位在罗马帝国崩溃前都没有动摇。西塞罗既不属于雅典风格阵营，又不属于亚洲风格阵营。然而，对亚洲风格的支持至少有一部分来自他。他试图以其特有的深刻性和表现力将这两种风格综合起来。在这方面，他同样表现出折衷主义立场。而雅典风格和亚洲风格的结合产生了雄辩风格的优秀范例，西塞罗善于从这两种风格中吸取最有价值的东西。

在西塞罗以后，雄辩艺术发生了重要变化。罗马帝国时代，学校雄辩教育发达。当时占统治地位的雄辩教学法由另一位著名雄辩家昆体良在他的《论雄辩家的教育》一书中加以阐述。昆体良赞同西塞罗的理论，但是已经不可能像西塞罗那样把雄辩活动和政治活动结合在一起。仅仅注重掌握语言技巧的学校把修辞学变成了一门纯艺术。

---

[1] 沃拉德斯拉维・塔塔科维兹：《古代美学》，杨力、耿幼壮、龚见明、高潮译，第 248 页。

[2] 公元前 1 世纪后半期罗马由共和转入帝制的过渡体制，是一种元首与元老院分权而实际操纵于元首之手的统治。

第二节 贺拉斯

贺拉斯（公元前 65 年至前 8 年）是罗马帝国时期奥古斯都统治下的著名诗人和文艺理论家，罗马的拉丁古典主义的奠基者（这种古典主义广泛流行于文艺复兴时期，并演变为 17—18 世纪的新古典主义）。他生于意大利南部一个获释奴隶家庭。他的父亲略具资财，送他到罗马受到很好的教育，其后又送往雅典去学哲学。公元前 44 年罗马军事独裁者恺撒被刺死后，雅典成为共和派活动的中心，贺拉斯应募参加了共和派的军队。共和派军队被恺撒的继承人屋大维（后称奥古斯都）击败后，贺拉斯回到罗马。这时他的父亲已死，田产充了公，他谋得一个小官，开始写作。公元前 39 年由罗马著名诗人维吉尔和瓦留斯（Varius）介绍，贺拉斯加入奥古斯都的文学助手迈克纳斯（Maecenas）的文学集团，并改变了对奥古斯都的政治态度，此后一直受到迈克纳斯和奥古斯都的眷顾。约 6 年后，迈克纳斯在罗马附近赠送他一座庄园，他便在这个庄园与罗马两地消磨了此后的岁月。公元前 19 年维吉尔去世后，贺拉斯成为罗马最负盛名的诗人。罗马举行百年庆典时委托他写庆典颂诗，可见他的名声之炽。贺拉斯的社会地位决定了他的生活哲学，其中最根本的一点是适度的享乐。这种适度的思想也反映在他的文艺观点中[1]。

奥古斯都时期是罗马文学的黄金时期，贺拉斯是这一时期文坛主流派的立言人。他的作品有《讽刺诗集》2 卷、《长短句集》1 卷、《歌集》4 卷、《世纪之歌》1 卷、诗体《书札》两卷等。其文艺理论和美学思想主要见诸《致皮索书》和《上奥古斯都书》。《上奥古斯都书》又名《诗话》，有人称它为“古典主义的宣言”。《致皮索书》是写给罗马贵族皮索父子三人（其中长子是诗人）的诗体书信，原来没有标题，1 世纪罗马修辞学家昆体良首次把它定名为《诗艺》（*Ars poetica*）。在贺拉斯的著作中，它对后世影响最大。《诗艺》有两种中译本，杨周翰译本和缪灵珠译本，两者都根据“洛布古典学丛书”（“The

[1] 关于贺拉斯的生平，参见杨周翰的《〈诗艺〉译后记》，载《诗学·诗艺》，人民文学出版社 1962 年版，第 163—167 页；王焕生的《贺拉斯〈诗艺〉刍议》，载《外国美学》第 3 辑，商务印书馆 1986 年版，第 302 页。

Loeb Classical Library”）拉丁文本译出。所不同的是，杨译用散文体，出版较早（初版于 1962 年）；缪译用诗体，并自拟了小标题，于 1998 年出版。

一、《诗艺》的主题和结构

《诗艺》在西方美学史上具有重要意义，关于它的主题和结构始终是人们争论的话题。贺拉斯著作的早期诠释者海伦纽斯·阿克隆（Helenius Acron，2 世纪）和波菲利（普洛丁的学生，3 世纪新柏拉图主义者）都认为《诗艺》缺乏系统性，只是一些孤立的论断的堆砌。这种观点得到 16 世纪的权威批评家斯卡利格尔（Scaliger）的赞同。19 世纪德国学者 O. 魏森菲尔斯（O. Weissenfels）甚至认为这种松散无系统是一种特殊的艺术手法。有人还试图通过调整诗行的办法来揭示《诗艺》的内在体系，这种研究古籍的方法在 19 世纪比较流行。

要了解《诗艺》的主题，首先要了解它的结构。根据缪灵珠为《诗艺》中译自拟的标题，《诗艺》分为三章：第一章是诗意篇（1—37[1]），第二章是诗法篇（38—294），第三章是诗人篇（295—476）。每一章又分为若干节。缪灵珠对于《诗艺》的结构作了可贵的探索。在国外学者关于《诗艺》结构的纷纭见解中，有两种最值得注意。第一种见解是 E. 诺尔顿在 20 世纪初期提出来的[2]。诺尔顿把《诗艺》分为两章：第一章论悲剧诗（1—288），第二章论诗人，特别是戏剧诗人（289—476）。

第一章分 5 节：1. 选择题材（1—41）。贺拉斯反对艺术家在虚构和选材时东拼西凑，绘出人头接马颈、肢体披羽翎的奇形怪状（1—13）。同时，不同体裁的诗歌，如史诗和抒情诗不能混淆；想制造酒坛，结果却出现酒瓶，这就不合适；总之，务求朴素统一（14—23）。如果力求简洁却写得含糊暧昧，如果追求平易却失掉精神和魄力，如果志在雄伟而不惜滥用浮夸之词，那么，就会对整个作品产生不良影响，因此，艺术家必须选择能够胜任的题

[1] 这里的数字指诗行的序数，下同。

[2] E. 诺尔顿：《贺拉斯〈致皮索书〉的结构和文学》，载《赫尔姆斯》第 40 辑，德国莱比锡 1905 年版，第 481—528 页；参见 A. F. 洛谢夫：《希腊罗马美学史》第 5 卷，第 408—415 页。

材（24—41）。

2. 布置（dispositio，42—44）。贺拉斯主张作家应善于安排材料，以达到“条理的美和优点”。这使人想起关于布置的修辞学理论和维特鲁威《建筑十书》中作为建筑六要素之一的布置的观点，都是指材料的布置。然而令人疑惑的是，在《诗艺》中这一节特别短。

3. 文辞表达（45—178）。（1）词语的选择（45—72）。词语不断变化，最古老的词语先凋零，正如森林中最老的树叶先落。而新生的词汇像青春年华，繁荣茂盛。作家有权选择新词。（2）格律的选择（73—82）。荷马用六音步长短短格来颂扬帝王将相的丰功伟绩，而抑扬格为悲剧和喜剧所采用。（3）戏剧人物的谈吐（83—118）。“老态龙钟的长者，少年气盛的纨绔，炙手可热的贵妇，殷勤献媚的乳姆，惯跑江湖的货郎，小康之家的农夫”[1]，说话都要适合身份。（4）遵循传统（119—135）。描写阿喀琉斯，就要写他的性情急躁、暴戾、刚愎、勇猛。（5）戏剧要开门见山（136—152）。戏剧开头应该“直引读者到故事中心进窥结果”。（6）性格和年龄相当（153—178）。“老幼少壮各有其行藏”，不能“把老年人的心事赋予青春时期”，也不能把“成年的特性赋予少年稚子”。这一段完全不符合本节关于文辞的表达的内容。

4. 情节（179—274）。（1）陈述（179—188）。有些情节“留待剧中人用动听的台词来口说”。（2）幕（189—190）。戏剧“应该恰好有五幕”。（3）演员（191—192）。台上同时至多只能有三个演员。（4）歌队（193—201）。戏剧两出之间的乐歌“必须能促进剧情，与情节自然配合”。（5）音乐（202—219）。贺拉斯支持传统的做法——音乐为歌队伴奏，反对当时的笛手在台上来来往往。（6）谐剧（220—250）。谐剧可以冷嘲热讽，也可以先庄后谐。（7）抑扬格（251—274）。贺拉斯遵循传统，只承认三音格的抑扬格，指责其他粗制滥造的韵律。他在这一段里的名言“朋友，请你日日夜夜揣摩希腊典籍”（269）经常被后世的著作援引。

---

[1] 译文采用缪灵珠《诗艺》中译，载章安祺编订：《缪灵珠美学译文集》第1卷，第44页。引文中的“纨绔”原译为“纨袴”，“惯跑”原译为“贯跑”。此节《诗艺》译文均采用缪灵珠的中译，不一一注明。

5. 希腊罗马戏剧史（275—288）。贺拉斯提到罗马的历史剧和喜剧，因为它们是对希腊范本的模仿。

第二章一开始是过渡（289—308），罗马的模仿不会差，如果“诗人不惮其烦劳耐心雕琢”。贺拉斯嘲笑了只凭天才和灵感作诗的诗人。第二章也分 5 节：

1. 诗人的培养（309—332）。诗人应该具有一般的哲学教育，“苏格拉底的著作能把题材供给你”。此外，诗人应该“向生活寻找典型，向习俗汲取言词”。有内容而缺乏技巧的诗，比无内容而华丽的诗“更令人心旷神怡”。榜样仍然是希腊人，他们带来“诗坛盛誉”，不像罗马人那样“计较锱铢”。

2. 诗人的品德（333—390）。（1）寓教于乐（333—346）。贺拉斯在这一段里的见解常常被援引：“诗人的目的在于教益或在于娱乐，或者在诗中使娱乐和教益相结合”；“不论你有何教诲，务必扼要而简约”；“怡情乐性的虚构也要像真实无讹”；“寓教于乐的诗人才博得人人称可，既予读者以快感，又使他获益良多”。（2）作品的完善（347—360）。（3）诗如画（361—365）。这里有贺拉斯的名言“画如此，诗亦然”（Ut pictura poesis）。（4）诗不应平凡（366—378）。“唯独平凡的诗篇，神人都不能相容。”（5）诗人要有知识（379—390）。

3. 诗人的崇高地位（391—407）。贺拉斯举例说明艺术的作用：奥菲斯制止了蛮族的残杀，安菲翁弹琴使顽石点头，荷马以其诗名垂千古。

4. 促进诗歌创作的条件（408—452）。贺拉斯进一步阐述上文讲过的观点。（1）天才和技艺（408—418）。贺拉斯提出天才和技艺相结合的著名原则：“有人问，好诗要靠天才还是靠艺术；依我看，勤功苦学而无天生的品赋，或者虽有天才而无训练，皆无用处，因为两者必须彼此协助互相亲睦。”（2）善意的批评和杜绝阿谀的赞扬具有重要意义（419—452）。

5. 佯狂的诗人（453—476）。在结尾时，贺拉斯嘲讽了佯狂的诗人。

诺尔顿把《诗艺》分为“诗—诗人”的图式是合理的，有一定的逻辑性。前者是艺术创作的客体，后者是艺术创作的主体。罗马时期修辞学、音乐和建筑等方面的著作，通常也包括这两部分的内容。至于《诗艺》论诗时，涉及很多戏剧的内容，那是因为当时的戏剧是诗体的。戏剧诗和史诗、抒情诗一样，都是诗的一个组成部分，论诗时涉及戏剧也顺理成章。这样，

《诗艺》的主题明确：论诗和诗人。《诗艺》具有某种内在联系的逻辑结构，而不是零散观点的杂陈。诺尔顿提出的《诗艺》结构也有一系列矛盾，这引起其他学者如 P. 考埃尔（P. Cauer）、A. 罗斯塔尼、H. 特瑞西（H. Tracy）对这种结构进行修正和补充。

关于《诗艺》结构研究的另一种值得注意的见解，是 M. 加斯帕罗夫（M. Gasparov）在 20 世纪 60 年代提出的。他在《贺拉斯〈诗艺〉的结构》一文[1]中，考察了许多学者对《诗艺》结构的研究成果，提出了自己的观点，以揭示《诗艺》基本理论的内在联系。他认为《诗艺》是折衷的，就像奥古斯都时代的整个哲学是折衷的一样。《诗艺》是书信体谈话（sermo）、理论教科书（technē）和文艺作品（poēma）三种不同的文学体裁相互作用的结果。每种体裁的结构都有自身的特征。书信体谈话在生动的言谈中再现思维复杂的运动，理论教科书以逻辑连贯性为基础，文艺作品的结构则是形象和主题的艺术平衡。加斯帕罗夫指出，《诗艺》首先是罗马时期的文艺作品，其范本是当时的镶嵌工艺，这种工艺把各种零散的部件连成不可分割的整体。《诗艺》的结构产生于罗马时期的文艺作品，而不是源自理论著作。在写作《诗艺》之前，贺拉斯早就运用了结构对称的手法。《诗艺》的“完善”和“匀称”不是逻辑的，而是艺术的和审美的。

对于《诗艺》的结构，加斯帕罗夫作了如下描述：

1. 创作，适用于作品。

1—37——朴素统一。

（1）作品各部分的一致性：

38—41——题材。

42—44——条理。

45—72——词汇。

73—85——格律。

[1] M. 加斯帕罗夫：《贺拉斯〈诗艺〉的结构》，载《罗马文学批评史略》，莫斯科 1963 年版，第 97—151 页。我国有的学者注意到这篇文章，不过未作展开说明。见王焕生：《贺拉斯〈诗艺〉刍议》，载《外国美学》第 3 辑，第 307 页。

（2）作品各部分的差异性：

86—88——主题。

89—92——体裁。

93—113——激情（pathos）。

114—118——身份（ēthos）。

119—135——模仿。

136—152——朴素统一。

2. 戏剧，适合于听众。

（1）153—178——身份——年龄。

179—192——激情——技术规定。

（2）193—201——歌队。

202—219——音乐。

220—224——谐剧：起源。

（3）225—250——谐剧：题材，词汇。

251—274——一般的戏剧：格律。

275—294——模仿。

3. 诗人，适用于作者。

（1）295—305——天才，技艺。

306—308——主题。

309—332——诗歌的起源。

333—346——天才。

（2）347—360——艺术中的瑕疵。

361—378——作品所要求的完善。

（3）379—390——诗人劳动的严肃性。

391—407——诗人劳动的荣誉。

408—418——天才，技艺。

419—452——真正的和伪善的批评家。

453—476——天才。

加斯帕罗夫对《诗艺》的解读表明，《诗艺》具有某种结构的对称，这种对称被贺拉斯自觉地运用于其他著作中。贺拉斯以诗人的创作经验为基础，在《诗艺》中建立了特殊的概念系统。《诗艺》是论述诗和诗人的有系统的著作。

二、理论渊源

《诗艺》所研究的问题在罗马的其他学术著作中也广泛讨论过，但是，贺拉斯在《诗艺》中总结了整个希腊化和罗马时期的文艺批评思想。贺拉斯早期研究者波菲利在诠释《诗艺》开始时就肯定地说："在这篇著作中，贺拉斯收集了帕里昂人涅奥普托勒墨斯的《论诗艺》中的教训，虽然不是全部，但是是最精辟的。"[1] 贺拉斯把《诗艺》分为诗和诗人，就承袭了涅奥普托勒墨斯的做法。在罗马时期，这种分法（创作客体和创作主体）是普遍采用的手法，我们在维特鲁威的建筑学著作、昆体良的修辞学著作和其他哲学著作、音乐学著作中都可以见到。但是，这种划分的始作俑者是涅奥普托勒墨斯。贺拉斯关于天才和技艺不可分割、诗人要耐心雕琢自己的作品、诗能够引导听众的心灵、诗的娱乐功能和教益功能相结合、虚构要像真实、向生活和习俗学习、诗要整一和完善、诗要扼要而简约等观点，都来源于涅奥普托勒墨斯失传的《论诗艺》。

19 世纪在发掘伊壁鸠鲁派哲学家兼诗人菲罗德谟在意大利的故居时，发现了他的一些著作残篇，其中《论诗歌作品》一书批评了亚历山大里亚时期的各种美学理论。菲罗德谟著作残篇的整理者、德国学者耶森认为，菲罗德谟的《论诗歌作品》匿名批评了涅奥普托勒墨斯的《论诗艺》。根据菲罗德谟的批评可以看出，涅奥普托勒墨斯的《论诗艺》包括三个部分：诗意论，讨论诗的内容；诗法论，讨论诗的形式；诗人论。贺拉斯的《诗艺》也有同样相应的三部分（即上文中提到的缪灵珠为《诗艺》中译各章拟的标题）。虽然耶森后来改变了自己的观点，然而很多学者宁可相信他原来的说法。

[1] 《波菲利对贺拉斯著作诠释集》，纽约 1979 年版，第 162 页。转引自王焕生：《贺拉斯〈诗艺〉刍议》，载《外国美学》第 3 辑，第 307 页。

对贺拉斯《诗艺》理论渊源的研究对于西方美学史具有重要意义。它表明，斯多亚派的诗学理论经过贺拉斯移植到罗马土壤上后，成为具有世界意义的古典主义的源头。由涅奥普托勒墨斯等早期斯多亚派哲学家发端的古典主义，经贺拉斯确立后，成为有广泛影响的文艺思潮。它在 17 世纪法国新古典主义者布瓦洛（Boileau）之前很少有变化，并一直存在到浪漫主义运动兴起之时。

《诗艺》在受到斯多亚派影响的同时，也受到希腊美学的影响。虽然《诗艺》中根本没有提到亚里士多德，然而，《诗艺》和亚里士多德的《诗学》不乏共同之处。《诗学》第四章指出，羊神剧中的诗采用的是四双步，这种诗适合羊神剧。悲剧从羊神剧演变而来，有了对白后，四双步就不适用了，于是改用短长格，因为短长格最接近谈话的腔调。[1] 而喜剧模拟常人，用的就是短长格。这样，短长格在喜剧中的运用要早于悲剧。《诗艺》也持类似的观点：

> 阿奇罗科斯独创抑扬格（即短长格——引者注）只因一怒；
> 喜剧和悲剧的伶人都采用这格律，
> 它既适宜于对话，压倒观众的欢呼，
> 而且是天籁自然，合乎舞台的脚步。（79—82）

《诗学》第二十五章写道：诗人“正如写生画家或其他肖像作者，是摹拟的艺术家”[2]。《诗艺》一开头就批评了不模拟真实事物的画家，讽刺他们绘出“人头接马颈”的怪状奇形。《诗学》第七章强调了情节的圆满和完整。《诗艺》基本上重复了亚里士多德的这条基本原则。《诗学》第十五章主张性格必须一贯，“即令所摹拟的人物是自相矛盾的，而且其性格确是如此，也必须把他写成始终一贯地矛盾”[3]。关于性格的一贯，《诗艺》也写道：“假如

[1] 参见缪灵珠《诗学》中译，载章安祺编订：《缪灵珠美学译文集》第 1 卷，第 7 页。

[2] 同上书，第 26 页。

[3] 同上书，第 17 页。

你搬上舞台一个新鲜的主题，假如你敢于塑一个崭新的烈士，他的性格必须始终前后一致”（125—127）。《诗学》第二十三章称赞“唯独荷马比诸其他诗人显得超凡入圣”[1]，《诗艺》则推崇“不作此等蠢事的荷马就高明得多”（140）。《诗学》和《诗艺》相同的地方还有：关于演员的数目（《诗学》第四章，《诗艺》第192行），关于情节中的“解”不要请神搭救（《诗学》第十五章，《诗艺》第191行）等。然而，亚里士多德悲剧理论中的重要内容——净化说和过失说，在《诗艺》中却未见提及。因此，有人据此认为贺拉斯并不了解亚里士多德的著作。但是，多数学者主张贺拉斯完全可能熟悉亚里士多德的著作。根据普鲁塔克的记述，公元前1世纪中叶罗马首次出版了亚里士多德的许多著作。

三、基本的美学思想

我们在阐述《诗艺》的结构和理论渊源时，已经多次涉及贺拉斯的美学思想，在这里我们作一个总的说明。贺拉斯对西方美学发展的最大影响是确立了古典主义。古典主义号召学习希腊，继承古典文化。《诗艺》里的一句劝告“朋友，请你日日夜夜揣摩希腊典籍”（269），成为17世纪新古典主义运动中鲜明的口号，布瓦洛等人都曾应声复述过。那么，贺拉斯的古典主义要求文艺具有什么样的性质呢？

> 贺拉斯的回答是“合式”（decorum）或“妥贴得体”。“合式”这个概念是贯串在《诗艺》里的一条红线。根据这个概念，一切都要做到恰如其分，叫人感到它完美，没有什么不妥当处……到了罗马时代，“合式”就发展成为文艺中涵盖一切的美德。[2]

《诗艺》中的一些观点现在看来未免是老生常谈，然而在当时并非如此。贺拉斯针对罗马文艺创作的现实，力图总结希腊罗马文艺创作的具体经

[1] 参见缪灵珠《诗学》中译，载章安祺编订：《缪灵珠美学译文集》第1卷，第23页。

[2] 朱光潜：《西方美学史》上卷，第105页。引文中的“《诗艺》”原文为“《论诗艺》”。

验，把它们凝定成文艺家必须遵循的法式，把文艺创作纳入一定的规范中。根据“合式”的概念，贺拉斯要求诗在形式上朴素（朱光潜译为“单纯”）、统一和整体相协调。这是艺术作品的基本形式。贺拉斯嘲笑风格上的不协调，把这种风格时而说成是“东拼西凑的肢体披上五彩的羽翎，随意挥毫画成上半身是美人艳影，下半身却是丑陋不堪的一尾鱼精”（2—4），时而说成是“蛇蝎同小鸟相爱，羔羊同猛虎谈情”（12）。这就像“为了斑斓夺目缀上大红补丁几片”（14），或者“森林里绘上海豚，波涛上添上封豕”（30），或者在美目和美发下面，“鼻子终生歪在一旁”（36—37）。虚构的情节要“虚虚实实相混合，使故事的始与中，中与末彼此调和”（151—152）。一切都要恰到好处。“条理的美和优点，假如我没有胡猜，在于恰好此时说出你所应该交代；有些话你不妨暂时搁下甚或丢开。”（42—44）音乐应该替歌队伴奏，但是不要太热烈。谐剧应该有，但是不要谈吐粗鄙。诗人有造一个古罗马人闻所未闻的新字的自由，但是不要滥用这种自由。每部剧本应该有五幕，不多也不少。每场只应该有三个演员，不宜有第四个演员出来说话。如此等等，无一不是要求得体适宜。

对于诗的内容，贺拉斯要求具有正确的见识（朱光潜译为“正确的思辨”），把人物写得合情合理。要做到这一点，应该模仿现实，向生活寻找典型。他大体上接受了希腊传统的艺术模仿自然的观点。他尊重现实生活中的习俗和习惯，认为文艺作品和帝王事业都不会万古长青，许多久已废弃的词汇可能复兴，而今日盛行的可能衰落，这一切都取决于习惯，习惯是语言的标准和法令。贺拉斯反复强调文艺作品要完整、统一、首尾一致。他不反对创新，但是塑造一个新的角色，他的性格必须贯穿始终。这里最重要的还是合式。人物的言谈要与他们的性格合式，要与他们的年龄和社会地位合式。喜剧的主题不能用悲剧的诗句，历史剧题材不能使用适合喜剧的日常谈吐。“让各种体裁守住它所应在之处”（92），“悲歌适合愁容，严词只宜于盛气，谑语则嬉皮笑脸，道貌则庄重其词”（106—107）。如果人物的语言和他的命运不符，就会受到观众的嗤笑。人物的性格要和年龄相当。例如，小孩子喜怒无常；少年喜新厌旧，主意多变，欲望无穷，只知道挥霍；中年人小心翼翼，追求金钱和朋友；老年人则忧心忡忡，因循守旧，缺乏热情和勇气，贪得无厌而又吝啬，贪生怕死，常常怨天怨地。诗人应该按照人物的年龄来描写他们的性格，即从数量上来概括同类人物的共性。贺拉斯所倡导的是只强调共性而忽视个性的类型化创作方法，而不是共性与个性相结合的典型化创作方法。除了类型化以外，贺拉斯还主张人物创作的定型化。他举阿喀琉斯为例加以说明。诗人如果要写阿喀琉斯这位著名英雄，就要写他的性情急躁、暴戾、刚愎、勇猛，不受法律约束，动辄以武力行动。因为荷马在史诗《伊利亚特》里是这样写的，后人应该遵循传统。类型化和定型化容易导致人物形象脸谱化、概念化和公式化。合式的概念还表现为适度。舞台上不能上演凶杀、暴力、怪异，这些情节不能让观众目睹，而要由剧中人用台词说出。同时，简洁不能变成暧昧，雄伟不能变成浮夸，小心翼翼不能变成怯懦。

根据“合式”的概念，贺拉斯对诗人提出了一系列要求。诗人应该反复琢磨自己的作品，“宛若雕刻家在石像上用指甲摩挲”（293）。诗完成后要束之高阁，过 9 年后才决定是否公开。诗人既要删去繁缛的藻饰，又把含糊其辞的地方改得更加明显。诗人既要有天生的禀赋，又要勤工苦学，使天才和技艺相结合。

《诗艺》表明，作为古典主义的确立者，贺拉斯在思维方式和审美趣味上具有中庸拘谨、平和恬淡的特点。他缺乏宏大的气魄和撼人的精神力量。他的美学关注艺术作品的形式问题，主张形式的完美和修饰。他在自己的颂诗《纪念像》中把诗人的创作比作浇铸铜像，从中我们可以看到罗马人所特有的在艺术创作活动中对明晰确定的、得到社会认可的形式的追求。贺拉斯孜孜以求的就是建立宛如浇铸铜像的模式和范型，来规范当时的文艺创作。作为一名诗人、一名文艺创作实践家，他力图把先前给定的、来自希腊的内容铸入民族的、罗马的形式中。他要求形式中的一切都平衡、单纯、简洁。由于把一切都纳入固定的、有时未免刻板的规则中，他给诗人留下的自由空间相对较小。贺拉斯没有奔泻千里的激情，也不作攀越峭壁的探索；他没有醉人的狂喜，也缺少深沉的悲哀。对于他来说，一切都要端庄严整、规矩合度，一切都要按部就班、协调有序。这就是他为17—18世纪新古典主义者特别是布瓦洛所喜欢，而不能为欧洲浪漫主义者所接受的原因，他对西方美学的贡献和局限也在于此。

除了奠定古典主义以外，贺拉斯关于艺术功能的观点也对后世产生了重要影响。他的这种观点不仅是对前人见解的简洁而明确的总结，而且是针对当时的文艺创作现实有感而发的。在亚里士多德以后，哲学、修辞学和诗学的“统一”瓦解了。诗学无意解决社会任务，净化的概念消失了。诗首先与美而不是与真和道德相联系。这时候人们强调想象的作用，把它摆在高于模仿的地位。这种情况也出现在造型艺术中。人们重视的不是画家通过模仿而是通过丰富的想象创作华丽的、多姿多彩的生活图景的能力。这就是贺拉斯在《诗艺》中所批评的画家绘出的奇形怪状。关于艺术的功能问题也发生了争论。一些人主张艺术非理性的、享乐的功能，而另一些人主张艺术应该反映生活真实，具有教育功能。贺拉斯则力图统一这两种观点。他认为诗中仅有美是不够的，诗中最重要的是见识（思辨、思想），因此诗人要勤学希腊典范，同时不忘记观察和模仿生活。当然，富于情感和表现力的诗也能产生审美享受。这样，诗既有教育功能，又有娱乐功能。

在分析贺拉斯的理论渊源时，我们曾提到《诗艺》和亚里士多德《诗学》的相似点，然而它们的区别更为明显。在总的倾向上，亚里士多德对诗的形式进行了客观的分析，他很少告诫诗人，他的《诗学》是有逻辑的、客观的。而主要论述创作方法、仅有400多诗行的《诗艺》却充满了对诗人的告诫。《诗艺》是伦理的、说教的。在具体观点上，这两者之间也存在着分歧。贺拉斯以理性主义修正了亚里士多德的《诗学》。例如，在谈到虚构时，贺拉斯强调:“虚构也要像真实无讹”(338)。亚里士多德则在《诗学》中表示:“假如诗人写出不可能有的事，那固然是错误。但是如果这能达到诗的目的（这目的上文已有论述），如果这样反能使诗中这段或那段更令人惊叹，那么，诗人是对的。”[1]这段论述表明，对生活事实的再现的错误，并不等于诗本身

[1] 章安祺编订:《缪灵珠美学译文集》第1卷，第26页。

的错误。贺拉斯则不作这种区分，他排斥了亚里士多德许可的艺术的非理性因素。

在谈到《诗艺》和《诗学》的影响时，朱光潜指出："《诗艺》对于西方文艺影响之大，仅次于亚里士多德的《诗学》，有时甚至超过了它。"[1] 贺拉斯"替后来欧洲文艺指出一条调子虽不高而却平易近人，通达可行的道路"[2]。这决定了他的影响既广且远。

第三节　维特鲁威

维特鲁威（公元前 1 世纪）是古罗马著名的建筑学家，出生年月、地点和生平不详。根据间接资料，他生长于恺撒和奥古斯都时代，家庭富有，受过文化教育和工程技术教育，懂希腊语，学识渊博，除了掌握建筑、市政、机械和军工等项技术外，还广泛涉猎几何学、物理学、气象学、天文学、哲学、历史学、语言学、美学、音乐学等方面的知识。他约于公元前 32 年至前 22 年，历经十载，撰写了《建筑十书》。"这十卷书是以向奥古斯都上书的形式用拉丁文撰写的。可惜原文不久就遗失，只流传下来抄本。到了中世纪，在修道院书库保存下来的抄本偶然为营造教堂的修道士所发现。修道士非常珍视，便利用它指导建筑实践。在文艺复兴时期，古典文物逐步复兴，建筑师们热望通晓古典建筑技法，曾以这十卷书作为规范进行建筑创作。这时从意大利开始，西欧国家纷纷刊行了《建筑十书》的拉丁文版本，这些拉丁文版本就是近代各国文版本的根据。"[3]"这部著作不仅是全世界保留到今天的唯一最完备的西方古典建筑典籍，而且是对后世的建筑科学有参考价值的建筑全书。"[4]《建筑十书》也是一部具有美学价值的著作，它的若干章节与美学有直接关系。

---

[1] 朱光潜：《西方美学史》上卷，第 107 页。引文中的"《诗艺》"原文为"《论诗艺》"。

[2] 同上。

[3] 维特鲁威：《建筑十书》，高履泰译，中国建筑工业出版社 1986 年版，译者序，第 7 页。

[4] 同上书，第 4 页。

《建筑十书》的每一书中都有序言，概述了该书的内容。全书内容为：第一书论述一般的建筑知识（第一至三章）和一般的建造条件（第四至七章）；第二书论述建筑材料，第一和二章为导论，第三至十章考察具体的建筑材料；第三书从总的方面论述神庙；第四书从细部方面论述神庙；第五书论述公共建筑，第一和二章论述国家建筑，第三至九章论述剧场，第十至十二章论述浴场、体育场和其他建筑；第六书论述住宅；第七书论述建筑装饰；第八书论述水的问题；第九书论述晷的制作方法；第十书论述机械，第一章论述机械的定义，第二和三章论述搬运重物的机械，第四至九章论述提水的机械，第十至十六章论述军事机械。有的研究者如 J. A. 约勒斯（J. A. Iolles）和 C. 瓦特津格（C. Watzinger）曾指出维特鲁维的建筑理论对当时占统治地位的修辞学学说的依赖。修辞学的这种巨大影响在贺拉斯的《诗艺》和维吉尔抒情诗中也可以见到。

一、建筑的本质和要素

维特鲁威和罗马人所理解的建筑，比我们现在所理解的建筑要宽广。除了建造房屋外，《建筑十书》中的建筑活动还包括制造日晷（以及水钟）和机械。对建筑本质的理解，维特鲁威深受修辞学理论的影响，他把建筑不仅理解为艺术，而且理解为科学，这和西塞罗对修辞学的看法相类似。维特鲁威认为，建筑不仅是手艺和技巧，而且是理论，理论可以“论证和说明以技巧建造的作品”[1]。把建筑分为手艺和理论两个方面以后，维特鲁威进而指出：

> 实际上在一切事物中特别是在建筑学中，也存在着以下两种事物，即被赋予意义的事物（quod significatur，亦可译为“被表现的事物”——引者注）和赋予意义的事物（quod significat，亦可译为“表现的事物”——引者注）。被赋予意义的事物就是对它要提出讨论的事物；

[1] 维特鲁威：《建筑十书》，高履泰译，第 4 页。

赋予意义的事物就是按照学问的原理作出解释的阐明。因此自己宣称为建筑师的人就要精通这两种事物。[1]

昆体良也把这种区分运用于修辞学中。可见，维特鲁威上述的建筑观点和罗马修辞学理论是一致的。

在维特鲁威看来，建筑师应该具有广博的知识。他在第一书第一章第一节中开宗明义地指出：

> 建筑师的科学要具备许多知识领域和种种技艺，借助它们可以判断其他艺术所完成的一切作品。[2]

维特鲁威把建筑师看成其他各种艺术的判断者。他要求建筑师既有天赋的才能，又有钻研学问的本领。

> 因此建筑师应当擅长文笔，熟习制图，精通几何学，深悉各种历史，勤听哲学，理解音乐，对于医学并非茫然无知，通晓法律学家的论述，具有天文学或天体理论的知识。[3]

原因在于，擅长文笔是为了能做记录而使记忆更加确实；掌握制图知识能够更容易表现建筑师所希望的建筑外貌的效果；几何学可以帮助建筑师正确地定出直角、水平和直线，并解决艰难的对称问题；历史学可以使建筑师了解建筑的发展与时代变迁的关系；哲学可以使建筑师气宇宏阔，“昭有信用，淡泊无欲”。维特鲁威在哲学中把伦理学放在首位，同时，自然哲学也是哲学的一个重要方面，因为建筑师还可以从哲学中学会物性原理；音乐能使建筑师按照数学法则分别音程，在剧场形成和声；医学理论有助于建筑师建造

---

[1] 维特鲁威:《建筑十书》，高履泰译，第 4 页。

[2] 同上，译文据原文有改动。

[3] 同上。

适于健康的住宅；法律能使建筑师了解建筑活动必要的法规，避免冲突和纠纷；天文学则可以帮助时钟的制造。建筑的学问是如此广泛，因此从儿童时期就要攀登这些学问的阶梯，将来才能胜任建筑师的职务。维特鲁威对建筑师提出的这些要求符合罗马传统，西塞罗和昆体良也常常谈到雄辩家应当具有广博的知识。所谓建筑的要素，即指建筑的构成，也有人称之为建筑的范畴。维特鲁威关于建筑的要素的论述，是希腊罗马文献中仅有的。他在第一书第二章“建筑的构成”中写道：

> 建筑是由希腊人称做塔克西斯的法式，称做狄阿忒西斯的布置、比例、均衡、适合，和称做奥厄科诺弥亚的经营构成的。[1]

建筑的六种要素是各自独立的，同时又有紧密的联系。然而，正如塔塔科维兹所指出的那样：

> 这六个术语多少世纪以来就给建筑史家和建筑理论家带来了极大的困难。这六个术语囊括了古代社会中这类艺术的全部内容。它们不仅与建筑相关，而且也与其它艺术有关。但这些术语含意不清，概念缺乏精确性，定义混乱。[2]

因此如何深入、准确地理解这六种要素，历来是研究者们关注和争论的重点。

我们先看一下维特鲁威对法式和均衡下的定义。

> 法式是作品的细部要各自适合于尺度，作为一个整体则要设置适于均衡的比例……
>
> …………

[1] 维特鲁威:《建筑十书》，高履泰译，第10—11页。沃拉德斯拉维·塔塔科维兹的《古代美学》将这六要素分别译为规则、安排、比例、对称、合适和节省，见该书第364页。

[2] 沃拉德斯拉维·塔塔科维兹:《古代美学》，杨力、耿幼壮、龚见明、高潮译，第354页。

> 均衡是由建筑细部本身产生的合适的协调，是由每一部分产生而直到整个外貌的一定部分的互相配称。[1]

法式要求建筑的各部分之间相互适应，这种适应的目的是达到均衡。这样，法式就是建立均衡的活动。在给法式下定义时，维特鲁威还谈到量的问题，他这样解释量："量就是由建筑物的细部本身采用模量，并由（这些）特别的细部做成合适的整幢建筑物。"[2] 如果量和法式连在一起，那么，比例和均衡就连在一起。在第三书第一章第一节中，维特鲁威指出，建筑的结构在于均衡，而均衡来自比例。"比例是在一切建筑中细部和整体服从一定的模量从而产生均衡的方法。"[3] 法式（包含量的概念）和均衡（包含比例的概念）在内容上虽然有所重复，然而前者主要说明建筑师的活动，后者主要说明这种活动的依据。

布置和比例是又一组关系密切的要素：

> 布置则是适当地配置各个细部，由于以质来构图因而做成优美的建筑物……
>
> 比例指优美的外貌，是组合细部时适度表现的关系。[4]

布置要求通过建筑师的实践——适当地配置各个细部，从而形成建筑物的美。在内容上和布置相一致，比例是通过细部适度的组合，以达到美的效果。在建筑物各个细部的布置中，质起着重要的作用。维特鲁威虽然没有阐述"质"的概念，然而这显然是整体所具有的质，即建筑样式。如果法式说的是处在均衡整体中各个细部量的合适，那么，布置说的就是整体本身。维特鲁威区分出三种布置的"理念"（idea）：第一种是平面图，使用圆规和直

[1] 维特鲁威：《建筑十书》，高履泰译，第 11 页。

[2] 同上。

[3] 同上书，第 63 页。

[4] 同上书，第 11 页。

尺“在建筑场地上放出图形”；第二种是立面图，即“正面的建筑外貌，以适度的划分绘出要实现的建筑物的图样”；第三种是透视图，“绘出远离的正面图和侧面图，所有的线都向圆心集中”。[1] 建筑透视图来源于舞台布景（拉丁语中“透视图”和“舞台”同源），维特鲁威在第七书序言中指出，希腊画家阿伽塔耳科斯（Agatharchus）按照悲剧家埃斯库罗斯的提示建造了悲剧舞台，在舞台背景中，“画在没有凹凸的平面上的物体看去有些显得凹入而另一些又显得凸出，要怎样顺应眼睛的视线或（由物体而来的）放射线，把某处确定为一个定点，按照自然法则，才能使这些线条集中”[2]。法式、均衡、布置和比例这四个要素关系密切，它们说的是建筑的样式。这种样式可以看作各个部分的总和，这时候我们从各个部分走向整体，样式就是以均衡为指导的法式的结果。它也可以被看作一种整体，这时候我们从整体走向各个部分，它就是以比例为指导的布置的结果。有的研究者认为，“法式和布置是建筑师的活动，而均衡和比例是建筑师的这种活动在客体中达到的结果。”[3] 也就是说，法式和布置是因，均衡和比例是果。其实毋宁说，法式和布置分别是以均衡和比例为原则的建筑师的活动。

建筑的第五要素是适合，维特鲁威对它下的定义是：

> 适合是以受赞许的细部作为权威而组成完美无缺的建筑整体。[4]

这里的权威（auctoritas）是什么意思呢？第六书第八章第九节写道：

> 当建筑物适合美观、比例和均衡而博得威名（auctoritem——引者注）时，才实在是建筑师的光荣呢！[5]

[1] 参见维特鲁威：《建筑十书》，高履泰译，第 11 页。

[2] 同上书，第 153—154 页。引文中的“线条”原译为“条线”。

[3] A. F. 洛谢夫：《希腊罗马美学史》第 5 卷，第 604 页。

[4] 维特鲁威：《建筑十书》，高履泰译，第 12 页。

[5] 同上书，第 148 页。

第七书第五章第四节写道：

> 心灵被不健全的判断所蒙蔽，竟不能以威信（auctoritas——引者注）与适合原理来验证实际可能存在的东西。[1]

这些论述表明，建筑物正确地实现自己的功能，它就会具有权威。

适合有三种情况：程式的、习惯的和自然的。程式的适合指建筑的装饰特征应该适合它的功能。为雷电神朱庇特（Jupiter）要建造露天式神庙，因为我们在开阔而光辉的现实空间里看到他的色相和法力。为女神维纳斯要建造用草叶、涡纹精细华丽地装饰起来的神庙，因为这适合她的婉约性格。习惯的适合指建筑特征取决于它的风格。内部豪华的建筑，门厅也要华丽，而不能简陋。在多利亚式建筑中，不能夹杂爱奥尼亚式的细部装饰。自然的适合指建筑的特征取决于地段、水和阳光的选择。卧室和书房要朝东，浴室要朝西，画廊要朝北。从北方采光，光线在一日之中是不变的，不会由于太阳的运行忽明忽暗，这样对保护艺术品有利。

建筑的第六个要素是经营：

> 经营就是适当地经理材料和场地，还有计算和精细地比较工程造价。[2]

经营有两个阶段，一个阶段是材料的使用，“经营的另一个阶段就是对于业主使用，或显示财产富饶，或擅有雄辩声誉要建造各不相同的房屋的情况”[3]。有人把“经营”译作“节省”，仿佛经营纯粹是经济上的考虑，其实在更深的层次上经营包含着审美考虑。维特鲁威在第六书和第五书中分别写

[1] 维特鲁威：《建筑十书》，高履泰译，第 165 页。

[2] 同上书，第 13 页。

[3] 同上书，第 13—14 页。

道："然而应当采用什么种类的材料，却不在建筑师的权限之内。"[1]"而且如果在工程中短缺某些材料，如大理石、木材以及其他备用品，就要进行稍微的加减，只要是经过充分考虑来做的，即使它有所过度而非严重过度，不会是不适当的。"[2]这里说的是材料的使用方法，材料的使用要最大限度地符合建筑物的需要。

这样看来，经营和适合是一组要素，就像法式和均衡、布置和比例分别是一组要素一样。在这三组要素中，前一项阐述建筑师的创作活动，后一项阐述创作原则，从而表现出一定的逻辑层次。

二、器物文化的创造原则

希腊罗马不仅创造了灿烂的艺术文化，而且创造了丰富的器物文化。约五千年前的爱琴海最南端的克里特岛遗址在许多考古学家的努力下，重新展现在现代人面前。这些文化遗产包括宫殿、宅邸、港口、墓穴的遗址以及用彩陶、石头、金银、象牙制成的各种器物。希腊陶瓶和罗马银器是举世闻名的工艺品。《建筑十书》不仅是对希腊罗马的建筑而且也是对希腊罗马的器物文化创作经验的总结，因为希腊罗马人所说的建筑活动，实际上包括器物制作的全部知识。

维特鲁威明确指出：

> 建筑还应当造成能够保持坚固、适用、美观的原则。[3]

这条原则对后世的建筑和器物制作产生了重要影响。当代建筑理论家托伯特·哈姆林（Talbot Hamlin）评价道：

> 最早的建筑学家玛库斯·维特鲁威·波里奥，在奥古斯都时期写

[1] 维特鲁威:《建筑十书》，高履泰译，第 148 页。

[2] 同上书，第 115 页。

[3] 同上书，第 14 页。

的全部著作流传至今。他认为，建筑有一个三位一体的基础：适用、坚固和美观。现代的评论家用它来寻求功能完善、结构先进和富有创新精神的优秀设计。从维特鲁威的时代到我们现在，尽管不同的时代有不同的侧重，但这三个不同的因素，依然被当成优秀建筑至关重要的因素。[1]

在器物制作中，情况也同样是如此。

维特鲁威把建造房屋分为两种：一种是筑城和建造公共建筑物，另一种是建造私有建筑物。公共建筑物又分三种：防御用的、宗教用的和实用的。防御用的建筑指城墙、塔楼，它们用来抵御敌人的攻击；宗教用的建筑指神庙；实用的公共建筑指港口、广场、浴场、剧场、散步廊以及其他在公共场地规划的建筑物。每一种建筑的式样都必须首先为它们的功能服务。就私有建筑物而言：

实际上，城市中的房屋似乎应当按照特殊的方式来建造；农村中从田地里收获谷物的房屋又应当按照另一种方式；对于财主家也不相同；对于富裕而豪华的人们则又按照另外的方式。此外，对于按其意旨治理国家的权势人物必须建造得对他们适用。一般来说，建筑的经营都必须做得对各自的业主适用。[2]

这种观点在《建筑十书》中得到反复说明：

从事于耕地收获的人们在其前院必须建造厩舍和小店，在住宅里必须建造地窖、堆房和储藏室；与其建造其他装饰华丽的房屋，不如建造对收获物能够致用的房舍。又对于贷款业者和税吏，应当建造气派华

[1] 托伯特・哈姆林：《建筑形式美的原则》，邹德侬译，中国建筑工业出版社 1982 年版，第 1 页。引文中的“维特鲁威”原译为“维特鲁威斯”。

[2] 维特鲁威：《建筑十书》，高履泰译，第 14 页。

> 丽而无被窃之虞的房间；对于律师和雄辩家，应当建造风格高尚而宽阔的房间，足以容纳聚会而来的人群。又对于得到名誉和官职而为市民服务的贵族们，为了粉饰他们的显赫，则应当建造象王官那样的高大门厅，十分宽敞的院子和围柱式院子，广阔的园林和散步道。[1]

不同国家的住宅，其风格各不相同。这取决于地区、方位、气候和种族的特征。维特鲁威的这些论述给器物制作的启示是：任何器物特别是现代生产条件下的产品都应该是有对象的产品。设计和生产产品时，应该充分考虑到潜在消费者的实际需要、爱好、兴趣和习惯等因素，并以一系列人体工程学参数如身高、体重、活动区域等为依据。现代艺术设计中的功能主义主张形式遵循功能，即产品的构造、造型、外观、色调等应该服从产品的使用功能。维特鲁威强调建筑的式样应该服从业主的实用目的，这里已隐含了功能主义的思想。

在强调建筑物的功能时，维特鲁威并不忽略它的美。塔塔科维兹认为，“他的建筑理论在功用和纯形式的美之间保持着平衡”[2]。随着时代的发展，建筑不仅在功能上日益完善，而且在形式上显得更加美。维特鲁威比较希腊建筑中多利亚式、爱奥尼亚式和科林斯式三种柱子，来阐述功能和美的问题。多利亚式柱最先产生。希腊人在为阿波罗神庙布置柱子时，既要使它们适合承受荷载，又要使它们保持美的外貌。测量到男子的脚长是身长的六分之一，他们把同样的比例移用到柱子上来，使柱子的高度为柱身下部粗细尺寸的六倍，这就是既能承重又显示出男性身体比例的刚劲和优美的多利亚式柱。在建女神神庙时，希腊人对柱子作了改造，把柱子的粗细做成高度的九分之一，从而使柱子显得更高些。在柱子下部安置靴状的凸出线脚，在柱头上布置了左右下垂的像头发一样的卷涡纹饰，在整个柱身上附以纵向沟槽，像女子衣服的褶纹一样。这就是显示出女性窈窕的爱奥尼亚式柱。科林斯式柱则是模仿少女的窈窕姿态。因为少女的肢体更加纤细，用来做装饰，就会取得更优美的效果。

---

[1] 维特鲁威:《建筑十书》，高履泰译，第 140 页。

[2] 沃拉德斯拉维·塔塔科维兹:《古代美学》，杨力、耿幼壮、龚见明、高潮译，第 363 页。

值得注意的是，《建筑十书》第十书对机械下了一个定义：

> 机械是把木材结合起来的装置，主要对于搬运重物发挥效力。[1]

这个定义在西方器物文化史上具有重要意义，因为罗马时代的这种机器制造原则在文艺复兴前1500年期间的西方器物制作史中实际上没有改变。机械基本上由木材制成，极少用金属零件，使用机器是为了节省体力。这类机器有起重机、磨粉机、纺纱机等。维特鲁威把机械分为两种：作为机械而作用的和作为工具而作用的。前者如葡萄压榨机，它要众多工人和很大力量才能发挥作用；后者如螺旋装置，一名操作人员就可以使用。工具和机械在人类的生产和生活中不可缺少。

三、美的客观基础

建筑的布置由均衡决定，均衡由比例得来。没有均衡或比例，就不可能有建筑的布置。那么，均衡和比例的依据是什么呢？维特鲁威认为，均衡和比例作为美的规律，有其客观基础，那就是姿态漂亮的人体。自然造就了人体，人的肢体和整个外形保持着某种对应。建筑也应当按照人体比例，使局部和整体之间在计量方面保持正确。建筑师必须精心地体会这种方法，从而建造完善的作品。

维特鲁威对人体比例作了有趣的观察：

> 实际上，自然按照以下所述创造了人体，即头部颜面由颚到额之上生长头发之处是十分之一；又手掌由关节到中指端部也是同量；头部由颚到最顶部是八分之一；由包括颈根在内的胸腔最上部到生长头发之处是六分之一；由胸部中央到头顶是四分之一。颜面本身高度的三分之一是由颚的下端到鼻的下端；鼻由鼻孔下端到两眉之间的界线也是同

[1] 维特鲁威：《建筑十书》，高履泰译，第224页。

量；颚部由这一界线到生长头发之处同样成为三分之一。脚是身长的六分之一；臂是四分之一；胸部同样是四分之一。此外，其他肢体也有各自的计量比例，古代的画家和雕塑家都利用了这些博得伟大的无限的赞赏。

同样，神庙的细部也必须使其各个部分有最适合总体量的计量上的配称。在人体中自然的中心点是肚脐。因为如果人把手脚张开，作仰卧姿势，把圆规尖端放在他的肚脐上作圆时，两方的手指、脚指就会与圆相接触。不仅可以在人体中这样画出圆形，而且还可以在人体中画出方形。即如果由脚底量到头顶，并把这一计量移到张开的两手，那么就会高宽相等，恰似地面依靠直尺确定成方形一样。[1]

建筑师遵循人体的比例，对建筑的局部作出类似的安排，就能使这些局部和整体和谐一致。建筑和人体的类比表明，自然是艺术的范本。机械装置也取决于自然。人们在自然中寻找先例，模仿它们，以制造机械。例如，日月星辰的旋转启发人们制造了旋转机械。总之，美的规律客观地存在于自然中，人们能够发现它们，但是不能发明它们。

维特鲁威同意某些希腊人的意见，把“十”确定为完全数，这也来自人体，因为十是两手指数的总和。同时，他也赞同持反对意见的数学家们的观点，把“六”说成是完全数。这也与人体有关，脚是人的身长的六分之一，如果把脚的尺寸定为一，人的身长就为六，所以六为完全数。在这里，维特鲁威表现出折衷的观点。

在坚持美的客观基础的同时，维特鲁威也主张美要依从主观的知觉。为了满足观赏者的主观需要，对美的客观规律进行修正是允许的，甚至是必要的。他又一次达到折衷的平衡。[2] 人的视觉在观看外物时往往会产生错误，心灵会因此作出错误的判断。例如，把船桨笔直地放在水中时，桨在水面以上的部分是笔直的，然而水下部分的影像通过透明稀薄的水流到水面，受到

[1] 维特鲁威:《建筑十书》，高履泰译，第 63 页。

[2] 参见沃拉德斯拉维·塔塔科维兹:《古代美学》，杨力、耿幼壮、龚见明、高潮译，第 364 页。

干扰，眼睛里看到的桨似乎成为曲折的。《建筑十书》第三书论述了五种神庙的外貌：密柱式，这是柱子密集的；窄柱式，这是稍微分离开而柱间宽度小的；宽柱式，这是净空充足的；净空超出适度而柱子与柱子之间分离开的，是离柱式；正柱式则是柱间正常布置的。柱子由于高度不同，随着视线的上升，就会对柱子的粗细产生错觉。在离柱式中，柱身如果以柱长的九分之一或十分之一作为粗细，它就显得纤细软弱，空气仿佛通过柱间的宽度要吞没柱身而使其变小。在密柱式中，柱身如果以柱长的八分之一作为粗细，柱间由于密而且窄，就会臃肿难看。粗细相近的柱子在不同的背景中，会给观赏者留下粗细相差很多的印象，这就是视错。"因此，眼睛有错觉的地方应当根据理论来补偿。"[1] 为了追求视觉上的美观，就要对粗细加以调整，对于建筑中规定的数量关系进行增加或缩减。

> 因此，真实的东西也可以看成是错误的，不真实存在的某些物体也会由眼睛认可下来，所以我不认为适应场地的状况或场地的需要（对均衡）施以加减，是应当怀疑的。相反，这样做了以后，这幢建筑物就不会存在着尚有期待的地方。[2]

建筑师对客观均衡和比例的遵循不是刻板的、一成不变的。根据人的知觉需要来调整客观比例，也是重视建筑与人的关系的结果[3]。

在论述与建筑有关的壁画时，维特鲁威表现出保守的观点，他主张绘画应该真实和具有健全的思想，这和贺拉斯对待诗歌的观点相类似。《建筑十书》第七书第五章指出：

> 实际上，绘画就是要做出存在的东西或可能存在的东西的形象，

[1] 维特鲁威：《建筑十书》，高履泰译，第 70 页。

[2] 同上书，第 135 页。

[3] 参见方珊：《维特鲁威美学思想试析》，载《外国美学》第 15 辑，商务印书馆 1998 年版，第 263—264 页。

例如人物、房屋、船舶以及其他模仿轮廓清楚明确的实物而能做成表现其形象的图画。[1]

最初，壁画模仿大理石嵌板的纹样和挑檐线。后来，壁画开始描绘建筑物的外貌、各种自然风景、家畜、牧人和特洛伊战争。这时候壁画仍然是忠实于自然的，可是现在墙上画出的是奇奇怪怪的不真实的东西，维特鲁威认为应该同这种现象作斗争。

总的来说，《建筑十书》独创性较少，它更多的是以系统的、通俗的形式总结了古希腊罗马的建筑技术，这种总结带有折衷性。维特鲁威列举了许多建筑师的名字和著作，这些著作都已失传了。他也对哲学表现出浓厚的兴趣，援引了毕达哥拉斯学派、赫拉克利特、德谟克利特、柏拉图、伊壁鸠鲁等哲学家的观点，然而维特鲁威对艺术作品更多的是技术体验，而缺少审美体验和哲学概括。《建筑十书》的技术性有余，而缺少理论的深度、广度和高度。与古希腊时代相比，古罗马时代更富于技术性和功利性。维特鲁威具有丰富的实践经验，对技术的观察仔细精确。他的趣味和思维方式符合罗马时代的特点，在这种意义上，他完全是罗马精神的产物。直到3世纪，新柏拉图主义才在希腊之后对美学问题作了深入的哲学思考。

第四节　朗吉努斯

除了贺拉斯的《诗艺》以外，古罗马时期的文艺理论著作对后世影响最大的当推《论崇高》。过去一般认为，这部著作的作者是3世纪的哲学家、政治家和修辞学家卡修斯·朗吉弩斯（Casius Longinus，213年至273年）。这位帕尔迈拉人是阿摩尼阿斯·萨卡斯（Ammonius Saccas）的学生，也就是说，他是新柏拉图主义者普洛丁的同窗。朗吉弩斯曾担任叙利亚女王芝诺比娅（Zenobia）的谏议大臣，劝女王脱离罗马帝国的结盟。《论崇高》这

[1] 维特鲁威：《建筑十书》，高履泰译，第164页。

部著作长期被湮没。10世纪拜占庭在编辑亚里士多德的《物理学》手稿的附记中首次披露了它。文艺复兴时期，意大利学者弗朗西斯科·罗伯特洛（Francesco Robortello）于1554年将此书出版。1674年法国新古典主义者布瓦洛把它译成法文，从而引起广泛注意。

关于《论崇高》作者的真伪问题在19世纪引起广泛的争议[1]。自从德国学者G. 凯贝尔（G. Kaibel）于19世纪末期发表了他的研究成果后，人们普遍相信，《论崇高》的作者应是塞涅卡、昆体良同时代的人，写于1世纪中叶。对于这位1世纪的佚名作者，国外一些著作假定性地称他为伪朗吉弩斯，或者简称为朗吉弩斯（Loginus）。

一、《论崇高》的结构和理论渊源

《论崇高》是写给罗马贵族波斯图米乌斯·特伦天（Postumius Terentianus）的一封信。前此，凯齐留斯已有一部同名著作问世。凯齐留斯是公元前1世纪西西里修辞学家，犹太教徒，于奥古斯都时代曾在罗马讲学。我们在本章第一节中曾经谈到雄辩中的亚洲风格和雅典风格的激烈斗争。作为雅典风格的支持者，凯齐留斯写过两篇已经失传的著述：《反对亚洲风格者》和《雅典风格和亚洲风格的区别何在?》。在凯齐留斯较为年轻的同时代人、历史学家和修辞学家哈利卡纳苏的狄奥尼修斯（Dionysius of Halicarnassus，公元前1世纪下半叶）的时期，雅典风格几乎成为公认的理论。朗吉弩斯则是亚洲风格的支持者，他对凯齐留斯的风格当然不满意，他的《论崇高》把自己关于崇高的意见辑录起来，以直接反对凯齐留斯的同名著作。他们的争论使人想起柏拉图热情奔放的风格和希腊历史家吕西阿斯（Lysias，公元前459年至前380年）冷峻简洁的风格之间的对立。《论崇高》由缪灵珠根据“洛布古典学丛书”希腊文本译出（该书原文为希腊文）[2]，原稿没有分篇，各章也无标题，译者依照内容将全书44章分为六

[1] 有关资料参见H. 纳霍夫：《古代美学的一部杰作——郎加纳斯的论文〈论崇高〉》，载《西欧美学史论集》一书，中国社会科学出版社1989年版。文中的“郎加纳斯”即“朗吉弩斯”。

[2] 章安祺编订：《缪灵珠美学译文集》第1卷，第77—132页。

篇，并给每篇、章加了标题。这六篇是：第一篇绪论（第1—8章），第二篇思想论（第9—15章），第三篇辞格论（第16—29章），第四篇措辞论[1]（第30—38章），第五篇结构论（第39—43章），第六篇感情论（第44章）。德国学者H.穆切曼（H. Mutschmann）对《论崇高》结构的分析和缪灵珠有同有异，可以相互参较。穆切曼把《论崇高》分为三部分[2]。

第一部分：绪论（第1—7章）。

导言（第1章）。在第1章里，朗吉努斯似乎给崇高下了个定义：

> 崇高在于措辞的高明和美妙[3]。

这个定义和希腊罗马美学中的许多概念一样，在逻辑的含义上没有得到充分分析，仅仅是描述性的。他还指出：

> 一个崇高的思想，在恰到好处时出现，便宛若电光一闪，照彻长空，显出雄辩家的全部威力。[4]

1. 究竟有没有使文章崇高的技术（第2章）？朗吉努斯批评了天分是唯一能产生崇高的技术的观点，主张天分和人力不可偏废，在文学方面训练和技巧也很重要。

2. 退化了的崇高形式（第3—5章）。它们有浮夸、幼稚、矫情、奇想和标新立异。

3. 真正的崇高（第6—7章）。“一般地说，凡是古往今来人人爱读的诗文，你可以认为它是真正美的、真正崇高的。”[5]

---

[1] 原译文为“措词”，为全书统一，改为“措辞”。下同，不另注。

[2] H. 穆切曼：《〈论崇高〉的倾向、结构和渊源》，柏林1913年版。参见A. F. 洛谢夫：《希腊罗马美学史》第5卷，第454页。

[3] 章安祺编订：《缪灵珠美学译文集》第1卷，第77页。

[4] 同上书，第78页。

[5] 同上书，第82页。

第二部分：崇高或者说是崇高风格的五个源泉或因素（第 8—43 章）。

1. 列举五个源泉（第 8 章）：庄严伟大的思想，慷慨激昂的热情，构想辞格的藻饰，高雅的措辞，尊严和高雅的结构[1]。前两者依赖天赋，后三者则来自技巧。朗吉弩斯指出，这五个因素中有些是凯齐留斯没有提及的，例如，他忽略了热情这个因素。如果凯齐留斯从未想到热情有助于崇高，所以只字不提，那么他就铸成大错了。然而，朗吉弩斯本人在《论崇高》里也没有论述热情，在该书结束时他表示写另一篇文章来讨论它。因此，《论崇高》实际上只分析了崇高的四个源泉。

2. 依次分析崇高的源泉（第 9—43 章）。

（1）庄严伟大的思想（第 9—15 章，即缪灵珠划分的第二篇思想论）。崇高首先来源于伟大的精神和思想。

> 崇高的风格是一颗伟大心灵的回声。[2]

因此，一个朴素的思想，也往往仅凭它本身固有的崇高精神而使人赞叹。为了说明崇高，这几章作了两组比较：把荷马的《伊利亚特》和《奥德赛》相比较，把希腊雄辩家狄摩西尼和罗马雄辩家西塞罗相比较。《伊利亚特》全篇朝气蓬勃，富有戏剧性的动作，朗吉弩斯断定它是荷马才华全盛时代的作品。而《奥德赛》则以叙事为主，显出暮年老境的征候。这是荷马晚年的作品，这时候的荷马好比落日，壮观犹存，而光华已逝。就风格来说，狄摩西尼像疾雷闪电，如火如荼，“凭借他的勇猛、他的急进、他的力量和惊心动魄的辞令，把一切燃烧起来”。而西塞罗则如“野火燎原，席卷一切”，“时而东，时而西”，广度有余，而深度、速度和强度都不足。狄摩西尼热情磅礴的雄辩令听众惊心动魄，而西塞罗滔滔不绝的雄辩将听众淹没。朗吉弩斯

[1] 崇高的这五个源泉，朱光潜译为：“掌握伟大思想的能力”“强烈深厚的热情”“修辞格的妥当运用”“高尚的文词”和“把前四种联系成为整体的”“庄严而生动的布局”。朱译流畅易懂，见朱光潜《西方美学史》上卷，第 108 页。此注引文中的“修辞格”原文为“修词格”。

[2] 章安祺编订：《缪灵珠美学译文集》第 1 卷，第 84 页。

的观察也符合西塞罗本人的意见。

（2）辞格（第16—29章，即缪灵珠划分的第三篇辞格论）。首先是一般的论述（第16—17章）。朗吉弩斯以狄摩西尼为例，这位雄辩家凭借誓词这种辞格使他的文辞“无比崇高”“热情洋溢”，并且具有说服力。使用辞格时有一个重要的原则：

> 唯有当听者不觉得你的辞格是个辞格时，那个辞格似乎最妙。[1]

滥用辞格则会引起怀疑，使人觉得言不由衷。

> 巧妙的修辞手段既稍为隐藏在美与崇高的光辉中，便不再显著，从而避免了一切怀疑。[2]

第18—29章以大量例证，对各种辞格进行了审美分析。这些辞格包括设问、散珠、辞格的联用、虚字的障碍、倒装、复数代单数、单数代复数、现时代往时、变人称、婉曲。

（3）高雅的措辞（第30—38章，即缪灵珠划分的第四篇措辞论）。由于演讲词的思想与措辞往往互相阐明，所以，选择恰当和华丽的辞藻很重要，能够感染听众。然而，过多的华丽辞藻并不合适。凯齐留斯规定隐喻只能用两个或者最多三个。朗吉弩斯以狄摩西尼和柏拉图为例，批驳这种见解。狄摩西尼“用隐喻的适当机会，是在热情有如春潮暴涨，不免带着许多隐喻一起流逝的场合”[3]。柏拉图也运用一连串彼此连续的隐喻，使文章更神妙。“隐喻有助于崇高的意境”，运用的多少完全取决于需要，人为地硬性规定是没有道理的。

第33—36章对著名作家的风格进行了比较研究，堪称希腊罗马文学批评的优秀范例。朗吉弩斯强调指出，带有小瑕疵的崇高之作，要比才情中庸

---

[1] 章安祺编订：《缪灵珠美学译文集》第1卷，第99页。

[2] 同上。

[3] 同上书，第109页。

但是四平八稳、无瑕可指的作品更有价值。阿波罗尼奥斯（Apollonios）就其《阿尔戈远航记》来说是一个无疵的诗人，忒奥克里托斯（Theocritus）在牧歌方面是最成功的，然而他们远逊于具有崇高风格的荷马。作为雄辩家，狄摩西尼“崇高的格调，生动的热情”，“恰到好处的迅速，使人望尘莫及的劲势和力量”要远胜于希佩里德斯（Hypereides）的“清醒的心”和“软弱无力”。

（4）结构（第39—43章，即缪灵珠划分的第五篇结构论）。这个题目在希腊罗马的修辞学著作中多次讨论过，哈利卡纳苏的狄奥尼修斯（Dionysius of Halicarnassus）为此还写过专论，因此，人们长期以来也把《论崇高》说成是他的作品。朗吉弩斯把结构看作使文章达到崇高的诸因素中最主要的因素。雄辩家最重要的任务是说服听众。笛和琴凭借声音和谐的混合，往往能产生奇妙的魔力。词语的和谐组合不但能到达人的耳朵，而且能打动人的心灵。

第三部分：结尾（第44章），论述雄辩衰败的原因。首先借一位哲学家之口，说明雄辩的衰败是由政治状况造成的。朗吉弩斯不同意这种看法，认为原因在于道德方面。人们爱金钱，爱音乐，灵魂中的伟大品质开始衰退、凋萎、枯槁。朗吉弩斯的这种观点有其片面性。

关于《论崇高》的理论渊源，有各种说法。我们在上文中提到的德国学者穆切曼把朗吉弩斯说成修辞学家加达拉的西奥多勒斯（Theodorus of Gadara）的继承者。西奥多勒斯是罗马帝国初期修辞学中亚洲风格的主要代表，他宣扬修辞学中的激情、热忱和狂热，反对雅典风格遵循的严峻、精确和枯燥原则。法国学者P. 奥托（P. Otto）认为朗吉弩斯的基本观点来源于斯多亚派。当然，不是说他直接从斯多亚派哲学家那里吸取了这些观点，而是经过一个中间环节，即西奥多勒斯。这种传统是重要的，因为斯多亚派很重视分析语言的表现形式。也有人认为，朗吉弩斯很可能自觉地把斯多亚派的观点同柏拉图、亚里士多德的方法结合起来。德国学者W. 施密特（W. Schmid）还在“崇高”的概念中找到了“东方色彩”，原因是《论崇高》第9章作为崇高的佐证，引用了犹太立法者在《法律篇》开头写的内容：“上帝说什么呢？‘要有光，于是有光；要有大地，于是有大地。’”对于《论崇高》的理论渊源，我们采用朱光潜的说法：

首先，朗吉弩斯和贺拉斯一样，也是一个古典主义者。《论崇高》的主要任务就在指出希腊罗马古典作品的“崇高”品质，引导读者去向古典学习。[1]

《论崇高》是一部修辞学著作，但是它的意义远远超出修辞学范围，它含有重要的美学内容。荷马、柏拉图和狄摩西尼是朗吉弩斯最钟爱的希腊作家，他使我们从新的视角阅读他们的作品，感受到这些作品的深刻和表现力。《论崇高》充溢着对希腊的感情，也具有它所分析的希腊作品的那种崇高风格。朱光潜通过对朗吉弩斯的《论崇高》和贺拉斯的《诗艺》的比较研究，分析朗吉弩斯在哪些观点上保持了古典主义传统，在哪些方面作出了创新。这种科学、贴切的分析角度完全符合朗吉弩斯美学思想的倾向，我们循此思路作进一步的说明。

二、古典主义传统

把艺术作品理解为活的有机整体，是希腊罗马美学所特有的。亚里士多德认为艺术是有机整体，部分应与全体密切联系，情节的内在逻辑要求布局有头有尾有中部。贺拉斯的“合式”概念也要求艺术作品首尾融贯一致，成为有机整体。朗吉弩斯继承了这种传统，他在《论崇高》第 40 章“结构”里写道：

在使文章达到崇高的诸因素中，最主要的因素莫如各部分彼此配合的结构。正如在人体，没有一个部分可以离开其他部分而独自有其价值的。但是所有部分彼此配合则构成了一个尽善尽美的有机体；同样，假如雄伟的成分彼此分离，各散东西，崇高感也就烟消云散；但是假如它们结合成一体，而且以调和的音律予以约束，这样形成了一个圆满的环，便产生美妙的声音。[2]

[1] 朱光潜:《西方美学史》上卷，第 109 页。

[2] 章安祺编订:《缪灵珠美学译文集》第 1 卷，第 119 页。

有机整体就是和谐，就是美。朗吉弩斯的有机整体观不仅表现在作品的结构上，而且表现在人物的塑造上。他在第 10 章中写道：

> 在一切事物里总有某些成分是它本质所固有的，所以，在我们看来，崇高的原因之一在于能够选择最适当的本质成分，而使之组成一个有机的整体。[1]

把事物最有代表性的本质成分组成一个有机整体，这已经是很精确的典型理论了。朗吉弩斯的这种观点和亚里士多德的典型观相接近，而远远高明于贺拉斯的类型说。

古典主义号召学习希腊典范，日夜不辍。《论崇高》也多次重复这种观点。通向崇高境界的途径之一，“就是摹仿古代伟大散文家和诗人们，并且同他们竞赛”[2]。柏拉图就是全心全意同荷马竞赛，所以他的哲学芳园里百花齐放，并和荷马一起踯躅于诗歌和辞藻的幽林。[3] 长期沉浸在古典作品里，受到潜移默化，就会“获得灵感”。荷马、柏拉图和狄摩西尼“就出现在我们面前，宛若耀眼的明星，使我们的心灵扬举而达到心中凝想的典范”[4]。虽然朗吉弩斯和贺拉斯都重视古典的典范作用，但是他们对古典的态度有所不同。

> 贺拉斯谈到摹仿古典时所侧重的是从古典作品中所抽绎出来的“法则”和教条，朗吉弩斯则强调具体作品对于文艺趣味的培养。他主张读者从具体作品中体会古人的思想的高超，情感的深刻以及表现手段的精妙。[5]

[1] 章安祺编订：《缪灵珠美学译文集》第 1 卷，第 88 页。
[2] 同上书，第 92 页。
[3] 同上书，第 93 页。
[4] 同上。
[5] 朱光潜：《西方美学史》上卷，第 109 页。

古典主义主张艺术模仿自然和现实，朗吉弩斯也大体接受了这一信条。他认为“自然是万物的主因和原型”（第 2 章），雕塑要精确，符合原型，“人像须像人”，否则，有缺点的巨像就不如波利克里托斯的《持矛者》（第 36 章）。诗中可以有虚构和想象，但是这种虚构和想象仍然是以生活真实为基础的。荷马在《伊利亚特》中缕述神的受伤、争吵、复仇、流泪、囚禁，把神写成人。至于雄辩，其中“最美妙的想象却往往具有现实性和真实性”[1]。不过，《论崇高》对艺术模仿的论述要远远少于对想象的强调。

《论崇高》第 2 章批评了“崇高的天才是天生的”这一观点，指出“天才常常需要刺激，也常常需要羁縻”。所谓“羁縻”，就是受到理性控制，受到规则的约束，不能盲目冲动。第 36 章专门讨论了天才与技艺的关系，朗吉弩斯主张艺术创作需要这两者的结合。

> 在一切场合都应该以技巧来帮助天然。这两者的结合大抵能达到尽善尽美。[2]

朗吉弩斯的这些观点也是和古典主义合拍的。正因为在一些基本观点上朗吉弩斯保持了古典主义传统，所以布瓦洛把《论崇高》翻译成法语用于自己的目的。他在译本序言中对朗吉弩斯作了高度评价，想通过《论崇高》把希腊罗马诗学的一些原则变成教条，从而限制艺术家的想象力。《论崇高》法译本似乎成为布瓦洛同年出版的《论诗艺》的补充。布瓦洛在 1694 年撰写了《阅读朗吉弩斯的深思》，援引《论崇高》的观点帮助当时古今之争中自己的一方。他在自己的晚年，于 1710 年又根据朗吉弩斯提出的崇高标准，为同时代的法国古典主义戏剧家高乃依和拉辛辩护。不过，这种情况很快发生变化。英国、德国的启蒙运动者和浪漫主义者对《论崇高》作出不同于古典主义者的理解。这是因为《论崇高》除了与古典主义具有共同的传统和理想外，它和古典主义的分歧更加明显。朗吉弩斯的创新正在于此，而他的创新是围

---

[1] 章安祺编订：《缪灵珠美学译文集》第 1 卷，第 95 页。

[2] 同上书，第 115 页。

绕着作为一个审美范畴的崇高展开的。

三、崇高作为一个审美范畴

朗吉弩斯在西方美学史上的最大贡献是把崇高作为审美范畴提出来。这不仅是他个人的功劳，而且是几个世纪以来亚洲风格酝酿、积淀和发展的结晶。在希腊罗马，“崇高”不是一个新名词。修辞学家在阐述风格理论时就用过这个术语。西塞罗在《雄辩家》(第6章)、昆体良在《论雄辩家的培养》(第12册)中就论述过修辞学的崇高风格。然而，朗吉弩斯不是在修辞学的含义上，而是在美学的含义上使用“崇高”概念的第一人。尽管他仍然把“美”和“崇高”当作类似的概念来使用，还没有对它们的区别进行具体的界定，然而他对崇高的生动描述促使近代欧洲美学迅速承认崇高是一个独立的审美范畴。现代美学中的崇高理论是以朗吉弩斯的《论崇高》为起点逐步走向完善的。

按照朗吉弩斯的理解，崇高首先存在于自然界，存在于某些自然事物中：

> 你试环视你四周的生活，看见万物的丰富、雄伟、美丽是多么惊人，你便立刻明白人生的目的究竟何在。所以，在本能的指导下，我们决不会赞叹小小的溪流，哪怕它们是多么清澈而且有用，我们要赞叹尼罗河、多瑙河、莱茵河，甚或海洋。我们自己点燃的爝火虽然永远保持它那明亮的光辉，我们却不会惊叹它甚于惊叹天上的星光，尽管它们常常是黯然无光的；我们也不会认为它比埃特纳火山口更值得赞叹，火山在爆发时从地底抛出巨石和整个山丘，有时候还流下大地所产生的净火的河流。关于这一切，我只须说，有用的和必需的东西在人看来并非难得，唯有非常的事物才往往引起我们惊叹。[1]

这些自然事物之所以显得崇高，或者因为广袤无垠（海洋），或者因为渺然

[1] 章安祺编订：《缪灵珠美学译文集》第1卷，第114页。

穹远（星空），或者因为具有摧毁一切的惊人气势（火山爆发）。朗吉弩斯列举的这些对象已经显示出自然界崇高的美学特征：数量巨大和力量强大（后来康德以明确的语言阐述了崇高的这种特征，朗吉弩斯还只是描述了这两类崇高现象），威严可怕，令人惊叹，有着人的实践尚未征服的奇异。崇高还存在于社会生活和艺术中。朗吉弩斯所理解的社会生活中的崇高主要限于人格的伟大、精神的高尚和感情的炽烈，还没有涉及社会生活更广阔的内容。《论崇高》通篇充满了对志向远大、激越高举、慷慨磊落、摒弃浮华的人格和精神的赞赏，以及对琐屑无聊、心胸狭窄、墨守成规、奴性十足的人格的鄙夷。《论崇高》把如痴如醉的感情也列入崇高的范围。第 10 章援引了希腊女抒情诗人萨福描写恋爱的篇章：

只要看你一眼，
　我便说不出声，
　我的舌头不灵。
一种微妙的火焰
　立刻在我身上传遍，
　我眼花，视而不见，
　我耳鸣，听而不闻；
我的汗好像甘霖，
　我浑身抖颤；
　我的脸色比草还青，
　我觉得我与死亡接近。[1]

这首诗之所以崇高，主要在于诗人选择和组织了现实生活所有钟情的男女显出的最动人的特征。这样看来，钟情男女炽烈的感情也是崇高的。

从《论崇高》的结构分析中可以看出，这部著作花了大量篇幅来论述

[1] 章安祺编订：《缪灵珠美学译文集》第 1 卷，第 88 页。

不同艺术作品中的崇高。这种崇高有一个共同的特点，那就是激流急湍的劲势、春潮暴涨的热情、疾雷闪电的迅猛，总之，是惊心动魄，而不是玲珑雅致。值得注意的是，在朗吉弩斯那里，崇高不是和修辞形式，而是和内容相联系的。

> 有助于风格之雄浑者，莫过于恰到好处的真情……
>
> …………
>
> 雄伟的风格乃是重大的思想之自然结果，崇高的谈吐往往出自胸襟旷达志气远大的人。[1]

类似的论述在《论崇高》中屡见不鲜。修辞学传统主要注意形式，而朗吉弩斯更加重视精神状态、表达的真诚和力量。这是他超越同时代修辞学家的地方。但是，朗吉弩斯也不否认表现崇高的方式、规则的重要性。在《论崇高》的46章中，不少于30章论述了形式问题。

朗吉弩斯不仅论述了崇高的对象和范围、崇高的特征（形式上和内容上的），而且着重论述了崇高的效果。崇高能够唤起人的尊严和自信。人天生就有追求伟大、渴望神圣的愿望。在崇高的对象面前，人感到自身的平庸和渺小。为了克服这种平庸和渺小，人奋起追赶对象、征服对象、超越对象，从而极大地提升自己的精神境界，感到一种自豪的愉悦。

> 天之生人，不是要我们做卑鄙下流的动物；它带我们到生活中来，到森罗万象的宇宙中来，仿佛引我们去参加盛会，要我们做造化万物的观光者，做追求荣誉的竞赛者，所以它一开始便在我们的心灵中植下一种不可抵抗的热情——对一切伟大的、比我们更神圣的事物的渴望。[2]

---

[1] 章安祺编订:《缪灵珠美学译文集》第1卷，第84页。

[2] 同上书，第114页。

《论崇高》多处号召要和崇高的对象展开竞赛、竞争，并援引了赫西俄德的话，竞争对于凡夫是有好处的。凡夫俗子在和崇高对象的竞争中，能够心灵扬举，“襟怀磊落，慷慨激昂，充满了快乐的自豪感”[1]。后人关于崇高效果的论述，明显地留下了朗吉弩斯的观点的印记。例如，黑格尔写道：

> 大海给了我们茫茫无定、浩浩无际和渺渺无限的观念；人类在大海的无限里感到他自己底无限的时候，他们就被激起了勇气，要去超越那有限的一切。[2]

车尔尼雪夫斯基也指出：

> 我们在观照伟大的东西时，或者感到恐怖，或者惊奇，或者对自己的力量以及人类的尊严产生自豪，或者由于我们自身的渺小、衰弱而丧魂落魄。[3]

艺术中的崇高应该对人的感情产生强烈的效果，这是贯穿《论崇高》全书的一条主线。

> 天才不仅在于能说服听众，且亦在于使人狂喜。凡是使人惊叹的篇章总是有感染力的，往往胜于说服和动听。因为信与不信，权在于我，而此等篇章却有不可抗拒的魅力，能征服听众的心灵。[4]

在这里，朗吉弩斯超越了古希腊美学和古典主义传统。崇高的目的不是净化，不是模仿，也不是理智的说服。它的作用在于使人狂喜、惊奇。按照朱

---

[1] 章安祺编订：《缪灵珠美学译文集》第1卷，第82页。

[2] 黑格尔：《历史哲学》，王造时译，生活·读书·新知三联书店1956年版，第134页。

[3] 《车尔尼雪夫斯基论文学》中卷，人民文学出版社1965年版，第73页。

[4] 章安祺编订：《缪灵珠美学译文集》第1卷，第77—78页。“狂喜”一词采用朱光潜译法（《西方美学史》上卷，第112页），缪译为“心荡神驰”。

光潜的解释，狂喜“是指听众在深受感动时那种惊心动魄，情感白热化，精神高度振奋，几乎失去自我控制的心理状态”[1]。对人的感情能否产生强烈的效果，成为朗吉弩斯评价不同作家的优劣，或者同一个作家不同作品的优劣的首要标准。基于这种原因，能够产生雷霆轰击效果的雄辩家狄摩西尼，不仅胜过优点很多却不能感动听众的希佩里德斯，而且胜过罗马著名的雄辩家西塞罗。西塞罗和狄摩西尼的主要区别在于前者铺张，后者崇高。铺张以数量和广度见长，而崇高则以强度和深度取胜。“崇高在于高超，铺张在于丰富；所以你在一个思想中也往往能发现崇高，而铺张则常常须依赖数量甚或一点冗赘”[2]。所以，如“野火燎原”的西塞罗不如“宛若电光一闪，照彻长空”的狄摩西尼。荷马的《奥德赛》之所以不如他的《伊利亚特》，主要是前者犹如“退潮的沧海”，“在四周崖岸中波平如镜”，而后者焕发磅礴的热情，能够产生惊心动魄的效果。

既然崇高的效果是“不可抗拒的”狂喜，朗吉弩斯就承认了它是非理性的，这意味着他偏离了希腊美学所培育的审美知觉的理性主义理论。朗吉弩斯特别指出，他的论敌凯齐留斯仅仅阐述崇高的形式特征，而他要把重点放在热情、激情上。他再三强调，雄辩家应该把“感情灌输到旁听者的心中，引起听众的同感”，把听众“迷住”，“完全支配”听众的心情（第 39 章）。这种热情不同于怜悯、烦恼、恐惧等卑微的感情（第 8 章）。热情中包含着非理性的、迷狂的成分，“它仿佛呼出迷狂的气息和神圣的灵感”（第 8 章）。

对艺术中的热情和强烈效果的强调，表明朗吉弩斯也偏离了艺术模仿现实的传统。他虽然不否认艺术要模仿现实，然而他谈得更多的却是艺术要模仿古人。希腊作家的作品中已经包含了现实中的崇高内容，以他们的作品为典范，认真模仿，这是达到崇高的途径之一。与艺术中的热情和强烈效果密切相关的一个美学和心理学问题是想象。《论崇高》第 15 章专门讨论了想象。朗吉弩斯用来表示“想象”的希腊词是 phantasia，原意为“视觉形象”，朗吉弩斯在新的含义上使用了它：

---

[1] 朱光潜：《西方美学史》上卷，第 112 页。

[2] 章安祺编订：《缪灵珠美学译文集》第 1 卷，第 91 页。

所谓想象作用，一般是指不论如何构想出来而形之于言的一切观念，但是这个名词现在用以指这样的场合：即当你在灵感和热情感发之下仿佛目睹你所描述的事物，而且使它呈现在听众的眼前。[1]

朗吉弩斯区分出两种想象：雄辩中的想象和诗歌中的想象。前者的目的是使观念明晰，后者的目的是使人惊心动魄。但是这两者有一个共同之处，就是打动知觉者，激发他们的感情。诗人的想象和雄辩家的想象不同。诗人的想象有夸张，远远超过可信的程度，而雄辩家的想象往往具有现实性和真实性。作为诗人想象的范例，朗吉弩斯援引欧里庇得斯对复仇女神的描绘和埃斯库罗斯对七将攻忒拜的描绘。这些想象使知觉者产生心醉神迷的效果。作为雄辩家想象的范例，朗吉弩斯援引狄摩西尼和希佩里德斯。他们把事实的论证和想象力结合在一起，使雄辩具有感染力，听众“被吸引着，从推理方面转向想象所产生的魅力，于是事实的论证就仿佛笼罩在灿烂的光环中”[2]。在朗吉弩斯那里，想象不仅是观念的形象显现，而且是一种充满激情、心驰神往的现象。这样理解的想象已经很接近于近代欧洲美学中的想象。在这种意义上，朗吉弩斯的著作是希腊罗马文献中绝无仅有的。

对热情、想象的重视，对艺术的强烈效果的重视，使得《论崇高》成为启蒙运动者和浪漫主义者手中的武器。既然崇高是“非常的事物”（第35章），既然它唤起的是出人意料的、令人惊叹的感情，那么，它在艺术创作中的体现必然要打破一切清规戒律，按照崇高要求所进行的创作是完全自由的。虽然浪漫主义者的这种理解未必完全准确，然而《论崇高》同文艺创作中的教条主义和刻板公式无疑是格格不入的。朗吉弩斯以“崇高”这个审美范畴丰富了美学的内容，并对崇高的范围、特征和效果作了描述性的说明，对以后美学的发展产生了重要影响。《论崇高》反映了对艺术的目的和任务的新的理解，拓宽了艺术的概念和艺术作用的范围。

---

[1] 章安祺编订:《缪灵珠美学译文集》第1卷，第93—94页。

[2] 同上书，第96页。

第十章
普洛丁和新柏拉图主义

新柏拉图主义作为古希腊罗马最后一个成熟的哲学体系，流行于 3 世纪至 6 世纪。据说阿摩尼阿斯·萨卡斯（公元 175 年至 242 年）是新柏拉图主义的开创者，但是他没有留下著作。实际上完成新柏拉图主义哲学体系的是他的学生普洛丁，普洛丁才是这个学派真正的创始者，并且是它最有影响的代表。新柏拉图主义的中心有罗马、亚历山大城、叙利亚、帕加马[1]和雅典。普洛丁和他的弟子波菲利在罗马活动了 50 多年，并从这里把新柏拉图主义传播到其他地方。

第一节　普洛丁

普洛丁（公元 204 / 205 年至 270 年[2]）生于罗马帝国统治下的埃及的吕科坡利。根据他的学生波菲利（公元 233 年至 305 年）的《普洛丁生平》记载，普洛丁 28 岁到亚历山大城师从阿摩尼阿斯·萨卡斯达 11 年之久。为了研究波斯哲学，他参加了罗马皇帝戈狄亚努斯（Gordianus）对波斯的远征。这次远征遭到失败，他逃到安条克，40 岁左右时在罗马定居，开始了讲学生涯。罗马皇帝加里恩努斯（Gallienus）和皇后为普洛丁的讲学所吸引，普洛

[1]　帕加马（Pergamum）：小亚细亚古城，是帕加马王国的首都，希腊化时期的商业和文化中心，以图书馆、医学院和宙斯的大祭坛而闻名于世。

[2]　关于普洛丁的出生年份有不同的说法。我国一些西方哲学史著作说是 204 年（参见全增嘏主编：《西方哲学史》上册，上海人民出版社 1983 年版，第 261 页；赵敦华：《西方哲学通史》第 1 卷，第 319 页），而范明生的《西方美学通史》第 1 卷（上海文艺出版社 1999 年版）说是 205 年（见该书第 898 页）。根据巴内斯（T. D. Bames）的说法，普洛丁生于 204 年 9 月至 205 年 8 月之间（参见巴内斯的《普洛丁生平年表》，第 17 卷第 1 册，英国达勒姆 1976 年版）。

丁建议皇帝按照柏拉图《法律篇》的蓝图，在康帕尼亚建立一座“柏拉图城”。皇帝起先同意了这个建议，可是后来未能付诸实现。普洛丁宽厚仁慈，学识渊博，乐于助人，过着清心寡欲的生活。他 60 岁时，波菲利成为其热忱的追随者。在波菲利和其交往的 6 年中，据说普洛丁 4 次进入与神直接交往的迷狂境界中，在弥留之际，他表示要和神融为一体。这时候一条蛇从他的床下爬过，钻进墙缝里，普洛丁也就撒手人寰了。波菲利这种可能带有虚构的记述，为普洛丁的死亡涂抹上一层神秘的色彩。

普洛丁长期述而不作，50 岁时才开始写作。临死前他把自己的希腊语著作交给波菲利，委托他整理出版。波菲利按内容把这些论文分为 6 集，每集 9 篇论文，所以他把每集都叫作《九章集》，之后这 6 集也被总称为《九章集》。这样《九章集》就共有 54 篇论文，波菲利给每篇论文加了标题。这 6 集书的内容分别涉及伦理学、自然科学、宇宙学、心理学、三大本体的学说和认识论。专门研究美学的论文有两篇：第 1 集第 6 篇《论美》和第 5 集第 8 篇《论理智美》。

一、新柏拉图主义美学的基本原则

新柏拉图主义形成于 3 世纪，那已是柏拉图身后 600 年的事了。新柏拉图主义的名称本身就说明了普洛丁对柏拉图的依赖。据洛谢夫在《希腊罗马美学史》第 6 卷（莫斯科 1980 年版）中的统计，普洛丁《九章集》的内容很多出自柏拉图的著作，有 105 处出自《蒂迈欧篇》，98 处出自《理想国》，59 处出自《斐多篇》， 50 处出自《斐德若篇》，41 处出自《斐利布斯篇》，36 处出自《会饮篇》，35 处出自《法律篇》，33 处出自《巴门尼德篇》，26 处出自《智者篇》，11 处出自《泰阿泰德篇》，9 处出自《高尔吉亚篇》，如此等等。

然而，新柏拉图主义不是柏拉图学说的简单复兴，不能把柏拉图的影响绝对化。普洛丁也接受了赫拉克利特、阿那克萨戈拉、亚里士多德、斯多亚派的影响，他想总结古希腊罗马的全部哲学学说。

普洛丁的新柏拉图主义哲学和美学的基本原则是关于三大本体的学说。

第一本体是“太一”（hen）。太一的概念是普洛丁根据柏拉图的《巴门尼德篇》（137c—142a）和《理想国》（508a—509c）而确定的。太一有“原一”“整一”“一”的意思，是一个数的术语。普洛丁把太一视为世界的本原，太一是绝对的，超越一切存在，是唯一的实在和万物之源。普洛丁认为，太一“既不是一个东西，也不是性质，也不是数量，也不是理智，也不是灵魂，也不运动，也不静止，也不在空间中，也不在时间中，而是绝对只有一个形式的东西，或者无形式的东西，先于一切形式，先于运动，先于静止”[1]。在柏拉图《巴门尼德篇》之后，普洛丁在西方哲学史上第一次如此坚决地强调了万物之源的先验性。普洛丁的太一是存在的最高等级，但它又不是存在，而是高于任何存在。太一是一种范畴，但是它又高于任何范畴。这不是自我矛盾了吗？

这种自我矛盾来自普洛丁的阐述风格。黑格尔很熟悉普洛丁的原文著作，在《哲学史演讲录》中指出普洛丁阐述问题的一个特点是经常重复。确实，普洛丁的哲学不首先提出最基本的概念和范畴，然后再进行详尽论证和系统说明。他的一些最重要的概念在每一篇论文，甚至在某些著作的每一页中都得到反复说明，每次说明都会有些新内容。普洛丁哲学和美学的内在逻辑很严谨，可是阐述风格又很随意。他的概念是扩散的、开放的、游移的、飘忽的，这给阅读和理解带来了难度。连黑格尔也承认，“叙述普洛丁是很困难的，其困难绝不下于作一个有系统的发挥”[2]。如果孤立地阅读普洛丁的某篇著作，往往很难理解。必须把普洛丁的每篇论文放在他的整个语境中来阅读，才能读通。

太一是普洛丁哲学的辩证过程的起点，就像“物自体”是康德哲学的辩证过程的起点一样。不过，康德的“物自体”尽管不可知，然而仍然是一种现实和存在。而普洛丁的太一不是现实，不是存在，而是高于现实，高于存

[1] 普洛丁：《九章集》，北京大学哲学系外国哲学史教研室编译：《西方哲学原著选读》上卷，第 214 页。引文中的“理智”原译为“心智”。

[2] 黑格尔：《哲学史讲演录》第 3 卷，贺麟、王太庆译，商务印书馆 1959 年版，第 180—181 页。引文中的“普洛丁”原译为“柏罗丁”。

在。更重要的，太一不是可知，而是对立的统一，是不可知和可知的统一。它高于任何认识，又不是任何认识。它是万物的根源和目的。

普洛丁认为，世界万物从太一那里流溢出来。

> 流溢是无损于自身的生成，正如太阳放射出光芒无损于自身的光辉一样。希腊哲学从早期的“补偿原则”到后期的“流溢说”，经历了一个根本性的变化。按照前者，生成是一种缺失，有待生成物的归复作为补偿；按照后者，生成是完善的本性所在，是自满自足、产生外物而又不需外物的补偿。[1]

太一首先流溢出来的是第二本体——理智（即奴斯）。理智是绝对客观的因素——太一的产物，是存在的本体论状态，是宇宙潜能。它不是抽象的概念，而是一种客观现实的存在，是其他各种存在的基础。新柏拉图主义者在古希腊哲学家阿那克萨戈拉的学说和亚里士多德的《形而上学》第12卷的基础上发展了理智的概念。柏拉图的各种理式或理式世界就是普洛丁的理智，它是万物的原型。每个理式就是神，有多少个理式就有多少个神。每个神或每种理智都是相应的存在领域的原型。因此，每个理式，或每种理智，或每个神和整个理式世界、希腊诸神是造物主和原型。从方法论和体系的结构上看，普洛丁的神的世界和黑格尔的绝对精神相类似。所不同的是，普洛丁把自然力量神化，他的神自始至终是自然哲学的概括，而黑格尔把人的精神绝对化，得到极端概括的是人的精神。如果把太一也说成神的话，那么，它是众神之神，是自然最终的神化，太一高于一切。

从理智中流溢出第三本体——世界灵魂，它是万物运动的起源。灵魂产生于理智，就像热产生于火。在普洛丁看来，物体或生或灭，或动或静。一个物体要借助另一个物体才能运动，另一个物体要借助第三个物体才能运动，这样就产生一个问题：是否有一种物体，它的运动无需其他物体帮助，

[1] 赵敦华:《西方哲学通史》第1卷，第322页。

而它能推动其他物体运动。普洛丁认为这种自我运动的物体就是无形体的灵魂。人有灵魂，天地和动植物也有灵魂，各种灵魂就组成了世界灵魂。从灵魂中再流溢出物质世界，感性世界的末端是质料。人的任务就是从肉体生活上升到灵魂生活，从灵魂上升到理智，再从理智上升到与太一交融。这当然是一种神秘主义，不过，普洛丁强调了人摆脱粗俗的物质生活、追求自由的精神生活的重要性。另外，也应看到新柏拉图主义对逻辑演绎的重视。神秘主义和逻辑学在新柏拉图主义那里是并行不悖的。

普洛丁和柏拉图的联系和区别是，柏拉图所隐含的思想由普洛丁明确地表述出来。普洛丁的三个主要概念“太一”“理智”和“灵魂”在柏拉图那里都可以找到，但是，柏拉图对它们的论述很简单，它们是分散出现的，只有进行仔细的哲学研究才能使它们凸显出来。有的概念如“太一”在柏拉图的哲学中完全不占据中心地位。而这三个概念在普洛丁的著作中触目皆是，并且占有非常重要的地位。可以说，新柏拉图主义是对柏拉图主义的补充和发展。

新柏拉图主义不仅吸取了包括柏拉图在内的众多希腊罗马哲学家的思想成果，而且是罗马帝国封建化过程在意识形态上的反映[1]。新柏拉图主义产生于古罗马，颇类似于我国玄学产生于魏晋。两者在时间上几乎同时，在人民的苦难和社会的动乱方面，当时的罗马和魏晋也颇相像。新柏拉图主义形成的时期，正是有着上千年历史、地域广阔、在社会和文化领域颇多建树的奴隶社会土崩瓦解的时期。

> 帝国面貌依旧，但雄风已消，军纪松弛，边防削弱；而蛮族人口增殖迅速，有战士百万，并从罗马学到作战艺术，因之构成对帝国边境的威胁。[2]

罗马帝国为了维系自己的生存，连年征战。奴隶不堪赋役之苦，纷纷揭竿而

[1] A. F. 洛谢夫：《希腊罗马美学史》第6卷，莫斯科1980年版，第169—171页。

[2] 爱德华·吉本：《罗马帝国衰亡史》上册，黄宜思、黄雨石译，中译本序言，第10页。

起。近卫军常常哗变暴动，杀死旧君，另立新帝。饥饿、疾病、贫穷、抢劫、杀戮遍及全国。罗马北方不断被众多日耳曼部落攻城略地，东方又受到强大的波斯的挤压。人们丧失了物质基础和生活保障，对前途悲观失望。这是一个普遍笼罩着遁世情绪、人们试图摆脱一切世俗而在天国寻求永恒存在的时期。

当时，罗马政体实行君主专制的“多米努斯制”。这是一个矛盾的现象。一方面，罗马帝国仅靠奴隶劳动无法生存，于是通过半解放的劳动力提高生产水平。罗马晚期出现隶农制，隶农半自由地租赁一小块地，以货币或实物交租。以前奴隶主把奴隶当作活的牲口，现在他和隶农的关系是雇主和雇工的关系。隶农制的发展表明了罗马帝国向封建社会的过渡，这种过渡在古代首次唤起了个人的绝对价值感。另一方面，为了避免政治上的多中心，罗马帝国建立了等级森严的军事官僚制度，实行多米努斯制的绝对统治。这种独特的统治给当时的意识形态打下烙印，新柏拉图主义正是表现出多米努斯制特征的哲学。在希腊罗马，没有一个哲学学派像新柏拉图主义那样热衷于确立存在的各种等级。虽然在柏拉图那里，存在也分等级，然而只有几种，新柏拉图主义则确立了存在的几十种等级，其最高点是太一。太一高于一切，高于整个世界。产生这种概念的相应的社会条件是罗马帝国的封建化。当然，不是说新柏拉图主义关于存在的等级结构直接来源于等级森严的军事官僚制度，而是说这两种相似的现象具有共同的社会基础。

作为关于太一、理智和灵魂的学说，新柏拉图主义在研究美学时，把美学本体论化。

二、作为本体论的美学

在希腊罗马，美学和本体论很少有区别。普洛丁把美学本体论化，在他那里，美学不仅与本体论相接近，而且就是真正的本体论。

（一）美的等级

在普洛丁那里，存在是分等级的。相应地，美也是分等级的，物体美、物质世界的美处在最低的等级。普洛丁从分析感性知觉的美入手，力图通过肉眼可见的物体来理解美的本质。他在《论美》[1]中写道：

> 首先要研究的问题就在：呈现于各种物体的美是什么呢？是什么在吸住观众的眼睛，使他们观照中感到欣喜呢？如果我们能找出物体美是什么，我们也许就可以用它作为阶梯去观照其它事物的各种美。[2]

然而，普洛丁感兴趣的不是美的现象，而是各种现象中的美本身的问题，他不断追问：

> 是什么使得视觉在物体中见出美，听觉在声音中听出美呢？为什么一切直接联系到灵魂的东西都美呢？是否一切事物之所以美，因为都具有同一的美？还是在不同的物体和其它对象中，美也是不同的呢？这许多种美或是这一种美究竟是什么呢？[3]

为了寻找美本身，普洛丁首先把美的实质和物体的实质区分开来。同一物体，时而美，时而不美，物体的实质显然不同于美的实质。其次，普洛丁把美和比例对称区分开来。美在比例对称是斯多亚派哲学家给美下的著名定义，他们指出："美是物体各部分的适当比例，加上悦目的颜色。"这个定义在普洛丁时代和随后的中世纪都很流行。普洛丁批驳了这个定义。可见，普洛丁在讨论美时，是与现实情况紧密联系的。

普洛丁的批驳分四个层次。第一，如果美在比例对称，那么，只有复合的东西才美，因为它由各个部分组成，才谈得上比例对称。而且，复合的东西只有作为整体才美，各个部分分开来看就不美，因为分开时各个部分就

---

[1] 普洛丁《论美》的中译文有两种：朱光潜译文和缪灵珠译文。朱光潜对《论美》的大部分节译收录于参见北京大学哲学系美学教研室编的《西方美学家论美和美感》，全译载于《朱光潜全集》第6卷。缪灵珠的译文收录于《缪灵珠美学译文集》第1卷。本书援引《论美》时，一般采用朱光潜译文（原译中的"心灵""理性"分别改为"灵魂""理智"），个别地方采用缪灵珠译文。

[2] 《朱光潜全集》第6卷，第408页。

[3] 同上。

成为单纯的东西，单纯的东西没有比例对称，就不美。然而事实上，如果整体是美的，它的各个部分也应该美，因为美的东西不能由丑的部分来组成。这就说明，组成美的整体的各个单纯的东西也应该是美的。此外，单纯的东西也可以独立存在，如阳光、星光、黄金的固有色、单纯的音等，它们也是美的。普洛丁在西方美学史上第一次提出了“单纯的”物体的美的问题。第二，同一张面孔，尽管比例对称没有变化，然而它时而美，时而丑，可见，比例对称中的美和比例对称不是一回事。第三，比例对称的概念不适用于精神实践领域里的现象，如美的事业、法律、知识或学术。并且，丑也可以有契合对应，“节制就是愚蠢”和“公道是一种天真的慷慨”这两种坏见解之间也有对应和一致。第四，把比例对称运用到灵魂上就更加荒谬。这里的灵魂不是世界灵魂，而是人的灵魂。灵魂的德行是一种美。尽管灵魂包括许多部分，但是体积和数量在这里不起任何作用。普洛丁的结论是：物体美不是由物体本身，也不是由比例对称而产生的，它具有非物质的本质。物体要成为美的，必须分有（分享）理式。

在论述物质美后，普洛丁转向灵魂美，即由感性知觉的美转入灵魂知觉的美，这表明了他对美的等级态度。而这种等级态度产生于他的流溢说。普洛丁在《论美》中写道：

> 至于更高的美就不是感官所能感觉到的，而是要靠灵魂才能见出的。[1]

“至于更高的美”指比感性知觉的物体美更高的内在美，比如事业和学术的美、美德的光辉、正义和节制的美等，普洛丁认为它们远远高于自然现象的美。

灵魂美从哪里来？为了揭示灵魂美的本质，普洛丁运用反证法，首先揭示了灵魂丑的本质。丑产生于感性的放纵，对肉体欲望的追求，以及质料的

---

[1] 《朱光潜全集》第 6 卷，第 412 页。引文中的“灵魂”原译为“心灵”，下同，不另注明。

蛊惑摆布。灵魂丑的本质在于无节制（即喜欢沾染肉体的快乐），不纯正，满怀无限的欲望，怯懦，寻找肮脏的快乐等。

> 我们有理由说，灵魂的丑是从这种混杂，这种向肉体和物质转化的倾向得来的。灵魂的丑就是不真不纯，好比金子搀了土，把土除掉，才回到真金。[1]

只有摆脱低级的情欲和对肉体的服从，我们才有可能获得灵魂美。因此，灵魂美，以及这一序列的其他美要求净化一切肉体、一切暂存的东西。

只顾满足肉体欲望的灵魂只能是个人的灵魂。普洛丁说的灵魂有两种：一般（世界）灵魂和个别（个人）灵魂。太一生理智，理智生世界灵魂。世界灵魂绝不同肉体相联系。然而，世界灵魂又产生出无数或大或小的灵魂。与世界灵魂相比，这些灵魂要弱小得多，这种弱小表现为它们服从、讨好渺小的生命冲动，屈服于肉体。不过，个别灵魂也像世界灵魂一样不朽。实际上，个别灵魂并不具有欲望、苦恼、恐惧、妒忌等各种体验，所有这些体验为灵魂和肉体的混合物所特有。随着肉体的死亡，这种"混合"就自然瓦解了，但灵魂仍然不朽。

灵魂原本是美的，而灵魂的丑只是灵魂的偶然状况，这时灵魂堕入黑暗的、肮脏的质料中。普洛丁继承柏拉图的观点，描述了灵魂堕入地狱的情形，在地狱里灵魂变得衰弱、恍惚、睡意朦胧。灵魂和肉体混杂在一起，质料使灵魂衰弱，使灵魂的光和质料的黑暗相混淆。正因为如此，普洛丁指出：

> 这种灵魂就不能再是灵魂，因为它不断地被引诱到外在的低级的黑暗的东西方面去。既然变成污浊的，任各方面感性事物的蛊诱去摆布，甘心和肉体的许多因素混杂在一起，得到一大堆物质，取得一种

[1] 《朱光潜全集》第6卷，第414页。

不是灵魂所特有的形式，由于和较低级的东西混杂在一起，它就蜕化变质了。[1]

为使灵魂不落入肮脏的质料中，需要理式在灵魂中发挥作用。灵魂美是理式在灵魂中的表现。

灵魂美高于物体美，理智美又高于灵魂美。理智美也是理式在理智中的表现。灵魂由理智溢出，它的使命就是上升到理智。按照普洛丁的观点，人应该从物体（肉体）走向灵魂，但是不能停留在灵魂上，因为灵魂时而美，时而丑。灵魂需要上升到理智，理智永远是美的。得到净化的灵魂，上升到理智的灵魂之所以更美，因为它这时已经是纯洁独立、与肉体欲望和低级的黑暗无沾无碍的灵魂了。

《论美》论述了理智作为美本身的一般特点：

我们试猜想他（原译为“他们”，指观照美本身的人——引者注）会有什么样的感受，如果他见到完全真纯的美本身，不是和肉体搀和的美，而是为着保持真纯而既不顶天又不立地的美。一切其它形式的美都是从本身以外得来的，搀杂的，不是原本的；它们这些美都是从完全真纯的美本身来的。[2]

美本身“向来不须从外面吸取什么来充实自己”[3]。在普洛丁看来，只有理智才是真正意义上的美，物体美和灵魂美仅仅是对这种美的准备。太一超越一切，因此不是本义上的美。理智本身“是一和多的统一”，而“灵魂既是一，又是多”，当灵魂与理智相通时，“它复归于原初的统一，因而是一；当它被分割在个别事物之中时，作为推动事物变化的内部动力，它是多”[4]。

[1] 《朱光潜全集》第 6 卷，第 414 页。

[2] 同上书，第 416 页。

[3] 同上。

[4] 赵敦华：《西方哲学通史》第 1 卷，第 323 页。

普洛丁常常把太一称作“善”，理智的美来源于善。他写道：

> 首先应该肯定的是：美也就是善；从这善里理智直接得到它的美。灵魂由理智而美，其它各种事物——例如行动与事业，之所以美，都是由于灵魂在那些事物上印上它自己的形式。使物体能称为美也是灵魂。[1]

虽然普洛丁说“美也就是善”，但实际上美和善在他那里是有区别的。善不是美，而是美的原则和极限。善不需要美，而美需要善，善高于美。普洛丁的善不是现代人所理解的善，与道德没有任何关系。道德是建立在明确和严格的责任或良知基础上的行为规范，而普洛丁的善谈不上任何责任或良知。物的善仅仅是物存在的形式。善高于美，是美的“原则”“极限”“尺度”和“父亲”。善作为绝对客观的存在，与道德无关。

普洛丁还把善或太一说成“父亲”。他写道：

> 我们的故乡是我们所自来的处所，我们的父亲就住在那里。[2]

普洛丁在广义上理解“父亲”：太一是理智的父亲，同时，理智是灵魂的父亲。用希腊神话来比拟的话，天神乌拉诺斯是太一，他的儿子克罗诺斯是理智，克罗诺斯的儿子宙斯是灵魂，宙斯创造了世界。普洛丁在《论理智美》中写道：

> 于是，神（克罗诺斯）不得不恢复常态，他便把统治宇宙万有之权授给儿子（宙斯），因为他集众美于一身，不愿放弃彼岸的治权，所以另找一个比他年轻的后辈青年来代劳，他放下了这责任，便尊自己的父

[1] 《朱光潜全集》第 6 卷，第 415 页。引文中的“理智”原译为“理性”。

[2] 同上书，第 418 页。引文中的“克罗诺斯”原译为“克洛诺斯”。

亲（乌拉诺斯）于上位，然后他升到上方。[1]

克罗诺斯是宙斯的父亲，宙斯也被普洛丁说成“世界之父”。有时候普洛丁又把灵魂说成理智世界的纯洁少女，在那里对父亲俯首帖耳，然而在尘世却成为轻佻女子，常常忘记自己的“父神”，就像子女忘记自己的双亲一样。总之，相对于较低的存在而言，较高的存在被普洛丁称作“父亲”。灵魂是物体的父亲，理智是灵魂的父亲，善或太一是理智以及取决于理智的宇宙万物的父亲。

关于美的等级，普洛丁的结论是：物体由灵魂而美，灵魂由理智而美，理智由善或太一而美。他描绘了美的等级结构，这种结构由三个等级组成。第一和最高的等级是理智美。理智美的根源是太一或善，其主要载体为理智和世界灵魂。第二等级是自然的理式美，人的灵魂美，以及德行、学术、艺术（作为一门精神学科）的美。处在最低等级上的是感性知觉的美，包括物质世界的现实美和具体的艺术作品的美。整个中世纪美学深受普洛丁关于美的等级划分的影响，并对此重新作了思考。

（二）内在理式

在普洛丁看来，物体美、灵魂美和理智美分别是理式在物体、灵魂和理智中的表现。他对理式的理解和柏拉图没有本质区别，他写道：

> 理式是由理智的实质产生的，一切事物之所以美，都由于理式……美是理式所在的地方，善在美后面，是美的本原。[2]

要理解理式的作用，首先必须弄清普洛丁的“质料”概念。在普洛丁那里，质料（hylē，有人译为“物质”）是一个非常复杂的问题。不能把他的质料理解成某种实体，因为他的质料仅仅是存在的可能，而不是存在本身，在存在的含义上它仅仅是非真实。

---

[1] 章安祺编订：《缪灵珠美学译文集》第 1 卷，第 259 页。

[2] 《朱光潜全集》第 6 卷，第 419 页。

质料没有任何规定性，包括形状的规定性，在此意义上，质料是“无定”。即使人们不能说出质料是什么，质料不是“虚无”，而是“非存在”。非存在并非一无所有，而是一团漆黑的混沌。排除了事物所有性质之后，事物不成其为事物，剩下的只有质料。[1]

普洛丁的质料确实不是真实，但是他辩证地理解这种非真实，不把它看作抽象的、静止的逻辑范畴。质料本身没有意义，它只有在同理式的联系中才有意义。

物体美和灵魂美分有了理式。

因为凡是无形式而注定要取得一种形式和理式的东西，在还没有取得一种理性和形式时，对于神圣的理性就还是丑的，异己的。这就是绝对丑。此外，凡是质料还没有完全由理式赋予形式，因而还没有由一种形式或理性统辖着的东西也是丑的。[2]

普洛丁在这里感兴趣的不是美的形式特征，而是美的本质原因，他把这种本质原因看作在质料中表现出来的理式。美（不仅是肉眼可见的物体美）的主要特征是理式在各种等级的存在中得到表现的程度。理式有什么作用呢？它的作用有二：一是把一件东西的各部分加以组织安排，使之成为一个凝聚的整体，使各部分和整体都美。二是理式来到一个单纯的或各部分同质的东西上，就使那东西在整体上显得美。这样，整体就不是单调的整体，而是有表现力的整体。

普洛丁还把理式作为审美判断的标准，就像用尺衡量直线一样。我们怎样判定物体，比如一座房子是否美，要看理式对质料降服的程度。如果房子的理式使杂多的砖石材料成为不可分割的整体，那么，这座房子就是美的。由此推论，如果理式没有充分地、仅仅局部地发挥作用，或者砖石材料产生

[1] 赵敦华:《西方哲学通史》第 1 卷，第 323—324 页。

[2] 《朱光潜全集》第 6 卷，第 410 页。引文中的“质料”原译为“物质”。

了与房子的理式相矛盾的性质，那么，房子就是丑的。这样，丑是理式和质料的相互关系不协调的结果。普洛丁的著作容易使人产生误解，仿佛他仅仅主张理式是美的，质料是丑的。实际上他也认为，理式就它自身来看的话，既不是美和善，也不是丑和恶。床要成为美的或丑的，只有成为木床或铁床，也就是成为物质的床才有可能。同样，质料与善和恶、美和丑也没有直接关系。质料可能成为丑和恶的根源，也可能成为美和善的根源。对于普洛丁来说，“质料中的理式和理式本身完全不是一回事”[1]。所谓“美”，是理式在质料中合乎尺度的体现，这时候理式和质料都不占优势，处于某种平衡状态。抽象的理式和质料结合成一种物体，如果这种结合合乎尺度，物体就是美的；如果不合乎尺度，物体就是丑的。普洛丁在这里把希腊的尺度原则提到首位。

当我们在物体中见出理式时，我们的审美判断就把分散的杂多部分抓住，加以组织，使它们见出协调。普洛丁在柏拉图学说的基础上，对美作了更概括的辨析。他关于美的定义既适用于复合的审美客体，又适用于单纯的审美客体；既适用于物质世界的对象，又适用于物质实践活动和精神活动中的各种现象。

为了说明理式的本质，普洛丁在《论美》第 3 节中着重谈到火的问题：

> 因此在一切物体中，只有火是由它本身而美的。在其它几种元素之中火所占的位置就是理式的位置，在地位上最高，在重量上最轻，因为火已接近非物体的东西了，火是单一的，只有火才不把其它元素吸收到己体里，而其它元素却把火吸收到己体里，因为其它元素可以生热，而火却不变冷……火发光照亮事物，因为它是一种理式，比火低下的东西没有用光克服黑暗，就不能美，因为它们还没有分享到颜色的理式全体。[2]

[1] 普洛丁：《九章集》第 1 集第 8 篇第 8 节。

[2] 《朱光潜全集》第 6 卷，第 411—412 页。引文中的“元素”原译为“原素”。

普洛丁把火的极限称作理式。理式是地火的极限，也就是说，它在本质上像火一样。但这种火是光，光不燃烧，但爱抚一切。理式的这种光是无形体的，但也是物体。普洛丁醉心于光与柏拉图把善比作太阳有关[1]。普洛丁和希腊人一样，认为在地上的物体中火的地位最高，重量最轻，在这个意义上火与地、水、风相对立。普洛丁还认为，天上也有火，没有这种火就没有宇宙。天上的火是日光和星光，天体的火是永恒的、不变的。地上的火有生有灭，只有火的理式是恒定的。普洛丁认为火最美，因为火是明亮的，"原初的恶是黑暗，派生的恶是发暗的东西"[2]。火是无形体的光和质料（燃烧）的结合，这种无形体的光就是理式。火和理式相类似，它能发光，照亮和克服质料的黑暗。凡是理式克服质料的地方就有美。例如，在美的音调中，理式作为数的和谐而出现，如果取消了理式，那么，感性美只是幻想和阴影。普洛丁关于火、光和明亮为美的观点，对中世纪美学产生了直接的影响。

和柏拉图一样，普洛丁认为美在理式。理式的术语在普洛丁的著作中经常出现，然而他从来没有对这个术语作过明确的解释。根据对他的著作的揣摩，物的理式应是物的一般概括，但是，不能把这种一般性理解为抽象的类概念，而要具体地理解它。理式不仅是一般性，而且是一般性和个别性的同一，柏拉图和普洛丁把美的本原——理式放在彼岸世界，这当然是一种唯心主义。这种理论在西方美学史上是否有某种价值呢？柏拉图在美学史上第一次区分出美的事物和美本身（事物借助美本身而成为美的），使美学成为一门具有一定独立性的学科。普洛丁则把美的事物和美本身的区分推至极端，美学在他那里成为一种本体论。美不仅是实体的属性，而且是存在的本质。一个实体越美，它就越接近于真正的和永恒的存在。另外，普洛丁对美的理解在希腊罗马美学中也具有特色。正如塔塔科维兹所指出的那样：

[1] 鲍桑葵：《美学史》，张今译，第 157 页。

[2] 普洛丁：《九章集》第 1 集第 8 篇第 8 节。

> 希腊通行的美的概念既包括感性美又包括理性美。柏拉图只对理性美有兴趣，而希腊化时期的美学家只注重感性美。普洛丁和两者都不同，他在美中看到了感性世界的属性，而这个感性世界却呈现了理性世界的内容。形体是美的，但其所以美是由于精神。换言之，感性世界是美的，但它的美来自美的理想范本。[1]

除了理式的术语以外，普洛丁在《论美》和《论理智美》中还大量使用了“内在理式”(to endon eidos)的术语(有人译为“内在形式”或“内部形式”，如塔塔科维兹《古代美学》的中译本，中国社会科学出版社 1990 年版第 412 页)。甚至可以说，内在理式是普洛丁这两篇美学专论的中心概念。什么是内在理式？它和理式有什么区别？对于这些问题，普洛丁同样没有作出具体说明。普洛丁把存在分成各个等级，体现在各种存在中的理式也有等级。物是最低的存在，物的理式也是非常原始的，它要以更普遍、更深刻的理式为前提，于是就产生了物体的内在理式。按照我们的理解，所谓物体的内在理式有两种含义：一是它使物体形成一个整体，这是一般理式也能做到的；二是它要求物体分有更高一级的理式，这是一般理式做不到的。灵魂的内在理式也有同样的作用：第一，把分散的灵魂变成统一的整体；第二，这种整体应该分享新的整体和新的理式。内在理式使一种存在向高一级的存在归附。普洛丁的物体美、灵魂美和理智美不仅是理式，更确切地说是内在理式分别在物体、灵魂和理智中的表现。每一种较低的存在在自身内部连成整体，然后从较高的存在那里获得新的整一。内在理式，也就是我们称作美的东西，使物体、灵魂和理智不可分割地统一在一起。如果剔除普洛丁内在理式中的唯心主义成分，那么，这种理论最有价值的地方在于，把美说成存在和存在得以表现的依托或对立面的统一，也就是理想和现实的统一。普洛丁力图通过对立面的相互关系来确定美。

在普洛丁那里，美学和本体论的等同还体现在他在《论美》等著述中所

---

[1] 沃拉德斯拉维·塔塔科维兹:《古代美学》，杨力、耿幼壮、龚见明、高潮译，第 412—413 页。引文中的“普洛丁”原译为“普罗提诺”。

使用的一些概念的特定含义上。例如，《论美》第5节主要阐述灵魂美是对超感性事物的爱。此节第一句话是：

> 所以我们须进一步研究这类非感性的事物所引起的爱。[1]

“爱”的概念在普洛丁美学以至整个希腊美学中具重要意义，它不是一种感情，而是一种宇宙潜能，对其辨析是一种本体论过程。普洛丁认为，存在为了确定自身，需要有体现自身的依托或对立面，并过渡到对立面，和对立面同一。这就是爱。比如，理式作为一种存在需要质料，阳性需要阴性。存在和对立面、阳性和阴性的结合一方面产生了美，另一方面产生了新的存在。这种辩证法作用于存在的各个阶段。于是，一个灵魂爱另一个灵魂，灵魂和理智相契合，理智又和太一相契合，从而表现出爱和美的辩证联系：只有被爱的才能够是美的，只有美的才能够被爱。

上文中曾经提到，普洛丁在《论美》中使用过父亲的概念。在普洛丁那里，与父亲相对应的概念是母亲，但父亲的概念要远远高于母亲。柏拉图曾把质料说成理式的“接受器”和“乳母”。这种话在普洛丁的著作中也可以找到[2]。柏拉图在《蒂迈欧篇》中把理智比作父亲，把质料比作母亲，万物是它们的产品、它们的子女。这样的论述也见诸普洛丁的著作[3]。不过，普洛丁把质料看作母亲时，比柏拉图要谨慎得多，他有一个前提条件，那就是必须有理式存在。因为孤立自在的质料什么也不是，质料不可能没有理式。普洛丁著作中的父亲和母亲是一种宇宙概念。

普洛丁的《论美》和《论理智美》内容相同，两者研究的对象都是内在理式。它们的区别在于从不同的层面讨论同一个问题。《论美》论述内在理式，在普洛丁看来，理式也是一种存在，所以，他不得不论及存在。《论理智美》主要论述存在，但是，在普洛丁那里，存在是一种有特殊含义的存

[1] 《朱光潜全集》第6卷，第413页。

[2] 普洛丁：《九章集》第2集第4篇第1节、第3集第6篇第13节。

[3] 普洛丁：《九章集》第6集第9篇第5节。

在，所以，他不得不论及内在理式。可以说，《论美》是本体论美学，而《论理智美》是美学本体论[1]。普洛丁发展了柏拉图《蒂迈欧篇》中的“质料”概念，把它运用于本体论的各个阶段。“质料”指“非真实”，也就是“真实”（理式）在其中得到表现的依托或异在。既然美是各种等级的理式在各种异在中的表现，那么，普洛丁的本体论就是美学。换言之，美学在普洛丁那里成为本体论不可或缺的和最发达的领域，从而获得独立的意义。虽然在古希腊罗马时期还没有“美学”的术语，不过，把美学理解成为一门独立学科的思想在古希腊罗马逐渐成熟，而且在普洛丁那里得到最明确的表现。

三、审美知觉理论

普洛丁的美学“就形而上学基础和美的经验分析两方面而言，都是崭新的”[2]。前面我们考察了普洛丁美学的形而上学基础，下面我们分析他的审美知觉理论。普洛丁的审美知觉理论主要有两方面的内容：一是认识美的历程，按照他所描绘的梯级逐步上升；二是观照美本身的方法——“抑肉伸灵，收心内视”。

（一）审美上升历程

普洛丁的审美上升历程和他的美的等级划分密切相关。美的等级结构按照流溢说自上而下地形成，而审美历程则自下而上，由低级美逐步走向高级美，最后返回太一。审美上升历程有两个阶段：爱美和爱善。爱美就是从物体逐渐上升到美本体，即理智，其手段是灵魂的净化。爱善是灵魂与太一融为一体，达到迷狂，其手段是对太一或美的观照。

普洛丁的审美上升的主体是灵魂。他写道：

> 美是由一种专为审美而设的灵魂的功能去领会的。[3]

[1] A. F. 洛谢夫：《希腊罗马美学史》第 6 卷，第 452 页。

[2] 沃拉德斯拉维・塔塔科维兹：《古代美学》，杨力、耿幼壮、龚见明、高潮译，第 410 页。

[3] 《朱光潜全集》第 6 卷，第 410 页。

感官能够感觉物体美，但是不能感觉更高的美，更高的美要靠灵魂才能见出。

> 灵魂判定它们美，并不凭感官。要观照这种美，我们就得向更高处上升，把感觉留在下界。[1]

《九章集》第 4 集第 7 篇《论灵魂不朽》的基本思想是，只有当相应的一般性存在时，个别才可能存在。当我们称呼“张三”时，只有我们把张三看作人，这种称呼才有意义。如果不考虑这种一般性，也就是说不把张三看作人，那么，这种称呼就是词语无意义的堆积。肉体也是这样，单独看待时它是无意义的，分散为彼此没有关系的许多局部，要使肉体成为有组织的，必须有一个组织原则，那就是肉体的灵魂。这正是柏拉图《斐多篇》的基本思想。灵魂与肉体的关系，犹如理式与质料的关系。灵魂是不朽的生命，肉体死亡以后，灵魂飞升到纯真灵魂的世界。

《论美》论述了审美上升历程。首先由物体上升到灵魂，途径是拒斥感性知觉的美，“把肉眼的观照抛在后面，不再回头去看他过去所欣赏的肉体的光彩。如果看见肉体的美，就不应该跟踪追逐，应该知道，这些肉体美只是幻象和踪影，要追寻的是这些幻象和踪影所反映的美本身”[2]。如果追寻这些幻象和踪影，就会沉入对于理智而言是阴暗的深渊，“像一个瞎子落在阴魂界”。最好的忠告是“逃回到我们的亲爱故乡”，即进入更高的精神美的梯级。普洛丁认为，荷马史诗《奥德赛》中的俄底修斯以含混的语言暗示过这点，他逃离了女巫喀耳刻（Circe）和女神卡吕普索（Calypso），尽管她们那里有的是悦目的东西和形形色色的满足感官的美。

物体上升到灵魂，这种灵魂仅仅是和肉体结合的灵魂，还需要进一步上升到纯真的灵魂。纯真的灵魂不会有罪过，有罪过的只是和肉体结合的灵魂。然而，罪过在肉体，而不在灵魂。《九章集》第 1 集第 1 篇《论活物和

---

[1] 《朱光潜全集》第 6 卷，第 412 页。

[2] 同上书，第 417 页。

人》指出，灵魂真正的生活不是肉体的生活，而是理智的生活。和肉体结合的灵魂要上升到纯真的灵魂，必须经过灵魂的净化。《论美》第 6 节一开头说：

> 按着一句古话说，节制、勇敢，一切德行和智慧都在于净化。[1]

节制就是不沾染肉体的快乐；勇敢就是不怕死，也就是不怕灵魂与肉体分离；一切德行（比如伟大）均是对尘世事物的鄙视；智慧就是避开尘世引导灵魂向上的念头。这一切都是灵魂净化。

> 灵魂一旦经过了净化，就变成一种理式或一种理性，就变成无形体的，纯然理智的，完全隶属于神，神才是美的来源，凡是和美同类的事物也都是从神那里来的。[2]

经过净化的灵魂是纯洁独立的灵魂，它要上升到理智，即返回故园（故乡）。

至此审美上升历程还没有结束。《九章集》第 1 集第 3 篇《辩证法》对审美上升之路作了具体的说明。普洛丁的辩证法不是论辩的规则，而首先是灵魂由尘世走向太一的上升之路。他说：

> 哲学最为宝贵，辩证法是哲学最宝贵的部分。辩证法不只是规则和理论，它提供真实，认识真理，首先知道灵魂的活动。[3]

《辩证法》描述了灵魂到达“旅程的终点”即太一或善的历程。“旅程的终点”的说法直接取自柏拉图的《理想国》（532e）。普洛丁继承柏拉图《斐德若篇》（248d）的观点，认为只有哲学家、爱乐者（“乐”指“音乐”，爱乐者

---

[1] 《朱光潜全集》第 6 卷，第 414 页。

[2] 同上书，第 415 页。

[3] 普洛丁:《九章集》第 1 集第 3 篇第 5 节。

泛指艺术爱好者，朱光潜译为“诗神”[1]）和爱美者（有人译为“爱神的顶礼者”[2]）能够走上审美上升之路。踏上这条道路，还要走很久才能到达旅程的终点。哲学家走上这条道路是出于本性，而爱乐者和爱美者需要外在的引导[3]。

什么人是爱乐者呢？

> 必须提出这样的论点，爱乐者反应敏捷，热衷于美。实际上，他不能脱离美。他准备由美的形象性沉溺于美。就像神经质的人对噪音作出反应一样，他准备对声音和声音中的美作出反应。他总是回避歌曲和节奏中不和谐、不统一的东西，追求节奏和匀称。正是需要借助这些感性的声音、节奏和形体引导他。需要引导和教育他，使他把质料同由比例和原理导向美的东西区分开来，使他所接触的东西是理智的和谐，其中的美是一般美，而不仅仅是某种个别美。因此，必须向他灌输哲学原理，并引导他坚信他所轻视的东西。[4]

至于爱美者，需要向他解释清楚，他所观察的形体美完全不是存在于艺术、科学和德行中的美。无论爱乐者还是爱美者，他们都应该从美的现象上升到美本身，即理智。

哲学家在本性上就喜爱善和美，不需要外在的引导，只要向他指出美的道路的存在就够了，他能够借助数理学科和辩证法沿着这条道路走下去[5]。普洛丁引用了柏拉图的说法，柏拉图在《斐德若篇》中指出，完善的灵魂羽毛丰满，飞行上界（246c）。普洛丁辩证法的最后一个阶段是哲学观照。可是普洛丁的哲学也就是审美活动，因为哲学家本性上爱美，不满足于形体美，而追求灵魂美，并且上升到灵魂美的根源。

[1] 柏拉图：《文艺对话集》，朱光潜译，第 123 页。

[2] 范明生：《西方美学通史》第 1 卷，第 953 页。

[3] 普洛丁：《九章集》第 1 集第 3 篇第 1 节。

[4] 同上。

[5] 普洛丁：《九章集》第 1 集第 3 篇第 3 节。

理智已经是美本身，上升到理智后，为什么还必须踏上更高的上升之路呢？要回答这个问题，有必要弄清楚普洛丁研究者常常忽视的一点，即理智中有质料。理智是诸神，诸神的形体由质料组成。不过，理智是独立存在的，它不需要从外部吸收什么东西，它的质料就存在于它自身。这和灵魂不同，灵魂要从外部吸收质料，然后克服质料。理智中的理式和质料既有同一性，又有差异性。要克服这种两重性，就要从理智过渡到太一。太一没有任何两重性，它对于美来说，不仅是美本身，而且是美的最高原则。[1]

尽管善或太一高于美，普洛丁有时也把善或太一称作美。理智观照善时，就是在观照美[2]。在这种意义上，理智在美的领域里是一切美的原则，但还不是最终的美。理智确定一切存在的完善，但还不是最终的完善。美在自己的含义上低于善。但是，如果善是美的原则，那么，这只会提高美的地位，使它变成绝对的现实，而不是有条件的、相对的表现。普洛丁关于善或太一的学说使他的美学成为绝对的客观主义。一切东西首先要存在，然后才可能是美的。审美上升历程是由多到一、由美的现象到美本身、由感性认识到理式认识的过程，求美的过程也是求真的过程。

灵魂在审美上升的历程中，面对美而感到巨大的喜悦。美的等级越高，它所引起的审美体验越强烈。普洛丁浓墨重彩地描绘了这种审美心理感受。灵魂知觉美的物体时，和它相契，欢迎它。而接触到丑的物体时，灵魂就退缩畏避，拒绝它，把它看作异己的。在存在的等级上，灵魂与理式世界、理智相接近，“所以它一旦看到某些东西和自己同类或是有亲属关系的痕迹，就欣喜若狂地欢迎它们，因而回想到自己和属于自己的一切”[3]。普洛丁的这种观点来自柏拉图的《斐德若篇》。朱光潜对柏拉图关于不朽的灵魂从生前带来的回忆做过分析：灵魂依附肉体是暂时的，它脱离肉体之后（即肉体死后），“到了它再度依附肉体，投到人世生活时，人世事物就使它依稀隐约地回忆到它未投生人世以前在最高境界所见到的景象，这就是从摹本回忆到

[1] 普洛丁：《九章集》第6集第7篇第33节。

[2] 普洛丁：《九章集》第5集第5篇第8节。

[3] 《朱光潜全集》第6卷，第410页。

它所根据的蓝本（理式）。由摹本回忆到蓝本时，它不但隐约见到‘理式’世界的美的景象，而且还隐约追忆到生前观照那美的景象时所引起的高度喜悦，对这‘理式’的影子（例如美人或美的艺术作品）欣喜若狂，油然起眷恋爱慕的情绪”[1]。

与物体美相比，内在美是更为强烈的喜悦和惊惧、渴念和心醉神迷的对象。灵魂在向美本身，即理智上升时，在净化中体验到强烈的爱慕和惊喜。普洛丁写道：

> 把一切与神对立的东西都抛弃掉了，灵魂就纯然独立，一个人面对一个人似的面对着神，神就是一切所依存，一切所向往，一切凭他而能存在，生活和思维的……
>
> 如果一个人观照到这种神，在愿望使自己和神契合为一体之中，他会感受到什么样强烈的爱慕和希冀，会怎样地惊喜交集！凡是还没有观照到神的人，可以象向往善一样去向往他，但是凡是已经观照到神的人，就会为着他的美而热爱他，充满着狂热和狂喜，以一种真正的爱和热烈的希冀去爱他，就会耻笑一切其它形式的爱，鄙视过去那些僭称美的事物。[2]

神的美体现在哪里呢？普洛丁在《论理智美》中对这一问题作了明确回答：

> 一切神都是庄严的，美丽的，神的美不可言状。但是神之所以庄严美丽是由于甚么呢？显然是由于理智，毋宁说，是由于神这种充沛于内而显露于外的理智。神之所以为神，不是因为神有美丽的肉体（神虽

[1] 朱光潜：《西方美学史》上卷，第 58 页。

[2] 《朱光潜全集》第 6 卷，第 416 页。

有肉体，但并不因此就有神性），而是因为神有理智。[1]

这里的神指希腊诸神，这些神也就是理智。《论理智美》第 4 节明确指出：

因为神的本质是理智，神自身就是理智。[2]

灵魂追求更高的美和更高的存在，即追求理智，就像恋人奔赴期待已久的约会，站在理智的门外，在入口处激动地颤抖。

观照和欣赏最高的本原的美，能够产生无比幸福。

谁能达到这种观照谁就享幸福，谁达不到这种观照谁就是真正不幸的人。因为真正不幸的人不是没有见过美的颜色或物体，或是没有掌握过国家权势的人，而是没有见过唯一的美本身的人。[3]

这些论述充分表明，普洛丁十分重视审美知觉中情感因素的作用，他把情感看作美感的要素之一。

（二）"抑肉伸灵，收心内视"

"抑肉伸灵，收心内视"指观照美本身必须"闭起肉眼，抛开用肉眼去看的办法"，而唤醒"人人都有而人人都不会用的那种收心内视的功能"[4]（缪灵珠译为"内心视觉"）。借助内在视觉可以观照更高的美。

在普洛丁看来，要回到故乡，即上升到理智世界，"依靠我们的这一双腿是办不到的，因为双腿只能把我们从这一块地上运到另一块地上去；车船也无济于事"[5]，唯一的办法是靠"内在视觉"（朱光潜译为"内在的眼睛"）。

---

[1] 章安祺编订：《缪灵珠美学译文集》第 1 卷，第 249 页。引文中的"理性"改译为"理智"，下同，不另注。

[2] 同上书，第 250 页。

[3] 《朱光潜全集》第 6 卷，第 417 页。

[4] 同上书，第 418 页。

[5] 同上。

《论美》第 9 节对内在视觉作了进一步阐释。内在视觉“初醒觉的时候，它还不能看光辉灿烂的东西”[1]。“光辉灿烂的东西”指最高的美，因此，“首先应该是使灵魂自己学会看美的事业，接着看美的行为”，这些事业和行为是“品德好的人所做出的”，然后“就看做出美的行为的人们的灵魂”。[2] 不过，“怎样才能看到好人的灵魂美呢?”普洛丁的回答是：“把眼睛折回到你本身去看。”[3] 把眼睛折回自身内部、观照自己深层的内心世界，这是晚期柏拉图主义和早期基督教的一个重要原则，通过教父哲学和中世纪宗教哲学而流行开来。它对美学思想的发展产生了重要影响，使得人们对人的心理的深层运动、对审美知觉和审美判断的过程等予以特别的关注。

显然，在观照自己的内心深处时，并不总能在那里找到美，因为人常常有不足、缺陷和丑。因此，普洛丁强调，一个人如果在自身找不到美，那么，就应该像制作美的雕像的雕刻家那样创造美，从而达到内心的自我完善：

> 凿去石头中不需要的部分，再加以切磋琢磨，把曲的雕直，把粗的磨光，不到把你自己的雕像雕得放射出德行的光辉，不到你看到智慧的化身巍然安坐在神座上，你就决不罢休。[4]

达到这种境界，主体就能产生“一种其大无穷，其形难状，不增不减的光辉”，具有能够知觉最高美的视觉。普洛丁认为，只有知觉者同被知觉客体相近似，知觉行为才有可能发生。

> 因为眼睛如果要能观照对象，就得设法使自己和那对象相近似，眼睛如果还没有变得象太阳，它就看不见太阳；灵魂也是如此，本身如

[1] 《朱光潜全集》第 6 卷，第 418 页。

[2] 同上。

[3] 同上。

[4] 同上。

果不美也就看不见美。所以一切人都须先变成神圣的和美的，才能观照神和美。[1]

也就是说，为了使自己的内心世界能够知觉客体，必须培育内心世界。在这里，普洛丁进入细致的心理观察。他表明，对美的知觉是主体的心理能动性得到充分发挥的过程。这时候主体充满了对客体的爱，同客体的美相契合，仿佛同它发生内在交融，在自身内部观照它。正如《论理智美》第10节所指出的那样：

凡是以慧眼观物的人都能见到自己心中有物在。[2]

有的研究者对此作出解释："只有清除观看者和被观看对象之间的隔阂，才能达到最高、最强烈的神圣之爱。这种爱就是迷狂，引起迷狂的观照是神人合一状态中神的自观。"[3]

在各种感官中，普洛丁最推崇视觉，尤其是视觉以光作为自己的对象时。所以，他屡次谈到眼睛对太阳的知觉问题：眼睛如果没有变得像太阳，它就看不见太阳。对普洛丁来说，眼睛应当具有被观照对象的本质。他敏锐地感觉到，在知觉美的过程中，人的内心深处产生了客体的某种心理类似物，产生了近似于、几乎等同于客体的某种形象，这种类似物和形象激起人的精神愉悦。视觉与被知觉客体的相似原理如果转移到造型艺术领域，那么，就要求所描绘的形象和被描绘的对象之间具有直接的相似性。事实上，从普洛丁时代开始，人们在艺术中确立了对某些细节，比如眼睛的特别清晰的、浮雕式的描绘手法。

普洛丁在《论美》中所说的"内在视觉"或"内在眼睛"指理智视觉。他专门写过论视觉的论文（《九章集》第6集第5篇）。在《九章集》第5

[1] 《朱光潜全集》第6卷，第419页。

[2] 章安祺编订：《缪灵珠美学译文集》第1卷，第257页。

[3] 赵敦华：《西方哲学通史》第1卷，第332页。

集第 1、3、9 篇中他把视觉分为三种：肉体视觉（visio corporalis），我们用肉眼观看普通的客体；精神视觉（visio spiritualis），我们从自身内部观看客体的形象，根据经验或者表象知觉这种客体；理智视觉（visio intellectualis），我们在自己的理智中观照抽象的、没有视觉形象的表象。最高的视觉当然是理智视觉，最低的是肉体视觉。没有精神视觉就不可能有肉体视觉，没有理智视觉就不可能有精神视觉，这三种视觉同时也是对客体知觉的三个阶段。普洛丁的信徒、中世纪美学家奥古斯丁在《关于创世的通信》第 12 卷中用一个例子解释这三种视觉：当你读到“你要像爱你自己那样爱你的邻人”时，你是用肉眼（肉体视觉）看见了这句话（字词），用精神视觉，即想象视觉看见了你的邻人，而用理智视觉看见了爱。普洛丁关于内在视觉的观点，肯定了美感比单纯感觉更为复杂的事实，丰富了审美知觉理论。

四、艺术是理智美的闪光

普洛丁没有专门的艺术理论著作，他的艺术理论散见在很多论文中。迄今为止，对普洛丁艺术理论的研究还很不充分。除了西方美学史著作涉及普洛丁的艺术理论以外，研究他的艺术理论的专著有德·凯泽（De Keyser）的《普洛丁〈九章集〉中艺术概念的意义》（比利时鲁汶 1955 年版）。为了分析普洛丁的艺术理论，有必要简略地描述一下普洛丁时代的艺术现实。凯泽在自己的专著中也正是这样做的。

在普洛丁时代，希腊文明的辉煌已经一去不复返，亚历山大城凋敝颓败，罗马日趋没落，艺术江河日下，音乐从学校课程中消失了，抒情诗死亡了，希腊时代鼎盛的悲剧离开了舞台，代之以华丽的舞蹈演出，伴有喧闹的乐队和解释情节的合唱。过去雅典人对职业演员抱有某种轻视，此时则对有荣誉和声望的演员顶礼膜拜。亚历山大城的音乐趣味和绘画风格都不同于罗马，那里还存在古埃及艺术传统的影响。按照凯泽的见解，普洛丁应该接触到艺术形式和艺术风格的多样性。3 世纪罗马帝国的社会生活条件培植了对民族多元化和艺术多元化的容忍，正是在垂死的文明中出现了新世界的萌芽。[1] 在阐述普洛丁的艺术理论时，我们主要说明他对艺术美的本质和根源的理解，顺便指出他关于艺术功能的观点。

普洛丁的艺术理论和他的全部哲学、美学一样，以两条原则为基础：一是理智世界和感性世界相互对立；二是从感性世界上升到理智世界。[2] 普洛丁把艺术和艺术作品相区分，把艺术看作一门纯精神的学科，称音乐为音乐科学。艺术家掌握了这门学科，力图在它的基础上创作艺术的物质作品。艺术作品是某种理式的体现。在艺术领域，理式也是分等级的。最高的是艺术中的纯粹理式，次之是艺术家心中的理式，再次之是艺术作品中的理式。艺术家以自己的活动赋予理式即先验形式以质料，然而，粗俗的质料不允许艺术家彻底体现艺术的理式美，艺术作品只能在某种程度上反映这种美。

朱光潜在节译《论理智美》第 1 节时，给它起了一个很恰当的小标题："论艺术美的本质和根源"。

> 假定有两种东西，例如两块石头并列在一起，其中一块还不成形，还未经艺术点染，另一块却已经由艺术降伏过，变成神与人的雕像，——如果是神，也许是某一位美神或诗人；如果是人就不是某某个别的人，而是各种人的美的综合体。这块已由艺术按着一种理式的美而赋予形式的石头之所以美，并不因为它是一块石头（否则那块未经点染的顽石也就应该一样美），而是由于艺术所赋予它的那种理式。这种理式原来并不是在石头材料里，而是在被贯注到顽石里之前，就已在构思的心灵里。理式先存在于艺术家心里，并不是他有眼睛和手，而是由于他的艺术。[3]

这段话表明，一块石头是质料，经过艺术家的艺术点染，成为美的雕像。雕像的美是从哪里来的呢？这种美不取决于石头本身，而取决于"艺术赋予

[1] 德·凯泽：《普洛丁〈九章集〉中艺术概念的意义》，比利时鲁汶 1955 年版，第 19 页。
[2] A. F. 洛谢夫：《希腊罗马美学史》第 6 卷，第 547 页。
[3] 《朱光潜全集》第 6 卷，第 420 页。

的那种理式”。但是，这种理式不存在于质料本身中。艺术家心中有理式，然而他之所以有理式，并不是由于他有眼睛和手，而是他分有了艺术中的理式。

在普洛丁看来，美的理式要大大高于各种个别的物，各种物都分有了美的理式。美的理式仍然是自身，它不运转到石头上去，但是由它产生较低的、体现在质料中的理式。这种较低的理式不能在石头上保持艺术家心里原来所构思的那样纯洁，只能美到石头被艺术家降伏的程度。运转到质料上的理式不如原来的理式美，因为它分散到物体上，分散的东西总不如整一的、凝聚的东西。艺术中的理式美高于艺术家心中的理式美，后者又高于艺术作品中的理式美。正如普洛丁所言：

> 但是外在的艺术作品如果是按照艺术自己的性质和形象来造成的，而且只能美到外在作品所能允许的限度，赋予形式的艺术的美就必然更高更真实了。[1]

艺术作品虽然只能在某种程度上反映理式美，然而它实际上仍然是美的创造。普洛丁认为艺术美的根源在于理式或理智，艺术美仅仅是理智美的放射。这种放射具有许多等级，于是，艺术离开物质和它的实用意义越远，就越完美。最完善的艺术直接把我们带到理智世界，而实用艺术使我们疏远理智世界。

由于艺术是理智世界的反映，普洛丁在肯定艺术的模仿本质时提出了不同于柏拉图的模仿理论。

> 但是人们如果以艺术作品只模仿自然蓝本，来谴责各种艺术，我们就可以回答他们说，自然事物本身也还各按一种蓝本模仿出来的。此外，我们还须承认，各种艺术并不只是模仿肉眼可见的事物，而是要回

[1] 《朱光潜全集》第6卷，第420页。

溯到自然所由造成的那些原则。还不仅此，许多艺术作品是有独创性的，因为艺术本身既然具有美的来源，当然就能了解外在事物的缺陷。例如，菲狄亚斯雕刻天神宙斯，并不按着肉眼可见的蓝本，而是按照他的理解，假如宙斯肯现形给凡眼看，他理应象个什么样子。[1]

在柏拉图那里，艺术模仿现实，现实模仿理式，所以，艺术是“摹本的摹本”“影子的影子”，“和真理隔着三层”。虽然柏拉图也曾暗示过，艺术可以直接模仿理式世界，然而那仅仅是偶然提到的。例如，柏拉图要求理想国的捍卫者观照“最高的真，不丧失它，经常尽可能仔细地再现它”，“就像艺术家那样”[2]。在普洛丁那里，各种艺术不仅模仿肉眼可见的事物，而且模仿理式。这对于他成为一种真正的原则。艺术作品之所以成为艺术作品，是因为它体现了彼岸世界的理式。尽管艺术美远远低于理智美，然而艺术仍然是真正的美，并且艺术的模仿和独立创造结合在一起。例如，菲狄亚斯雕刻宙斯，与其说是模仿从来没有见过的宙斯，不如说是创造了他。正如鲍桑葵所指出的那样，普洛丁的上述观点“十分明确地说明作者有意要接受柏拉图在‘同真理隔三层’的论点里提出的挑战”[3]。在这里，普洛丁几乎在公开反对柏拉图。《论理智美》是普洛丁较晚近的著述（按编年史顺序，这是第31篇论文）。我们不清楚普洛丁此后是否完全不把艺术看作“模仿的模仿”，然而可以肯定的是，尽管他仍然使用模仿的术语，但他已经赋予这个术语以新的、重要的含义。在他看来，高级艺术模仿的不是感性事物，而是非物质的理式；低级艺术则追求和被模仿对象外表的相似。此外，普洛丁的模仿还有更深刻的含义：对理智世界的模仿引导人上升到更高的存在。和审美上升的结合，使得希腊模仿理论达到一个新的高度。在普洛丁那里，真善美是同一的。鲍桑葵还透辟地指出，普洛丁的艺术理论是象征主义的：

[1] 《朱光潜全集》第6卷，第420—421页。引文中的“模仿”原译为“抄袭”。

[2] 柏拉图：《理想国》Ⅵ，484cd。

[3] 鲍桑葵：《美学史》，张今译，第151页。

从此，人们就理解到，艺术不是模仿性的，而是象征性的。[1]

模仿和象征主义的对比引出一个形而上学的问题："艺术所再现的是哪一种实在?"[2] 为了清晰地阐明普洛丁的全部方法论，有必要引用一个普洛丁本人从未使用过的术语：象征主义。普洛丁从来不承认感性世界和人的感性状态的独立地位，他所承认的艺术作品就是理智世界的象征。他的这种思维特点体现在他的每一个美学问题和艺术问题上[3]。在普洛丁那里，原初的存在不是理性的，也不是经验的，而是象征的。他的一些抽象的哲学概念和范畴不是逻辑的，也不是历史的，而是审美的。

由于艺术模仿理式，自然也模仿理式，所以普洛丁不像柏拉图那样贬低艺术。但是这并不意味着普洛丁就推崇艺术，把艺术看得高于自然。在普洛丁看来，艺术作为一门精神学科、一种"科学"的美，同自然的理式美，人的灵魂美、品德美和科学美排在同一个序列上，而艺术作品的美和物质世界的美排在另一个序列上，属于美的最低等级。这里看不出艺术和自然孰高孰低，也谈不上对艺术的推崇。在总的倾向上，普洛丁和柏拉图、亚里士多德一样，是轻视艺术的。他轻视艺术的另一个佐证是，他把艺术看作上升到理智的第一个，也是最低的梯级。与柏拉图在《斐德若篇》中的有关论述相类似，普洛丁认为上升到最高智慧的梯级分别是艺术、爱和哲学，而艺术处在最低的位置上。

在早期论文《论理智、理式和存在》（按编年史顺序为第 5 篇论文）中，普洛丁也对艺术作了集中论述：

模仿的艺术——绘画、雕刻、舞蹈和哑剧的手势——都从周围现实获取自己的内容，它们利用感性原型，模仿形式和运动，重现看得见

[1] 鲍桑葵：《美学史》，张今译，第 152 页。

[2] 同上书，第 150 页。

[3] A. F. 洛谢夫：《希腊罗马美学史》第 6 卷，第 547 页。

的匀称，所以，它们不能上升到那里[1]，除非通过人的理性。如果以单独的活物中存在的合适性为理由，得出作为整体的活物的某种状态的结论，那么，这只能是一种能力，这种能力在那里观察和观照理智世界涵盖一切的合适性。于是，应该认为，包含着和谐和节奏的思想的整个音乐，也同样地存在着，它属于理智的节奏。制造艺术的感性对象的那些艺术，例如建筑或者木工，能够从那里和那里的推论中获取自己的原则，因为它们利用了匀称。它们把匀称和感性对象相结合，就不可能整个地出现在那里，或者说，不可能整个地出现在人心中。农作和医学也是这样，农作种植感性的植物，医学看护这里的健康，这种健康的含义既是感性力量，又是良好的状态。在那里则是另一种力量和健康，由此活物是不动的、独立自在的。至于修辞学、战略学、经济学和国家管理，如果这些艺术把美和行为相结合，那么，当它们把注意力投向理智时，它们从那里获得以那里的科学为基础的、科学所应有的东西。也应该把几何学归到那里，几何学属于理智，它对于存在来说是最高的智慧。[2]

这段论述的要点是艺术作品与理智原型的关系。普洛丁谈到三种艺术，第一种是模仿艺术——绘画、雕刻、舞蹈和哑剧的手势，即现代意义上的艺术，它们模仿看得见的运动和形式，模仿外部世界。它们在模仿客观的感性物体时，仅仅从理智世界借用形式，借用匀称。这些艺术作品的内容必然是尘世的，能够进入理智世界的仅仅是匀称和节奏。模仿艺术若要进入理智世界，"除非通过人的理性"。所谓"通过人的理性"，指艺术成为对理智的模仿。艺术家创作的作品和灵魂创造的活物相比较，显得渺小可怜。因此，"丑的活的东西，要比雕刻中的美更美"[3]。艺术从事"暗淡和无力的模仿，就像

[1] "那里"指真实界，即理式世界、理智世界；与它对应的"这里"指尘世。参见朱光潜为普洛丁《论美》中译加的注，《朱光潜全集》第6卷，第410页。

[2] 普洛丁：《九章集》第5集第9篇第11节。

[3] 普洛丁：《九章集》第6集第7篇第22节。

不甚值钱的玩具一样”[1]。第二种艺术是生产艺术——建筑、农艺、医学、战事、政治等，它们不是被动地反映感性物体，而是能动地制作它们，它们比模仿艺术接近于理智原型，因为这些艺术家能够从理智世界获得自己的原则，把理智原则和感性领域相结合。这些艺术模仿的是这种结合，而不是单纯的感性事物，它们从理智世界获取了内容。第三种艺术是音乐。普洛丁把音乐理解为音乐科学或乐理。希腊罗马美学家对音乐的理解和我们现代不同，他们首先把音乐理解为一门理论学科，而不是音乐艺术。柏拉图甚至认为音乐是一门哲学，是“各种艺术中最高的艺术”。普洛丁认为只有音乐是纯粹的理智艺术，因为它以纯粹的匀称和节奏为基础。几何学，即数理学科，和音乐一样，最接近理智原型。这样，艺术的纯粹取决于其与原型的联系。结果，在普洛丁那里出现了一个悖论：我们称作纯艺术的绘画、雕刻和舞蹈，在艺术上反而不如建筑、农艺、木工等实用艺术来得纯粹。

为什么普洛丁乃至整个希腊罗马美学都贬低艺术呢？为什么柏拉图和普洛丁认为脱离物质世界的理式世界更完善呢？难道希腊罗马人想完全脱离物质世界吗？完全不是。洛谢夫认为，希腊罗马人创立了理想的宇宙，只想论证物质宇宙的美。如果说在结构含义上普洛丁把理式和物质相分离，那么，在实际含义上理式则仅仅是对物质的概括，因此，理式要高于物质。然而，对于柏拉图、亚里士多德和普洛丁来说，唯一的、最终的和最高的美是可以看见、可以听见、可以触摸的宇宙。在天国一切是那样地美、沉静和无忧无虑，生活在天国当然比生活在尘世好，于是产生了上升到天国的不懈的追求。然而，天国仅仅是极端有序化的尘世。在普洛丁那里，最完善的艺术作品就是宇宙，其余一切都是对宇宙不完善的模仿。[2] 尽管普洛丁的思想是唯心主义的，然而在美学上他并没有越出希腊罗马的范围。

普洛丁的艺术理论还涉及艺术的作用问题。他多次谈到音乐对听众的作用。在他看来，音乐反映理智世界的和谐，也能使听众和理智世界相接触。音乐爱好者感觉敏锐，着迷于声音的和谐，为它们的美所倾倒。他感到狂

[1] 普洛丁:《九章集》第 4 集第 3 篇第 10 节。

[2] A. F. 洛谢夫;《希腊罗马美学史》第 6 卷，第 546—547 页。

喜，仿佛展翅向美飞去，完全不能自持。各种音乐作用都会在其身上留下烙印。人感知音乐的这种能力是天生的，就像人天生是哲学家或者“道德美的朋友”一样。不过，普洛丁在强调音乐欣赏能力是一种天赋的同时，也不忽视后天对它的培养。他认为音乐爱好者应该从感性印象上升到对事物本质的理解，认识理智的和谐。也就是说，应当由科学、有意识的教育来代替个人印象。而这种教育是循序渐进的：首先把理智和感性相区分，接着领会抽象的比例，然后理解这些比例的和谐，最后观照隐匿在和谐中的全部美。普洛丁遵循希腊传统，指出了音乐对道德的影响。音乐能够改造人，使人变好或变坏。不过，音乐作用的不是意志，不是理智，而是不可分割的灵魂。它净化灵魂，使灵魂摆脱对感性物质的迷恋，上升到新的观照水平，理解和热爱太一。这样，音乐服务于最高的生活目的。体现在艺术中的美，使人从感性上升到理智。在普洛丁那里，美学和伦理学相互补充。

五、普洛丁美学的影响

在整个希腊罗马美学中，普洛丁是仅次于柏拉图和亚里士多德的第三位最重要的美学家。

> 普洛丁的美学比他的哲学的其它部分更明显地横跨两个时代，一个是他所出生的古代社会，一个是他所影响的中世纪。[1]

普洛丁作为希腊罗马和中世纪之交的美学家，一方面对希腊罗马美学作出总结，另一方面又对中世纪美学产生了直接的、重大的影响。

中世纪前期美学的思想来源主要有两个：一是新柏拉图主义，二是基督教。中世纪第一位最重要的美学家是奥古斯丁，他奠定了长达千年的中世纪美学的基础，整个中世纪没有任何其他理论家能够建立比他更完整的美学体系。386 年奥古斯丁阅读了普洛丁的《九章集》拉丁语译本，他对这部著作

[1] 沃拉德斯拉维·塔塔科维兹:《古代美学》，杨力、耿幼壮、龚见明、高潮译，第 419 页。引文中的“普洛丁”原译为“普罗提诺”。

的精神力量和深刻内涵惊叹不已。新柏拉图主义向他指明了在自身隐秘的灵魂深处，而不是在外部物质世界中寻求美的途径。实际上，在奥古斯丁的所有著作中都可以感受到新柏拉图主义的巨大影响。奥古斯丁在成为基督教重要的思想家后，仍然对新柏拉图主义者怀有深深的敬意，认为他们比其他所有哲学家都更接近于基督教。在希腊罗马哲学家中，奥古斯丁推崇柏拉图。奥古斯丁特别喜爱普洛丁，更喜爱普洛丁的弟子波菲利，尽管波菲利是基督教不共戴天的敌人。

在西方美学史上，普洛丁和奥古斯丁是相互衔接和承续的两个环节，普洛丁的美学思想对奥古斯丁产生了深刻影响，奥古斯丁的某些美学理论甚至是对普洛丁著作逐字逐句的复述。在普洛丁那里，美学是一种本体论，美是分等级的。他认为最高的美是理智美，其根源是太一，其载体为理智和世界灵魂。其次为人的灵魂美、德行和学术的美。位于最低等级的美是感性知觉的美。和普洛丁一样，奥古斯丁也把美学当作一种本体论，认为美是存在的主要标志之一，是有等级的，美从高一级的存在向低一级的存在扩展。奥古斯丁主张在美的等级结构中，绝对美占有最高的等级。他的美的理论的下一个梯级是精神美，包括道德美和艺术美，比精神美低的是物质世界的美。奥古斯丁和普洛丁不同的是，普洛丁把绝对美说成希腊诸神或理智，而奥古斯丁在美学史上第一次把绝对美同基督教的上帝完全融合在一起。

在审美知觉理论上，奥古斯丁也深受普洛丁的影响。奥古斯丁着迷于“人类意识的深海”，反对“把自身置于脑后”[1]，屡次表达了“在我身内探索：我自身成为辛勤耕耘的田地”的强烈愿望[2]。他擅长分析人的深层心理活动，他的审美知觉理论以感性知觉理论为基础，在这方面，他基本上以普洛丁的观点为依据。通常他以视知觉为例来说明感性知觉问题，因为他认为视知觉是最完善的和最具精神性的知觉。像普洛丁一样，他把视知觉分为三个阶段。第一阶段是肉眼对物体的知觉。第二阶段是人的内心产生了物体的影像。即使视知觉的第一阶段结束了，物体在知觉者心中的影像仍然存在。

[1] 奥古斯丁：《忏悔录》，周士良译，商务印书馆 1963 年版，第 194 页。

[2] 同上书，第 200 页。

这样物体不在我们眼前，我们也可以看到物体。其他感性知觉也一样：声音转瞬即逝，回忆时犹余韵在耳；香气随风消失，回忆时如闻香泽。奥古斯丁在《论自由意志》第 2 卷中把人的这种能力叫作内在感官。在第三阶段，理性加工留在心中的物体影像，形成了对物体的认识。

根据普洛丁对美和美的知觉的理解，奥古斯丁把感性知觉看作复杂的心理和生理过程，其中人的各种精神力量能动地发生作用。任何知觉最主要的特征是内心的紧张，它是心理对外部刺激的一种反应。如果刺激的作用与心理定向相协调，所产生的紧张就引起快感。这实际上就是审美知觉，其标准是协调，但这不是客体本身中的协调，而是客体与主体的心理定向的协调。这种观点在整个中世纪美学中起了重要作用。它被运用到艺术知觉中，标明一种风气的转变：分析重点从具体的、独立自在的艺术作品，转向"艺术作品—知觉主体心理"的系统。没有对知觉主体心理的分析，就不能完全理解艺术作品。当然，奥古斯丁也对此作了独特的思考。如果说普洛丁把抽象的理式看作美的核心——平衡和协调的基础，看作知觉和创作过程的基础，那么，奥古斯丁则把较为具体的数看作这种基础，他认识到知觉、创作、艺术理论和艺术作品的某种共同性。这在美学史上迈出了新的一步。

普洛丁对中世纪美学和艺术产生的影响不仅有美的理论和审美知觉理论，而且还有艺术理论。普洛丁认为，艺术作品模仿理智，即模仿神。艺术作品成为认识理智的工具，虽然是极不完善的工具，艺术作品的全部价值就在于此。作为一个多神教徒，普洛丁完全没有想到他的美学理论适合基督教艺术，基督教艺术家也没有想到，最适合他们的艺术理论是由异教徒普洛丁提出的。普洛丁关于艺术的论述并不多，然而这些论述对基督教艺术的影响却很大。基督教艺术接受了普洛丁的艺术理论，把艺术作品看作模仿上帝、表现上帝和认识上帝的工具。

关于普洛丁的艺术理论对中世纪艺术的影响，法国艺术史家 A. 格拉巴（A. Grabar）曾作过具体的分析[1]。按照普洛丁的艺术概念，造型艺术家追求

[1] A. 格拉巴：《普洛丁和中世纪美学的起源》，参见 A. F. 洛谢夫：《希腊罗马美学史》第 6 卷，第 241—244 页。

的是所谓真正的、理智的形象，而不是物质世界的现实特点；他们感兴趣的是对物的或深或浅的阐释，而不是对物的直接观照。艺术作品的作用不是供人自由地享受它的美，而是进行道德说教。这些正是中世纪艺术的特征。普洛丁的绘画理论为早期基督教艺术家所信奉，成为中世纪艺术的理论基础。如果我们从远处看一个客体，那么，它的体积就显得小，颜色会变淡，由于光线的缘故，客体的外形会改变。普洛丁主张在绘画中要避免这些不足，使客体像在近处看到的一样，全都处在前景的位置上，让光线同样充分地照射它的各个部分，一切细部都清晰可见。普洛丁所关注的是真实的体积、真实的距离和真实的颜色。这样，绘画中就不采用透视法来缩小远处的客体，客体的各个部分并列在一个层面上，而没有层次性。普洛丁认为，事物最重要的本质是理式在其中的反映，这种反映处在事物的表层。事物的深处是黑暗的质料，它同光线相敌对，不值得描绘。因此，绘画必须避免深邃和阴影，只描绘事物光亮的表面。这条原则在流传至今的始于罗马晚期的大量艺术作品中得到体现。

罗马晚期还出现了所谓“逆透视”和“光（全景）透视”的绘画，在这些绘画中，画家仿佛从上方、从空中观看所描绘的客体。画家仅仅从其所描绘的客体的属性出发，而与他所处的视点完全无关。客体仿佛自身在画面中展开，从而产生逆透视和全景描绘。画家的视点仿佛移植到其所描绘的客体上。这种艺术也和普洛丁的观点有关。普洛丁指出，我们总是处在一定的距离上看待客体，客体给我们留下的印象是在它所处的那个位置上产生的，和我们心目中存储的客体的形象不一样[1]。因此，要获得客体的真实形象，就必须把视觉移到客体上去。普洛丁的艺术理论对他同时代的艺术没有产生直接影响，然而，基督教艺术家却利用他的理论来论证艺术的宗教价值，从而使他的艺术理论在艺术史上获得重要意义。

尽管普洛丁的理论被中世纪基督教美学和基督教艺术奉为圭臬，尽管普洛丁关于太一、理智和灵魂三位一体的逻辑对基督教关于圣父、圣子和圣灵

[1] 普洛丁:《九章集》第 4 集第 6 篇第 1 节。

三位一体的教义产生了重要影响，但我们仍然“不能把新柏拉图主义基督教化”[1]。我国有的西方哲学史著作[2]和美学论著把普洛丁的神或者太一说成上帝，于是，美学在普洛丁那里成为基督教神学。这是很大的误解。确实，普洛丁的著作经常提到神，然而，普洛丁的神不是基督教的一神，不是上帝，而是希腊诸神。新柏拉图主义者是基督教的反对者，波菲利在他的15卷《反基督教》中痛斥了当时方兴未艾的基督教。基督教的出发点是绝对的不可重复的个性（上帝），而新柏拉图主义的个性是可以重复的，归根到底是典型的自然现象。在新柏拉图主义中没有原罪的神秘，没有堕落灵魂的忏悔，没有赎罪的渴望。在普洛丁那里，每个神都不是抽象的概念，而是有生命的。每个神都是自然的某个领域的概括，而不是这种领域本身。因此，这些神是某种自然领域和它的概念的综合。神不是孤立存在的，他和其他神组成一个整体，这种整体性在每个神身上得到反映，同时每个神又有自己的特点。普洛丁的神话学具有泛神论、宇宙学的意义，与基督教一神教相对立。对于普洛丁来说，神话学就是关于理智的学说，每个神就是宇宙某个领域中最一般的理式。所以普洛丁的美学不是一种神学，而是一种宇宙学。

从普洛丁对希腊罗马哲学思想的吸收、利用和改造的情况看，他是一位真正的、典型的希腊罗马思想家。虽然他也受到东方神秘主义的影响，然而他的美学和希腊罗马美学没有矛盾，没有越出希腊罗马美学的界限，没有越出多神教的界限。他沿着柏拉图、亚里士多德和斯多亚派的方向前进，他的思想是这些最主要的希腊罗马思想的某种集合。普洛丁美学深入希腊罗马美学的内在精神方面，在这种意义上，它是希腊罗马美学的完成阶段和终结阶段。

普洛丁不仅对中世纪美学而且对文艺复兴美学产生了重要影响。文艺复兴时期，不同思想倾向的理论家，如库萨的尼古拉、费奇诺、布鲁诺等，都是新柏拉图主义者。在意大利佛罗伦萨创立的柏拉图学园，甚至把柏拉图当作神来供奉。而对于文艺复兴时期的新柏拉图主义者来说，普洛丁和柏拉图

[1] A. F. 洛谢夫：《希腊罗马美学史》第6卷，第174页。

[2] 参见全增嘏主编：《西方哲学史》上册，第262页。

是一回事。

文艺复兴美学敏锐地感觉到世界中的自我运动，为了个人的自我确证，它必须寻找这种运动的终极原因。当时的思想家们不在物质内部，而在超自然的存在，即世界灵魂中寻找这种原因。他们把世界灵魂看作整个自然和整个宇宙的第一推动力，即自我运动的开始。普洛丁把宇宙看作世界灵魂永恒运动的结果。宇宙和宇宙万物首先是世界灵魂，然后是理智的反映和体现。普洛丁的理智仅是世界规律的系统，而他的世界灵魂则是世界和生命的恒常运动，这种运动实现某种世界规律和自然规律。在文艺复兴者看来，人自发的自我确证是对宇宙中世界灵魂和理智的趋近，世界灵魂和理智是人的自我确证的极限。所以，这是新柏拉图主义和人文主义深刻的综合。[1]

文艺复兴者主张拥抱整个人、整个生活、整个历史和整个世界，“人开始感觉到自己的尊严与无限发展的潜能。因此，他把个性自由，理性至上和人性的全面发展作为自己的生活理想，带着蓬勃的朝气向各方面去探索，去扩张”[2]，普洛丁的太一说是他们确证自身的重要手段。太一在柏拉图那里仅仅是一个抽象的范畴，他没有把它应用于现实存在和具体生活中。而普洛丁把太一视为人的意识的对象，灵魂永恒追求的目标。在文艺复兴者那里，太一说已经远远超出宗教传统的范围。红衣主教库萨的尼古拉和坚定的反教会者布鲁诺都成为新柏拉图主义太一说的支持者。新柏拉图主义作为关于太一、理智和灵魂的学说，成为文艺复兴美学最重要的哲学基础之一。

普洛丁对德国古典美学，比如对康德、谢林和黑格尔也产生过很大影响。新柏拉图主义对西方哲学和美学影响的断层发生在文艺复兴和德国古典美学之间的一段时间内，这时流行的是以笛卡尔为代表的欧洲大陆理性主义和以培根为代表的英国经验主义。虽然新柏拉图主义的余威犹在，比如17世纪下半叶英国出现了剑桥柏拉图主义学派，但是总的说来，新柏拉图主义遭到启蒙运动的激烈反对。启蒙运动为什么反对新柏拉图主义呢？近代西方哲学是以主体和客体的分裂为基础的，理性主义重视主体轻视客体，经验主

[1] A. F. 洛谢夫：《文艺复兴美学》，莫斯科 1982 年版，第 87 页。

[2] 朱光潜：《西方美学史》上卷，第 148 页。

义重视客体轻视主体。而希腊罗马哲学和美学，包括新柏拉图主义是以主体和客体的交融为基础的，虽然主体或客体有时会占某种优势，但是绝对不会达到相互对立的地步。只有站在主客交融的立场，才能理解希腊罗马哲学和美学。对于普洛丁的哲学和美学来说也是这样。

罗马新柏拉图主义存在了四个世纪。除了以普洛丁和波菲利为代表的罗马新柏拉图主义外，比较重要的还有以扬布里柯为代表的叙利亚新柏拉图主义和以普罗克洛斯（Proclus）为代表的雅典新柏拉图主义。下面我们阐述这两派的美学思想。

第二节　叙利亚和雅典新柏拉图主义

我国学者撰写的西方美学史著作和某些有中译版本的外国学者撰写的西方美学史著作，在论述希腊罗马美学时都到普洛丁结束。普洛丁于 270 年去世，而罗马美学终结于东罗马皇帝查士丁尼一世关闭雅典柏拉图学园的 529 年。这样，罗马美学就出现一个长达两个半世纪的空白期。我们感到有必要填补这段空白，于是有了本节的内容。

一、叙利亚新柏拉图主义

波菲利去世后，新柏拉图主义的中心从罗马转移到叙利亚。叙利亚新柏拉图主义创始人扬布里柯（约公元 242 年至 325 年）生于叙利亚北部哈尔基斯一个富有显赫的阿拉伯家族，在亚历山大城接受了哲学教育，然后去罗马成为波菲利的学生。长期以来，扬布里柯一直被看作巫术魔法理论家。后来，国际学术界对他的评价发生了深刻的变化。研究者指出扬布里柯醉心巫术的弊病的同时，也肯定了他独特的理论哲学。对扬布里柯的评价有所改变的先驱是法国学者 J. 比德兹（J. Bidez），他在 1919 年出版的研究扬布里柯的专著中[1]，对这位新柏拉图主义者作出了不同于传统观点的评价。至 20 世纪

[1]　J. 比德兹：《扬布里柯哲学及其学派》，巴黎 1919 年版。

70年代，对扬布里柯评价的变化真正形成。《扬布里柯对柏拉图对话的注释残篇》[1]的译者J. M. 迪隆（J. M. Dillon）称扬布里柯至少是第二方阵中的哲学明星。持类似观点的还有瑞士学者B. D. 拉森（B. D. Larsen）。

扬布里柯的著作甚丰，并撰写过音乐著作，流传下来的有5种：《毕达哥拉斯生平》《哲学诫谕》《一般数学科学》《尼各马可算术导论》和《算术神学》。此外，普罗克洛斯的《〈蒂迈欧篇〉注释》中记载了扬布里柯的言论。我们依据这些材料阐述扬布里柯的美学思想。

（一）象征理论

《毕达哥拉斯生平》主要阐述毕达哥拉斯的哲学及其思维方式。扬布里柯在这部论著中继承毕达哥拉斯学派的传统，研究了象征理论。他把象征分为三种，第一种回答“某物是什么”的问题：

> 幸福者的岛是什么？太阳和月亮。德尔斐的神谕是什么？由四个部分组成物体，也就是塞壬的和谐。[2]

第二种象征以极端的和最好的方式形成概念：

> 什么是公正？献祭。什么是智慧？数。第二等的智慧是为物起名字的人。什么是我们事业中的智慧？医学。什么是美？和谐。什么是强大？思想。什么是好？幸福。什么格言最真实？人是坏的。因此，人们说，毕达哥拉斯称赞萨拉米斯岛诗人格波达曼特，他写了这样的诗：“神啊，你们从哪里来？你们从哪里生成这样？人啊，你们从哪里来？你们从哪里生得如此坏？”[3]

---

[1] J. M. 迪隆翻译、注释：《扬布里柯对柏拉图对话的注释残篇》，荷兰莱顿1973年版。

[2] 扬布里柯：《毕达哥拉斯生平》第18章第82节。引文中的塞壬（Siren）是希腊神，其最初的形象半人半鸟，住在海岛上，以歌声引诱水手，使之灭亡。

[3] 扬布里柯：《毕达哥拉斯生平》第18章第84节。引文中的萨拉米斯岛（Salamis）位于爱琴海萨罗尼克湾（属希腊）。

第三种象征规定应该做什么：

> 应该生孩子。因为应该替自己留下神的仆从。或者（可以援引食古不化者为例子），应该先从右脚穿鞋，或者不应该走大路，不要在圣水瓶里蘸水，不要在澡堂里洗澡。因为在这些情况下，不知道相伴者是否干净。[1]

扬布里柯的象征形象似乎仅仅指事物的一方面，事物的另一方面则是内在的智慧和意涵。这种象征表明，人的理性和人的生活是紧密相连的，而人的理性的基础是象征的。

在以多种方式理解毕达哥拉斯的象征时，扬布里柯力图在其中找到严肃的思想。例如，毕达哥拉斯有一则象征写道："进入神殿应该俯首在地；在神殿里不说俗语，不做俗事。"对这则象征可以仅仅在字面上理解，也可以寓意地，即在展开的含义上来理解。扬布里柯指出，还可以从哲学上理解它。这则象征适用于人的知识，在知识中不应该把神的东西和人的东西相混淆。在《毕达哥拉斯生平》第18章中，扬布里柯援引了毕达哥拉斯的第二则象征："不应该顺便去神庙，根本不应该朝拜神，甚至不应该在神庙门旁出现。"扬布里柯对这则象征作了哲学解释：人的知识应当是各种各样的，它可以从原始的形式到达普遍的形式；不能以偶然的态度对待神，因为神要求充分和专门的注意。神的知识非常崇高，它不可能建立在偶然的和分散的基础上。扬布里柯解释的第三则象征是："请献祭并赤足朝拜。"这条规定不仅有字面上的含义，它的主要含义在于，我们关于神的知识不应该是粗野的，而应该是精神的。

扬布里柯对毕达哥拉斯的象征的阐释有三个层次：（1）按照字面意义来理解，但这种字面意义指象征在毕达哥拉斯当时使用时的直接含义，而不是随着时间的变迁所产生的转义。（2）理解象征的寓意。（3）把象征看作认

[1] 扬布里柯:《毕达哥拉斯生平》第18章第86节。

识现实的最高领域的一种方法。至于扬布里柯援引的一些流传于民间的幼稚的、内容贫乏的象征，据有些研究者的意见，那是为了使其著作更加普及[1]。

毕达哥拉斯学派在比较笼统的、不太严格的含义上使用“象征”这个概念，象征和它相近的概念如“符号”“寓意”等等往往混在一起。扬布里柯在美学史上的功绩是对“象征”这个概念作了仔细的研究，把它和其他相近的概念明确地区分开来。按照扬布里柯的理解，象征不同于符号，它不仅指称事物，而且要说明事物。符号往往只有一种解释，而象征可以有多种解释。毕达哥拉斯的一则象征说：“不要用公鸡作祭祀。”这既可以解释为一种宗教传统，又可以作另外的解释：公鸡司晨，表示白天和光明的开始，也意味着理智的觉醒。象征不同于寓意。寓意是某种抽象观念的图解，在抽象观念和图解之间不一定有必然的逻辑联系。例如，毕达哥拉斯有一则象征说：“在祭祀时不要剪指甲。”这表示要维持和尊重友谊。为什么会有这种寓意，我们无法确定。然而，这仅仅是寓意，而不是象征。

（二）数的美学

“数”是希腊美学中的一个重要概念。扬布里柯的《算术神学》是古代唯一流传至今的对毕达哥拉斯学派数的学说进行充分研究的著作，它对从 1 到 10 这 10 个数字逐一作了阐述。

在各种数字中，1 最重要。扬布里柯写道：

> 一切由 1 形成，1 以自己的潜能包容一切。它如果不是现实地，至少也像种子一样包含在一切数目中，当然也包含 2 中的逻各斯；结果，它既是偶数，又是奇数，是奇偶数；既是线，又是面，还是立体——立方体和球面体，它也存在于棱锥体中——从四面锥体到无数角的锥体。[2]

1 不仅是数列的开始，而且其他各个数，如 2、3 等，都是某种更复杂的 1。这些数字不是彼此没有联系的 1 的机械总和。我们说 100 时，并不是指 100

[1] B. 拉森：《哈尔基斯的扬布里柯》，瑞士阿尔高 1972 年版，第 123 页。

[2] 扬布里柯：《算术神学》第 1 章第 1 节。

个分散的、单一的1，而是指不可分割的整体，即广义的1。线条、平面和立体的情况也是这样。这种绝对的1从自身产生一切，是一切存在的潜能和种子，它形成整个现实。

> 1不仅被称作神，而且被称作理智和阴阳性。[1]
>
> 作为种子，1马上被认为是万物的阳性和阴性部分，这不仅因为1既是奇数又是偶数，而奇数难以分割，被看作阳性，偶数易于分割，被看作阴性，而且因为1既是父亲又是母亲，具有母亲和理式的逻各斯，具有艺术家和艺术作品的逻各斯。[2]
>
> 至于1本身，作为种子在播种时，既产生阳性物，又产生阴性物，在某种发展程度之前，没有区分地产生两性本质；在结果时和生长若干时间后，随着潜能向现实的过渡，种子开始呈现差异，向某一个方面变化。如果1包含任何数的潜能，那么，1就是彼岸的数，不是现实中某个单独的数，在其含义上是一切。[3]
>
> 它是理式的理式，作为某种艺术存在于艺术家中，而作为思维存在于思想家中。[4]

在扬布里柯看来，1高于阳性和阴性，它不是阳性和阴性，但又包含这两者。它是万物的父亲和母亲，是理式的理式。它是阴阳结合，是奇数和偶数的结合。

扬布里柯关于1的论述对美学有什么意义呢？它鲜明地描述了希腊罗马美学的基本倾向。1创造万物，管理万物，包含万物，在万物中确定平衡，不允许任何东西超越界限。扬布里柯“以自己的风格出色地表现了希腊审美思维的本质，这种思维把一切仅仅当作可以被统一分割的整体来知觉，来思考”[5]。这包括人、自然、整个宇宙和宇宙所管理的万物。

---

[1] 扬布里柯:《算术神学》第1章第5节。

[2] 扬布里柯:《算术神学》第1章第6节。

[3] 扬布里柯:《算术神学》第1章第6节。

[4] 扬布里柯:《算术神学》第1章第3节。

[5] A. F. 洛谢夫:《希腊罗马美学史》第7卷上册，莫斯科1988年版，第221页。

数的概念在扬布里柯的美学中起着重要作用，这个概念是他从毕达哥拉斯和柏拉图那里继承过来的，然而他对数的论述往往表现出新意。

> 2是世界构造的一种因素，它和1相对立，因此和1处在和谐的联系中，就像质料和理式一样。理式是存在和永恒现实的开始，而一切对立物是质料。[1]

扬布里柯把2称作“生成”“运动”“变化”。3包含1和2，把1和2的功能融合在一起。3是完善的原则，由于这条原则，一切事物有了开始、中间和结束。

> 3的独特性在于，它是两个起始数之和，由这两个数组成。[2]

扬布里柯把3称作美，这对希腊罗马美学具有重要意义：

> 3同其他各个数相比，具有独特的美（callos）和壮丽(eyprepeia)。[3]

在希腊语中，eyprepeia由无人称动词prepei和ey组成，prepei的意思是合适、适宜、符合功能，ey的意思是好、重要、有价值。这两者的结合是美，表明美的本质在于适宜、有价值、符合功能。3是由1和2这两个对立面组成，扬布里柯以3作为例证，说明美是对立面的同一，是内部因素和外部因素深刻的综合。

在论述其他数字时，扬布里柯也体现了其一以贯之的思想：数是万物的结构。前三个数字仅仅是抽象的结构，1是点，2（两个点）是线，3（不在一条直线上的三个点）是面。如果要把面看作整体，即从外面看待它，必须

---

[1] 扬布里柯：《算术神学》第2章第4节。

[2] 扬布里柯：《算术神学》第3章第2节。

[3] 扬布里柯：《算术神学》第3章第1节。

在面外引出一个点，即出现 4，所以 4 是体，有三维结构。很多事物与 4 有联系。一年有春夏秋冬四季，人的一生有少年、青年、中年、老年四个年龄段。世界有四种元素（火、气、水、土），它们产生四种力量（热、冷、湿、干）。认识真理的科学有四种：算术、音乐、几何和天文学。事物的形成有四种原因：质料因、形式因、动力因和目的因。球是最完善的形体，它有四种要素：圆心、轴、圆周和球面。总之，从结构的观点看待整个现实，是希腊罗马美学的一个重要特点。

扬布里柯把自己的著作叫作《算术神学》，对这里的神学，应该从希腊罗马的含义上加以理解。作为多神教徒，扬布里柯所说的神仍然是自然力量的概括，是宇宙的某个方面的概括。在哲学上，扬布里柯遵循普洛丁关于三大本体的逻辑结构，但对这些本体作了新的阐述。他把普洛丁的“太一”一分为二：一种高于一切认识和存在，也高于任何命名；另一种是一切后续存在的起源，可以称作“太一存在”。所以，扬布里柯的三大本体是太一存在、理智和灵魂。每一本体又被分成三个次本体，每一次本体再被分为三个更次一级的本体。他把本体和神联系起来，结果出现了按等级排列的 360 位神。有的研究者认为这“真可谓群魔乱舞，妖孽丛生”[1]。不过，尽管这里有神秘主义和巫术魔法成分，然而仍然应该看到扬布里柯构建神话的原因。他按照新柏拉图主义三位一体的结构原则对神分类，力图恢复多神教。这是希腊罗马衰落时期以哲学形式重振多神教的最后的、无望的尝试。

扬布里柯有许多学生和追随者。叙利亚新柏拉图主义的另一个代表、罗马皇帝尤利安努斯称赞他是“著名的英雄”“希腊人的宝贵财富”。在美学方面，叙利亚新柏拉图主义提出了一些基本问题，阐述了一些基本原则。思考这些基本原则，不难得出一些美学结论。然而总的说来，叙利亚新柏拉图主义的美学思想没有形成系统。

---

[1] 赵敦华:《西方哲学通史》第 1 卷，第 336 页。

二、雅典新柏拉图主义

普罗克洛斯（公元 412 年至 485 年）不仅是雅典新柏拉图主义的主要代表人物，而且是罗马新柏拉图主义存在的 4 个世纪中仅次于普洛丁的重要的新柏拉图主义者。他出生于君士坦丁堡一个富裕的利西亚（位于小亚细亚）人的律师家庭，自幼在亚历山大城接受教育，喜欢哲学，成为亚历山大城新柏拉图主义者的学生。19 岁时他到雅典的柏拉图学园学习，老师有西里安等人。普罗克洛斯具有哲学天赋，据他的传记作者马里尼（Marini）记载，普罗克洛斯 28 岁时撰写了《〈蒂迈欧篇〉注》，这是希腊罗马哲学中的优秀作品之一。西里安去世后，普罗克洛斯接替他担任柏拉图学园的领导人，时年 35 岁。马里尼是普罗克洛斯的学生和柏拉图学园领导人的继任者，他对普罗克洛斯充满狂热的崇拜，其撰写的传记《普罗克洛斯，或者论幸福》中夹杂着各种奇异的、巫术的事件。这不是一部很客观的传记。

普罗克洛斯的主要著作有《神学要义》《柏拉图神学》，以及对柏拉图对话《蒂迈欧篇》《巴门尼德篇》《理想国》《克拉底鲁篇》等的注释。普罗克洛斯的这些注释不是“我注六经”，而是“六经注我”，他利用注释阐述自己的观点，有时候则完全脱离柏拉图对话直抒己见。他的注释引起后人的兴趣，有人对他的注释进行再注释。例如，法国学者 A. 菲斯脱吉耶尔（A. Festugière）对普罗克洛斯的《〈蒂迈欧篇〉注》和《〈理想国〉注》作了注释[1]。

像其他新柏拉图主义者一样，普罗克洛斯哲学的理论基础是三大本体——太一、理智和灵魂的学说。当然，他对这三大本体作了新的说明。他的美学观点和他的哲学基础是密切相关的。

（一）关于艺术的问答

在《〈理想国〉注》第 42—43 节中，普罗克洛斯提出了有关艺术的 10 个问题，并在第 43—69 节中对这些问题作出详细回答[2]。

---

[1] A. 菲斯脱吉耶尔译注:《普罗克洛斯〈蒂迈欧篇〉注》1—5 卷，巴黎 1966—1968 年版;《普罗克洛斯〈理想国〉注》1—3 卷，巴黎 1970 年版。

[2] 普罗克洛斯的回答十分繁复，比较简洁的阐述参见 A. F. 洛谢夫:《希腊罗马美学史》第 7 卷下册，莫斯科 1988 年版，第 250—269 页。

第一，柏拉图在把诗人逐出理想国时，为什么要“把他涂上香水，戴上毛冠”[1]，让他享受神的礼仪呢？普罗克洛斯认为，柏拉图在这里区分好诗和坏诗。坏的诗人歪曲地模仿，把神描写得和平常人一样满身是毛病，互相争吵，欺骗，陷害。当然，这样的诗人在理想国没有立足之地。如果诗人模仿好人的言语，并且遵守为理想国保卫者设计教育时所定的那些规范，那么，就应该给他们涂上香水，戴上毛冠。重要的不单是模仿，而是与被模仿对象逼真的模仿。这不是否定诗歌，而是把诗歌提到人类生活中非常高的位置。

第二，悲剧和喜剧能够舒缓强烈的情绪，它们对于人的生活是重要的，柏拉图为什么要把它们逐出理想国呢？[2] 悲剧和喜剧应该使人的性格中的理智得到控制，清除情欲等“低劣部分”。如果悲剧使观众暂图一时快感，“拿旁人的灾祸来滋养自己的哀怜癖”，如果喜剧投合人类“本性中诙谐的欲念”，那么，它们就不能在理想国中存在。普罗克洛斯认为，柏拉图在这两方面都是对的。

第三，在《会饮篇》中柏拉图主张同一个作家既可以写作悲剧又可以写作喜剧，有经验的悲剧诗人也就是喜剧诗人[3]，为什么在《理想国》中他又否定同一个作家能“在悲剧和喜剧两方面都成功”，虽然他把悲剧和喜剧同样看作模仿？[4] 如果一个诗人具有丰富的生活知识，既能再现悲，又能再现喜，他理应能够同时创作悲剧和喜剧。然而，生活如此多姿多彩，一个诗人很难表现人的内心世界的全部丰富性，因此，悲剧和喜剧的创作最好有所分工，这两者实际上不可兼容。

第四，达蒙（Damon）是著名的音乐家，他对节奏与和谐有很好的见解，柏拉图曾经请教过他[5]。为什么柏拉图在安排乐调时和他相反呢[6]？节奏与和谐是艺术的重要方面，普罗克洛斯对这个方面的解释与他所主张的模

[1] 柏拉图：《理想国》，398a，译文见柏拉图：《文艺对话集》，朱光潜译，第 56 页。

[2] 柏拉图：《理想国》，42a。

[3] 柏拉图：《理想国》，223d。

[4] 柏拉图：《理想国》，395a，译文见柏拉图：《文艺对话集》，朱光潜译，第 51 页。

[5] 柏拉图：《理想国》，398e—400b。参见柏拉图：《文艺对话集》，朱光潜译，第 60—61 页。

[6] 柏拉图：《理想国》，42。

仿的基本方向有关，即与理想国的政治有关。他认为，艺术美必须遵循理智结构，“应该使节奏和乐调符合歌词，不应该使歌词迁就节奏和乐调”[1]。节奏与乐调属于艺术的非理性方面。政治家应该懂得这一切，以便确定艺术在理想国中的功能。

第五，柏拉图时而承认音乐，时而又不承认它，究竟应该怎样理解音乐（moysicē）这个术语呢？希腊术语 moysicē 表示诗和音乐，甚至表示教育和文化。普罗克洛斯在回答这个问题时，并没有对诗和音乐进行区分，而是构筑包括哲学、诗和专门含义上的音乐的等级结构。哲学处在最高的等级上，柏拉图在议论缪斯时，把哲学称作“艺术中最高的”[2]。在柏拉图看来，哲学家实际上也是音乐家，他不是在竖琴和乐器中，而是在生活中表现出最美的和谐。这样的哲学灵魂模仿阿波罗，阿波罗是宇宙的一般性。第二个等级是缪斯凭附的迷狂（mania）[3]。如果没有这种迷狂而单凭诗的技巧就想成为一个诗人，那只是妄想。神志清醒的诗在迷狂的诗面前黯然无光。第三个等级是善于在事物中发现美的人。就像柏拉图所写的那样，“如果它（指灵魂——引者注）对于真理见得最多，它就附到一个人的种子，这个人注定成为一个爱智慧者，爱美者，或是诗神和爱神的顶礼者”[4]。这是第一流的种子，以下依次为守法的君主、政治家或者经济学家、医生、预言家，第六流是诗人或者其他模仿的艺术家，第七流到第九流分别是手艺人或农民、诡辩家、僭主。普罗克洛斯坚持音乐的政治意义，同时谈到节奏与和谐。

第六，如果柏拉图认为节奏与和谐对教育具有重要意义，那么，他必然要详细地说明节奏与和谐，在哪里可以找到柏拉图的这些论述呢？回答这个问题时，普罗克洛斯主要依据理想国所准许存在的节奏与和谐。这是多利亚式和佛律癸亚式乐调，前者是勇猛的乐调，使人在战场英勇坚定；后者是温和的乐调，适合和平的生活。[5] 普罗克洛斯认为最适合行军的音步是短长

[1] 柏拉图：《文艺对话集》，朱光潜译，第 61 页。

[2] 柏拉图：《斐多篇》，61a。

[3] 柏拉图：《斐德若篇》，245a。参见柏拉图：《文艺对话集》，朱光潜译，第 118 页。

[4] 同上书，第 123 页。

[5] 同上书，第 58 页。为全书统一，朱光潜译文中的“多里斯式”改译为“多利亚式”。

格、长短短格和抑抑格，他特别称赞长短短格[1]。他认为行军性节奏，特别是长短短格，完全符合灵魂的正确结构，灵魂始终处在美的运动状态和美的静止状态中。为了避免风格的杂多，普罗克洛斯和柏拉图一样，摒弃弦子太多而音阶复杂的乐器，以及笛子[2]。在具体论述后，普罗克洛斯提出一个重要的看法：诗人在自己的模仿中，即在自己的节奏与和谐中，应该依据两种基础："美"和"简洁"。这表明了普罗克洛斯创立理想的艺术创作的意图。

第七个到第十个问题正是讨论理想的艺术创作。柏拉图之所以批评诗，并非他不理解诗，而是因为他对诗有深刻的理解。那么，他认为什么才是理想的艺术创作呢？艺术创作的目的是什么呢？普罗克洛斯认为，神是真正的艺术创作的客体。于是，真正的诗是神话，柏拉图在《斐多篇》[3]中就直接谈到这一点。在神话中应该描绘人的生活中最客观的事件，即婚配、生育、教育。在伦理领域，艺术创作的客体是美和善的东西，即法律、子女对父母的尊敬等。诗人和艺术知觉者的主观状态不应该同享乐和快感有任何共同之处。在这里最主要的是追求德行，努力成为最美和最有德行的人。

从普罗克洛斯关于艺术的问答中可以看出，他十分重视艺术的作用，然而又仅仅从理想国的政治标准来衡量艺术。在普罗克洛斯时代，上千年的奴隶制倾覆了，封建制已经成熟，罗马帝国土崩瓦解。以普罗克洛斯为代表的新柏拉图主义者只承认古老的希腊文化，不想接受新的东西，把当时兴起的基督教视为最凶恶的敌人。然而，古希腊仅仅是一种理想。这种理想被新柏拉图主义者解释为唯一可能的和真正的现实。

（二）善、美和正义

德国著名的新柏拉图主义著作出版者和翻译者克鲁泽（F. Kreuzer）从普洛丁对柏拉图对话的注释中，专门辑录了关于美的论述，以《论整一和美》

---

[1] "希腊诗如英文诗，分行计算，每行依字音数目分若干音步，每音步以长短相间见节奏，与英文诗以轻重相间见节奏有别。每音步通常有两个或三个字音，最普通的有三种排列：'短长格'先短后长，'长短格'先长后短，'长短短格'一个长音之后有两个短音。因这种有规律的排列见节奏叫做'音节'。"（柏拉图：《文艺对话集》，朱光潜译，第60页注①）

[2] 柏拉图：《理想国》，62—63。同上书，第58—59页。

[3] 柏拉图：《斐多篇》，61b。

为名于1814年在海德堡出版。这部著作成为后人研究普罗克洛斯美学思想的专门资料。

在《论整一和美》中，普罗克洛斯依据的是新柏拉图主义者的认识论原则，即三大本体的系统。第一本体是善。第二本体应该是理智，由于理智是美本身，所以，普罗克洛斯把第二本体称作美。第三本体原本是灵魂，在新柏拉图主义者看来，灵魂是自我运动的生成，这种生成应该体现理智的规则，所以灵魂作为某种正义的东西而存在，普罗克洛斯因而把第三本体称作正义。这样，《论整一和美》中的三大本体就是善、美和正义。

> 善在神中，美在理智中，正义在灵魂中。[1]

普罗克洛斯认为，善作为最概括的一般性，只是理智和美的开始。当善显示出它所隐匿的对立面，并赋予这些对立面以某种结构时，表明善过渡到美。美和正义也存在着相应的关系：

> 当然，由此可见，正义也同时是美，但不是整个美；美之所以为美是因为服从善，而任何美都是善，但是，一切善的根源以自身的单纯超过任何美，正义以美为中介与善结合时，也是某种善；不过善本身既超越美，又超越正义。[2]

在普罗克洛斯那里，三种本体既是同一的，又是有差异的。每一种本体既是自身，同时又部分地包含其他两种本体。善是美和正义的同一，这种同一是绝对的和不可分割的。美是善和正义的同一，这种同一是可以被分割的整体。正义是善和美的同一，是绝对的“一”在可以被分割的整体中的生成。普罗克洛斯以简洁、明确的语言，阐明了希腊美学的一个基本原则。希腊人之所以欣赏美，是因为他们在美中发现善，这种善就是类似于神的某种理想

[1] 普罗克洛斯:《论整一和美》第107节。

[2] 普罗克洛斯:《论整一和美》第108节。

实体。善高于美，这里的善不是道德范畴，与道德没有任何关系，而是最高的存在。希腊人的审美对象不脱离存在和生活，并非不涉利害，从功利角度看，它是合适的和合目的的。对于希腊人来说，宇宙就是这种美的和独立自在的对象，同时又是功利的对象，它决定了人的整个生活的状态。在这种意义上，普罗克洛斯关于美的理论是希腊罗马上千年的审美经验的一种总结。

中世纪和文艺复兴时期的阿拉伯哲学、犹太哲学和基督教哲学深受普罗克洛斯的影响。近代西方对普罗克洛斯的兴趣明显下降，直到黑格尔才发生根本变化。黑格尔于19世纪10—20年代讲授、30年代出版、40年代再版的《哲学史讲演录》花了较多篇幅研究普罗克洛斯，对他的三大本体辩证法作了生动阐述。20世纪西方学术界对普罗克洛斯的兴趣大增，因为近年来对中世纪和文艺复兴哲学文献的研究，表明了普罗克洛斯学说对这些哲学的形成有重大意义。同时，大为完善的普罗克洛斯著作新译本和注释本的出现，促进了普罗克洛斯思想的普及。在对普罗克洛斯的研究中，德国、英国特别是法国学者起了重要作用。

柏拉图学园的关闭意味着希腊罗马哲学和罗马新柏拉图主义的终结，然而罗马新柏拉图主义的终结并不表明整个新柏拉图主义的终结。新柏拉图主义有三种基本的、具有世界意义的类型：希腊罗马新柏拉图主义、中世纪新柏拉图主义和文艺复兴新柏拉图主义[1]。

希腊信奉多神教，把自然力量和社会发展的物质力量神化。对于新柏拉图主义者来说，物质的、感性知觉的和肉眼看到的宇宙，即地球和带有不动星体的苍穹，是存在的最高类型。在这种天文学的世界观中，诸神仅仅是宇宙循环周转的原则和宇宙内部万物生成的模式。因此，希腊罗马新柏拉图主义的基础是宇宙学，它力图解释宇宙循环周转和永恒存在的正确性。希腊罗马新柏拉图主义美学首先是宇宙学的。

中世纪新柏拉图主义不仅服务于自然、人和整个宇宙，而且首先服务于绝对个性的理论，绝对个性高于自然和世界，是一切存在的造物主。中世

[1] 参见 A. F. 洛谢夫：《文艺复兴美学》，第 79—110 页。

纪新柏拉图主义与多神教相对立。中世纪新柏拉图主义美学论证和表现一神教，因此，其基础不是宇宙学，而是神学。

文艺复兴时期的新柏拉图主义既不满足希腊罗马新柏拉图主义的多神教，也不满足中世纪新柏拉图主义的一神教，不过，它和希腊罗马新柏拉图主义有某种共同之处：借助希腊罗马新柏拉图主义主要代表人物普洛丁和普罗克洛斯的唯心主义范畴使物质世界永存。它也和中世纪新柏拉图主义有某种共同之处，那就是对独立的和普遍的个性的崇拜。文艺复兴美学中最主要的是这样一种个性，它不在超世界的存在中，而在人的现实中是绝对的。按照希腊罗马的模式，个人仅仅从物质上、自然上被理解。而按照中世纪的模式，人把自己理解为个性，这种个性经常追求独立存在中的绝对化。这样，文艺复兴美学不是宇宙学的，也不是神学的，而是人文主义的。

参考文献

（不含原著和资料集）

1. Beardsley，M. C., *Aesthetics from Classical Greece to Present*（《自古典希腊迄今的美学》），The Macmillan Co., 1966.

2. Faas, E., *The Genealogy of Aesthetics*（《美学谱系学》），Cambridge University Press, 2002.

3. Warry，J. G., *Greek Aesthetic Theory*（《希腊美学理论》），Methuen, 1962.

4. Lippman, E., *A History of Western Musical Aesthetics*（《西方音乐美学史》），University of Nebraska Press, 1992.

5. Melberg, A., *Theories of Mimesis*（《模仿理论》），Cambridge University Press, 1995.

6. Halliwell, S., *The Aesthetics of Mimesis: Ancient Texts and Modern Problems*（《模仿美学：古代文本与现代问题》），Princeton University Press, 2002.

7. Plato, Murray, P. (ed.), *Plato on Poetry*（《柏拉图论诗》），Cambridge University Press, 1996.

8. Barasch, M., *Theories of Art: From Plato to Winckelmann*（《从柏拉图到温克尔曼的艺术理论》），New York University Press, 1985.

9. Adams, H., *Critical Theory since Plato*（《柏拉图以来的批评理论》），Harcourt Brace Jovanovich, 1971.

10. Fine，G., *On Ideas: Aristotle's Criticism of Plato's Theory of Forms*（《论理式：亚里士多德对柏拉图的形式理论的批评》），Oxford University Press, 1993.

11. Else, G. F., *Plato and Aristotle's on Poetry*（《柏拉图和亚里士多德论诗》），The University of North Carolina Press, 1986.

12. Stigen, A., *The Structure of Aristotle's Thought*（《亚里士多德思想的结构》），Scandinavian University Press, 1966.

13. Belfiore, E. S., *Tragic Pleasures: Aristotle on Plot and Emotion*（《悲剧快感：亚里士多德论情节和情绪》），Princeton University Press, 1992.

14. Olson, E.(ed.), *Aristotle's "Poetics" and English Literature*(《亚里士多德〈诗学〉和英国文学》)，University of Chicago Press, 1965.

15. Rist, J. M., *Stoic Philosophy*（《斯多亚派哲学》），Cambridge University Press, 1969.

16. Graeser, A., *Plotinus and the Stoics*（《普洛丁和斯多亚派》），Brill, 1972.

17. Rist, J. M., *Epicurus*（《伊壁鸠鲁》），Cambridge University Press, 1972.

18. Stough, Ch. L., *Greek Skepticism*（《希腊怀疑论派》），University of California Press, 1969.

19. Brink, C. O., *Horace on Poetry: The "Ars Poetica"*(《贺拉斯论诗:〈诗艺〉》), Cambridge University Press, 1971.

20. Merlan, Ph., *From Platonism to Neoplatonism*（《从柏拉图主义到新柏拉图主义》），Springer, 1975.

21. Gerson, L. P., *Plotinus*（《普洛丁》）, Routledge, 1994.

22. A. F. 洛谢夫:《希腊罗马美学史》8 卷 10 册，莫斯科 1963—1994 年版。

23. A. F. 洛谢夫:《1—2 世纪希腊化时期和罗马美学》，莫斯科 1979 年版。

24. V. V. 贝切科夫:《晚期罗马美学（2—3 世纪）》，莫斯科 1981 年版。

25. A. F. 洛谢夫:《希腊罗马象征主义和神话学概论》，莫斯科 1993 年版。

26. A. F. 洛谢夫:《希腊人和罗马人的神话》，莫斯科 1996 年版。

27. A. F. 洛谢夫:《混沌和结构》，莫斯科 1997 年版。

28. A. F. 洛谢夫:《哲学、神话学、文化》，莫斯科 1991 年版。

29. A. A. 塔霍－戈基、A. F. 洛谢夫:《神话、象征和术语中的希腊文化》，圣彼得堡 1999 年版。

30. M. Φ. 奥夫相尼科夫主编:《美学思想史》第 1—6 卷，莫斯科 1985—1989 年版。

31. M. C. 卡冈主编:《美学史教程》第 1 卷，列宁格勒 1973 年版。

32. 朱光潜:《西方美学史》上卷，人民文学出版社 1963 年版。

33. 沃拉德斯拉维·塔塔科维兹:《古代美学》，杨力、耿幼壮、龚见明、高潮译，中国社会科学出版社 1990 年版。

34. 鲍桑葵:《美学史》，张今译，商务印书馆 1985 年版。

35. 贝内戴托·克罗齐:《作为表现的科学和一般语言学的美学的历史》，王天清译，中国社会科学出版社 1984 年版。

36. M.Φ. 奥夫相尼科夫:《美学思想史》，吴安迪译，陕西人民出版社 1986

年版。

37. B. П. 金斯塔科夫:《美学史纲》,樊莘森、周梦罴、张继馨译,上海译文出版社 1986 年版。

38. 凯·埃·吉尔伯特、赫·库恩:《美学史》,夏乾丰译,上海译文出版社 1989 年版。

39. 陈燊、郭家申编选:《西欧美学史论集》,中国社会科学出版社 1989 年版。

40. 赵敦华:《西方哲学通史》第 1 卷,北京大学出版社 1996 年版。

41. 汪子嵩、范明生、陈村富、姚介厚:《希腊哲学史》第 1、2 卷,人民出版社 1988、1993 年版。

42. 陈中梅:《柏拉图诗学和艺术思想研究》,商务印书馆 1999 年版。

43. 叶秀山:《苏格拉底及其哲学思想》,人民出版社 1986 年版。

44. 汪子嵩:《亚里士多德关于本体的学说》,生活·读书·新知三联书店 1982 年版。

45. E. 策勒尔:《古希腊哲学史纲》,翁绍军译,山东人民出版社 1992 年版。

46. A. E. 泰勒:《柏拉图——生平及其著作》,谢随知等译,山东人民出版社 1990 年版。

47. 爱德华·吉本:《罗马帝国衰亡史》上、下册,黄宜思、黄雨石译,商务印书馆 1997 年版。

48. 吉塞拉·里克特:《希腊艺术史手册》,李本正、范景中译,中国美术学院出版社 1989 年版。

后　记

从20世纪初至今的120多年中，我国单独出版的古希腊罗马美学研究著作仅有一种，即北京大学出版社1983年出版的北大哲学系美学教研室阎国忠的《古希腊罗马美学》。范明生的《古希腊罗马美学》（上海文艺出版社1999年版）当然也是古希腊罗马美学的研究著作，但该书是作为蒋孔阳、朱立元主编的7卷本《西方美学通史》的第1卷出版的，它的完整书名应该是《西方美学通史·第一卷·古希腊罗马美学》。这种情况说明，我国对古希腊罗马美学的研究还很薄弱。

2001年我参加了中国社会科学院副院长汝信老师（我们称他“汝老师”）主编的4卷本《西方美学史》的写作。汝老师温润如玉，在他手下工作很愉快，汝老师和夫人夏森老师还特地设宴款待我们（夏森老师是位老革命）。根据汝老师的统筹规划和精心安排，我和徐恒醇撰写第一卷《古希腊罗马至中世纪美学》。徐恒醇是李泽厚老师的研究生，我们有过合作，我和他合著的《艺术设计学》于2000年由上海人民出版社出版，以后多次重印，当时这类著作还很少。在《古希腊罗马至中世纪美学》这一卷中，我写古希腊罗马美学，徐恒醇写中世纪美学。汝老师审读了我们的初稿，并提出具体意见，我们逐一进行修改。《古希腊罗马至中世纪美学》这一卷于2005年由中国社会科学出版社出版，61.6万字。现在我把这一卷中的古希腊罗马美学部分抽取出来，作为《古希腊罗马美学史》单独出版。

国内外不同时代的学者已从各个方面对古希腊罗马美学作过很多研究。如何在前人的基础上，把这种研究引向深入，是本书面临的任务。20世纪初期，新康德主义马堡学派首领P.那托尔普的希腊哲学史著作在1903年出版后，德国哲学史家策勒尔19世纪末期的希腊哲学史著作就显得有些幼稚。同样，那托尔普1914—1921年的希腊哲学史著作出版后，他本人于1903年出版的希腊哲学史著作就显得有些幼稚。这表明希腊哲学史有很大的阐释空间，对于古希腊罗马美学史也完全可以这样理解。为了拓展古希腊罗马美学史的阐释空间，我们有必要向原著深入，向横向深入，向纵向深入。

阅读原著是研究古希腊罗马美学史所必备的基本功。只有弄清古希腊罗马美学是什么，才谈得上对它的评价。何况，在说明“是什么”的问题时，本身也包含了评价。可以说，对古希腊罗马美学史的理解，在很大程度上取决于对原著的理解。向原著深入就要细读原著。亚里士多德的《诗学》，我国主要有4种中译本：罗念生译的《诗学》(人民文学出版社1962年版)、缪灵珠译的《诗学》(载《缪灵珠美学译文集》第1卷，中国人民大学出版社1998年版)、崔延强译的《论诗》(载《亚里士多德全集》第9卷，中国人民大学出版社1994年版)和陈中梅译注的《诗学》(商务印书馆1996年版)。我国很多的美学教科书都引用了罗念生译的《诗学》中的一段话：“一个美的事物—— 一个活东西或一个由某些部分组成之物——不但它的各部分应有一定的安排，而且它的体积也应有一定的大小；因为美要倚靠体积与安排……”(第25页)这里的“安排”在希腊文中由taxis表示，陈中梅把它译为“顺序”，崔延强译为“有序的安排”，缪灵珠译为“秩序”。我们认为，从亚里士多德的美学体系看，这个词只能译为“秩序”。

亚里士多德在论述现实事物的美时，在《形而上学》中提出了一则非常重要的美的定义：“美的最高形式是秩序、对称和确定性，数学正是最明白地揭示它们。”(《亚里士多德全集》第7卷，中国人民大学出版社1993年版，第296页)这里的“秩序”就是taxis。像希腊美学家一样，亚里士多德具有明确的结构感，他不喜欢混沌无序，强调秩序是他一贯的思想。亚里士多德所理解的秩序存在于自然、天体、人和社会生活中。在他看来，宇宙是最高的审美对象。它的球体形状是最美的，它永恒的、匀速的圆周运动也是最美的。宇宙整体的真实名称是“井然有序”。在《政治学》第3卷中亚里士多德谈到政体是城邦中各种官职配置的一种秩序，法律也是一种秩序，秩序是善的实现。亚里士多德认为，一切都在运动着，而这种运动是有规律的、有秩序的。作永恒的圆周运动的宇宙最有秩序，而宇宙理性是秩序的终极原因。在亚里士多德的结构范畴中，秩序占据首位。所以，taxis 一词的翻译关系到对亚里士多德美学思想的准确理解。

美学思想和同时代的其他思想文化现象交织在一起，相互联系和影响。向横向深入，就要加强研究与美学思想有密切关系的那些思想文化现象，从而充分揭示美学思想的丰富性、复杂性和矛盾性，避免在单一的层面上理解美学思想。古希腊美学作为西方美学的源头，在漫长的历史时期中，始终笼罩着浓郁的神话氛围。不研究古希腊美学和神话的关系，不研究古希腊美学中的神话，我们对古希腊美学的理解就是跛脚的。在柏拉图的著作中，哲学和诗、逻各斯和神话紧密地结合在一起。他不愿意在纯逻辑结构中结束对事物的认识，而要把凭借抽象思维所得到的理性认识，通过生动、具体的神话形象体现出来。在这里，柏拉图本身是一个矛盾的个体。一方面，他要把诗人连同他们的想象和虚构逐出理想国；另一方面，他作为充满激情的诗人，不仅回忆起传统的希腊神话，而且常常根据希腊神话和现实需要编造神话。在《会饮篇》中，柏拉图通过阿里斯托芬之口讲了一个神话故事，并通过女先知第俄提玛之口又虚构了一个神话故事。在《斐多篇》中，他杜撰了关于天堂的神话。在《理想国》中，他臆造了英雄埃尔死后至还阳的 12 天里灵魂经历的神话。在《蒂迈欧篇》中，他以神话讲述了其宇宙生成说。

在古希腊美学家，包括在柏拉图那里，神话往往具有象征意义。每个神话人物可以表现若干种哲学意义，或者同一个哲学概念可以由若干个神话人物来体现。分析神话形象和哲学概念之间的关系，研究希腊神话的本质和意义，阐述它和中世纪神学的区别，比较神和柏拉图的“理式”、亚里士多德的“奴斯”、普洛丁的“理智”的异同，对我们理解古希腊美学无疑具有积极的意义。

纵向研究是不同历史时期的影响研究。与原著研究和横向研究相比，我们的西方美学史研究中纵向研究最为薄弱。这种薄弱首先表现在我们对西方美学史中实际存在的某些历史影响不知不察，当然更谈不上对它们的分析评价。同时，这种薄弱也表现为：指出了某种美学思想在各个历史时期影响的存在，却未能对这些影响作具体的、深入的分析，结果这种影响的线索若明若暗、似断还续。而切实的纵向研究有助于我们认识西方美学发展的内在脉络，从整体上、深层联系上把握西方美学。

毕达哥拉斯学派数的美学在西方美学史中起到重要作用，对这种作用的研究使我们甚至可以说，希腊罗马美学具有数学性。在希腊美学中，赫拉克利特的“尺度”具有数的痕迹，原子论者留基波和德谟克利特是毕达哥拉斯的学生，柏拉图从数的角度论述了宇宙的构成和美的问题。在希腊化和罗马美学中，新毕达哥拉斯学派存在于公元前2世纪至公元2世纪。普洛丁的《九章集》中有一篇论文叫《论数》。3—4世纪的新柏拉图主义者扬布里柯的《算术神学》阐述了毕达哥拉斯学派对前10个数的理解。在这些方面，毕达哥拉斯学派的影响是明显的。再往后看，文艺复兴时代钻研形式技巧的艺术家们也深受毕达哥拉斯学派的影响。

而往前看，希腊思维中数的传统可以追溯到荷马史诗和赫西俄德的《神谱》。在希腊史诗时代，3出现的频率最高。在荷马史诗中，3出现了123次。在赫西俄德那里，天神乌拉诺斯和地神该亚生了12个提坦（3的4倍）；宙斯和赫拉生了3个孩子——赫柏（Hebe）、阿瑞斯和厄勒提亚（Eileithyia）；欧律诺墨(Eurynome)为宙斯生下了美惠三女神；宙斯与谟涅摩叙涅（Mnemosyne）生下了9个缪斯女神（3的3倍）；乌拉诺斯的长女忒亚（Thea）和许佩里翁（Hyperion）生下了赫利俄斯（太阳）、塞勒涅（Selene，月亮）和厄俄斯（Eos，黎明）；提丰（Tuphōn）和厄喀德那（Echidna）也生了3个孩子——俄耳托斯（Orthrus）、刻耳柏罗斯（Cerberus）和海德拉（Hydra）。10、50也是荷马喜欢使用的数字。特洛伊战争延续了10年，俄底修斯在外漂泊了10年。50表示中等的数量，兵士一队50人，一群牧畜也是50头。由此可见，数的结构是希腊思维的基本因素之一。数字成为世界审美结构的原则，荷马远远早于毕达哥拉斯学派赋予数以审美意义。

向原著深入、向横向深入、向纵向深入是我们的一种愿望，本书在实际上做得还不够，欢迎广大读者提出批评指正。

凌继尧

2022年7月于南京